KB260920

개발주의를 비판한다

박정희 체계를 넘어 생태적 복지사회로

개발주의를 비판한다

박정희 체계를 넘어 생태적 복지사회로

홍성태 지음

당대

개발주의를 비판한다

ⓒ홍성태

지은이 l 홍성태

펴낸이 l 박미옥

펴낸곳 l 도서출판 당대

제1판 제1쇄 인쇄 l 2007년 1월 24일

제1판 제1쇄 발행 l 2007년 1월 31일

등록 l 1995년 4월 21일 (제10-1149호)

주소 l 서울시 마포구 서교동 395-99 402호

전화 l 323_1315~6

팩스 l 323_1317

email l dangbi@chol.com

ISBN l 978-89-8163-135-2 04330

　　　 978-89-8163-000-3 (세트)

머리말

지난 40여 년 사이에 한국은 커다란 변화와 발전을 이루었다. 이른바 '제3세계' 국가들 중에서 한국의 변화와 발전은 단연 두드러진다. 정치적 민주화의 면에서나, 경제적 성장의 면에서나, 한국은 세계적인 '모범국가'가 되었다. 그러나 이러한 변화와 발전이 아무런 대가 없이 이루어진 것은 아니었다. 앞으로 나아가기 위해 이제 이 대가의 문제를 해결해야 한다. 이 대가의 문제가 우리의 발전을 가로막는 맷돌로 작용하고 있기 때문이다.

우리가 치른 많은 대가들 중에서 자연의 훼손은 두드러진다. 한때 이 나라는 '금수강산'으로 알려졌다. 그러나 지금은 그 누구도 이 나라를 '금수강산'으로 부르지 않는다. 심지어 이 나라가 비단을 두른 듯 아름다운 나라였다는 사실을 기억하는 사람조차 드물게 되었다. '금수강산'은 책 속에서나 읽을 수 있는 옛날이야기일 뿐이다. 오늘날 훼손되지 않은 자연은 이 나라에서 가장 귀한 것이 되었다.

지금 이 나라는 '공해강산'으로 널리 알려져 있는 상태이다. 큰비가 내린 뒤에라야 잠깐 맑은 하늘을 볼 수 있고, 산이고 들이고 가리지 않고 아파트가 들어서 있고, 크고 작은 공장들의 폐수와 매연 문제도 여전하고, 여기저기 어지럽게 놓여 있는 크고 작은 도로들 때문에 오히려 헤매게 된다. 지금 이 나라에서는 지속적인 자연의 훼손 자체가 자연스러운 일로 여겨지고 있는 듯하다.

이런 상황에 대응해서 '웰빙' 바람이 불고 있기도 하다. '웰빙'이란 말 그대로 '잘사는 것'이다. 서구에서 이 말이 널리 퍼지기 시작한 것은 '삶의 질'에 대한 관심이 높아지던 1970년대 초였다. 그런데 '웰빙'은 개인적으로 생태적 삶을 사는 것뿐만 아니라 사회적으로 생태적 구조를 형성해야 이루어질 수 있다. '웰빙'은 결코 개인적 노력으로만 이루어질 수 없다. 서구에서 잘 볼 수 있듯이, '웰빙'은 사회의 생태적 개혁을 요청한다.

한국은 이미 세계 10위권의 경제대국이다. 이에 비해 삶의 질은 아직 형편없이 낮은 수준에 머물고 있다. OECD 30개국 중에서 가장 낮을 뿐만 아니라 개발도상국들과 비교해도 상당히 낮은 수준이다. 그 핵심에 오염과 파괴로 시달리는 자연의 문제가 놓여 있다. 세계경제포럼의 환경지속성지수 평가에서 한국은 146개국 중 136위를 차지하기도 했다. 이처럼 척박한 상태에서 벗어나지 않고 '선진국'이 될 수 있는 길은 없다.

지금 여기서 살아가고 있는 우리 자신을 위해서뿐만 아니라 앞으로 여기서 살아가야 할 우리 후손을 위해서도 우리는 자연 속에서 자연과 함께 살아가는 사회를 만들어야 한다. 자연이 파괴된 곳에서는 건강한 삶도 불가능하고 건전한 경제도 불가능하다. 자연을 돌보는 것은 우리를 돌보는 것이다. 이 사회의 생태적 전환은 이미 추상적 담론이 아니라 구체적 실천의 과제이다. 그 목표는 '생태적 복지사회'를 이루는 것이다.

나는 1990년대 초부터 환경문제에 관심을 가지고 연구하기 시작했다. 그 성과는 『위험사회를 넘어서』(새길, 2000), 『생태사회를 위하여』(문화과학사, 2004) 등의 책으로 묶였다. 앞의 책이 개발과 성장의 실태에 초점을 맞추고, 뒤의 책이 생태주의의 전개에 초점을 맞추었다면, 이 책은 생태사회의 실현을 위한 과제를 더욱 구체적으로 탐구하는 것에 초점을 맞추었다.

세계적으로 환경문제에 관한 관심이 커진 것은 1970년대 이후의 일이다. 1950년대 후반부터 서구에서 환경문제에 관한 관심이 커지기 시작해서 1970년대에 들어와서 환경문제는 세계적 관심사로 커지게 되었다. 처음에 환경문제는 자연을 보호하는 문제 정도로 인식되었지만, 시간이 지나면서 이 당연한 문제를 해결하기 위해서는 정치와 경제를 개혁하고, 나아가 우리의 일상 자체를 크게 바꿔야 한다는 사실이 분명해졌다.

자연을 지키기 위해서는 자연을 파괴하는 사회를 바꾸어야 한다. 훼손되지 않은 자연은 삶의 질을 이루는 핵심 요소이므로 이러한 변화 자체가 삶의 질을 높이기 위한 핵심적 요건이다. 자연을 지키자는 것이 근본주의적 변화를 요구하는 것만은 아니다. 지금 여기서 우리는 더 깨끗한 공기와 더 맑은 물을 누리고 살 수 있다. 이러한 요구는 시민으로서 누려야 할 기본적 요구일 뿐이다.

환경문제는 오늘날 우리가 해결해야 하는 가장 중대한 사회문제에 속한다. 그것을 해결하는 것은 '나쁜 사회'를 '좋은 사회'로 만들기 위한 핵심적 과제이다. 세계적으로 처음에 이 문제는 정치학이나 경제학을 중심으로 연구되기 시작했지만, 1970년대 후반부터 사회학에서도 활발히 연구가 이루어지기 시작했다. 한국에서는 1990년대에 들어와서 환경운동의 성장과 거의 궤를 같이하며 환경문제에 관한 사회학의 연구가 본격화하게 되었다.

그러나 아직도 한국의 사회학에서는 환경문제를 핵심적 대상으로 다루고 있지는 않다. 또한 (미국) 유학파가 지배하는 학계의 현실과 맞물려서 (미국 등) 외국의 연구를 기준으로 삼는 '식민지적 학풍'의 문제도 대단히 심각하다. 이 책은 이러한 사회학의 내적 문제에 관한 비판이면서 한국의 반생태적 현실에 관한 연구이자 이러한 현실을 극복하기 위한 제안이다. 올바른 변화를 위해서 앞으로 더 많은 사람들의 더 큰 노력이 필요할 것이다.

이 책은 2003년부터 2006년 사이에 여러 학술지와 단행본에 발표된 논문들을 가능한 한 충실히 보완해서 한 권의 책으로 묶은 것이다. 여기에는 참여연대를 비롯해서 문화연대, 환경운동연합, 녹색연합, 환경정의 등 여러 시민단체들과 이 사회의 생태적 전환을 위해 펼친 많은 실천의 경험이 담겨 있다. 아무쪼록 이 책이 이런 실천의 연장선에서 이 사회의 생태적 전환에 이바지할 수 있기를 바란다.

　이 책에 실린 글들의 작성에 도움을 준 연구자와 운동가들에게 감사드립니다. 반생태적 현실에 고통받으며 생태적 전환을 위해 애쓰고 있는 전국 곳곳의 수많은 분들에게 감사드립니다. 그리고 이 책의 출판을 맡아 많은 고생을 하신 당대출판사와 박미옥 사장님께 깊이 감사드립니다.
　사랑하는 아내 나연과 딸 은기에게 이 책을 주고자 합니다.
　생태적 전환은 바로 우리를 위한 것이기도 합니다.

2006년 9월 2일
월계동에서
홍성태

| 차례 |

머리말

12 | 프롤로그 | 생태위기와 생태적 전환

1. 개발주의와 위험사회

23 | 근대화와 위험사회
50 | 개발주의와 생태주의
75 | 개발독재와 토건국가

2. 생태민주주의의 요청

105 | 신행정수도의 이상과 현실
133 | 부안항쟁과 생태민주주의
158 | 새만금 보존운동과 생태민주주의
184 | 생태적 전환과 사회운동

3. 생태적 전환의 목표

211　　｜한국의 근대화와 생태주의

236　　｜한국의 근대화와 발전 패러다임의 변화

263　　｜고도성장의 한계와 생태적 전환

290　　｜생태위기와 생태제국주의

313　　｜에필로그｜ 생태민주주의와 생태복지사회

319　　｜참고문헌｜

329　　｜찾아보기｜

331　　｜연보｜ 새로운 생태 오디세이를 시작하며

생태위기와 생태적 전환

1.

오늘날 우리는 생태위기의 시대를 살고 있다. 이와 관련된 우울한 소식들이 세계 도처에서 매일같이 끊이지 않고 들려온다. 지구의 허파라고 불리는 아마존 열대우림이 앞으로 수십 년 안에 영원히 사라질 것이라거나, 지구온난화로 북극곰이 조만간 멸종할 것이라거나, 해수면이 상승해서 남태평양의 섬들이며 바닷가에 있는 대도시들이 대부분 바다에 가라앉게 될 것이라거나 하는 소식들이다. 지구가 무섭게 변하고 있는 것이다.

지구는 우리가 알고 있는 유일한 '생명의 별'이다. 천문학자들은 태양계를 벗어나 저 먼 우주 어디엔가 지구와 같은 '생명의 별'이 있을 것이라고 추정한다. 그러나 그것은 어디까지나 추정일 뿐이다. 미래학자들은 달에 식민지를 건설하고, 화성에서 자원을 캐올 수 있을 것이라고 주장한다. 그러나 달에 식민지를 건설해서 뭘 할 것이며, 화성에서 도대체 무슨 자원을 캐오겠다는 것인가? 그곳에서는 농사를 지을 수도 없고, 석유를 캐올 수도 없다. 그리고 달에서 1kg의 돌을 가져오기 위해 수천 톤의 석유와 수천 톤의 광석을 써야 한다. '우주식민지'는 지속할 수 없는 공업문명을 지속할 수 있는 것처럼 꾸미기 위해 고안된 토플러식 거짓말일 뿐이다. 우리는 여기 지구에서만 행복하게 살 수 있다. 지구를 벗어난 우주 어디에도 우리의 안식처는 없다. 그러므로 행복하게 살고자 한다면, 우리가 살고 있는 지구를 잘 돌봐야 한다. 다른 길은 없다.

생태위기는 공업문명의 산물이다. 공업은 본질적으로 반자연적이다. 공업의 본질은 자연을 훼손하고 파괴하는 것이기 때문이다. 그러나 인간의 욕구와 욕망을 실현한다는 점에서 보자면, 공업의 등장은 엄청난 문명의 발전을 뜻했다. 실로 공업을 통해 인류는 가난과 질병의 고통에서 크게 벗어날 수 있었기 때문이다. 오랜 옛날부터 가난과 질병은 인류의 가장 큰 '적'이었다. 그러나 공업의 발전과 함께 인류는 가난과 질병을 거의 이길 수 있게 되었다. 그 결과 역사상 유례없는 인구증가가 이루어졌다. 그러나 그와 함께 인류는 역사상 유례없는 생태위기에 빠져들게 되었다.

현대 공업문명이 급속히 형성되고 있던 19세기에 인류는 공업문명의 위험을 제대로 깨닫지 못했다. 그 대표적인 예로 우리는 마르크스를 들 수 있다. 이 위대한 인류의 지성은 19세기의 자식이었다. 그는 공업문명의 성과에 매혹되어 그 폐해를 제대로 이해할 수 없었다. 오직 불평등을 해소하는 것만이 그의 관심사였으며, 그는 역사철학의 신봉자답게 모든 것이 결국 잘 해결되리라고 믿었다. 그러나 그의 믿음과 달리 불평등은 새로운 형태로 생산되고 있으며, 더욱이 공업문명의 기초 자체가 심각하게 흔들리고 있다. 공업문명은 계급투쟁으로 붕괴하는 것이 아니라 생태위기로 급격히 몰락할 처지에 놓였다.

생태위기에 대한 관심이 대중적으로 확산되는 길이 열린 것은 20세기 중반 이후의 일이다. 2차대전을 지나서 서구는 생산력의 증대에 따라 계급타협이 이루어지면서 이른바 '풍요사회'에 들어서게 되었다. 이 변화는 단순히 물질적인 것으로만 이해할 수 없다. 물질적 부를 가능한 공평하게 나누고 사회성원들에게 더욱 안정된 삶을 보장해 주는 '복지국가'의 형성이 '풍요사회'의 중요한 사회적 기반이기 때문이다. '풍요사회'를 위해서는 경제성장뿐만 아니라 복지국가가 필요하다. 그런데 이러한 '풍요사회'의 형성과 함께 종래에 볼 수 없었던 생태위기라는 심각한 문제가 나타났던 것이다.

그러므로 생태위기의 현실에서 벗어나기 위해서는 복지국가의 개혁도 필수적이다. 반생태적 복지국가는 생태위기를 더욱 악화할 뿐이다.

2.

생태위기는 '생태계의 재생산 위기'를 뜻한다. 생태계는 쉽게 말해서 자연을 가리키는 것이니 결국 생태위기는 자연의 위기를 뜻한다. 그런데 우리는 자연 속의 한 존재로서 자연 속에서 살아간다. 따라서 자연의 위기는 곧 우리 자신의 위기일 수밖에 없다. 또한 생태위기가 심화될수록 사회의 존속 자체가 위기에 빠질 수밖에 없다. 이러한 생태위기는 현대사회의 산물이다. 따라서 생태위기는 바로 현대사회의 위기이다.

생태위기에 대한 인식이 깊어지면서 생태주의가 나타나게 되었다. 생태주의는 생태학의 교훈을 실현하고자 하는 실천적 태도를 가리키는 것으로서 내적으로 다양한 이론과 실천으로 분화되어 있다. 그것은 크게 세 가지로 나누어볼 수 있는데, 근본 생태주의, 개혁 생태주의, 반동 생태주의가 그것이다. 이런 분화가 이루어진 것은 1970년대이며, 이런 점에서 1970년대를 '생태주의의 시대'라고 부르기도 한다. 이러한 생태주의의 확산은 사회이론이나 사회운동을 넘어서 실제 정책의 차원에서도 확인할 수 있는 중요한 변화이다.

1960년대 초부터 서구에서 본격적으로 시작된 현대사회의 생태적 전환을 위한 움직임은 1970년대로 접어들면서 각국 정부와 유엔 차원의 정책으로 실현되기 시작했다. 예컨대 미국은 1970년에 대통령 직속 환경보호국(EPA)을 창설했으며, 같은 해에 일본은 이른바 '공해국회'를 열어 환경보호법을 체계적으로 정비했고, 뒤이어 유럽은 자동차의 배기가스 배출기준을 크게 강화했다. 그리고 1972년에 스웨덴의 스톡홀름에서 유엔의 제1회 세계환경회의가 열려서 지구적 차원에서 생태위기에 대처할 필요와 방도에 대해 논의하기 시작했다.

그러나 이러한 변화가 별다른 성과를 거두지 못했다는 것은 이미 잘 알려진 사실이다. 아니, 지구 전역에서 자연을 돌보지 않는 개발은 그동안 사실 더욱더 강화되었다. 이에 따라 생태적 전환은 지구적 차원에서 더욱더 절실한 요구가 되었다. 생태적 전환은 생존의 요구이자 발전의 요구이다. 단순히 살아남기 위해서도 생태적 전환을 추구해야 하며, 지금보다 더 잘살기 위해서도 생태적 전환을 추구해야 한다. 물론 생태적 전환이 요구하는 '잘사는 것'은 단순히 부유해지는 것을 뜻하지 않는다. 그것은 삶의 양이 아니라 삶의 질을 높이는 것을 뜻한다.

서구에서 삶의 질에 관한 관심이 나타난 것은 1960년대 초부터이다. 서구에서는 이미 1950년대부터 물질적 풍요가 행복을 보장하는 것은 아니라는 사실이 드러났다. 이런 점에서 일찍이 '풍요사회'를 비판했던 존 갤브레이드는 1963년에 행한 한 연설에서 '삶의 질'이라는 개념을 통해 물질적 풍요를 사회발전의 핵심 목표로 추구하는 당시의 풍조를 비판했다. 이어서 1970년대 초에 미국의 로날드 잉글하트는 서구사회 전체에서 '삶의 질'에 관한 높은 관심이 나타나고 있는 것을 확인하고 이것을 '고요한 혁명'이라고 불렀다. 종래의 정치적 혁명과 달리 더 나은 삶의 기준이 질적으로 크게 바뀌고 있다는 것이었다.

생태위기에 관한 관심은 단순히 우리의 외적 자연에 관한 관심이 아니다. 그것은 우리의 자연적 본성을 지켜서 건강하고 평화롭게 살고자 하는 절박한 욕망의 표현이다. 서구에서 생태위기에 관한 관심과 삶의 질에 관한 관심이 비슷한 시기에 나타나서 심화된 것은 우연이 아니다. 건강한 자연은 삶의 질을 지키고 높이기 위한 핵심 요건인 것이다. 생태적 전환은 생태위기에 대응해서 삶의 질을 높이고자 하는 긴급한 실천의 요청이다. 이 요청은 이미 이론적으로 보편화되었다. 그러나 실천을 강화하는 과제는 더욱더 절실해지고 있다.

오늘날 생태적 전환의 과제는 그 누구도 부정할 수 없는 보편적 과제이다. 물론 그것을 어떻게 이룰 것인가에 대해서는 많은 논란이 벌어지고 있다. 그러나 이 과제를 부정하고 미래와 발전에 대해 논한다는 것은 이제 분명히 불가능하다. 일부에서는 생태적 전환을 근본적 과제로 치부하고 받아들이려 하지 않는 태도를 보이기도 한다. 그러나 생태적 전환의 스펙트럼은 넓다. 한국처럼 생태위기가 심각하게 진행된 곳에서는 이루어야 하고, 이룰 수 있는 생태적 전환의 과제가 대단히 많다.

3.

오늘날 한국은 세계적으로 잘 알려진 반생태국가이다. 많은 지표들이 이 사실을 명확히 확인해 주지만, 우리의 몸은 이 사실을 더 쉽게 깨

닿고 있다. 아토피를 비롯한 각종 환경성질환은 이미 전국적으로 만연되어 있는 상태이다. 어떻게 해서 이렇게 되었는가? '금수강산'을 지키며 경제성장을 이룰 수는 없었을까? 자연의 훼손이 필연적이었다고 해도 지금처럼 심각한 지경에 이르지는 않을 수도 있지 않았을까? 세계적 자연유산인 새만금 갯벌 같은 곳을 지키며 경제성장을 추구할 수는 없는 것일까?

한국의 생태위기에 대한 관심은 한국의 근대화에 대한 관심으로 이어지지 않을 수 없다. 사실 일반적인 사회이론의 차원에서도 생태위기는 사회이론의 근거와 논리를 재검토하도록 하는 영향을 미쳤다. 한국사회에 관한 연구에서도 같은 변화가 이루어져야 한다. 그러나 아직까지 한국에서 생태위기에 대한 관심은 대체로 특수한 관심으로 여겨지고 있다. 이러한 이론적 상황은 반생태국가 한국의 이론적 반영이라고 할 수 있을 듯하다. 반생태적인 것이 정상적이고 당연한 것으로 여겨지고 있는 것이다. 이렇듯 한국의 현실은 너무나 척박하고, 그래서 대단히 불안하다.

잘 알다시피 한국의 근대화는 박정희의 집권과 함께 본격화되었다. 따라서 한국의 생태위기에 대한 관심은 박정희의 근대화에 대한 관심으로 이어져야 한다. 오늘날 우리가 겪고 있는 한국의 생태위기는 결국 박정희의 근대화에서 비롯된 것이기 때문이다. 물론 그렇다고 해서 박정희에게 모든 책임을 지워야 한다는 것은 아니다. 당연하게도 현재의 문제가 모두 그의 책임일 수는 없다. 그러나 우리는 그의 역사적 책임을 잊어서도 안 된다. 이 책에서는 두 가지 점에서 박정희의 근대화에 초점을 맞춘다.

첫째, 이를테면 '첫 단추의 법칙'이라는 점에서 그렇다. 옷의 첫 단추를 잘못 꿰면 모든 단추를 계속 잘못 꿰게 되듯이, 박정희의 반생태적 근대화는 결국 반생태적 사회체계의 형성으로 이어졌다. 더욱이 박정희가 구축한 반생태적 사회체계, 곧 '박정희 체계'는 아직도 맹렬히 작동하고 있다. 이 때문에 박정희의 추종자는 물론이고 그 비판자까지도 '박정희 체계'의 문제를 올바로 이해하지 못하고 제대로 개혁하려 하지 않고 있다. 이런 점에서 박정희의 잘못은 분명하다. 이 사실을 이론적으로 올바로 이해하는 것은 잘못된 정책의 무서운 사회적 결과를 바로잡기 위한 출발점이라고 할 수 있다.

둘째, 민주화의 심화라는 점에서 그렇다. '박정희 체계'는 반생태적일 뿐만 아니라 바로 그 때문에 반민주적이기도 하다. '박정희 체계'는 반생태적 개발주의를 반민주적으로 강요하는 사회체계인 것이다. 따라서 '박정희 체계'를 그대로 두고 추진되는 민주화는 본질적으로 '취약한 민주화'일 수밖에 없다. 이런 점에서 정권의 민주화로 민주화가 다 이루어졌다는 식으로 생각하는 것은 큰 문제가 아닐 수 없다. 정권의 민주화로 추동되는 정치의 민주화는 민주화의 한 부분이요, 수단일 뿐이다. 민주화는 '박정희 체계'의 개혁으로 이어져야 하며, 그 위에서 생태민주주의의 공고화로 나아가야 한다.

어떤 사람은 박정희의 문제에 초점을 맞추는 것은 시대착오적이라고 주장한다. 그동안 너무나 많은 변화가 이루어졌다는 것이다. 그러나 박정희가 구축한 반생태적 사회체계의 문제를 부정하는 것은 그 자체로 이론적 오류일 뿐이다. 그가 구축한 반생태적 개발주의의 사회체계는 여전히 건재하기 때문이다. 또 어떤 사람은 민주화로 박정희의 문제는 해결되었다고 주장한다. 그러나 이른바 '민주화 이후의 민주주의'가 그토록 환멸스러운 까닭은 민주화세력이 '박정희 체계'를 악용하고 있기 때문이기도 하다. 우리는 '박정희 체계'를 넘어서기 위한 '민주화의 민주화'를 추구해야 한다. 정치적 민주화도 아직 많이 부족한 상태이지만, 그것을 넘어선 사회적 민주화나 생태적 민주화는 더욱더 그렇다.

박정희에 대한 올바른 역사적 평가라는 점에서나, 그가 낳은 문제를 해결한다는 점에서나, 우리는 박정희의 근대화에 깊은 관심을 기울여야 한다. 한국의 생태적 전환은 사실상 박정희 체계의 생태적 전환을 뜻한다. 그것은 정부조직, 경제구조, 생활방식 그리고 사고방식까지를 포함하는 총체적 전환을 뜻한다. 이러한 관점에서 한국사회의 총체적 전환을 위한 논의와 실천이 깊어져야 할 것이다.

1. 개발주의와 위험사회

근대화와 위험사회
: 박정희 체계를 넘어 생태적 전환으로

개발주의와 생태주의
: 생태적 탈근대를 향해

개발독재와 토건국가
: 개발공사의 생태민주적 개혁을 위하여

근대화와 위험사회
'박정희 체계'를 넘어 생태적 전환으로

1. 위험사회 현상

풍요를 만끽하고 있는 것으로 보이던 사회가 갑자기 커다란 불안에 휩싸인다. 안락하고 여유 있게 삶을 즐기던 많은 사람들이 갑자기 안절부절못하게 된다. 우리의 삶이 온통 뜻하지 않은 위험의 과녁이 되어 있다는 사실을 알게 되었기 때문이다. 보험을 들어두는 것은 갈수록 당연한 일이 되어버린다. 언제 어디서 어떤 사고가 터져서 우리의 건강과 생명이 위태롭게 될지 알 수 없다. 그러나 그런 사고가 반드시 터지고야 말 것이라는 사실을 우리는 이제 잘 알고 있다. 나는 다행히 그런 사고를 피할 수 있더라도 다른 누군가는 희생되고 말 것이다. 우리는 그런 위험을 안고 살아가야 한다.

지난 10년 동안만 해도 우리는 많은 사고를 겪었다. 10여 년 전인

1993년을 한번 보자. 우암상가아파트 붕괴(1993. 1. 7, 사망 27명), 구포역 열차 전복(1993. 3. 28, 사망 78명), 예비군부대 폭발사고(1993. 6. 10, 사망 19명), 아시아나 항공기 추락(1993. 7. 26, 사망 66명), 서해 페리호 침몰(1993. 10. 10, 사망 292명) 등의 사고가 잇따라 일어났다. 재난방지체계의 미비점이 지적되었고, 시민의 안전의식이 낮다는 점이 지적되었다. 자성의 목소리가 드높아졌고, 여러 정책들이 마련되었다.

그러나 해가 바뀌어도 사고는 계속되었다. 1994년에는 성수대교가 무너지고(10월), 아현동에서 도시가스가 폭발했다(12월). 이어서 1995년에는 대구 지하철 가스폭발사고가 일어나고(4월), 삼풍백화점이 무너졌다(6월). 결국 이 나라는 '사고공화국'이라는 부끄러운 별명을 얻게 되었다.

그러나 2003년으로 훌쩍 뛰어넘어 오더라도 상황은 마찬가지이다. 대구에서 지하철 화재사고로 많은 사람들이 졸지에 불귀의 객이 되었다(2월). 이 때문에 온 나라가 다시금 사고에 대한 논의로 뜨겁게 달아올랐다. 그러나 마치 이런 논의를 비웃기라도 하듯이 바로 이어서 천안에서 화재사고가 일어나 어린 축구선수들이 목숨을 잃었다(3월). 1999년에 '씨랜드 화재사고'로 어린 목숨들이 지고만 사건이 있었음에도 불구하고 또다시 이런 일이 일어난 것이다.

마치 무슨 저주라도 받은 듯이 커다란 사고가 끊이지 않고 계속해서 일어나고 있다. 그러나 물론 저주는 없었다. 설령 저주를 퍼부은 사람이 있다고 해도 문제의 원인은 결코 저주가 아니었다. 우리가 일상적으로 이용하는 도구와 시설 그리고 그런 것들을 이용해서 만들어진 우리의 사회체계가 문제의 근본적인 원인이었다.

그야말로 모든 것이 사고의 원인이고 위험의 근원이라고 할 수 있다.

붕괴나 폭발만이 사고이고 위험은 아니다. 컴퓨터와 인터넷도 사고의 원인이고 위험의 근원이다. 정보사회는 순간의 실수나 악의적인 침해 행위가 순식간에 사회 전체의 위험으로 확대될 수 있는 취약한 사회이다. 세계 제일의 고속통신망 국가는 세계 제일의 정보 위험사회일 수도 있다. 2003년 1월에 이 나라의 인터넷이 마비되었던 이른바 '인터넷 대란'은 이런 사실을 잘 보여준다. 그러므로 우리는 이 같은 놀라운 반전의 가능성을 잊어서는 안 된다.

문제의 심각성은 여기에 있다. '위험사회 현상'은 대증요법으로 해결될 수 있는 것이 아니다. 대증요법은 문제가 된 증상에 초점을 맞추는 치료법이다. 그러나 개별적인 증상보다 훨씬 포괄적인 이상상태가 해당 증상의 원인일 수 있다. 예컨대 체력이 떨어지고 기가 쇠하면 여러 병증들이 나타나게 마련이다. 이런 경우에 대증요법은 아무런 효과도 거두지 못한다. 위험사회 현상도 마찬가지이다. 이 현상은 우리가 안전하다고 믿고 살아가는 사회가 사실은 커다란 위험 위에 서 있는 불안한 사회라는 사실을 고스란히 드러내 보여준다.

위험의 문제는 대단히 중요한 사회적 문제이다. 그러나 우리가 제아무리 최선을 다한다고 해도 위험을 완전히 없앨 수는 없다. 우리는 위험을 최소화하기 위해 최선을 다할 수 있을 뿐이다. 만연한 위험 앞에서 우리는 겸손이 단순한 윤리적 덕목이 아니라 진정으로 절박한 삶의 슬기라는 사실을 깨달아야 한다. 하지만 끊이지 않고 일어나는 사고들을 보면, 우리는 이런 슬기를 가지고 있지 않은 것 같다.

어떻게 해서 이렇게 되었을까? 이런 상황이 우리의 근대화와 깊은 관계가 있는 것은 아닐까? '위험사회론'은 이런 상황을 설명하는 중요한 이론적 실마리를 제공하지 않을까? 대증요법을 넘어서 정말로 체계적인 대책을 세우기 위해, 우리가 이룬 모든 성과들을 '위험사회론'의 관점에서 되짚어보아야 하는 것은 아닐까?

2. 위험사회론

현대사회에 '위험사회'라는 불길해 보이는 이름을 붙인 사람은 독일의 울리히 벡(Ulich Beck)이라는 사회학자이다. 그는 1986년에 『위험사회』라는 제목의 책을 발표했다. 1992년에 이 책은 영어로도 번역되어 세계적으로 널리 읽혔다(울리히 벡 1997). 많은 사람들이 이 책을 읽은 까닭은 현대사회를 보는 새로운 관점[1]을 제시했기 때문이며, 또한 현대사회의 위험성에 대한 설명이 여러모로 설득력을 가지고 있기 때문이다.

울리히 벡은 자신이 현대사회를 '위험사회'라고 주장하게 된 까닭을 두 가지 차원으로 나누어 설명한다. 첫째, 현대사회는 '활화산 위에 선 문명'의 사회라는 것이다. 여기서 그가 특히 주목하는 것은 현대문명의 원천인 '과학기술의 위험'이다. 오늘날 우리는 고도로 발달한 과학기술을 이용해서 살아가고 있다. 우리가 일상적으로 사용하는 많은 것들이 사실은 고도로 발달한 과학기술의 산물이다.

---

1) 이 관점은 두 가지 내용으로 줄일 수 있다. 첫째, 근대에 들어와서 인류가 이룬 엄청난 문명의 성과를 '위험의 체계적 생산'으로 보아야 한다는 것이다. 이것은 '비관적 전망'이라고 할 수 있는데, 이런 점에서 울리히 벡의 '위험사회론'은 『계몽의 변증법』에서 제시된 문명비판론을 되풀이하는 '새로운 묵시론'이라고 비판받기도 한다(Mol and Spaargaren 1993). 둘째, 울리히 벡은 위험이 생산되는 사회적 방식에 주목해서 그것을 바로잡기 위한 시민의 참여를 강조한다. 이것은 궁극적으로 위험에서 벗어날 수 있다고 주장하는 것은 아니지만, 위험을 사회적으로 통제할 수 있는 길을 찾는다는 점에서 '낙관적 전망'이라고 할 수 있다. 이런 점에서 울리히 벡의 위험사회론을 새로운 묵시론이라고 보는 것은 잘못이다.

　　그런데 우리의 과학기술은 놀라운 생산력의 원천인 동시에 살상력의 원천[2]이기도 하다. 대표적인 예로 핵발전소를 들 수 있다. 핵발전소는 엄청나게 많은 전기에너지를 생산하는 시설이지만, 또 한편으로 그것은 본질적으로 '천천히 터지는 핵폭탄'이기도 하다. 핵발전소와 핵폭탄 사이에 본질적인 차이는 없다. 미국의 스리마일 섬 핵발전소 사고(1979)나 소련의 체르노빌 핵발전소 사고(1986)가 이 사실을 잘 보여준다. 그리고 현대사회의 위험 문제에 많은 관심을 가지고 오래 전부터 연구를 해온 미국의 사회학자 찰스 페로우는 핵 발전의 기술은 우리가 통제할 수 없는 고도로 위험한 기술이기 때문에 사용해서는 안 된다고 주장한다(Perrow 1984). 이런 기술을 사용함으로써 우리는 단순히 '풍요사회'에서 사는 것이 아니라 대재앙을 내포하고 있는 '위험사회'에서 살게 되는 것이다.

　　둘째, 현대사회는 '개인주의화'가 더욱더 진척되는 사회이다. 이 주제에서 울리히 벡이 말하고자 하는 것은 이를테면 '사회적 위험'의 증대이다. 개인주의화는 양면성을 지닌다. 한편으로는 사람들에게 자유를 준다. 개인주의화가 진척될수록 개인적으로 그만큼 더 큰 자유를 누릴 수 있게 된다. 전통 공동체의 억압성과 근대사회의 해방을 대비시키는 것은 이 때문이다. 그러나 다른 한편으로 사람들은 개인주의화에 의해 더 많은 위험을 겪게 된다. 여럿이 함께 힘을 모아 문제에 대처하지 않고 홀

---

2) 아마도 현대 과학기술을 '살상력'으로 본 최초의 연구는 레이첼 카슨(Rachel Carson)의 『침묵의 봄』(1962)일 것이다. 이 책은 살충제로 널리 쓰인, 아니 지금도 그렇게 사용되고 있는 DDT의 '살상력'에 관한 연구이다. 그녀는 DDT를 살충제로 부르는 것은 잘못이며 '살생제'라고 불러야 한다고 주장했다. 그 뒤의 연구에서도 확실하게 입증되었듯이, DDT는 강력한 살생제로서 생태계의 파괴를 가져왔다. 현대의 과학기술은 이처럼 심각한 양면성을 가지고 있다.

로 모든 것을 판단하고 대처해야 하는 경우가 늘어나기 때문이다. 이런 문제를 적절히 조절하는 것이 사회의 책임이고 정부의 책임이다.

한편 1980년대에 들어와 서구사회는 대처주의와 레이건주의의 주도 아래 '신보수주의'로 빠르게 옮아가면서 기존의 사회복지를 대폭적으로 줄여나갔다. 개인주의화의 진척과 사회안전망의 축소가 함께 이루어진 것이다. 이런 상태에서 일자리를 잃은 사람들이 갈 곳은 길바닥밖에 없었다. 경기가 침체되면서 노숙자가 크게 늘어나고, 사회 전체는 더욱 불안해지게 되었다.[3] 1990년대부터 강력히 밀려오고 있는 미국발 신자유주의는 우리나라에서도 이런 위험을 높이고 있다.

사실 동서고금을 막론하고 위험이 없는 사회는 없다. 그럼에도 불구하고 구태여 현대의 발달한 사회, 흔히 '풍요사회'로 불리는 사회를 '위험사회'로 부르는 까닭은 무엇인가? 오히려 근대 이전의 사회가 지금보다 훨씬 더 위험한 사회가 아니었는가?

이런 점에서 사실 '위험사회'라는 개념은 대단히 역설적인 의미를 지닌다. 분명히 근대화는 문명의 융성과 위험의 감소로 볼 수 있기 때문이다. 예컨대 질병의 경우를 보자. 중세유럽은 페스트로 말미암아 인구가 1/3로 줄어들었다(존 켈리 2006).[4] 그러나 오늘날에는 페스트로 죽는 사람은 찾아볼 수조차 없다. 또한 유럽인은 총포로 라틴아메리카를 정복

---

3) 이런 변화를 보여주는 것으로 '이중도시' 현상을 들 수 있다. 겉보기에는 휘황한 불빛 아래 모든 사람들이 풍요를 즐기고 있는 것 같지만, 바로 그 뒤편에서는 많은 사람들이 신문지를 둘러쓰고 잠을 자고 있다. 이런 현상은 〈블레이드 러너〉나 〈코드명 J〉 같은 미래를 암울하게 그린 영화에서나 볼 수 있는 것이 아니다. 오히려 이런 영화들은 지금 우리 곁의 '이중도시' 현상을 반영하고 있다.
4) 이 때문에 페스트는 '흑사병'이라는 무서운 이름을 얻게 되었다. 검은 두건을 쓰고 낫을 든 '죽음의 신'은 바로 이 페스트를 형상화한 것이다. 중세유럽의 대미를 장식한 소설 『데카메론』은 페스트의 창궐을 배경으로 삼고 있기도 하다.

하기에 앞서서 이미 그들의 몸에 묻어 있던 천연두균으로 라틴아메리카를 정복했다(알프레드 크로스비 2000). 스페인의 라틴아메리카 정복은 이를테면 인류 최초의 대규모 '생화학전'이었던 것이다. 이렇듯 무서운 천연두균도 이미 오래 전에 정복되었다. 과학기술의 발달이 이런 놀라운 결과를 가져온 것이다.

이처럼 우리의 과학기술은 '자연의 위험'을 이길 수 있는 길을 열어주었다. 그러나 그것은 새로운 '문명의 위험'이 나타나는 원천이기도 했다. 그리고 새로운 '문명의 위험'은 O-157이나 광우병과 같은 새로운 자연의 위험을 낳고 있다. 근대화가 이룩한 놀라운 성과인 풍요사회에서 우리가 맞닥뜨리는 문명의 위험은 여러모로 근대 이전의 세계를 지배했던 자연의 위험과는 다르다. 이것은 천벌이나 불운의 결과가 아니라 우리 문명의 본질적 속성에 속하는 것이다. 이와 같은 '과학기술의 위험'에 초점을 맞추어본다면, 그 특징은 세 가지로 나누어볼 수 있다.[5]

첫째, 현대의 위험은 물리적 하부구조와 사회체계 속에 내재화되어 있다. 다시 말해 위험사회에서 위험은 체계적으로 생산된다. 위험은 저 멀리 어딘가에 있는 것이 아니라, 우리가 하루하루 살아가는 과정이 곧 위험을 생산하는 과정인 것이다. 이런 점에서 보자면, 우리는 위험을 기준으로 우리 문명을 평가하고 일상을 영위하도록 해야 한다. 위험은 건강과 생명의 피해를 뜻하므로, 우리의 삶과 사회를 되돌아

---

5) 울리히 벡은 위험사회에서 '위험'과 관련된 특징을 다섯 가지로 제시한다. 위험을 다루는 전문가의 지위 강화, 사회적 위험집단의 등장과 새로운 불평등, 위험을 매개로 한 자본주의의 변성, 위험의 지식의존성 강화, 비정치적인 것으로 여겨졌던 위험의 정치화 등이 그것이다(울리히 벡 1997, 58~59쪽).

보는 것은 당연한 요청이다. 나아가 더 많은 부를 생산하는 과정은 필연적으로 더 많은 위험을 생산하는 과정일 것이므로, 무조건 더 많은 부를 추구하기보다는 더 안전한 방식으로 부를 생산할 수 있게 하는데 초점을 맞추어야 할 것이다. 이를 위해서는 인력의 배치와 자원의 배분 자체가 크게 바뀌어야 한다.

둘째, 현대의 위험에는 결코 돌이킬 수 없는 재앙을 낳을 수 있는 것, 곧 핵폭발의 위험과 같은 '절대적 위험'이 포함되어 있다. 에드워드 톰슨이 말했듯이, 핵무기는 '절멸의 무기'이다. 그러나 이렇게 위험한 것은 단지 핵무기만이 아니다. 핵발전소는 '느리게 터지는 핵폭탄'이라는 말도 있듯이, 핵발전소도 핵에너지를 이용하는 것이기 때문에 '절멸의 위험'을 안고 있기는 마찬가지이다. 따라서 핵발전소가 늘어난다는 것은 '절멸의 위험'이 커진다는 뜻이기도 하다. 근대 이전에는 이런 '절멸의 위험'이란 오직 '신의 노여움'으로만 나타날 수 있는 것, 다시 말해 '상상적인 것'일 뿐이었지만, 현대의 과학기술은 이런 '절멸의 위험'을 실제로 생산하고 있다.

셋째, 현대의 위험은 시·공간의 제약을 떠나서 지구 곳곳으로 퍼져나가고 있으며 대를 물려가면서 그 힘을 발휘한다. 체르노빌의 핵발전소 폭발사건이 그 대표적인 예이다. 이 사건으로 발생한 방사능 낙진은 지구 곳곳으로 퍼져갔으며, 그 피해는 유전자 변형을 통해 대를 이어가며 나타나고 있다. 잘 알다시피 방사능에 오염된 지역은 방사능의 반감주기가 다할 때까지 몇만 년이라는 오랜 시간 동안 오염된 채로 남아 있다. 체르노빌의 피해는 이런 시·공간의 측면에서 평가되어야 한다. 비단 방사능만이 아니라 현대의 문명을 떠받치고 있는 수많은 오염물질들이 이런 식으로 시·공간의 제약을 떠나서 지구 곳곳에서 모든 생명체에게 사실상 영구적인 영향을 끼칠 수 있다. 산성비, DDT오염, 각종 환경호르몬 물질들 그리고 최근의 유전자조작 생명체가 모두 이런 위험을 안고 있다. 현대문명은 단순히 '풍요의 금자탑'이 아니라 '위험의 바벨탑'이기도 하다.[6]

이와 같이 우리는 위험천만한 문명의 시대를 살고 있다. 그런데 이 위험을 이해하기 위해서는 전문적 이론을 알아야 하며, 이 때문에 위험에 관한 논의는 '전문가'[7]들이 지배하게 된다. 그로 인해 위험에 관한 논의는 제한되고 폐쇄적인 방식으로 진행될 수 있으며, 위험은 한층 더 심각한 상태로 치달을 수 있다.

예컨대 체르노빌에서처럼 사고를 올바로 알리지 않아서 피해가 훨씬 더 커질 수 있는 것이다. 그래서 울리히 벡은 전문가주의에 맞서서 위험에 관한 훨씬 더 폭넓고 열린 토론이 이루어져야 한다고 주장한다. 그리고 위험이 전문가의 손을 벗어나 일반인들에게 알려지면서 중요한 정치적 쟁점으로 비화하는 일이 늘어나는 점에도 주목한다. 그는 이러한 변화를 위험사회에서 일어날 수밖에 없는 사회의 성찰적 대응이라고 파악한다.[8]

---

6) 그러므로 사이버네틱스의 창시자인 노버트 위너가 오래 전에 말했듯이 우리는 '발전에 대한 맹신'에서 벗어나야 한다(노버트 위너 1978, 59쪽).

7) 위너는 전문가들의 '지성적 비관론'에 희망을 품었지만, 그러나 오늘날 이런 태도로 과학기술을 대하는 전문가들이 과연 얼마나 될까? '지성적 비관론'이란 현대의 가속적 발전이 가져올 파멸적 결과에 대한 과학적 예측에서 나온 비관론을 뜻한다. 그는 이것을 그리스 비극에서 볼 수 있는 '비극의 감각'으로 표현하기도 하는데, 그에 따르면 이런 감각을 가지는 것이야말로 '지혜'로워지는 것이다. 이런 점에서 그는 미국인이 놀라운 기술력을 가지고 있으나 그보다 더 중요한 '지혜'를 가지고 있지 못하다고 비판한다(같은 책, 228쪽). 물론 이런 비판은 바로 우리에게도, 아니 우리에게 더더욱 해당될 것이다.

8) 이 점에서 과학기술 운동은 과학기술의 민주화를 직접적인 대상으로 하지만, 위험사회의 성찰적 근대화를 추구하는 새로운 민주화운동이라는 성격을 가지기도 한다. 오늘날 과학

이처럼 '위험사회'의 개념은 우리가 살아가고 있는 현대사회가 안고 있는 근본적인 한계와 문제에 주의를 기울이도록 한다. 이제 한국의 근대화를 위험사회의 관점에서 살펴보도록 하자. 그 초점은 박정희가 추진한 '조국 근대화'와 이를 통해 이룩한 '박정희 체계'의 문제이다.

3. 조국 근대화의 전개

한국의 근대화는 불행하게도 일본 제국주의의 식민지가 되는 것과 함께 시작되었다. 실학에서 근대화의 싹을 찾기도 하지만, 실제적인 근대화는 실학과 무관하게 진행되었다. 그러나 '식민지 근대화'를 통해 이룩된 식민지 근대사회는 그것을 만든 제국주의 근대사회보다 훨씬 더 큰 한계와 문제를 지닐 수밖에 없었다. 무엇보다 식민지에서는 시민주권이 성립하지 않는다는 점에서, 식민지 근대화는 불구적인 근대화였다. 또한 제국주의 모국의 번영을 위한 기지의 조성과정이었다는 점에서, 그것은 어디까지나 파행적 근대화였다.

해방은 불구적이고 파행적인 식민지 근대화를 온전하고 정규적인 근대화로 바꾸어가는 역사적 계기였다. 그러나 계기가 주어진다고 해서 저절로 변화가 이루어지는 것은 아니다. 해방은 되었으나 모든 면에서 근대화는 제대로 이루어지지 않았다. 근대적 국민국가를 수립하기 위한 노력은 분단과 독재로 이어졌다. 10여 년의 세월이 흐르고 늙은 독재자를 몰아낸 1960년의 4월혁명을 통해 다시금 참된 변화의 길이 마

기술의 영향은 참으로 보편적이기 때문에 누구나 관심을 가지고 적극적으로 그 문제에 대처해야 한다.

련되었다. 4월혁명은 이 나라에서 일어난 최초의 시민혁명이었으며, 이로써 근대적 시민주권을 바탕으로 해서 사회 전반의 근대적 변화를 추구할 수 있는 길이 열렸다.

그러나 또다시 불행하게도 박정희의 군사정변으로 최초의 시민혁명은 미완성으로 끝나고 말았다. 그는 스스로 '다카키 마사오'(高木正雄)[9]라고 이름을 고치고 일본의 군사학교를 두 군데나 우수한 성적으로 졸업해서 만주의 관동군에 배치되어 일본군 장교로서 독립군을 토벌하는 데 앞장섰다.

해방 이후에도 박정희를 비롯한 일제 부역군인들은 한국군의 지배세력이 되었다. 그런데 공산주의가 우세를 보였던 해방정국에서 박정희는 남로당에 입당해서 남로당 계열의 장교가 되었다. 1948년 10월 여순사건이 터지고, 이와 관련해서 박정희는 11월 11일에 체포되었다. 그는 사형을 구형받았으나 2천 명이 넘는 군내 남로당원의 명단을 넘기고 풀려나게 되었다. 그리고 백선엽 등 만주군 선배들의 도움을 받아 살아가게 되었다.

박정희를 구원한 것은 '한국전쟁'이었다. 한국전쟁이 일어나자 무엇보다 군인이 필요해졌고, 그 결과 그도 다시 군의 요직을 차지하게 되었던 것이다. 일제 관동군에서 맡았던 병과를 살려서 정보장교로 복무하게 된 박정희는 승진을 거듭해서 군을 장악할 수 있는 자리에 올랐다. 그리고 마침내 군사정변을 일으켜 권력을 찬탈하고 군부독재를 시작했다. 권력을 장악한 박정희는 '조국 근대화'를 내걸고 강력한 경제성장 정책

---

9) 이 이름에는 조선인의 흔적이 남아 있다. '다카키'(高木)는 고령 박씨에서 따온 것이고, '마사오'(雄夫)는 '정희'를 바꾼 것이다. 박정희는 이 점에 불만을 느끼고 '오카모토 미노루'(岡本實)라는 완전한 일본이름으로 다시 바꾸었다.

을 떠나갔다. 그러나 이것은 지독한 '이중의 착취' 과정이었다.

박정희의 죽음과 함께 '박정희 시대'는 끝났다. 무려 18년에 걸쳐 이어진 무소불위의 '총통체제'[10]가 막을 내린 것이다. 그러나 그가 만든 사회체계, 곧 '박정희 체계'는 사라지지 않았다. 우리는 지금도 그가 조국 근대화를 통해 만들어놓은 사회체계 속에서 살아가고 있다. 박정희의 조국 근대화는, 비록 정치적인 면에서는 일제의 식민지 상황과 비슷했지만, 전국의 모든 사람들의 삶을 바꿔놓은 '본격적 근대화'였다. 조국 근대화를 통해 한국의 경제와 문화는 확연히 근대적인 것으로 바뀌었다. 그러나 이 과정은 한국을 대단히 심각한 위험사회로 만드는 과정이기도 했다. 조국 근대화를 통해 이루어진 '박정희 체계'는 '문명의 위험'에 대단히 취약한 위험사회였던 것이다.

이미 그의 통치시절에 이러한 문제는 여지없이 드러났다. 몇 가지 예들을 들어보자. 먼저 '와우아파트 붕괴사건'(1970. 4)[11]을 들 수 있다. 이 사건은 커다란 위험을 내재하고 있는 현대 과학기술이 박정희의 '조국 근대화'에서 얼마나 허술하고 부실하게 다루어졌는가를 잘 보여주었다. 그러나 이 사건은 어떤 변화도 가져오지 않았다. 같은 해 7월에 이루어진 '경부고속도로 개통'은 처음부터 끝까지 부실의 연속이었다. 또한

---

10) 특히 1972년의 '10월유신'을 통해 박정희는 이 나라를 자신이 허용하지 않는 것은 어떤 것도 해서는 안 되는 '겨울공화국'으로 만들었다.

11) 와우아파트는 서울 마포구 창천동에 지어진 시민아파트였다. 이 아파트는 1969년 12월에 준공되어 1970년 4월 8일 아침 6시 반에 무너졌다. 이 사고로 33명이 압사했다. 당시 김현옥 시장은 서울 곳곳에 시민아파트를 짓고 빈민들을 이주시켰다. 그러나 시민아파트는 모두 부실 아파트였다. 이렇듯 부실한 개발사업을 강력히 밀어붙였기에 김현옥에게는 '불도저'라는 별명이 붙게 되었다. 그는 5·16쿠데타 직후 준장으로 예편해서 부산시장으로 일하다가 1966년에 서울시장으로 임명되었다. 그는 박정희의 분신으로 서울의 난개발을 지휘했다(서울시사편찬위원회 1994).

1971년에는 '대연각호텔 화재사건'(1971. 12)으로 많은 사람들이 죽더니, 청량리의 '대왕코너'에서는 잇따라 화재(1972. 8, 1974. 11, 1975. 10)가 나서 많은 사람들이 죽었다. 이 사건들은 조국 근대화가 만들어낸 부실과 비리 사슬의 고리들이었다. 이 사슬은 박정희 체계의 상징으로 여겨졌던 경부고속도로와 청계고가도로에까지 이어졌다. 그리고 그가 죽고 나서 한참 뒤에 일어난 '성수대교 붕괴사건'(1994. 10)과 '삼풍백화점 붕괴사건'(1995. 6)도 모두 이 사슬에 직접 이어져 있는 고리들이었다.

박정희의 조국 근대화는 어떻게 해서 박정희 체계라는 부실한 사회 체계를 만들게 되었는가? 조국 근대화의 특징은 크게 세 가지로 정리할 수 있다.

첫째, 박정희의 조국 근대화는 흔히 말하듯이 압축적 근대화였다. 매우 빠른 시간에 근대화를 이루어나갔지만, 모든 면에서 근대화가 이루어졌던 것은 아니다. 예컨대 정치의 경우는 오히려 박정희로 말미암아 근대화가 크게 지체되고 왜곡되었다. 1961년 5월 16일에 최초의 시민혁명을 무력으로 짓밟고 권력을 장악한 박정희는 11년 뒤인 1972년 10월 17일에 '유신'이라는 이름으로 또다시 군사정변을 일으켜 마침내 '총통'[12]의 자리에 올랐다. 그가 이룬 압축적 근대화는 오로지 경제의 영역에 국한된다. 그는 원천적으로 결여된 정치적 정당성을 경제성장으로 메우려 했다. 경제성장은 그가 권력을 유지하기 위한 유일한 버팀목이었다. 이렇게 해서 '조국 근대화'는 근대화라는 거대한 역사적 변화를 '무조건적 경제성장'과 같은 것으로 만들어버렸다.

이런 상황에서 안전은 쉽게 무시되었다. 안전은 무엇보다 '비용'으로

---

12) 이 명칭은 신해혁명 이후 중화민국에서 처음으로 사용되었다. 우리가 박정희를 가리켜 '총통'이라고 할 때는 그가 민주주의를 무시한 독재자라는 것을 뜻한다.

여겨졌기 때문이다. 하루빨리 더 많은 돈을 벌어서 경제성장을 이루어야 하는 사회에서 안전은 도외시되게 마련이다. '압축적 근대화'의 '빨리빨리'주의야말로 이런 사실을 분명하게 보여주었다.

둘째, '조국 근대화'는 엄청난 물리적 폭력을 동원한 '폭력적 근대화'였다(홍성태 2000ㄴ). 압축적 근대화는 정치적 정당성을 결여하고 강압적으로 추구되었다. 그것은 자연과 사람에 대한 이중의 착취[13]를 바탕으로 하고 있었기 때문에 근대사회의 정상적인 경로로는 결코 이루어질 수 없는 것이었다. 압축적 근대화 자체가 사회적으로 엄청난 폭력이라고 할 수 있지만, 이것을 이루기 위해서 교육과 설득과 합의보다는 강력한 물리적 폭력의 직접적 행사가 더 중요한 수단으로 이용되었다. '조국 근대화'는 경찰은 물론이고 군대까지 동원해서 사람들을 억누르고 몰아붙여서 이루어진 것이다.

물론 헌법은 '공화국'을 내걸었고, 정당과 국회도 있었다. 그러나 그것들은 모두 허울에 가까웠다. 박정희의 결의와 군사력이 '조국 근대화'를 밀고 나가는 실질적인 동력이었다. 그 결과 '안전의식'이 들어설 자리에 박정희식 '군인정신'이 들어서게 되었으며, 그것은 해서는 안 되는 것조차 '하면 된다'는 자세로 밀어붙이는 것을 뜻했다.[14] 명백히 비합리적인 '까라면 깐다'[15] 주의가 사회에 만연하고, 안전을 강조하는 사람은 심지

---

13) 박정희 시대에 관한 지금까지의 연구는 대체로 사람에 대한 착취에 초점을 맞추고 있다. 그러나 고도성장은 사람에 대한 착취와 자연에 대한 착취를 동시에 추구해서 이룬 결과일 뿐 아니라, 심지어 자연에 대한 착취는 사람에 대한 착취를 정당화하는 기제로 악용되기까지 했다. 분배를 늘리기 위해서 자연을 더 적극적으로 '개발'해야 한다는 논리가 그것이다.

14) 여기서 "군인정신은 제정신이 아니다"는 '경구'를 떠올려도 좋을 것이다. '군인정신'이 지배하는 사회는 결코 제대로 된 사회일 수 없다. 박정희처럼 배신과 변절로 점철된 일생을 산 자가 내세우는 '군인정신'이 지배하는 사회는 더 말할 것도 없을 것이다.

어 '겁쟁이'로 여겨지기에 이르렀다.

셋째, '조국 근대화'는 서구의 발달한 물질문명의 외형을 급속히 따라잡으려 했던 '모방적 근대화'였다. 박정희는 강력한 군사력을 동원해서 빠르게 높은 경제성장을 이루어서 한국을 서구와 비슷해 보이는 곳으로 만들고자 했다. 좋은 예로 서울의 변화를 들 수 있다. 박정희는 서울을 자신의 트로피로 만들고 싶어했다. 그러나 그렇게 하기 위해서는 우선 서울을 크게 훼손해야 했으며, 그 대표적인 사업이 이를테면 '청계천 죽이기'였다. 박정희는 청계천을 완전히 복개해서 도로로 만들더니 급기야 그 위에 고가도로를 설치해서 '조국 근대화'의 상징으로 내세웠다. 서울의 명당수이자 문화적 상징이던 청계천은 그렇게 사라졌고, 그 위에 들어선 청계고가도로는 박정희의 트로피가 되었다. 나아가 '조국 근대화'에 따라 서울은 유서 깊은 역사도시로서의 면목을 잃고 높은 건물들이 제멋대로 들어선 근대적 '수직도시'로 바뀌었다. 또한 서울의 외형은 근대도시의 꼴을 갖추게 되었다고 해도, 그 하부구조는 여전히 전근대 상태[16]에 가까웠다. 난마처럼 뒤얽힌 전깃줄들이 하늘을 어지럽히고 땅속에는 많은 관들이 제멋대로 자리를 잡고 들어앉았다.

이런 식으로 '조국 근대화'는 외형적 결과주의를 이 사회의 근본적인

---

15) 군대를 다녀온 한국의 보통 남자라면 누구나 알고 있는 이 말은 "밤송이를 성기로 까라고 해도 까야 한다"는 뜻이다.

16) 이런 점에서 2003년 7월 1일에 착공해서 2005년 10월 1일에 준공된 청계천 복원사업은 단순히 청계천을 복원하는 것이 아니라 '조국 근대화'의 문제를 바로잡는 것이어야 했다. 여기에는 그 내용과 과정의 문제가 모두 포함된다. 내용에서는 경제성장을 위해 자연과 역사와 문화를 파괴하는 '파괴적 개발'을 '보존적 개발'로 바꾸는 것이 가장 중요하다면, 과정에서는 중앙집중적 독재행정을 시민참여형 민주행정으로 바꾸는 것이 무엇보다 중요했다. 그러나 청계천복원시민위원회의 파행적 운영에서 잘 드러났듯이, 불행하게도 청계천복원사업은 이렇게 진행되지 않았다(홍성태 2005ㄱ, 3부 참조).

특징으로 만들어놓았다. 속은 텅 비고 잔뜩 곪았을지라도 겉보기에 그 럴듯해 보이면, 아무 문제가 없는 것으로 여기는 태도가 널리 조장된 것이다. '빨리빨리' 주의와 '까라면 깐다' 주의가 결합해서 끔찍한 결과를 낳을 수 있는 '대충대충' 주의를 길러낸 것이다.

이러한 '조국 근대화'의 작동방식은 한마디로 '군사적 성장주의'라고 할 수 있다(홍성태 2001). 쉽게 말해서 경제성장의 목표를 정하고 마치 군사작전을 벌이듯이 그 목표를 향해 총돌격하도록 하는 것이다. 이런 총돌격이 가능하려면 당근과 채찍이 모두 필요하다. 물론 당근보다는 채찍이 더 중요한데, 당근은 '인천항에 배 들어올 때'로 미룰 수 있기 때문이다. 박정희는 분배를 미뤄두고 성장에 온 힘을 쏟았다. 이를 위해 그는 온갖 군사조치를 다 동원했고, 마침내 긴급조치[17]라는 것까지 발동해서, 아무도 자신의 명령에 거역하지 못하도록 만들고자 했다.

박정희는 사람들을 오로지 경제성장의 외길로 끌고 가려고 했다. 마치 사람들이 모두 '배부른 돼지'가 되고 싶어한다는 듯이, 경제성장으로 모든 것을 해결하려고 했다. 박정희의 군사적 성장주의는 반론을 허용하지 않았으며, 이렇게 해서 한국사회는 빠른 시간에 높은 경제성장을 이루었고, 그만큼 심각한 위험사회가 되고 말았다. 핵발전 정책에서 잘 드러났듯이 '조국 근대화'의 목표는 안전한 삶이 아니라 무조건적 경제성장이었기 때문이다.

'군사적 성장주의'에서 잘 알 수 있듯이 '조국 근대화'를 통해 이룩된 '박정희 체계'는 분명히 가치전도의 사회체계이다. 그것은 경제성장을

---

17) 이른바 '유신헌법'에 규정되어 있던 헌법적 효력을 가진 특별조치를 뜻한다. 1974년 긴급조치 4호는 인혁당 사건이라는 '사법살인'을 저질렀고, 1975년 긴급조치 9호는 사실상 모든 정치활동을 금지했다.

거의 맹목적으로 강요하면서 더 나은 삶에 대한 다양한 가치와 평가를 묵살해 버렸다. 또한 경제성장을 위해 모든 것을 희생하도록 강요하면서 안전을 도외시하고 위험을 무서워하지 않는 파괴적 사회를 만들어냈다. 그리고 이러한 파괴적 사회에 적응해서 사는 것이 삶의 지혜로 자리 잡게 되었고, 사람들의 마음 깊숙한 곳에 파괴적 사회의 뒤집힌 가치체계가 뿌리를 내리게 되었다.

4. 박정희 체계의 문제

위험사회로서 '박정희 체계'의 특징으로는 일단 고도로 위험한 현대 과학기술과 그것을 다루기에 역부족인 대단히 부실한 관리체계의 결합을 들 수 있다. 그러나 정말로 문제인 것은 '박정희 체계'가 지금 우리가 살고 있는 이 사회 자체라는 사실이다. 하나의 체계로서 이것은 여러 요소들이 조직적으로 결합되어 있는데, 여기서는 구조와 주체 두 차원으로 나누어 이 체계를 살펴보고자 한다.

첫째, 구조의 차원에서 가장 두드러지는 문제는 물리적 하부구조에서 찾아볼 수 있다. 물론 '조국 근대화'의 특징에서 살펴보았듯이 사회구조의 문제도 매우 심각했다. 예컨대 군사적 성장주의는 자연과 사람에 대한 이중의 착취를 바탕으로 하고 있었으며, 안전을 단순히 비용으로 여기고 도외시하는 가치전도의 사회체계를 낳았다. 물리적 하부구조의 문제는 이러한 사회구조의 문제와 어울려서 훨씬 더 심각해졌다.

여기서 다시 주의해야 하는 것은 경제성장만이 박정희의 유일한 정당성의 원천이었다는 사실이다. 단적으로 말해서 경제성장은 가난한 농업사회를 부유한 공업사회로 바꾸는 것이었다.

결국 그 요체는 급속하고도 대대적으로 공업화를 이루는 것이었다. 이를 위해서 박정희 정권은 물리적 하부구조를 빠른 시간 안에 값싸게 대량생산하는 데 힘을 쏟았다. 이렇게 해서 근대적 위험의 대량생산이 이루어졌다.

특히 공업에 필요한 여러 자연자원들 중에서 전기와 물은 국내에서 대량으로 생산해서 싼값으로 공급해야 했다. 박정희는 '핵발전'[18]과 '대형 댐'[19]이라는 가장 파괴적인 해결책을 선택했다. 고도성장에 필요한 대량의 전기와 물을 값싸게 생산하기 위해 핵발전과 대형 댐 정책을 택했고, 이 과정에서 핵발전과 대형 댐이 안고 있는 근본적인 위험과 그로부터 발생하는 막대한 사회적 비용은 모두 무시되었다. 그 결과 우리는 큰 파괴를 겪었고, 심지어 커다란 '절멸의 위험'을 떠안고 살아가게 되었다.

두 가지 모두 엄청난 위험을 안고 있기 때문에 선진국에서는 오래 전부터 강력한 반대운동이 펼쳐졌으며, 여러 곳에서 실제로 '폐기'하거나 더 이상 신설하지 않는 정책을 택하고 있다. 그러나 우리는 핵발전과 대형 댐을 추구하는 강력한 '이익집단'[20] 때문에 그렇게 하지 못하고 갈

---

18) 박정희가 강력한 핵발전 정책을 편 것은 전기를 대량으로 빠르게 공급하기 위해서만은 아니었다. 그는 핵발전을 통해 핵무기를 보유할 수 있는 길로 나아가고자 했다.
19) 대형 댐은 단순히 많은 물이나 전기를 공급하는 시설일 뿐만 아니라 드넓은 땅과 많은 마을들을 수장시키는 시설이기도 하다. 물에 잠겨 사라지는 것은 단순히 땅과 마을들이 아니다. 자연과 문화가 사라지는 것이고, 거기서 살던 사람들이 사라지는 것이다. 대형 댐은 자연과 문화를 파괴하고 '수몰민'이라는 이름의 환경난민을 생산하는 시설이기도 한 것이다.
20) 핵발전소와 대형 댐을 둘러싼 대립과 마찰은 '일부 지역주민'의 '이기주의' 때문이 결코 아니다. 자신의 재산과 생명을 지키려는 노력이 어떻게 단순히 '이기주의'일 수 있는가? 이런 식의 비난이야말로 비난받아야 하는 파시즘적 논리이다. 정말로 문제인 것은 심각

수록 위험의 정도가 심각해지고 있다. 핵발전과 대형 댐 정책이 여전히 주류를 이루고 있다는 사실이야말로 우리가 '박정희 체계'에서 벗어나지 못하고 있다는 것을 보여주는 뚜렷한 물증이다.

둘째, 주체의 차원은 국가와 시민으로 나누어 살펴볼 수 있다. '박정희 체계'에서 국가는 모든 것을 알아서 해주는 대신에 시민의 모든 삶에 개입하는 가부장적 국가가 되었다. 이러한 '국가 가부장제'는 국가와 가족의 경계를 흐리게[21] 하고, 주권자로서 시민의 권리를 크게 제약하는 것이었다.[22] 시민은 위험의 대량생산에 관한 올바른 정보를 얻을 수도 없고, 피해가 있어도 좀처럼 항거하기 어려웠다. 국가는 '공익'의 이름으로 이를 합리화했으며 가부장적 권위로 밀어붙였다. 그러나 가부장적 권위는 사실상 전통윤리로 합리화된 파시즘이었고, 무조건 밀어붙인 '공익'은 시민의 합의를 바탕으로 하지 않은 '국가주의적 공익'이었다.

'박정희 체계'는 여러 '공사'들을 만들어 이런 '공익'사업들을 밀어붙였

한 위험을 문제가 아니라고 주장하면서 핵발전소와 대형 댐 정책을 강행하는 세력이다. 그들의 '전력부족론'과 '물부족론'이 모두 심각한 문제를 안고 있거니와, 설령 그렇다고 하더라도 핵발전이나 대형 댐과 같은 '파괴적 개발'이 아닌 '보존적 개발'의 길이 존재한다(이필렬 2001; 염형철 2003).

21) 사실 '국가'라는 말 자체에 이런 문제가 내포되어 있다. '나라'(국)는 '나라'고, '집'(가)은 '집'이어야 한다. 그런데 '국가'라는 말은 명백히 구분되어야 할 두 영역/주체를 하나로 묶어 놓았다. 이승만이나 박정희 같은 국가가부장은 이런 혼동을 단순히 이용한 것일 뿐인지도 모른다. 그만큼 우리의 언어관습에서 '집'이라는 사적 영역과 '나라'라는 공적 영역의 혼동은 뿌리 깊다.

22) 이러한 '국가 가부장제'는 일본 파시즘이 내걸었던 '가족국가'라는 표상(丸山眞男 1980, 281쪽)과 비슷하다. 일본이 '천황'을 총본가로 내세우는 반면에 우리는 '단군'을 시조로 내세우는 점이 다르기는 하지만, 국가를 가족의 연장으로 보고 시민의 권리를 제약했다는 점에서 박정희의 '국가 가부장제'는 관동군에서 익힌 일본 파시즘을 흉내 낸 것이라고 할 수 있다.

다. 이 공사들은 이를테면 '조국 근대화'의 '행동대장'들이었다(오관영 2003; 홍성태 엮음 2005). 그러나 이들이 밀어붙인 것은 '국가 가부장'이 명령하는 '국가주의적 공익'이지 결코 시민의 요구와 합의를 바탕으로 한 '시민적 공익'이 아니었다. 민주화가 진척되면서 이들이 내건 '공익'이 의문시되고, 나아가 이들의 존재 자체에 의문을 가지게 되는 것은 이런 역사적 사정 때문이다.

한편 '국가 가부장제'는 근대적 주체의 형성에 매우 부정적인 영향을 미쳤다. 이것은 두 가지 문제로 나타났는데, 하나는 시민이 시민으로서 잘못된 국가행정을 지적하고 참여하기가 어려웠다는 점이며, 또 하나는 시민이 자율적으로 문제를 해결하기보다는 국가에 의존하는 경향이 강해졌다는 점이다. '국가 가부장제'에서 시민은 국가를 통하지 않으면 어떤 문제도 해결되지 않는다고 생각하고, 또한 국가가 하는 일을 막는 것은 사실상 불가능하므로 체념하고 보상이나 많이 받도록 하자는 것을 배우게 된다. 국가 가부장은 시민을 수동적 주체로 길들이는 것이다.

따라서 '국가 가부장제'는 민주화와 함께 이른바 '정부의 실패'를 낳게 된다. 민주화에 걸맞게 자율적으로 생각하고 실천할 수 있는 시민이 제대로 길러지지 않았기 때문이다. 문제가 일어날 때마다 사람들은 '정부의 보상'을 바라고, 이것을 당연한 '정부의 책임'으로 여기게 된다. 그러나 국가는 피해에 대한 직접적인 보상보다는 피해가 일어나지 않도록 하는 데, 또한 피해에 대해 시민이 자율적으로 대처할 수 있도록 하는 데 더 큰 책임을 가져야 한다. 민주화는 사회가 이런 방향으로 나아갈 수 있게 하는 것이어야 한다.

2003년 2월 대구에서 일어난 비극[23]에서도 '박정희 체계'의 문제를 다시 확인할 수 있다. 1990년대 중반을 지나면서 한국의 전철이나 철도에서는 '경영합리화'를 위해 계속 '인력감축'을 해오고 있다. 그러나 이런 식의 신자유주의 정책은 사회적 위험을 늘리는 동시에 기술적 위험을 늘리기 십상이다. '경영합리화'라는 이름으로 안전을 단순히 비용으로 여기기 때문이다. 지하철은 대단히 위험한 공간이므로 안전대책에 만전을 기해야 하지만, 한국의 지하철에서 안전은 절대적인 요건이라기보다는 가능한 한 적게 들여야 하는 비용으로 다루어졌다. 대구의 비극에는 이런 구조적 문제가 깔려 있다.

2003년 4월에 서울의 지하철 1호선에는 철도청에서 붙인 새로운 안전포스터가 부착되었다. 시너통을 든 사람을 십자가로 짓누르고 있는 모습을 크게 그려놓고, 그 아래 "한 사람의 실수가 여러 사람의 고귀한 생명을 앗아갑니다"라는 문구가 씌어져 있었다. 시너통을 든 사람은 대구 지하철에서 불을 지른 '그 사람'[24]을 뜻했던 듯하다. 나는 이 포스터를 장애인단체는 물론이고 우리 사회의 위험문제에 관심을 가지고 있는 모든 시민단체들이 문제로 삼을 수 있다고 생각했다. '가해자'인 장애인의 처지를 모욕하는 것일 뿐더러, 또 다른 '가해자'인 대구지하철공사의 문제에 대해서는 언급조차 하지 않기 때문이다. 그 사람은 '실수'를 한 것이 아니라 '방화'라는 범죄를 저질렀다. 대구지하철공사는 이런 범죄나 사고에 대비해서 끔찍한 재앙을 막았어야 했다. 하지만 철도청은 이런 구조적 문제에 대해서는 한마디도 하지 않고, 대구의 비극을 '한 사람의 실수'로 몰아가는 포스터를 제작한 것이다. 그야말로 '박정

---

23) 2003년 2월 18일 대구 지하철에서 정신이상자의 방화로 전철에 불이 나서 무려 192명의 사람들이 죽었다. 이 참사로 사고에 대한 지하철의 준비와 대응이 모두 큰 문제를 안고 있다는 사실이 잘 드러났다.
24) 이 사람은 지하철을 무사히 빠져나왔으며 체포되어 무기징역을 선고받았다.

희 체계'에서 한 치도 벗어나지 못한 것이다.

한편 철도노조나 지하철노조 쪽의 대응에서도 문제를 찾아볼 수 있었는데, 노조 쪽은 마치 '인력감축'이 '만악(萬惡)의 근원'인 듯한 태도를 취했다. 과연 그랬을까? 충분한 인력을 배치했다고 하더라도 잘못된 체계를 그대로 두고서는 작은 사고가 급격히 대형사고로 비화하는 것을 막을 수 없다. 대구의 비극은 이런 사실을 다시 한번 명백히 보여주었다.

이런 사고에 대해 노조는 좀더 적극적으로 '시민적 공익'을 추구하는 모습을 보여줘야 했다. 예컨대 지하철 내장재를 비롯해서 환기시설이나 대피로에 이르기까지 모든 것을 제대로 된 안전기준에 따라 바꾸도록 촉구하는 활동을 펼쳐야 했다. 많은 시민들이 이러한 구조적 대응과 체계의 변화를 요구하고 있었다. 노동자의 생존권을 지키는 것이 모든 위험문제에 대한 필요 충분한 대응책일 수는 없다. 노동자의 생존권을 지키는 것은 '시민적 공익'의 중요한 한 요소이다. 그러나 그렇다고 해서 그것이 모든 문제를 해결해 줄 수는 없다. 특히 대구의 비극에서 드러났듯이, 우리의 지하철 공간이 안고 있는 가장 큰 문제는 내장재나 대피로 같은 물리적 시설과 구조가 안전을 전혀 고려하고 있지 않다는 데 있다.[25]

지금까지 보았듯이 '박정희 체계'는 고도의 위험사회이다. 한편으로는 고도로 위험한 기술을 일상적으로 이용하는 사회체계이면서, 또한

---

[25] 대구지하철의 비극이 있고 나서 정부는 지하철에 방독면을 공급하는 사업을 벌였다. 이른바 '국민방독면'이다. 2006년 5월 현재, 공공기관과 지하철역에 116만 4892개의 국민방독면이 공급되었으나, 그중 41만 개가 착용하면 오히려 치명적인 해를 끼칠 불량품으로 밝혀졌다. 이 문제는 이미 2004년부터 지적되었으나 전혀 시정되지 않고 커다란 부패문제로 비화되고 만 것이다.

이런 위험한 기술을 이용하기에는 턱없이 부실한 사회체계이기도 하다. 이 위험천만한 체계가 아직까지 생생히 살아 있을 수 있는 가장 중요한 까닭은 압축적 근대화를 통해 '경제성장이 곧 근대화'라는 잘못된 생각을 널리 퍼뜨리는 데 성공했기 때문이다.

물론 이런 생각이 저절로 퍼져나간 것은 아니다. '박정희 체계'는 세계적으로 유례가 없는 토지투기 경쟁과 학력경쟁의 구조를 만들어냄으로써, 사람들이 치열한 경쟁을 벌이면서 '자발적으로' 이 체계를 재생산하게 했다. 이른바 '안전 불감증'은 단순히 심리적인 사실이 아니다. 어떤 면에서 그것은 '박정희 체계'가 우리의 내면에 끼친 가장 큰 영향이라고 할 수 있다. 사회의 구조는 사람의 심성에도 깊은 영향을 준다. '박정희 체계'는 우리의 '안전 불감증'에 큰 영향을 미쳤다. '절멸의 위험'을 안고 있는 '핵발전에 대한 상찬[26]'에서 잘 드러나듯이, 박정희 체계는 사실상 '안전 불감증'을 조장하는 사회체계라고 할 수 있다.[27]

---

26) 핵발전의 위험을 호도하기 위해 만들어진 원자력문화재단이라는 공공기관에서는 2003년 봄부터 핵발전을 '행복에너지'로 부르는 광고를 만들어 퍼트리고 있다. 이것은 그야말로 '과대광고'의 극치라고 할 수 있다. 핵발전은 언제나 '절대적 위험'을 안고 있다. 핵발전을 '행복에너지'로 선전하는 것은 핵발전의 위험을 제대로 알리지 않음으로써 결과적으로 국민의 기본권을 심각하게 침해하는 잘못을 저지르는 것이다. 원자력문화재단은 핵발전의 위험을 제대로 알리고 그 대안을 모색하는 중립적 감시기구로 재편되어야 한다.

27) 전쟁의 기억과 징병제를 통해 만연된 군사주의도 '박정희 체계'의 자발적 생산에서 중대한 구실을 했다. '박정희 체계'는 경쟁주의와 군사주의라는 강력한 지원세력을 거느리고 있는 것이다. 이와 함께 과학주의의 구실에 대해서도 주의해야 하지만, 이 경우는 그동안 고등교육의 확대와 자연환경의 파괴에 따라 많이 약해진 것으로 보인다. 핵 발전과 대형댐에 관한 '과학적 주장'이 이제는 좀처럼 먹혀들지 않게 된 것이 그 좋은 예이다.

5. 생태적 전환의 과제

'박정희 체계'는 경제성장에 성공했다. 그렇기 때문에 우리는 아직도 박정희 체계 속에서 살고 있는 것이다. 그러나 우리가 단순히 '삶의 양' 이 아니라 정말로 '삶의 질'을 추구한다면, 이제는 박정희 체계를 벗어 나서 새로운 사회체계를 이루어나갈 수 있어야 한다. 박정희 체계는 본 질적으로 '삶의 양'에나 걸맞은 후진적 사회체계이지 결코 '삶의 질'을 추구할 수 있는 선진적 체계가 아니기 때문이다.

박정희 체계 이전의 한국사회가 안고 있던 가장 큰 문제는 가난이었 다. 꼭 전쟁 때문이 아니더라도 도처에 헐벗고 굶주린 사람들이 널려 있었다. 그렇지만 박정희 체계만이 이런 가난에서 벗어날 수 있는 길은 아니었다. 시간이 좀더 걸리더라도 자연과 안전을 돌보며 경제성장을 추구할 수도 있었다. 박정희 체계의 성공은 그런 대안의 가능성이 '실 패'한 것이 아니라 차라리 짓밟혀 '유린'당한 것을 뜻한다.

박정희 체계의 기본모순은 높은 경제력에 걸맞지 않은 낮은 안전도, 낮은 문화생활, 낮은 자연보존 상태라고 할 수 있다. 다시 말해 사람들 이 경제력에 걸맞은 '삶의 질'을 누리지 못하고 있는 것이다. 열심히 애 써서 돈과 지위를 얻었어도 백화점이 무너져서 죽는다면, 아무것도 소 용이 없지 않은가? 아무리 돈이 많아도 기껏 유흥밖에는 삶을 즐길 수 없다면, 그런 사람도 역시 딱한 사람이 아닌가? 좋은 집에 좋은 차를 가 지고 있어도 일년 내내 스모그가 가시지 않는 곳에서 살아야 한다면, 이 역시 잘산다고 할 수는 없지 않은가?

우리가 어떤 상황에서 살고 있는지는 국제비교를 통해 잘 알 수 있다. 우리의 경제력은 국내총생산 기준으로 세계 10위에 이를 정도로 OECD

30개국 가운데서도 높은 편이다. 그러나 대기의 질은 OECD 국가들 중에서 가장 나쁜 것으로 조사되었다.[28] '박정희 체계'의 공간적 중심인 서울의 경우는 더 심각하다. 미국의 거대 컨설팅업체인 머서 휴먼 리소스 컨설팅(Mercer Human Resource Consulting)의 '삶의 질' 조사에 따르면, 세계 215개 도시를 대상으로 한 2002년도 조사에서 서울은 종합순위 93위, 환경의 질을 감안한 순위는 157위를 차지했다. 그리고 2006년 4월에 발표한 같은 조사에서 서울은 종합순위 87위를 차지했다. 놀랍고 부끄러운 순위가 아닐 수 없다. 시궁창에 사는 졸부의 모습을 보는 것 같기도 하다. 돈이 있어도 잘 쓸 줄 모른다는 얘기는 바로 우리의 상황에 해당하는 것이다.

1960년대부터 선진국이 걸어온 변화의 길은 산업사회에서 생태사회로, 노동사회에서 문화사회로, 위험사회에서 안전사회로 나아가는 것이라고 할 수 있다. 우리도 이런 변화의 길을 가야 할 것이다. 이것은 단순히 주관적인 희망이 아니라, 객관적인 조건이 이렇게 하도록 요구하는 것이기도 하다. 예컨대 석유와 핵은 머지않은 장래에 고갈되고 말 것이다(이필렬 2002). 그렇다면 우리의 문명은 근원적으로 변하지 않을 수 없을 것이다. 여기에는 두 가지 길이 있을 수 있다. 하나는 영화 〈매드 맥스〉에서 볼 수 있는 것과 같은 자원전쟁과 적자생존의 길[29]이며, 또 하나는 햇빛발전을 중심으로 재생 가능한 대안에너지를 적극적으로

---

28) 이에 대응해서 2005년 1월 1일에 수도권대기환경개선 특별법이 시행되었으며, 이와 함께 '수도권 대기 질 개선 10년 프로젝트'도 시작되었다. 한국의 열악한 환경 질은 세계경제포럼에서 발표하는 환경지속성지수에서도 잘 나타난다. 2002년에는 146개국 중 136위였으며, 2005년에는 122위였다.

29) 이 길은 가장 강한 자가 이기게 되는 길이다. 다시 말해 미국이 추구하는 길이다. 아들 부시의 이라크 침략전쟁은 무엇보다 '석유약탈 전쟁'이었다(교육방송, 〈시사 다큐: 움직이는 세계〉 2003. 4. 16 참조). 또한 미국문제에 관해서는 홍성태(2003 ㄱ) 참조.

찾는 길이다. 우리의 문명이 내거는 고상한 가치에 어울리는 것은 물론 뒤의 길일 것이다.

선진국은 이미 이런 '생태적 전환의 길'로 적극적으로 나아가고 있다. 그러나 우리는 '박정희 체계'에서 벗어나지 못한 채 '매드 맥스의 길'을 향해 치닫고 있다. 원자력문화재단은 핵에너지를 '행복에너지'라고 선전하고 있다. 그러나 그것이 '불행에너지'라는 사실은 이미 여러 곳에서 확인되었으며, 또한 우라늄이 조만간 고갈될 것이라는 사실도 분명하다. 그럼에도 불구하고 정부와 한전은 핵에너지 정책을 조금도 바꾸려 하지 않고 있다. 그러나 후진적 '박정희 체계'로부터 벗어나기 위해서는 '불행에너지' 핵발전의 폐기를 적극적으로 추구해야 한다. 그것은 생태위기의 시대에 대응하는 올바른 발전의 과제이다.

'박정희 체계'의 위험을 가리키기 위해 흔히 '한국적 위험사회'라는 표현을 쓰기도 한다. 그러나 이 표현의 바탕에 '한국사회는 후진사회'라는 인식이 깔려 있다면, 그것은 조금 문제라고 하지 않을 수 없다. 한국사회는 이미 경제적으로 선진국이다. 사실 우리가 경제적으로 이룬 것은 우리의 자연적 조건과 사회적 능력을 훨씬 넘어서는 것이다. 그리고 지금 우리에게 가장 큰 과제는 경제적 능력에 걸맞게 삶의 질을 높이는 것이다. 한국사회의 문제는 돈이 없는 것이 아니라 많은 돈을 잘못 쓰고 있는 것이다. '박정희 체계'를 지탱하기 위해 탕진되는 세금은 한국사회를 '생태적 복지사회'로 만들기 위한 재원으로 사용되어야 한다.

극심하게 파괴된 자연을 되살리는 '생태적 전환'은 안전사회로 나아가기 위한 출발점이다. 왜냐하면 생태적 전환은 구조적 위험에 대한 자각과 성찰을 요청하기 때문이다. 이미 우리는 생태적 전환을 이룰 수 있는 경제적 능력을 갖추었다. 남은 것은 실천뿐이다. '박정희 체계'의 반인간성과 반생태성을 똑바로 보자. 핵발전과 대형 댐으로 상징되는 '조국 근대화'의 길을 벗어나 선진국이 가고 있는 '생태적 전환'의 길로 나아가자. 바로 우리 자신과 우리의 후손을 위해, 자연을 짓누르는 삶이 아닌 자연을 존중하는 삶을 살아야 한다. 우리의 위험사회는 생태사회를 꿈꾸고 있다.

(『문화과학』, 35호/2003년 가을호)

개발주의와 생태주의
생태적 탈근대를 향해

1. 머리말

우리가 살아가는 이 세상은 하나의 거대한 생태계를 이루고 있다. 생태계(ecological system)란 생물과 비생물이 특정한 질서에 따라 결합되어 조직된 체계를 가리킨다. 생태계는 너무나 복잡한데다 끊임없이 변화하는 동적 체계이어서, 우리가 생태계를 완전히 이해한다는 것은 불가능하다. 그렇지만 그 특징에 대해서는 잘 알고 있다. 생태계의 특징은 크게 세 가지로 나눌 수 있다.

첫째, 유한성이다. 생태계를 이루는 기본 원료는 지구의 물질이다. 지구의 생물과 비생물은 지구의 물질이 존재하는 두 가지 방식이다. 물론 지구의 물질만으로 이런 변화가 이루어진 것은 아니다. 해에서 오는 햇빛에너지가 지구의 물질에 큰 영향을 미쳤고, 마침내 생물이 나타날 수 있었다. 그런데 햇빛에너지는 무한한 데 비해 지구의 물질은 유한하다. 특히 현대 공업문명을 지탱하는 화석연료는 앞으로 수십 년 정도 사용할 분량밖에는 남아 있지 않다.

둘째, 연관성이다. 지구의 생물과 비생물은 서로 연관되어 있다. '먹이사슬'이 이 사실을 잘 보여주는데, 비생물에서 생물이 태어나고 식물은 비생물을 유기물로 만들고 초식동물은 식물을 먹고 육식동물은 초식동물을 먹고 미생물은 육식동물을 비생물로 만든다. 연관성은 이 세상의 모든 것이 서로의 존재근거가 된다는 것을 뜻한다. 이 때문에 생태계에서 한쪽의 문제는 다른 쪽의 문제로 쉽게 전이된다. 북극곰까지도 각종 화학물질에 오염된 것은 이런 사실을 잘 보여준다.

셋째, 순환성이다. 순환이란 물질과 에너지가 한 존재에서 다른 존재로 끝없이 옮겨가는 것을 뜻한다. 다시 '먹이사슬'을 예로 들자면, 먹는 것이 먹히는 것이 되며 먹히는 것이 먹는 것이 된다. 이 과정에서 비생물은 생물이 되고 생물은 비생물이 된다. 순환의 중요성은 그것이 유한한 물질과 에너지를 무한하게 사용하는 방식이라는 데 있다. 생태계에서는 영원히 버려지는 것이란 없다. 밥이 똥이 되고, 다시 똥이 밥이 된다. 순환성은 이 세상을 지탱하는 가장 중요한 원리이다.

오늘날 우리는 '생태위기'의 시대를 살고 있다. 생태위기는 다시 말해 '생태계의 위기'이다. 구체적으로 그것은 무엇을 뜻하는가? 생태위기는 무엇보다 순환성의 위기를 가리킨다. 요컨대 생태위기는 각종 오염으로 말미암아 생태계가 본래의 순환능력을 잃어버리는 것으로 나타난다. 오염은 그 자체가 우리의 생존에 큰 위협이 될 뿐 아니라, 자원의 유한성을 크게 강화함으로써 우리의 생존을 근본적으로 위협하게 된다. 또한 순환성의 위기는 생태계의 연관성을 통해 전체 생태계의 재생산

위기로 이어지게 된다. 생태계가 처리할 수 있는 양을 훨씬 뛰어넘는 양의 이산화탄소를 배출한 결과로 지구온난화가 가속적으로 진행되어 지구 곳곳에서 이상기후가 자주 발생하는 것이 그 대표적인 예이다.

생태위기는 우리의 생존근거인 외적 자연의 위기에 그치지 않는다. 우리 자신이 생태계의 한 요소이기 때문에 생태위기는 곧 우리 자신의 위기이기도 하다. 요컨대 생태위기에 따라 우리의 몸 자체가 심각한 변형에 시달리게 된다. 미나마타병[1]을 비롯한 각종 공해병으로 고통받게 되거나 환경호르몬으로 내분비계가 심각하게 교란되는 것 등이 그 좋은 예이다.

무엇보다 중요한 것은 우리의 생존을 직접적으로 위협하는 생태위기가 바로 우리의 산물이라는 사실이다. 산업혁명 이후의 개발주의야말로 현대의 생태위기를 초래한 주범이다. 따라서 생태위기에 올바로 대처하기 위해서는 개발주의의 문제에 대해 올바로 대처하는 것이 중요하다. 개발주의의 생태적 전환을 이루지 않고 생태위기에 올바로 대처할 수 있는 길은 없다.

---

1) 1956년 일본의 구마모토 현 미나마타 시에서 공식적으로 처음 보고되었다. 이 병은 자연으로 배출된 메틸수은이 먹이사슬을 통해 체내에 축적되고, 이렇게 축적된 메틸수은이 신경계를 마비시켜서 일어나게 된다. 구마모토 현 미나마타 시에 있는 일본질소공장에서 바다로 무단 배출한 폐수에 포함된 다량의 메틸수은이 원인이었다. 세계 최악의 공해병으로 기록된 이 병은 일본의 고도성장이 극심한 자연파괴를 통해 이루어진 것이었음을 생생히 보여주었다(深井純一 1999).

2. 개발주의의 역사

'개발'이란 사람에게 유용하도록 자연을 가공하는 일체의 행위를 가리킨다. 모든 개발이 사람에게 유용한 결과를 가져온 것은 아니었지만, 적어도 개발은 그것을 목표로 내걸고 추진되었다. 이런 뜻에서 개발은 문명과 함께 나타났다고 할 수 있다. 아니, 문명이 개발의 산물인 것이다. 그러나 오늘날 개발은 이런 일반적인 뜻을 넘어서 근대화의 본질적 특징과 관련해서 이해되어야 한다. 근대화와 더불어 개발은 명백히 질적 변화를 겪었기 때문이다.

가장 근본적인 의미에서 근대화는 인간과 자연의 관계가 질적으로 변화했음을 뜻한다.[2] 근대화 이전까지 인간은 자연을 있는 그대로 이용하거나 극히 부분적으로 가공할 수 있었지만, 근대화가 이루어지면서 이 같은 상황은 질적으로 바뀌게 된다. 과학의 발달로 인간은 자연의 비밀을 이해할 수 있게 되었고, 그에 따라 자연을 점점 더 자신이 원하는 대로 가공할 수 있게 되었다. 마침내 오늘날 인간은 인간 자신을 생물학적으로 개조하고 생산할 수 있는 문턱에까지 왔다.[3] 다음의 〈표 1〉은 이런 사실을 요약한 것이다.

인간과 자연의 관계는 적응과 가공이라는 두 가지 개념으로 파악할

---

2) 이것은 생명을 이어간다는 근원적인 면에서 그렇다는 것이다. 사회적인 면에서 보자면 근대화의 핵심은 신분제를 철폐하고 민주주의를 이룬 정치혁명에서 찾을 수 있다.
3) 한국사회에서 황우석이 이건희와 함께 '언터처블'(untouchable)의 지위를 누릴 수 있었던 것은 이 때문이다. 황우석은 이건희에 비하자면 그야말로 아무것도 가진 것이 없는 사람이라고 할 수 있었지만 그의 연구성과는 이건희 회장이 가진 것보다 훨씬 더 커다란 경제적 가치를 생산할 수도 있었다. 그러나 이건희에 대한 열광이 위험천만한 '삼성공화국'의 문제를 낳은 것처럼, 황우석에 대한 열광은 과학의 위험성을 도외시하는 위험천만한 풍조로 이어졌으며, 나아가 황우석의 '사기극'을 낳은 중요한 원인이 되었다.

<표 1> 인간과 자연의 관계

시기	문명	특징
1만년 이전 시대	수렵채취단계	자연에 대한 수동적 적응
1만년 이후 시대	농업문명단계	자연에 대한 적극적 적응 자연의 수동적 가공
250년 이후 시대	공업문명단계	자연의 적극적 가공

수 있다. 적응이란 주어진 조건에 자신을 맞추는 것이다. 문명 이전의 인간에게는 다른 동물과 거의 마찬가지로 주어진 조건으로서의 자연에 수동적으로 적응하는 길밖에 없었다. 그 시대의 인간은 단순히 자연의 한 요소에 지나지 않았던 것이다.

오랜 시간이 지나면서 인간은 자연법칙을 이해할 수 있게 되었고, 이로부터 농업이 시작되고 문명이 형성되어 나갔다. 오랫동안 농업은 자연에 대한 적극적 적응의 상태에 머물러 있었는데, 즉 수렵채취 단계 때처럼 주어진 것만을 이용하는 것이 아니라 자연의 법칙에 적극적으로 적응하여 곡식과 가축을 기를 수 있게 되었던 것이다. 다시 시간이 지나면서 인간은 적극적 적응에서 한걸음 더 나아가 자연을 수동적으로 가공하게 되었다. 곡식과 가축의 품종을 조금씩 개량할 수 있게 되었던 것이다.

수동적 적응에 비해 적극적 적응과 수동적 가공은 질적 비약에 해당하는 것이었다. 다른 동물들처럼 막연히 먹이가 늘어나기를 기다리는 것이 아니라, 인간은 스스로 먹이를 기르고 그 성질을 바꿀 수 있게 되었다. 그 결과는 엄청난 것이었다. 이집트의 피라미드나 중국의 대운하가 증명해 주듯이, 농업문명 단계에서도 인간은 실로 어마어마한 문명과 문화를 이룰 수 있었다. 사실 농업문명을 미개한 것으로 보는 것은 공업문명의 오만에 가깝다. 어떤 면에서 농업문명은 공업문명보다 더 놀라운 성과를 이룩했다고 할 수 있다. 거창하고 복잡한 기계가 없이도 농업문명은 거대한 건축과 미세한 수공의 기술을 닦았던 것이다.

그러나 농업문명은 지금으로부터 250년 전에 영국에서 시작된 공업문명에 비한다면 극히 초라한 것이었다고 해도 좋을 것이다. 농업문명은 기본적으로 자연의 제약에 갇혀 있는 문명이었지만, 공업문명은 바로 이 제약을 깨뜨리고 나타났다. 이로써 인간은 상상조차 할 수 없던 성공을 거두었다. 세계 곳곳에서 인구가 크게 늘어났으며, 인간은 유례없는 물질적 풍요를 누리게 되었다.[4] 그러나 바로 그 결과 지구생태계는 위기에 빠지고 말았다. 수십억 년이라는 기나긴 시간 동안 진행된 공진화[5]의 결과로 이루어진 지구생태계의 안정성이 갑자기 동요하기 시작한 것이다.

안정된 지구생태계는 가장 근원적인 문명의 물질적 기반이다. 이러한 문명의 기반 자체가 흔들리면서 결국 문명의 존속은 심각한 의문의 대상이 되기에 이르렀다. 근대화가 낳은 가장 위험한 결과는 바로 이것이다. 공업문명을 통해 인간은 자연의 제약을 넘어설 수 있게 되었다고 생각했으나, 자연의 제약을 넘어선다는 것은 궁극적으로 불가능한 꿈일 뿐이라는 사실이 생태위기를 통해 분명해진 것이다. 지구생태계는 한계를 지니고 있으며, 이 한계에 대한 인류의 도전이 생태위기를 낳은

4) 인구의 증가는 공업문명의 성공을 보여주는 지표로 흔히 사용된다. 1800년대 초에 세계인구는 처음으로 10억 명을 넘어섰던 것으로 추정된다. 1999년 6월 세계인구는 60억 명을 돌파했으며, 다시 2006년 2월에 세계인구는 65억 명을 넘어섰다. 보건과 영양의 향상이 이러한 인구증가의 직접적 배경이다. 그 바탕에는 현대 공업문명이 자리 잡고 있다.
5) 공진화(coevolution)란 생물과 생물이, 생물과 비생물이 서로 영향을 미치며 함께 변하는 것을 뜻한다. 생명체들은 서로 영향을 미치면서 함께 변하며, 또한 생명체와 비생명체는 서로 영향을 주고받으며 함께 변한다. 이것은 상생의 세계를 낳을 수도 있지만, 자칫 파국으로 이어질 수도 있다. 예컨대 공업문명이 지구온난화를 낳는다면, 이어서 지구온난화가 공업문명의 파탄을 낳을 수 있다.

것이다.

근대적 개발은 자연의 적극적 가공을 그 본질로 하는 공업문명을 확산하는 행위이며, 개발주의란 이런 근대적 개발을 사회의 핵심적 목표로 삼는 태도를 뜻한다. 따라서 공업화와 함께 개발주의의 역사는 시작되었다고 할 수 있다. 그러나 국가적 목표로서 개발주의의 역사가 시작된 것은 독일, 일본, 미국 등 후발자본주의 국가가 등장하면서부터이며, 1917년의 러시아혁명을 통해 권력을 장악한 레닌과 볼세비키는 소련에서 강력한 개발주의를 밀어붙였고, 1950년대에 들어와서 개발주의는 제3세계의 근대화와 함께 마침내 세계 전역으로 확산되기에 이르렀다.

1950년대에 개발주의의 지구화를 촉진한 것은 미국에서 고안되어 세계로 퍼져나간 '근대화론'이었다. 월트 로스토우(Walt Whitman Rostow) 등의 학자들이 정립한 근대화론은 미국이 주도하는 공업주의와 자본주의의 질서를 충실히 따른다면 모든 나라가 미국처럼 부유해질 수 있다는 뜻을 담고 있었다. 이것은 가난한 제3세계 국가들에게 대단히 유혹적인 이론이었다. 실제로 근대화론은 식민지에서 해방되고 민족주의 노선을 추구하며 사회주의로 이끌리고 있던 가난한 제3세계 국가들을 미국의 지배 아래로 끌어들이려는 정치적 의도를 품고 있었다.

1960년대에 들어와서 근대화론에 대한 강력한 반론이 제기되기 시작했다. 근대화론의 약속이 제3세계에서 이루어지기는커녕 제국주의의 문제에 덧붙여 독재의 문제가 새롭게 나타나고 빈부격차도 더욱 극심해졌기 때문이었다. 새로운 이론은 무엇보다 '종속'의 문제를 강조했다. 식민지상태에서 벗어났다고 해도 제3세계 국가들은 여전히 제1세계 국가들의 지배를 받고 있기 때문에 자립적 경제성장을 이루지 못하고 있다는 것이었다. 예컨대 종속이론의 선구적 주창자인 안드레 프랑크

(Andre Frank)는 제3세계에서는 '저개발의 개발'이 진행되고 있을 뿐 결코 근대화론의 약속은 이루어지지 않고 있다고 주장했다. '저개발의 개발'이 이루어지고 있을 뿐이라면 당연히 근대화론의 약속은 지켜질 수 없다. 이런 점에서 종속이론은 근대화론을 '제국주의의 신식민지 이데올로기'로 규정한다.

당연히 근대화론과 종속이론은 모든 면에서 매우 대조적인데, 다음의 〈표 2〉는 그 내용을 요약한 것이다.

이처럼 두 이론은 추상적인 세계관에서부터 구체적인 정책에 이르기까지 사사건건 대립했다. 그러나 공업주의를 사회변화의 동력으로 본다는 점에서는 양자가 대립하지 않았다. 다만 본질적으로 공업주의를 누가 주도할 것인가에서 양자는 대립하였을 뿐, 결코 공업주의 자체의 문제를 다루는 것으로 나아가지는 못했다. 한편 종속이론이 정립되어 세계 곳곳에서 논란을 불러일으키기 시작했을 때, 생태위기의 징후도 세계 곳곳에서 본격적으로 나타났다. 이로부터 개발주의에 대한 근본적인 도전이 일어나기 시작했다. 개발주의의 문제가 너무나 심각해져서 더 이상 방치해 둘 수 없는 지경에 이르렀던 것이다.

〈표2〉 근대화론과 종속이론

	근대화론	종속이론
주창자	월트 로스토우(미국인)	안드레 프랑크(독일인)
지향	자본주의	사회주의
동력	공업주의	공업주의
세계상	상호 의존적 세계	지배와 종속의 세계

3. 개발주의의 문제

역사적으로 볼 때 생태주의의 도전은 개발주의의 문제가 가져온 필연적인 결과라고 할 수 있다. 자원의 고갈과 자연의 오염은 개발주의의 한계와 위험을 명확하게 보여준 생생한 예였다. 개발주의의 문제는 자본주의와 사회주의라는 체제의 차이에 관계없이 똑같은 모습으로 나타났다.[6]

우리는 이를 물질의 가공과 공간의 변형으로 나누어 살펴볼 수 있다. 물질의 가공이란 공업의 핵심으로서 그 결과 심각한 생태위기가 빚어진다. 공업은 수십억 년의 공진화를 거쳐 형성된 자연의 변형을 가져왔으며, 그 결과 자연의 균형은 심각하게 파괴되고 말았다. 오늘날 개발은 흔히 공간의 변형과 관련된 행위를 가리킨다. 다시 말해 '개발업자'라는 말에서 잘 드러나듯이 부동산 개발이 개발의 대명사가 된 것이다. 그러나 사실 개발은 크게 공업화 개발과 부동산 개발 두 가지 내용으로 이루어지며, 당연히 개발주의는 이러한 두 가지 개발을 적극적으로 추구한다.

---

6) 사회주의의 몰락 이후에 더 상세하게 밝혀졌듯이, 사실 사회주의에서 개발주의는 훨씬 더 큰 문제를 발생시켰다. 1986년 4월의 체르노빌 핵발전소 폭발사고가 그 대표적인 예이다. 소련은 세계 최초로 핵발전소를 가동하면서 이것을 사회주의의 우월성을 보여주는 예라고 주장했으나, 그 결과는 참담한 실패였다. 하지만 사실 이것보다 더 무서운 파괴의 예도 있다. 스탈린의 지휘 아래 시작된 자연개조계획에 따른 아랄해의 감소가 그것이다. 스탈린의 무모한 계획은 아랄해를 1/3 크기로 줄여놓았으며, 그 결과 아랄해 부근은 심각한 재앙지역이 되고 말았다. 어떻게 해서 이런 일이 일어났을까? 사회주의 국가는 모두 전체주의에 가까운 독재체제였다. 사회주의 국가에서는 사회가 국가의 잘못을 통제할 수 있는 장치가 없었으며, 있다고 해도 형식적인 것뿐이었다. 마르크스주의의 근원적인 결함은 정치의 부재이다. 경제를 바로잡으면 정치는 그 자체로 바로잡힐 것이라는 경제주의가 이 문제의 원천임은 분명하다.

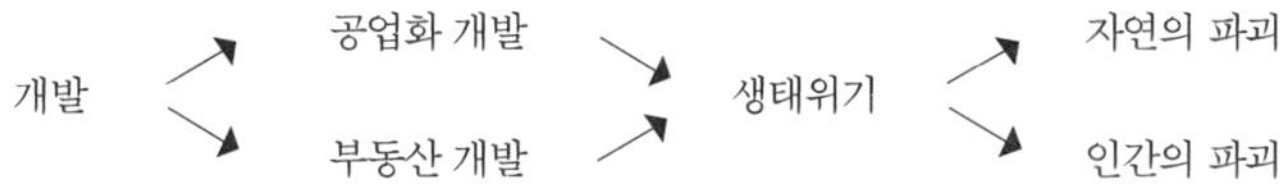

개발주의를 이념으로 삼는 국가를 개발국가라고 한다. 사회주의에서 국가는 가장 중요한 경제주체이기 때문에 사회주의 국가는 그 자체가 개발국가이다. 사실 소련과 중국은 역사상 가장 강력한 개발국가에 속할 것이다. 자본주의에서 개발의 주체는 기업이어야 하므로 모든 국가가 개발국가인 것은 아니다. 그러나 실제로는 자본주의에서도 국가는 가장 중요한 경제주체이기 때문에 선진국과 후진국을 떠나서 모든 국가가 사실상 개발국가의 성격을 가진다. 요컨대 근대국가는 체제의 차이를 떠나서 모두 개발국가라고 할 수 있다.

개발국가는 무엇보다 공업화를 적극적으로 추진하는 국가이다. 따라서 대체로 공업화의 정도에 따라서 개발국가의 정도가 다르게 나타난다. 이런 점에서 전형적인 개발국가는, 자본주의와 사회주의라는 체제의 차이를 떠나서, 공업화를 강력히 추진하는 개발도상국에서 찾아볼 수 있다.[7] 물론 일본과 한국처럼 대단히 높은 수준의 공업화를 이루고도 여전히 강력한 개발국가의 상태에 머물러 있는 국가도 있다. 또한 일본과 한국은 불필요한 부동산 개발이 경제성장의 핵심적 방식으로 작동하는 기형적 개발국가인 '토건국가'에 속하기도 한다.

공업화가 국가의 존립을 다투는 과제로까지 추진되었던 역사를 돌

---

7) 공업화에 따른 사회주의의 생태위기에 관해서는 존 포스터(2001, 109~16쪽)를 참조. 사회주의의 생태위기와 마르크스주의의의 연관에 관한 분석은 홍성태(2004ㄱ, 제6장 "생태맑스주의로의 길")를 참조.

이켜볼 때, 공업화에 따른 생태위기는 불가피한 것이었다고 하지 않을 수 없다. 파괴적 공업화에 반대하는 것 자체가 반국가적 행위로 여겨지기까지 한 상황에서, 공업화의 문제에 대처하려는 노력이 제대로 취해지지 않는 것은 당연했다. 사실상 모든 나라에서 공업화의 문제에 대처하는 것은 경제성장 이후의 과제로 미루어졌다.

여기서 무엇보다 주의해야 할 것은, 이런 식으로 해서 파괴적 공업화가 경제적으로 구조화되었다는 사실이다. 따라서 파괴적 공업화의 문제에 대처하는 것은 곧 파괴적 공업화가 구조화된 경제의 구조를 바꾸는 것이 된다. 단순히 외부불경제[8]를 바로잡는 것이 아니라 역사적으로 형성된 경제구조를 바로잡는 것이 파괴적 공업화의 문제에 대처하는 핵심적인 과제가 되는 것이다. 바로 이 때문에 파괴적 공업화의 문제에 대처하는 것은 실로 어려운 과제가 아닐 수 없다. 경제구조의 개혁은 산업구조의 개혁과 노동구조의 개혁을 축으로 해서 이루어지기 때문에, 대다수 사회구성원 사이에서 이해관계의 심각한 대립과 충돌을 낳을 수밖에 없다. 이런 상황에서 개발주의는 존속하고 생태위기는 심화되기 쉽다. 개발주의를 근원적으로 바로잡고자 하는 사람은 여전히 소수이기 때문이다.

그러나 오늘날 공업화는 지구생태계 자체를 파탄지경으로 몰아넣고 우리의 몸을 교란시키고 있다. 이른바 지구적 환경문제의 대표적인 예로 꼽히는 지구온난화와 오존층파괴를 보자.

---

8) "생산자나 소비자의 경제활동이 시장거래에 의하지 않고 직접적으로 또한 부수적으로 제3자의 경제활동이나 생활에 영향을 미치는 것을 외부경제 효과라고 하는데, 그 영향이 이익이면 외부경제, 손해면 외부불경제라고 한다."(네이버 백과사전) 대표적인 예가 바로 환경오염이다.

공업화는 화석연료를 이용하여 이루어진다. 화석연료를 태우면 다량의 이산화탄소가 대기중으로 방출된다. 그리고 이산화탄소는 온실기체로서 햇빛이 지구 밖으로 빠져나가는 것을 막는다. 너무나 많은 이산화탄소가 대기중으로 배출되면 지구 전체가 온실이 되어버리는 것이다. 이미 지구는 이런 상태에 있다. 그 결과 곳곳에서 이상기후현상이 나타나고 있다. 북극의 빙하가 빠르게 줄어들고 있으며, 남태평양의 작은 섬 국가들은 바다에 가라앉게 될 것을 걱정하고 있다. 태풍의 세기가 계속 커지고 있고, 세계 곳곳에서 홍수도 빈발하고 있다. 기후가 너무 빠르게 변해서 생태계에 심각한 교란이 일어날 것으로 예측되고 있다. 문명의 본원적 기초인 지구생태계의 안정성이 심하게 훼손된 것이다.

한편 햇빛에는 생명을 살리는 에너지뿐 아니라 생명을 죽이는 자외선도 들어 있다. 지구에서 생명체가 살아가기 위해서는 자외선의 침투를 막아야 하는데, 이 역할을 하는 것이 지상 50km 상공에 있는 성층권 오존층이다. '독수리 5형제'가 아니라 성층권 오존층이 지구를 지키는 것이다. 그런데 CFC[9]라는 화학물질을 지나치게 사용한 결과, 이 성층권 오존층이 대규모로 파괴되었다. 이로부터 많은 문제가 발생하고 있다. 남미의 파타고니아에서는 자외선 때문에 백내장에 걸린 눈먼 양이 길을 잃고 방황하기도 했다. 자외선의 공격은 사람이라고 해서 피해 가지 않는다. 사람도 많은 자외선에 노출되면 백내장이나 피부암에 걸리기 쉽다. 미생물이나 식물도 큰 영향을 입게 된다. 자외선은 모든 생명체를 죽일 수 있다. 따라서 만일 자외선이 지구 전역을 무차별적으로 공격하게

---

9) '프레온'이라는 상품명으로 더 잘 알려져 있다. 이 가스는 미국의 뒤퐁사에서 개발한 것으로 냉매제, 발포제, 세척제 등으로 널리 사용되었다. 그 파괴성이 알려지면서 1987년에 몬트리올 의정서를 통해 생산과 이용을 국제적으로 규제하게 되었다.

된다면, 지구는 금성과 비슷한 황무지 별로 변하고 말 것이다.

환경호르몬의 문제도 대단히 심각하다. 화학물질은 생물의 몸속에서 호르몬과 비슷한 역할을 하기 때문에, 화학물질이 생물의 몸속으로 들어가면 내분비계가 교란되기 쉽다. 이렇게 되면 생물의 몸이 이상해지고 만다. 예컨대 번식을 할 수 없게 된다거나 기형을 낳을 가능성이 높아지는 것이다. 이러한 '환경호르몬'의 문제는 이미 우리의 일상이 되었다. 북극곰도, 참치도 모두 환경호르몬에 심각하게 오염되어 있는 상태이다. 북극곰과 참치가 오염된 세상에서 우리의 몸은 당연히 더 심하게 오염될 수밖에 없다. 오늘날 우리는 사실상 환경호르몬 속에서 살아가고 있다고 해도 과언이 아니다. 우리 외부의 환경뿐만 아니라 우리 자신이 심각하게 오염되고 있는 것이다. 따라서 공업문명의 생태적 전환은 더 이상 미룰 수 없는 긴급한 과제이다.

이제 부동산 개발과 관련된 개발주의의 문제에 대해 살펴보자. 근대화의 정치적 핵심이 민주화라면, 그 경제적 핵심은 공업화이다. 문명사적으로 볼 때, 근대와 전근대를 가르는 가장 중요한 차이는 공업에서 찾을 수 있다. 인간은 공업의 발달을 통해 자연을 마음대로 가공하고 변형할 수 있게 되었기 때문이다.

우리는 공업이라고 하면 흔히 공장 같은 특정한 시설이나 장소를 떠올리지만, 공업화는 이처럼 단순히 공장을 짓고 운영하는 것으로 끝나지 않는다. 생산시설인 공장을 가동하기 위해서는 원료를 공장으로 옮기고 또 공장에서 생산한 산물을 소비지로 옮겨야 한다. 이로부터 거대한 공간적 체계가 만들어지는데, 여기서 체계란 수많은 구성요소들이 특정한 질서에 따라 결합된 조직을 뜻한다. 이와 같이 공업화는 단순히 공장을 짓는 것으로 그치는 것이 아니며, 공장 자체가 여러 요소들이

어울려서 이루어진 복잡한 하나의 체계이다. 나아가 이런 공장을 가동하고 운영하기 위해서는 더 복잡하고 거대한 공간적 체계를 형성해야 한다. 도로와 댐과 발전소 등 각종 하부구조를 함께 만들어야 하며, 노동자들이 먹고 살 수 있는 여러 시설들도 만들어야 한다. 한마디로 공업화는 본질적으로 거대한 부동산 개발과 직결되어 있는 것이다. 이러한 공간적 변화는 당연히 분업을 촉진시키는 더 복잡한 사회적 변화로 이어진다. 공업화는 거대한 기술적 · 공간적 · 사회적 변화인 것이다.

개발국가 중에서 특히 부동산 개발에 주력하는 국가를 '토건국가'라고 부른다. 생태학의 눈으로 보자면, 일반적으로 공업화 개발이 각종 오염과 파괴를 낳는 주범으로 지목되었지만 사실 외적인 파괴는 부동산 개발이 훨씬 더 대규모이고 극심하다고 할 수 있다. 경제적으로 볼 때 부동산 개발을 주도하는 것은 토건업인데, 토건업은 많은 비자금을 쌓기가 쉬우면서 고용도 쉽게 늘릴 수 있기 때문에 정치적으로 큰 영향력을 행사한다. 이 때문에 토건업에 대한 규제가 약한 국가에서는 "토건업과 정치권이 유착하여 세금을 탕진[10] 하고 자연을 파괴하는 국가"로서 '토건국가[11]'가 나타나기 쉬울 수밖에 없다(홍성태 엮음 2005).

---

10) "문민정부 출범 이후 12년간 뇌물사건 보도내용을 조사한 결과, 뇌물사건 중 건설부문이 차지하는 비중이 건수로는 55.3%, 명수로는 64.2%를 차지한 것으로 나타났다." 또한 "뇌물은 구속 불구속 시점의 혐의와 법원의 추징액을 근거로 산출한 결과 총 1383억 4000만 원으로 이중 건설부문은 43.3%인 546억 2900만 원이었다"(안홍섭 2006, 75쪽).

11) 한국은 OECD 국가들 중에서 토건업의 비중이 가장 높은 나라이다. 다른 나라들은 1인당 국내총생산에서 건설업이 차지하는 비중이 7~13% 정도이지만, 한국은 지난 30여 년간 20%대를 넘나들었다. 한국의 건설업 비중은 과도한 수준을 넘어서 병적인 것으로 평가된다. 한국경제의 질적 성숙을 위해서도 '토건국가'의 개혁은 무엇보다 긴요한 과제이다. '토건국가'는 지대의 급격한 상승으로 제조업의 위축을 가져오며, 설비투자를 위축시키는 한편으로 부동산 투기로 자금이 몰리도록 조장하고, 이로써 극소수 지주와 투기꾼을 제외한 대다수 국민들의 삶을 피폐하게 하기 때문이다. 눈앞의 경기부양효과 및 고용효

한때 개발은 발전과 동의어로 사용되었다. 실제로 개발에 해당하는 영어 development는 원래 발전이라는 뜻을 담고 있다. 발전이란 "내적 성숙을 통해 더 나은 상태로 변하는 것"을 뜻한다. 그러나 개발은 "인위적 작용을 통해 자연이나 사회의 상태를 바꿔놓는 것"을 뜻한다. 이처럼 개발과 발전은 다르거니와, 이제 더 이상 개발과 발전을 같은 것으로 여겨서는 안 된다.

개발은 발전일 수도 있고 타락일 수도 있다. 따라서 우리가 무엇보다 주의해야 하는 것은 '어떤 개발'인가 하는 문제이다. 경제성장을 명분으로 낡은 개발주의를 계속 강행하는 것은 대단히 잘못된 것이다. 그것은 장기적으로 생태의 위기를 심화시킴으로써 우리 모두를 심각한 생존 위기로 몰아넣으며, 단기적으로는 생태의 위기를 매개로 불평등을 더욱더 심화시킨다. 이 점에서 우리는 생태적 탈근대로 나아가고자 하는 생태주의의 도전에 주목해야 한다.

4. 생태주의의 도전

서구에서 1960년대는 격동의 시기였다.[12] 낡은 가치관이 무너지고 새

과 때문에 '토건국가' 정책으로 건설업의 비중을 계속 유지하고자 하는 것은 구멍 난 배에 돌덩어리를 없는 것과 같은 짓이다. 이런 짓을 노태우와 김영삼 정권이 했고, 김대중정권에 이어서 노무현정권이 같은 잘못을 더욱더 크게 저지르고 있다. 선진국이 되기 위해서는 건설업의 비중을 10% 이하로 줄이는 동시에 각종 사회서비스의 비중을 대폭 늘려야한다.

12) 1960년대 서구사회의 문화적 변화에 관한 포괄적 연구로는 Marwick(1998)을, 미국의 변화에 초점을 맞춘 연구로는 Morgan(1991)을 참조. 다니엘 벨은 1970년대 중반에 『자본주의의 문화적 모순』(김진욱 옮김, 자유문학사, 1990)이라는 책을 펴냈다. 이 책에서 그는 "1960년대

로운 가치관이 확연히 그 모습을 드러냈다. 이른바 1968년의 5월혁명은 그 상징과 같은 역사적 사건이었다. 이로써 계급적 평등을 핵심적 가치로 여기던 사회운동의 시대가 마감하고 개인의 자유를 핵심 가치로 하는 새로운 사회운동의 시대가 열렸다. 이것은 분명히 엄청난 변화였으며, 그 바탕에는 소련을 비롯한 사회주의 국가의 독재정치, 미국 등 자본주의 국가의 금권정치, 불의하고 잔인한 베트남전쟁 등에 대한 깊은 환멸이 자리 잡고 있었다.

1960년대 서구에서 일어난 거대한 변화는 흔히 "계급에서 개인으로" "정치에서 문화로" "욕구에서 욕망으로" 등의 표현으로 요약된다. 그러나 이 시기에 나타난 가장 근본적인 변화는 사실 현대 공업문명의 한계와 위험에 대한 인식이었다. 1950년대에 미국은 세계에서 가장 부유한 나라로서, 머지않아 세계의 이상국가로 떠올랐다. 이른바 '아메리칸 드림'은 이미 1900년대 초에 만들어진 것이었지만, 1950년대 들어와서 더 화려하고 강력해진 것이다(見田宗介 1996, 2~18쪽).

그러나 그 뒤편에서 무엇인가 무서운 일이 진행되고 있다는 두려움이 커졌다. 그리고 1962년에 레이첼 카슨[13]이라는 생물학자는 그 무서운 일의 실상을 생생하게 드러내 보여주었다. 그녀의 책『침묵의 봄』이 발간되었던 것이다.

DDT(dichloro-diphenyl-trichloroethane)[14]라는 화학물질의 위험성을

의 표지는 정치적 급진주의와 문화적 급진주의였다. 이러한 두 급진주의는 반항에의 충동이라는 공통점으로 이어져 있었다"(170쪽), "1960년대의 미국에서는 방향감각에서 일종의 혼란이 퍼져가고 있었다"(263쪽)고 쓰고 있다. 이 책은 1960년대 서구사회에 대한 보수적 설명의 뛰어난 예로서 흥미롭고 중요하다.

13) 이 위대한 생물학자에 관해서는 린다 리어(2004) 참조.

14) "유기합성 살충제의 시초로서 1874년 O. 자이들러에 의해서 최초로 합성되고, 1939년 P. H. 뮐러에 의해서 그 살충효과가 확인되었다. 제2차 세계대전중에 처음으로 실용화되어

적나라하게 파헤친 이 책은 미국인들에게 엄청난 영향을 끼쳤고, 케네디 대통령조차 의회에서 이 책을 언급하며 미국정부가 필요한 정책을 추진할 것이라고 약속하도록 만들었다. 레이첼 카슨은 미국의 풍요가 사실 무서운 파괴의 산물이라는 것을 잘 보여주었으며, 이 책을 통해 사람들은 위기에 처한 자연의 상태에 대해 잘 알게 되었다. 그녀의 책은 잘못된 풍요를 바로잡고자 하는 새로운 사회운동으로서 현대 환경운동의 형성으로 이어졌다.

생태주의의 등장은 개발주의에 큰 영향을 끼쳤는데, 무엇보다 자원고갈과 자연오염 문제는 개발주의의 한계와 위험을 명확하게 보여주는 생생한 예였다. 우리 자신의 건강한 삶을 위해 현대 공업문명을 즉각적으로 버려야 한다고 주장하는 급진적이고 근본적인 생태주의자들이 나타났다. 그리고 이런 주장을 적극적으로 실천하는 사람들도 생겨났다.

하지만 이런 사람은 극소수였다. 지금도 대부분의 사람들은 여전히 파괴적인 공업문명을 영위하며 살아가고 있다. 이로부터 '덜 파괴적인 공업문명'을 수립하는 것이 대단히 중요한 과제로 떠오르게 되었다. 근본적 생태주의자들의 급진적 투쟁은 개발주의의 생태적 개선이라는 형태로 그 성과를 거두게 된 것이다. 즉 생태주의의 현실적 영향력은 개발주의를 개선함으로써 현대 공업문명을 덜 파괴적인 방향으로 변화시키는 것으로 나타났다.

전후에 세계 각국에서 농업용 또는 위생해충 방제용으로 널리 사용되어 왔다. …곤충의 표피에 부착한 후 기문(氣門)이나 환절막(環節膜)을 통하여 체내에 흡수되어 중추신경을 마비시킴으로써 곤충을 살멸시킨다. …인체에 축적되어 만성중독(慢性中毒)을 일으키는 것으로 알려져서 미국·스웨덴 등 선진국에서는 제조·판매를 금지하였으며, 한국에서도 이미 제조·판매·사용을 금지하였다."(네이버 백과사전)

1970년대 초부터 본격적으로 나타난 생태주의의 도전과 개발주의의 개선은 '생태적 전환'이라는 장기적 목표를 향한 출발로서 큰 의미를 지닌다. 생태주의의 도전에 힘입어, 1960년대까지만 해도 제대로 받아들여지지 않던 생태위기의 현실은 1970년대에 들어와서 각국 정부와 국제연합에 의해 명백한 사실로서 공식적으로 인정되기에 이르렀다. 그 단적인 예는 1972년에 스웨덴의 스톡홀름에서 열린 유엔의 제1회 세계환경회의[15]였다. 환경보존을 둘러싸고 선진국과 개도국 사이의 갈등이 최초로 표출된 회의였으나, 길게 보아서 이 회의는 지속가능발전정책의 확립을 향한 첫걸음이었다. 이 회의를 통해 마침내 우리의 공업문명 자체를 바꿔야 한다는 요구가 사회운동의 차원을 넘어서 각국 정부의 정책이나 기업의 경영방침에 스며들 수 있게 되었던 것이다.

생태주의의 도전에 따른 개발주의의 개선은 1970년대 초에 시작되어 1980년대 말까지 계속 이어졌다. 그것은 다음의 〈표 3〉과 같이 네 가지 이론으로 정리될 수 있다.

'성장의 한계론'은 메도우즈 교수의 연구팀이 1972년에 로마클럽[16]의 보고서로 발표한 『성장의 한계』라는 책[17]에서 제기되었다. 메도우

---

15) 이 회의는 10년에 한번씩 열린다. 1982년에는 케냐의 수도인 나이로비에서 열렸고, 1992년에는 브라질의 리우데자네이루에서 '세계환경정상회담'으로 열렸고, 2002년에는 남아프리카공화국의 요하네스버그에서 '지속 가능한 개발을 위한 세계정상회의'로 열렸다. 사실 이 회의의 성과는 그다지 크지 않다. 그러나 적어도 생태위기의 현실을 공식적으로 인정하고 대응책을 추구한다는 점에서 그 정치적 의미는 결코 작지 않다.

16) "1968년 4월 서유럽의 정계·재계·학계의 지도급 인사가 이탈리아 로마에서 결성한 국제적인 미래 연구기관"으로 알려졌다. 대체로 좌파는 로마클럽을 우파의 조직이라고 비난하지만, 로마클럽의 연구는 주로 지구의 생태적 한계를 강조하는 것이며, 이에 대해서는 좌파도 반드시 귀를 기울여야 한다. 어떤 좌파도 지구의 생태적 한계를 넘어서 존재할 수는 없다.

17) 최초의 한글본은 1972년에 『인류의 위기』라는 제목으로 삼성미술문화재단에서 출간되

<표3> 개발주의의 생태적 개선

	발표시기	주창자
성장의 한계론	1972	로마클럽의 의뢰로 MIT의 메도우즈 교수의 연구진이 연구하여 발표
제로 성장론	1974	미래를 위한 자원의 의뢰로 맨커 올슨 등의 연구자들이 발표
생태적 개발론	1976	국제연합에서 새로운 개발론의 개념으로 생태적 개발론을 제시
지속가능 개발론	1987	국제연합의 세계환경발전위원회에서 새로운 개발론의 개념으로 지속 가능한 개발론을 제시

즈 교수의 연구팀은 공업문명이 자원고갈과 자연오염을 가속화하여 지구의 생태적 한계를 빠르게 앞당기고 있는 것을 보여주면서, 돌연한 파국을 맞이하기 전에 한계를 향해 치닫는 공업문명을 관리해야 할 필요성을 강조했다.

환경이 성장을 방해하려는 자연의 압력에 대해 종래에는 기술을 적용함으로써 그것을 해결하는 데 성공해 왔으므로 문화 전체가 한계에 추종하여 생존하는 것을 배우기보다 도리어 한계와 싸운다는 원칙을 가지고 진보해 왔다. 인류와 그 활동의 상대적인 크기에 비하여 지구와 그 자원이 일견 거대해 보이기 때문에 이와 같은 문화의 경향이 조장되었다.

그러나 지구의 한계와 인간의 활동 사이의 상대적인 관계는 변화하고 있다. 기하급수적 성장으로 말미암아 매년 몇백만의 인간과 몇십억 톤이나 되는 오염물질이 생태계에 새로이 끼여들고 있다. 옛날에는 무진

었다. 삼성미술문화재단은 재벌에서 설립한 최초의 문화재단이지만, 이른바 편법상속의 수단으로 설립된 최초의 문화재단으로 더 잘 알려져 있다.

장이라고 생각된 해양에서조차도 상업적으로 유용한 어류가 하나씩 사라져 가고 있다. (171~72쪽)

인류는 한계를 스스로 설정하여 인구와 자본의 성장을 불러일으키는 거대한 압력을 약화시키느냐, 아니면 반대압력을 만들어내느냐, 또는 그 양자를 조합시킴으로써 바라는 때에 성장을 정지시키는 일이 아직 은 가능하다. 이와 같은 반대의 압력은 아마도 반드시 쾌적한 것은 아 닐 것이다. 그것은 몇 세기에 걸친 성장에 의해 인류의 문화에 깊이 새 겨진 사회적·경제적 구조에 근본적인 변화를 가져올 것이 분명하다. (175쪽)

이러한 '성장의 한계론'은 좌우 양쪽으로부터 격렬한 비난을 받았다. 우파는 기술의 발달로 문제를 해결할 수 있으며 결국 '무한성장'을 이룰 수 있다고 주장했다.[18] 이와 달리 좌파는 부유한 서구가 가난한 제3세계 의 개발을 막기 위한 논리라고 비난했다.

그러나 이러한 비난으로는 결코 '성장의 한계'를 막을 수 없었다. 따라 서 국제연합 차원에서 이 중대한 문제에 대응하기 위한 노력을 계속 기 울이게 되었다. 국제연합은 1972년부터 10년 주기로 세계환경회의를 열 기 시작했으며, 이 회의의 결과로 1987년에 '지속 가능 개발'이라는 개념 을 제시하게 되었다. 그것은 "미래세대의 욕구와 열망을 충족시킬 수 있

---

18) 이와 관련된 좋은 예로 앨빈 토플러가 1970년에 발표한 『미래충격』을 들 수 있다. 이 책에 서 토플러는 생태주의를 잘못된 비관론으로 비난하며 강력한 기술낙관론을 주창한다. 그가 전세계 자본가들의 스승으로 떠오를 수 있었던 것은 이 때문이었다. 『성장의 한계』 는 이런 '우파'의 기술낙관론에 대한 '우파'의 정면비판이라고 할 수 있다.

는 능력을 위태롭게 하지 않고 현세대의 욕구와 열망을 충족시키는 개발"을 뜻한다(세계환경발전위원회 1994, 71쪽). 이에 대해서도 '성장의 한계론'에 대한 비난과 비슷한 비난이 쏟아졌다.

사실 '지속 가능 개발'은 대단히 모호한 개념이다. 예컨대 '미래세대의 욕구와 열망'을 어떻게 규정할 수 있는가?(Jacobs 1991) 이런 점에서 비난은 당연한 것일 수 있었다. 그러나 물론 이러한 비난은 대체로 개발주의의 저항이라는 성격을 갖는 것이었다. '지속 가능 개발'이라는 개념에 따르면, 기존의 개발주의는 '지속 가능하지 않은 개발', 따라서 거부해야 하는 개발을 추구하는 이념으로 규정되기 때문이었다. 좌우의 차이를 떠나서 개발주의 세력은 지속 가능 개발의 개념에 대해서도 강한 반감을 드러냈다.

그러나 이런 저항은 생태위기의 현실을 이길 수 없었다. 따라서 1992년 브라질의 리우에서 열린 세번째 세계환경회의에서는 '지속 가능 개발'을 앞으로 모든 나라가 추구해야 하는 개발의 모형으로 채택했다. 물론 이 모형이 각국에서 제대로 추구되고 있다고 할 수는 없다. 예컨대 중국의 삼협댐 건설사업이나 한국의 새만금 간척사업은 각각 세계 최대의 댐건설 공사와 갯벌매립 공사로서 세계 최악의 반(反)지속 가능 개발이지만, 우습게도 지속 가능 개발이라는 이름으로 추진되고 있다.

그러나 지속 가능 개발이 국제연합 차원에서 새로운 개발의 개념으로 채택되었다는 것은 생태주의의 도전이 이룬 역사적 성과라고 해야 옳을 것이다. 물론 개발주의로 말미암아 생존위기의 벼랑으로 내몰린 세계 각지의 수많은 사람들이 보기에 이러한 성과는 결코 큰 것이 아니다. 목숨을 걸고 파괴의 현장을 증언하고자 한 그린피스의 투쟁, 의회로 진출해서 국가정책을 근본적으로 바꾸고자 한 서구 녹색당의 투쟁 등에 힘입어 지난 40여 년 동안 적지 않은 성과를 거둔 것은 사실이지만, 생태주의의 도전은 이룬 것보다는 이뤄야 할 것이 훨씬 더 많은 상태에 있다.

5. 맺음말

오늘날 우리는 개발주의와 생태주의가 지구 곳곳에서 강력하게 충돌하는 시대에서 살고 있다. 지구온난화와 오존층파괴로 대표되는 지구적 생태위기의 시대에서 살고 있을 뿐만 아니라 이런 심각한 위기에서 벗어나고자 애쓰는 사람들이 계속 늘어나는 시대에서 살고 있기도 한 것이다. 그리고 겉으로 드러난 주장이나 질서로만 보았을 때, 이미 종래와 같은 개발주의의 시대는 끝났다고 할 수 있다. 어떤 나라도 공식적으로는 생태위기의 현실이나 지구 생태계의 한계를 무시하지 않고 있으며, 나아가 보존과 복원의 과제에 힘을 기울이고 있기 때문이다. 그러나 사실은 어떤가? 여전히 개발주의는 지배적 위력을 발휘하고 있다. 지구 곳곳에서 생태주의 세력은 개발주의 세력에 맞서서 힘든 싸움을 벌이고 있다. 〈표 4〉는 이런 변화를 간략하게 정리한 것이다.

지난 반세기 동안에 지구적 차원에서 많은 변화가 이루어졌다. 먼저 공업문명의 확산에 따른 생태위기의 확산이 이루어졌고, 이어서 이에 대한 대응으로 생태주의의 확산이 이루어졌다. 우리는 좌우의 차이를 떠나서, 또한 강대국과 약소국의 차이를 떠나서, 지구 어디서나 이런 변화가 일어난 것을 볼 수 있다. 그러나 이런 변화에도 불구하고 여전히 개발주의의 힘은 막강하다. 생태주의는 아직 개발주의를 효과적으

〈표 4〉 개발주의와 생태주의의 충돌

	1950년대	1960~80년대	1990~2000년대
표면	개발주의	생태주의의 대두 · 발전 지속가능 발전 개념	지구환경정상회담 지속 가능 발전 정책
이면	개발주의	개발주의	개발주의와 생태주의의 충돌

로 통제하는 수준에까지 이르지 못했다.

문명사의 관점에서 보자면, 사실 이런 통제는 오직 시간의 문제일 뿐이다. 자원이 고갈되고 자연이 오염되면서 공업문명은 머지않아 쇠퇴할 것이기 때문이다. 그러나 사회사의 관점에서 보자면, 이러한 쇠퇴에는 커다란 혼란과 투쟁이 따르기 일쑤이다. 이러한 혼란과 투쟁을 줄이기 위해 무엇을 할 것인가? 생태위기가 심화될수록 이 질문은 더욱더 절박한 것이 될 것이다. 지금 여기서 무엇을 하지 않으면 안 된다. 과연 무엇을 해야 하는가?

이제 생태주의를 무시한 민주주의는 성립할 수 없다. 2003년의 부안 항쟁이 잘 보여주었듯이, 생태민주주의를 도외시한 참여민주주의란 개발주의의 이념적 외피로 타락하고 만다(홍성태 2004ㄷ). 정치적 목적으로 강한 개발주의 정책을 펼치는 참여정부에 맞서서 한국의 환경운동은 '환경비상시국'을 선포하기도 했다. 지율스님은 잘못된 고속철 터널 공사를 막기 위해 무려 100일 동안이나 단식강법을 벌여야 했다. '친환경'을 전면에 내걸고는 있지만, 이명박의 뉴타운이나 노무현의 신행정도시는 모두 강한 개발주의 정책에 해당한다. 종래처럼 '개발이 곧 발전'이라고 주장하지 못하고 '친환경 개발'을 하겠다고 주장하는 것이 다를 뿐이다. 이런 점에서 최근의 개발주의를 신개발주의라고 부르기도 한다(조명래 외 2005).

역사적 관점에서 보아서 개발주의의 지배가 약화된 것은 분명하다. 그러나 생태주의는 아직 우리의 현실이 아니다. 지구적 차원에서 보더라도 생태위기는 더욱 악화되고 있으며, 지구온난화의 경우 약간의 진전이 이루어졌으나, 이마저도 최대 가해국인 미국의 거부로 무산될 상황에 놓여 있다(힐러리 프렌치 2001).

생태적 탈근대를 향해 한걸음 앞으로 나아가기 위해서는 개인으로서 시민의 자발적 참여를 강화하는 동시에 최대의 조직적 사회운동세력인 노동운동의 생태적 전환이 절실하다. 생태적 전환의 핵심은 결국 경제의 생태적 전환이다. 이 점에서 생태적 전환은 환경운동의 과제에 그치는 것이 아니라 노동운동의 과제이기도 하다. 이제까지 이 과제는 대체로 환경운동과 노동운동의 연대라는 차원에서 논의되어 왔다. 그러나 이것은 잘못된 '문제설정'이었다.

생태적 전환은 환경운동만의 과제가 아니라 노동운동의 고유한 과제이기도 하다. 마르크스 식으로 표현하자면, 생태적 전환만이 유일하게 역사의 발전방향에 합치하는 것이며, 노동자계급은 그것을 통해 비로소 '해방'에 이를 수 있다. 생태적 전환이라는 과제가 자신의 고유한 과제라는 사실을 깨닫지 못하는 노동운동에게 미래는 없다. 오늘날 대체로 노동자계급은 자본가계급과 함께 강고한 개발주의 동맹을 이루고 있다. 노동운동은 생태적 전환을 통해 노동자계급의 이와 같은 역설적 상황을 바로잡아야 할 것이다.

잔치가 계속되는 동안에는 모두 즐거울 수 있다. 그러나 어떤 잔치도 결코 영원히 지속될 수는 없다. 잔치가 끝나도 삶이 계속되어야 한다면, 우리는 잔치의 시작과 끝에 대해 관심을 기울여야 한다. 후손에게서 빌린 지구를 우리는 소중히 다루어야 한다. 우리가 죽더라도 우리의

후손은 이곳에서 살아야 하기 때문이다. 그렇지 않은 자는 마땅히 '공공
의 적'으로서 처벌받아야 할 것이다. 광범위한 생태주의 동맹을 굳건히
세워야 한다. 미국이 이라크에서 벌이고 있는 석유약탈 전쟁이 잘 보여
주듯이, 사실 잔치는 이미 끝난 상태이다.　　　　（『문화과학』43호/2005년 가을호）

개발독재와 토건국가
개발공사의 생태민주적 개혁을 위하여

1. 머리말

근대화의 경제적 핵심은 자연의 급격한 가공과 변형을 시도한 공업화이다. 이 점에서 근대화는 농업 중심의 사회가 공업 중심의 사회로 바뀌어가는 것이라고 할 수 있다. 그러나 이러한 변화는 단순히 공업의 증대라는 산업구조의 변화로만 나타나지 않았다. 여기에는 언제나 공간적 변화가 따랐다. 공업단지 형성, 도로망 건설, 대형 댐의 축조 등이 그 대표적인 예이다. 이렇듯 근대화는 크고 작은 수많은 공간의 개발사업을 통해 이루어졌다.

이러한 개발사업의 주체는 크게 민간기업과 정부기관으로 나뉜다. 그런데 대규모 사회간접자본은 초기 투자비용이 많이 드는 데 비해 회수기간이 길어서 민간기업은 쉽게 투자하려고 하지 않는다. 또한 그것은 모든 사람의 삶에 영향을 미치는 공공재이기 때문에 민간기업이 멋대로 이윤의 대상으로 삼게 해서도 안 된다. 이 때문에 대규모 사회간접자본의 건설과 관리의 책임은 국가가 맡게 되며, 이를 위해 만들어진 정부기관이 바로 개발공사이다.

공사는 "정부가 직·간접적으로 투자하고 있는 기업으로 정부가 소유권을 갖거나 통제권을 행사하는 공기업"을 뜻한다. 공사는 출자주체에 따라 국가 공기업과 지방 공기업으로 나뉘며, 국가 공기업은 다시 정부투자기관·정부출자기관·정부기업으로 나뉜다(오관영 2003, 104쪽). 공사와 비슷한 것으로 공단이 있는데, 공사가 재정적 독립을 위해 독립채산제를 그 운영원리로 한다면, 공단은 행정의 능률화를 위해 행정기관을 법인으로 독립시킨 것이다.

개발공사는 이러한 공사들 가운데서 특히 "대규모 사회간접자본의 건설과 관리를 전담하고 있는 공사"를 가리킨다. 한국에는 많은 공사가 있으며, 그중에서 대표적인 개발공사로는 한국전력공사, 농업기반공사, 한국수자원공사, 대한주택공사, 한국토지공사, 한국도로공사를 들 수 있다. 모두 정부투자기관에 속하는 이 '6대 개발공사'는 그야말로 한국사회의 기반을 건설하고 관리하는 일을 전담하고 있다. 그 국가적 중요성은 다시 말할 필요가 없을 것이다. 6대 개발공사는 한국의 급속한 공업화와 고도성장의 디딤돌이자 견인차였다.

그러나 한국의 급속한 공업화와 고도성장은 대규모 자연파괴와 부실한 경제구조를 바탕으로 해서 이루어진 것이기도 하다. 그 결과 한국은 단순한 '개발국가'를 넘어서 '토건국가'로 분류되기에 이르렀다. 6대 개발공사는 이러한 '토건국가' 한국의 디딤돌이자 견인차이기도 하다. 바로 이 때문에 전국 곳곳에서 6대 개발공사가 벌이는 각종 개발사업을 둘러싸고 심각한 마찰과 갈등이 끊이지 않고 있다.[1] 이 문제에 대처하겠다며 참여정부는 '갈등관리'의 체계화를 추진하고 있기도 하다(지속가능발전위원회 2004). 그러나 이 문제는 단순히 이런 제도적 접근으로 해결될 수 없을 것으로 보인다. 왜냐하면 그 바탕에는 박정희식 근대화의 한계라는 구조적 문제가 놓여 있기 때문이다(정규호 2003; 조명래 2003; 최지훈 2003).

오늘날 개발공사의 개혁은 중대한 시대적 과제이다. 그리고 개혁의 방향은 경제적 효율을 높이는 차원을 넘어서야 한다. 하지만 개발공사의 진정한 개혁을 위해서 신자유주의적 경영혁신이나 민영화는 결코 올바른 방향이 아니다. 공사는 '시장의 실패'를 보완하여 '공익'을 실현하기 위해 설립·운영되는 것이기 때문이다.

이 글에서는 개발공사의 문제를 개발독재와 토건국가 형성의 역사적 맥락에서 검토하고, 이어서 민주적 효율성의 증진과 생태적 전환을 중심으로 그 개혁방향에 대해 살펴보고자 한다. 이와 같은 개혁방향은 통폐합을 포함한 개발공사 자체의 개혁을 뛰어넘어서 개발공사를 관할하는 정부부서의 개혁으로 나아가야 할 것이며, 또한 토건국가로 대변되는 개발독재와 고도성장의 구조적 유산 자체를 면밀히 검토하고 발본적으로 개혁하는 거시적 과제로 이어져야 할 것이다.

---

1) 주택공사에 대한 비판은 상대적으로 적은 편이다. 예컨대 『시민의 신문』 437호부터 시작된 개발공사에 대한 연재기사는 주택공사를 뺀 '5개 개발공사'를 다루었다(박근형 2002). 그러나 주택공사가 난개발을 하고 폭리를 취했다는 사실이 밝혀지면서 아예 해체를 요구하는 목소리가 높아지고 있다(이성규 2004).

2. 개발독재와 개발공사

한국의 근대화는 박정희 정권의 등장과 함께 본격적으로 전개되기 시작했다. 이미 일제 때부터 공업화가 이루어지기는 했으나, 그것은 사회적으로나 지역적으로 대단히 제한적이었다. 1960년대까지만 해도 한국사회는 여전히 '가난한 농업사회'였다. 예컨대 1963년의 산업별 취업자 구성을 보면, 농림·어업이 63%인데 제조업은 7.9%에 불과하다. 또 1961년의 1인당 국민총생산은 겨우 82달러였다.

20년 뒤인 1981년에는 농림·어업 취업자가 34.2%로 줄어들고 제조업은 20.4%로 늘어나며, 1인당 국민총생산은 1181달러로 크게 늘어난다(통계청 1992). 1960~70년대를 지나면서 한국사회는 대단히 '가난한 농업사회'에서 상당히 '부유한 공업사회'로 그 면모를 일신하였던 것이다(김호기 1999; 홍성태 2002ㄴ).

산업구조와 소득의 이 같은 변화는 재벌의 주도로 이루어진 것으로 나타났지만, 그 바탕에는 재벌에 대한 각종 특혜와 '개발국가'의 대규모 개발공사가 자리 잡고 있었다. 각종 대규모 개발공사의 성과는 놀랄 만하다. 〈표 1〉은 그 몇 가지 예이다.

〈표 1〉 경제성장과 사회간접자본의 변화

	국민총생산 (억달러)	전력공급능력 (Mw)	건축허가면적 (km²)	도로연장 (km)	자동차 등록 (1천대)
1961	21	322	1161	27169	30.8(1962년)
1971	95	2391	9619	41290	140.4
1981	668	7602	20846	51582	571.8
1991	2808	20148	105284	59685	4247.8

*자료: 같은 책

〈표 1〉에서 알 수 있듯이 1960년대 이후 한국사회는 말 그대로 '고도성장'을 구가했다. 30년 동안 국민총생산(GNP)은 21억 달러에서 2808억 달러로 100배 넘게 늘어났다. 그리고 전력공급 능력이나 도로연장과 같은 지표에서 알 수 있듯이, 이러한 경제의 고도성장은 각종 사회간접자본의 고도성장을 통해 이루어졌다.

그러나 고도성장은 대단히 폭력적인 방식으로 진행된 사회적 변화였으며, 특히 이러한 사실은 노동자의 기본권을 억압하는 것에서 잘 나타났다. 공업화에 따라 노동자가 늘어나고, 이에 따라 노동자의 조직화가 촉진되고, 그 결과 노동자의 권익이 신장되는 것은 당연한 역사의 과정이다. 박정희 정권은 이러한 필연적 역사의 과정을 막기 위해 강력한 물리력을 동원했다. 1970년에 청계천의 청년노동자 전태일이 분신자살한 사건과 1979년에 젊은 여성노동자 김경숙이 경찰의 폭력으로 살해된 사건은 박정희 시대의 폭력성을 상징적으로 보여주는 역사적 사건이었다.[2]

이러한 박정희 시대를 가리켜 흔히 '개발독재' 시대라고 부른다. 개발독재는 다양한 내용으로 정의될 수 있을 것이다.[3] 필자는 이것을 '개발을 위한 독재이자 개발을 내세운 독재'로 정의하고자 한다. 독재는 겉으로는 민주주의와 법치주의를 내세운다는 점에서 전근대적 전제와는 다르다. 그러나 그것은 실제로는 물리력을 동원한 강압적 통치로서 결

---

2) 박정희의 유신공화국은 노동자들은 물론이고 심지어 서울대 법대의 교수조차 강제연행되어 고문당하고 살해되는 '겨울공화국'이었다.

3) 예컨대 이병천은 통상적으로 사용되던 '개발독재'에 '국가주의적 근대화 수동혁명체제'라는 특정한 개념적 의미를 부여한다. 좀더 풀어서 보자면, "독재권력의 주도 아래, 경제개발=산업화를 최우선 목표로 삼고 시민사회와 민주주의 발전은 억압·통제하는, 국가주의적 산업화의 수동혁명체제"라는 것이다(이병천 2003ㄱ, 61쪽).

코 민주주의와 법치주의를 실현하고자 하지 않는다. 요컨대 근대적 독재는 민주주의와 법치주의를 내세워서 민주주의와 법치주의를 억압하는 정치체제이다. 군사정변을 일으켜 정권을 장악한 박정희는 자신의 독재를 가난에서 벗어나기 위해 필요한 것으로 정당화했다(조희연 2004, 160쪽). 그러나 가난에서 벗어나기 위해 꼭 독재가 필요한 것은 아니었다. 이런 점에서 박정희의 개발독재는 '개발을 위한 독재'를 내세웠으나, 그 실상은 '개발을 내세운 독재'에 가까웠다.

그런데 박정희의 개발독재가 추구한 개발은 어떤 것이었는가? 그것은 이른바 '성장제일주의'로 불리는 것으로서, 국민총생산(GNP)으로 표시되는 경제의 양적 성장을 무엇보다 중요한 과제로 추구했다. 일단 그 결과에 대한 평가를 유보하고 보자면, 박정희의 개발독재는 나름대로 큰 성과를 거두었다. 앞의 〈표 1〉에서 볼 수 있듯이 박정희의 개발독재는 놀라운 고도성장을 구가했다. 하지만 이러한 고도성장은 '이중의 착취'를 통해 이루어진 것이었다. 첫째, 그것은 '저임금-저곡가 체계'로 불리는 노동자와 농민에 대한 폭넓은 착취체계를 통해 이루어졌다. 둘째, 그것은 자연을 마구잡이로 이용하고 파괴하는 착취체계를 통해 이루어졌다. 이 때문에 앞의 문제에 대해서는 물론이고 뒤의 문제에 대해서도 이미 오래 전부터 깊은 비판과 우려를 담은 연구물이 나오기 시작했다(유인호 1973).

박정희의 개발독재를 통한 고도성장을 가리켜 흔히 '한강의 기적'이라고 부른다. 이것은 2차대전 이후 독일의 경제부흥을 일컫는 '라인강의 기적'에 빗대어서 하는 말이다. 그러나 둘 사이에는 커다란 차이가 있다. 첫째, 독일의 경제부흥은 단순히 경제부흥이 그치지 않고 나치즘의 흔적을 씻어내는 민주화의 과정이기도 했다. 이에 비해 박정희의 개발독재는 이승만의 경찰독재보다 훨씬 더 강력한 물리력을 사용한 군부독재의 강화과정이었다. 둘째, 독일의 경제부흥은 망국적 난개발이나 부동산 투기로 이어지지는 않았다. 이와 달리 박정희의 개발독재는 난개발과 부동산 투기를 조장하여 '부동산 중산층'을 양산하는 방식으로 경제성장을 추진했다. 셋째, 독일의 경제부흥은 환경문제를 낳기는 했으나 곧 그것을 바로잡는 데 힘을 쏟기 시작했다. 이에 반해 박정희의 개발독재는 '자연보호'를 내세우기는 했으나 어디까지나 그것은 허울일 뿐이었다. 이런 점에서 한강의 기적은 사실 '한강의 경악'이기도 했다(홍성태 2004ㄱ).

그러나 박정희의 개발독재가 무조건 물리력을 앞세워 고도성장을 추구한 것은 아니었다. 근대적 통치체제로서의 박정희 개발독재는 근대적 과학으로 무장한 국가기구를 구성하여 나름대로 체계적인 개발을 추진하고자 했다. 이를 위해 만든 것이 바로 개발공사이다. 그중에서도 핵심적 사회간접자본을 공급하기 위해 설립된 6대 개발공사의 역

〈표2〉 6개 개발공사의 개요

	설립시기	관할부서	설립목적	문제사업
한국전력공사	1961. 7.	산업자원부	전력생산	위도 핵폐기장 건설사업
대한주택공사	1962. 7.	건설교통부	주택공급	용인 죽전 등 주택건설사업
한국수자원공사	1967. 11.	건설교통부	각종 용수 공급	한탄강댐건설사업
한국도로공사	1969. 2.	건설교통부	도로건설	민자고속도로 건설사업
한국농촌공사	1970. 2.	농림부	농업기반시설 종합관리	새만금 간척사업
한국토지공사	1975. 4.	건설교통부	각종 용지 공급	용인 죽전 등 택지조성사업

할은 두드러진다.

6대 개발공사는 한국전력공사(한국전기주식회사로 발족), 주택공사, 수자원공사(한국수자원개발공사로 발족), 도로공사, 농촌공사(농업진흥공사로 발족), 토지공사('토지금고'로 출발)의 순으로 설립되었다. 이 가운데 한국전력은 그 뿌리가 조선 말기인 1880년대로 거슬러 올라가며, 농업기반공사는 일제 때 처음 만들어진 수리조합으로 거슬러 올라간다. 그러나 두 공사가 개발공사로서 제 모습을 갖추게 된 것은 박정희의 개발독재 때이다. 그리고 나머지 4개의 개발공사는 모두 박정희의 개발독재 시기에 만들어졌다.

개발공사는 공업화에 필요한 사회간접자본을 신속하고도 대규모로 생산·공급한다는 공통의 과제를 목표로 해서 설립·정비되었다. 이러한 사회간접자본은 공공재의 성격을 가진다. 따라서 일반적으로 기업은 사회간접자본의 생산 및 공급을 자신의 사업으로 삼으려 하지 않는다. 거꾸로 사회간접자본의 생산과 공급을 기업이 전담토록 하는 것은 사익을 추구하는 기업의 손에 공익의 기반을 떠맡기는 것과 같다.[4] 이런 점에서 개발공사와 같은 국가기구를 만들어 사회간접자본의 생산과 공급을 사실상 전담하게 한 것이 그 자체로 잘못된 것은 아니다. 다시 말해서 이른바 '국가 주도 경제'에 대한 비판이 언제나 타당한 것은 아니다. 공익의 근간인 사회간접자본의 생산과 공급은 국가 주도로 이루어지는 것이 옳다. 문제는 개발공사가 추구하는 공익의 내용과 방

---

4) 1980년대 이후 효율성을 이유로 세계적으로 추진되고 있는 공사의 민영화가 안고 있는 가장 큰 문제가 바로 이것이다. 기업은 사익을 추구하여 경쟁에서 살아남아야 한다. 따라서 기업의 운영원리는 모든 사람이 혜택을 받아야 하는 공익의 원리와 어긋난다. 예컨대 공익의 원리는 '보편적 접근'을 추구하지만, 사익의 원리는 능력에 따른 '차별적 접근'을 추구할 수밖에 없다.

식에 있다.

먼저 개발공사가 공익을 추구한 방식의 문제에 대해 살펴보자. 개발
공사는 제정된 법에 따라 개발사업을 추진한다는 형식을 취했다. 그러
나 그 법의 내용은 개발공사가 일방적으로 개발사업을 밀어붙일 수 있
도록 하면서 개발지역 주민의 권리를 극도로 억압하는 것이었다. 쉽게
말해서 개발공사의 개발방식은 '반민주적'이었으며, 지금도 그렇다. 유
신 말기인 1978년 12월에 제정된 '전원개발특례법'[5]은 그 좋은 예이다.
이 법에서 잘 알 수 있듯이, 국가권력이 공익의 내용과 그것을 실현하
는 방식을 일방적으로 정했으며, 개발공사는 국가권력의 의지를 충실
히 구현하는 '전위대'의 구실을 한 것이다(오관영 2003). 그러나 바로 이 국
가권력은 법의 형식을 빌려서 법 위에 군림한 독재권력이었다.[6] 요컨
대 개발공사의 공익추구 방식은 반민주적이었던 것이다. 전국 각지의
개발현장에서 주민들은 자신의 의견은 고사하고 재산권이나 생명권조
차 제대로 보호받지 못했다. 수많은 사람들이 어느 날 갑자기 조상 대
대로 살던 고향에서 떠나라는 명령을 받고 고향을 떠나야 했다. 어쩔
수 없이 고향을 등져야 했던 사람들은 화병을 앓다가 죽거나 아예 참지
못하고 자살하기도 했다(홍성태 2004 ㅁ).

---

5) '전원개발'(電源開發)이라는 명목으로 전기사업개발자가 토지를 강제수용하여 송전탑과
   송전선을 쉽게 설치할 수 있도록 하기 위해 만든 법이다. 이 법은 피해주민의 참여는 물론
   이고 이의제기 자체를 원천적으로 막고 있는 악법으로서, 1999년에 녹색연합은 이 법의
   위헌소송을 제기하기도 했다.
6) 유신헌법이 독재를 정당화하는 '반(反)헌법'이었던 데서 알 수 있듯이, 그리고 국가보안법
   이 사실상 정권보안법으로서 국민의 기본권을 침해하는 위헌법인 데서 알 수 있듯이, 법
   의 이름으로 이루어지는 통치라고 해서 모두 법치인 것은 아니다. 악마는 천사의 가면을
   쓸 수도 있다. 악법은 법이 아니다. 그것은 악마의 가면이다. 유신헌법, 국가보안법 그리고
   전원개발특례법이 그 좋은 예이다.

다음에 개발공사가 추구한 공익의 내용에 대해 살펴보자. 개발독재는 급속한 공업화와 소득증대를 최고의 공익으로 선포했다. 다시 말해서 개발독재는 공업 제일주의와 성장 제일주의를 충실히 구현하는 것이야말로 최고의 공익이라고 주장했다. 이 목표를 이루기 위해 개발공사는 바쁘게 움직였다.

그 과정은 이를테면 '군사적 성장주의'의 방식으로 이루어졌다(홍성태 2001). 최고권력자인 박정희가 국정목표를 제시하면, 마치 군사작전을 펼치듯이 개발공사는 일사불란하게 움직였다. 어떤 반론도 허용되지 않았다. 그것이 경부고속도로이건, 소양강댐이건, 청계고가도로이건, 모든 개발사업의 최고결정자는 최고권력자인 박정희였다(손정목 2003). 박정희는 공장 굴뚝으로 피어오르는 검은 연기를 발전의 상징으로 여겼다. 지역의 자연은 말할 것도 없고 문화도 낡고 버려야 할 것으로 치부되었다.[7]

자연과 문화의 파괴가 전국 곳곳에서 대대적으로 저질러졌다. 너른 들이 삽시간에 거대한 호수로 변해 버렸다. 싱싱하게 살아 있던 푸른 들과 산에 공장이 들어서고 맑은 물과 하늘이 폐수와 매연으로 시들어 갔다. 지역의 자연이 망가지면서 그 자연과 함께 어우러진 지역의 사회와 문화가 망가졌다. 개발공사가 추구한 공익의 내용은 반생태적이고 반문화적인 것이었으며, 지금도 물론 그렇다.

박정희는 '조국 근대화'라는 이름으로 이러한 변화를 추구했다. 그가

---

7) 대표적인 예로 박정희가 지었다는 〈새마을노래〉를 들 수 있다. 초가집을 없애고 마을길을 넓히는 것은 우리의 오랜 문화를 없애는 것이기도 했다. 그러나 박정희는 '부자마을'을 만드는 유일한 길이라며 노래까지 지어가며 우리의 문화를 없애고 삶의 방식을 바꾸도록 강요했다.

이룬 변화를 두고 흔히 '압축적 근대화'라고 부른다. 이 개념은 박정희가 추구한 변화가 얼마나 빠른 시간에 이루어졌는가, 따라서 그가 이룬 근대화가 얼마나 허술한 것인가를 잘 지적한다. 그러나 이것만으로는 충분하지 않다. 강력한 폭력을 행사하지 않고는 '압축적 근대화'를 이룰 수 없기 때문이다. 따라서 압축성뿐만 아니라 폭력성을 함께 문제삼지 않으면 안 된다. 이런 점에서 박정희의 '조국 근대화'는 폭력을 통해 압축을 이룬 '폭압적 근대화'였다(홍성태 2000ㄱ, 8장).

　민주적이지 않은 국가는 그 자체가 세상에서 가장 거대하고 무서운 폭력조직이 될 수 있다. 박정희와 전두환의 군사독재는 이 사실을 입증해 보였다. 이것은 군사독재에 정면으로 맞선 정치적 저항운동에서 가장 분명하게 나타났다. 그러나 비단 정치적 저항운동만이 아니라 개발공사가 추진한 각종 개발사업에서도 이 사실을 어렵지 않게 확인할 수 있다. 개발공사는 정확한 설명과 친절한 설득보다는 일방적인 계획의 집행과 노골적인 폭력을 선호했다. 이런 점에서 개발공사는 개발독재의 '전위대'였다(박근형 2002; 오관영 2003). 개발독재는 한쪽에는 군대와 경찰을, 다른 한쪽에는 개발공사를 거느리고 '폭압적 근대화'를 밀어붙였다. 다음의 〈그림 1〉은 이러한 논지를 요약적으로 나타낸 것이다.

〈그림 1〉 개발독재와 폭압적 근대화

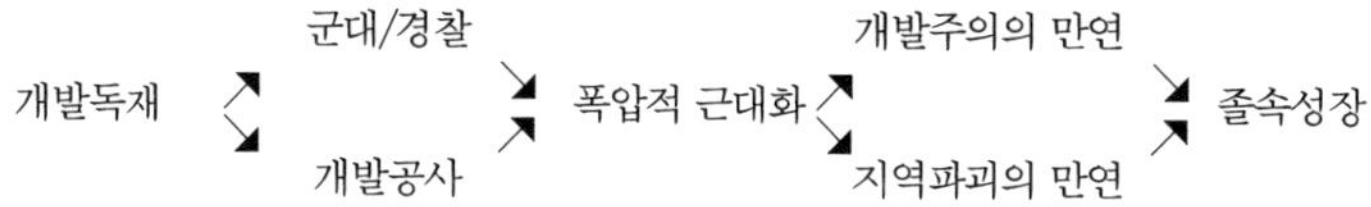

3. 개발공사와 토건국가

개발공사는 개발독재의 한 축으로서 많은 일을 했다. 이를테면 개발독재를 물리적으로 구현했다고 할 수 있다. 예컨대 그것은 일방적인 개발사업을 통해 많은 마을과 땅을 삽시간에 물에 잠기게 하고 전국 곳곳에서 수많은 수몰민[8]을 양산했다. 이러한 변화를 가져온 지역개발 정책은 경제성장 정책의 하위정책이었을 뿐이며, 그 내용과 방식은 개발독재에 의해 일방적으로 결정되었다(홍성태 2000ㄱ, 6장).

그러나 시대는 변하고 개발독재는 사라졌다. 군사독재자들은 심판을 받았다. '민주화'가 이루어졌다. 개발독재를 역사의 뒤편으로 사라지게 한 이 역사적 변화는 '이중의 변화'로 이루어졌다. 첫째, 민중이 피땀 흘려 애쓴 결과 고도성장을 이룰 수 있었다. 이에 따라 중산층이 크게 늘어났고, 이들은 독재에 대해 반감을 가지게 되었다. 중산층의 증대에 따른 사회의 자유화와 다양화는 그 자체가 개발독재와 정면으로 충돌했다. 고도성장이라는 점으로 보자면, 개발독재는 분명히 성공했으나, 바로 그 때문에 개발독재는 역사의 뒤안길로 사라지게 되었던 것이다. 둘째, 개발독재에 맞선 정치적 저항운동이 폭넓은 생존권 확보운동과 결합되면서 개발독재의 폭압성을 명백히 드러내는 국민적 저항운동으

---

8) 수몰민은 자신들의 터전이 댐으로 수몰되어 어쩔 수 없이 살던 곳을 떠나야 하는 사람을 가리킨다. 전국에서 수백만 명의 수몰민이 생겨났을 것으로 보이지만, 이에 관해서는 제대로 된 통계조차 찾아볼 수 없다. 수몰민은 근대화에 따른 최초의 대규모 개발난민이자 환경난민이었다. 문순태의 『징소리』는 개발독재와 수몰민의 문제를 다룬 연작소설로서 큰 가치를 지닌다. 이러한 수몰민 외에도 도로, 공단, 도시, 발전소, 방조제 등의 각종 개발을 통해 수많은 개발난민이 양산되었다. 한국사회, 특히 한국의 도시사회가 이른바 '난민사회'의 성격을 지니게 된 것은 이렇게 개발난민을 양산한 개발독재의 필연적 결과이다.

로 확대되었다. 개발독재는 모든 권력을 독점하고자 했기 때문에 이러한 저항운동을 그 안으로 흡수할 여지가 거의 없었다. 따라서 시간이 지날수록 개발독재와 저항운동의 갈등은 커져만 갔다. 결국 고도성장의 달성이라는 경제사적 변화와 사회운동의 성장이라는 정치사적 변화가 맞물려서 개발독재는 종말을 고하게 되었다.

그러나 개발독재가 사라졌다고 해서 그것이 만든 사회체계까지도 사라진 것은 아니었다(홍성태 2003ㄴ). 개발독재는 사라졌으나 개발주의는 사라지지 않았으며, 개발국가 역시 그렇다. 개발주의는 "무조건적 경제성장을 위한 무분별한 개발을 절대 선으로 여기는 태도"를 뜻한다. 이 파괴적 태도는 오늘날 한국사회에 널리 퍼져 있는 일종의 사회적 암이다. 이 암을 낳은 것은 물론 개발독재이다.

개발독재는 두 가지 방식으로 개발주의라는 암을 널리 퍼트렸다. 먼저, 국가권력이 추진하는 개발사업을 무조건 받아들이는 것이 국익을 위하는 것이라는 '국가주의적 공익론'을 널리 퍼트렸다. 그리고 이 논리를 받아들이지 않는 사람들은 '국가의 적'으로 몰아붙여서 강력하게 응징했다. 지역은 물론이고 서울의 재개발에서도 마찬가지였다. 다음에, 개발독재는 일부 사람들에게 막대한 개발이익을 취득할 수 있도록 해서 그들이 적극적으로 개발주의를 받아들이도록 했다. 개발이익이라는 불로소득은 사실 환수하는 것이 당연하다. 그러나 개발독재는 이런 불로소득을 환수하기는커녕 오히려 조장하여 일부 사람들이 경쟁적으로 개발에 뛰어들도록 했다. 대표적인 예가 1970년에 발표된 '강남서울 개발계획'과 그에 따른 개발사업이다.

어떤 의미에서 강남지역의 투기열기는 그 이유야 어떻든 정부에 의해 조장된 측면이 강했다. 일례로 1975년부터 1978년까지 실시된 정부의 '특정지구 개발촉진에 관한 임시조치법'은 이 지역에 집을 사는 사람들에게 취득세, 재산세, 도시계획세, 소방세 등을 면제해 주었고, 건축업자에게도 각종의 세제혜택을 주었다. 이에 따라 각종 건축활동이 활기를 띠게 되었으며, 많은 사람들이 앞다투어 강남으로 모여들기 시작했다. 이 밖에도 정부기관의 이전설이라든가 교육·의료·위락·체육·유통·터미널 등 강북에 있던 각종 시설의 강남 이전정책도 그 본래의 의도야 어디에 있든 결과적으로 강남의 부동산 붐을 일으킨 한 요인이었다. (신한종합연구소 1991, 58쪽)

이렇게 투기를 조장한 결과 더 많은 개발이익을 노린 파괴적 개발이 만연하게 되었다. 그리고 이런 식으로 개발독재는 개발주의를 이 사회의 지배적 태도로 정립했다.

개발주의는 물론이고 개발국가도 아직 과거의 유산은 아니다. 사실 개발독재는 개발국가의 한 유형일 뿐이다. 따라서 민주화를 통해 독재정권이 무너진다고 해서 개발독재가 정립한 개발국가 자체가 저절로 사라지는 것은 아니다. 실제로 개발국가는 여전히 의연하다. 그 중요한 증거로 각종 개발정책이 난무하고 개발공사가 의연한 것을 들 수 있다.[9] 개발국가란 "국가가 가장 강력하고 거대한 개발의 주체로서, 그것도 지역의 자연과 문화를 더 많은 성장의 도구로 여기는 파괴적 개발의

---

9) 물론 참여정부도 이러한 비판에서 결코 자유롭지 못하다. 참여정부는 국가 균형발전을 내걸고 전국 곳곳에서 대규모 개발사업을 벌이고 있다. 환경운동단체들을 중심으로 한 전국의 107개 시민단체가 힘을 모아 2004년 11월 10일에 출범한 '환경비상시국회의'는 이러한 참여정부의 개발국가 정책에 대한 시민사회의 우려를 잘 보여준다.

주체로서 구실하는 국가"를 뜻한다. 전국 곳곳에서 벌어지고 있는 대규모 개발사업과 이것을 주도하는 개발공사는 이러한 개발국가의 특징을 집약적으로 보여준다.

이러한 개발국가의 가장 타락한 형태가 바로 토건국가이다. 이것은 "토건업과 정치권이 유착하여 세금을 탕진하고 자연을 파괴하는 국가"를 의미하는 토건국가이다. 그런데 잘 알다시피 본래 토건국가는 현대 일본사회의 부정적 특징을 가리키기 위해서 고안된 개념이다. 그 구성과 작동방식은 다음과 같이 설명된다.

전후 장기간 지속된 일당지배체제하에서 대규모의 부패를 통해 민중을 착취하는 유착체계가 성립되었기 때문이며, 흔히 토건국가라 불리는 이 유착체계에서 건설이라는 행위는 권력의 재생산과 이윤의 분배과정에 부수하여 일어나는 것일 따름이다. 토건국가는 대규모의 '나눠먹기 체계'가 되었으며 그 수혜자는 수백만에 달하고 있는데, 이들은 여타 국가의 마피아에 필적할 만한 악몽 같은 존재들이다.

이 토건국가 체계가 어떻게 움직이는지 살펴보자. 우선 건설성은 공식적으로 인정되는 카르텔(담합)에 속한 회사들에게 발주를 할당한다. 이들 건설회사는 정기적인 수주가 보장되며, 경쟁을 걱정할 필요가 없다. 공사수주 가격은 초기에 이미 부풀려지기 때문에, 통상 1~3%에 이르는 상납금을 징수당한 후에도 충분히 이윤을 남길 수 있다. 이 돈은 지방 및 중앙 수준의 정치조직을 유지하는 데 쓰인다. 또 건설회사들은 적절한 절차를 밟아 건설성 퇴직관료들에게 안락한 일자리를 마련해 주거나 재·관·정(財·官·政)의 공동이익이라는 마법의 고리를 완벽하게 형성한다(거번 매코맥 1998, 63쪽).

이러한 토건국가는 현대 일본사회뿐 아니라 현대 한국사회에도 해당된다. 토건업체와 정치권이 유착되어 민중을 착취하는 체계는 현대 한국사회에서도 맹렬하게 작동되고 있다. 이러한 사실은 16대 대선의 불법 정치자금을 수사하는 과정에서 잘 드러났다. 이 수사에서 재벌과 정치권의 결탁이 적나라하게 드러났는데, 여기서 핵심적 구실을 한 것이 바로 재벌의 토건업체들이었다.[10]

토건국가의 문제는 크게 다섯 가지로 정리할 수 있다.

첫째, 부패의 문제이다. 이것은 쉽게 말해서 정경유착을 통한 민중의 착취를 뜻한다. 정경유착이란 정치권과 경제계의 '검은 거래'이다. 그런데 이러한 정경유착에서 토건업체가 정치권에 전하는 돈은 모두 국민의 주머니에서 나온 것이다.

둘째, 토건국가는 정경유착과 민중의 착취를 위해 자연을 대대적이고 지속적으로 파괴한다. 토건국가가 성립하고 작동하기 위한 전제조건은 토건사업이 왕성하게 벌어지는 것이다. 그 필요성은 토건업자가 정하고 정치권이 승인해 주는 방식으로 확정된다. 깊은 산속의 계곡조차 시멘트 직강화를 하고, 차가 통 다니지 않는 산길도 넓은 포장도로로 바뀐다. 그리고 토건업체는 자연을 파괴한 대가로 막대한 돈을 챙기고, 그 돈을 정치인이나 공무원과 나눠 갖는다.

셋째, 토건국가가 파괴하는 것은 자연만이 아니다. 그것은 자연과 일체로 존재해 온 지역사회와 문화를 송두리째 파괴한다. 이를 위해 한편에서는 보상금이라는 경제적 수단으로 주민을 매수하여 지역사회를 분

---

10) 부패와 비리를 막기 위해서는 재정의 투명화가 필요하며, 이를 위해서는 먼저 업무의 표준화가 이루어져야 한다. 그런데 토건업은 아직도 표준화가 제대로 이루어지지 않았으며, 이 때문에 '비자금'을 쌓아두기가 쉬운 것으로 알려져 있다. 바로 이런 점을 악용해서 재벌은 계열 토건업체를 정경유착의 핵심 고리로 활용하고 있는 것으로 드러났다.

열시키고, 다른 한편에서는 개발독재 시대의 국가주의 공익론을 내세워 주민을 협박한다. 토건국가에서는 경제성과 환경성이 없는 것으로 입증된 사업을 필요한 사업이라고 우기며 강행하고, 엉터리 환경영향평가서를 제출하여 자연파괴 사업을 강행하며, 지역주민들을 매수하고 협박하여 문화파괴 사업을 강행하는 일을 언제나 쉽게 볼 수 있다. 이런 점에서 한국은 명백한 토건국가이다.[11]

넷째, 토건국가의 문제는 부패와 파괴에 그치지 않는다. 그것은 커다란 위험을 내장하고 있는 현대의 고도기술을 이용하기에, 또한 갈수록 커지는 여러 자연재해에 대처하기에 턱없이 부실한 사회체계를 만든다. 이것은 물론 개발독재의 직접적 산물이기도 하다. 개발독재의 군사적 성장주의는 무엇보다 외형적 결과주의를 추구한다. 내실을 다지는 것보다는 정해진 '작전시간'에 맞추어 그럴듯해 보이는 결과물을 만들어내도록 하는 것이 군사적 성장주의인 것이다. 따라서 개발독재는 이 사회를 대단히 부실한 위험사회로 만들었다(홍성태 2003). 여기서 나아가 토건국가는 부패와 파괴를 통해 이 문제를 더욱 악화시킨다.

다섯째, 토건국가는 비대한 토건업[12]으로 말미암아 왜곡된 산업구조의 개혁을 가로막는다. 그 결과 사회 전체의 발전이 지체되고, 파국의 위험이 자라나게 된다. 언제까지고 거대한 개발사업을 벌일 수는 없는

---

11) 최근의 두드러진 예로는 단연 새만금 간척사업을 들 수 있다. 시민사회의 노력으로 저지한 대표적인 예로는 '동강댐 건설사업'을 들 수 있다.
12) 일반적으로 개발도상국은 전체 경제에서 토건업이 차지하는 비중이 선진국보다 훨씬 높다. 2002년의 한국은행 통계를 보면, 한국의 GDP 대비 토건업 비중은 명목 9.3%와 불변 8.2%인 데 비해 미국은 명목 4.7%와 3.9%이다. 또한 한국은 GDP에서 토건업에 대한 투자가 차지하는 비중이 제조업의 설비투자보다 훨씬 높다. 예컨대 1996~2000년에 건설투자의 비중은 18.8%인데 설비투자는 12.2%이다. 비대한 토건업이 경제구조의 고도화와 '선진 한국'을 가로막고 있는 것이다.

법이다. 성장에는 한계가 있고, 한계에 이르기 훨씬 전부터 감축을 준비해야 한다. 그렇지 않고 한계상황까지 가게 되면 이미 너무 늦다.

그런데 한국에서나 일본에서나 토건국가의 주체는 민간 토건업체만이 아니다. 개발공사는 민간 토건업체와 함께 토건국가를 구성하는 두 축을 이룬다. 요컨대 정치권과 토건업체와 개발공사의 삼자동맹이 토건국가의 기본구조를 이루는 것이다.

물론 개발공사가 민간 토건업체처럼 막대한 개발이익을 챙기기 위해 정경유착을 꾀하는 것은 아니다. 개발공사는 두 가지 방식으로 토건국가를 지탱한다. 첫째, '성장의 한계'를 넘어서 자신의 조직적 이익을 지키는 방식으로 토건국가를 지탱한다. 마치 민간 토건업체가 막대한 개발이익을 위해 필요 없는 토건사업도 벌여야 하는 것처럼, 개발공사도 조직을 계속 유지하고, 심지어 확대하기 위해 필요 없는 토건사업을 계획하고 추진한다. 둘째, 민간 토건업체가 필요 없는 토건사업을 벌이기 위해 개발공사를 적극적으로 활용한다. 개발공사는 자신의 조직적 이익을 위해 이러한 활용에 적극적으로 응한다. 그 명분은 토건업의 경착륙을 막아서 경제가 갑작스레 침체에 빠지지 않도록 한다는 것이다.

아래의 〈그림 2〉는 토건국가의 구성과 작동방식을 요약적으로 나타낸 것이다. 여기서 우리가 주목할 것은 다섯 가지 유착관계가 '토건국가

〈그림 2〉 토건국가 복합체

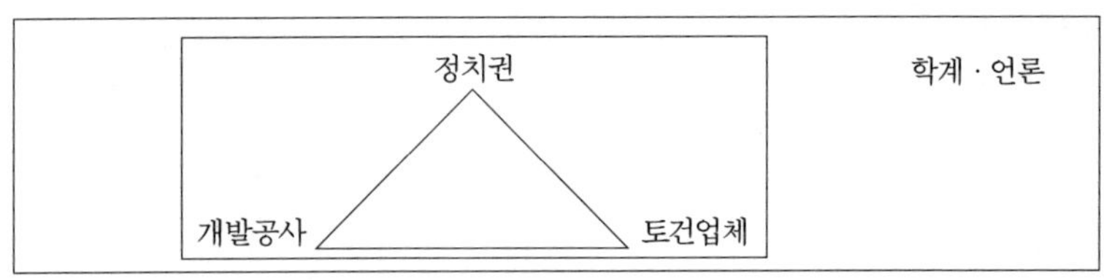

복합체'를 이루고 있다는 점이다.

첫째, 정치권과 토건업체의 '정경유착'이다. 이것은 너무나 잘 알려진 사실이며, 16대 대선의 불법자금 수사에서 그 일단이 잘 드러났다. 둘째, 정치권과 개발공사 사이의 '정관유착'이다. 이것이 유착인 까닭은 개발공사의 불합리하고 불필요한 개발사업을 정치권이 순전히 정치적인 셈속에서 용인해 주기 때문이다. 대표적인 예로 세계 최대의 갯벌 파괴사업인 새만금 간척사업을 들 수 있다. 셋째, 개발공사와 토건업체 사이의 '관경유착'이다. 토건업체는 더 많은 사업을 따내기 위해 개발공사를 상대로 치열한 로비전을 벌이고 있으며, 막대한 금액의 뇌물을 관리자들에게 바치곤 한다. 2004년에 주택공사 사장과 수자원공사 사장이 뇌물수수로 구속된 사건은 그 좋은 예이다.[13] 이 세 가지 핵심 유착관계를 둘러싸고 학계·언론이 각종 개발사업을 합리화하는 구실을 한다. 예컨대 학계는 환경영향평가를 비롯한 각종 영향평가를 엉터리로 해주고, 언론은 가장 큰 광고주인 개발공사와 토건업체에게 유리한 방식으로 보도한다. 따라서 마치 '군산복합체'처럼 전체적으로 '정·관·재·학·언'으로 이루어진 '토건국가 복합체'가 각종 개발사업을 추진해서 막대한 세금을 탕진하고 사취하고 자연과 지역사회를 파괴하고 있는 것이다.

토건국가의 문제를 해결하기 위해서는 '토건국가 복합체'를 해체해야 한다. 여기서 가장 중요한 주체는 정책의 결정권을 쥐고 있는 정치권이

---

13) 특히 수자원공사 고석구 사장은 몇 년째 지역주민들과 심각한 갈등을 빚고 있는 한탄강 댐 건설사업과 관련해서 업체로부터 거액의 뇌물을 받았다. 이 사업은 원천적인 부실조사와 부실설계로 말미암아 시민단체로부터 고발을 당하기도 했다(장진혁 외 2003). 이 점에서 이 사건은 개발공사의 타락상을 잘 보여주는 대표적인 예라고 하겠다.

다. 따라서 토건국가의 개혁이라는 과제는 무엇보다 정치개혁이라는 과제와 직결되어 있는 거대한 구조적 개혁의 과제라고 할 수 있다.

4. 개발공사의 개혁방향

이제 이러한 토건국가의 맥락에서 '6대 개발공사'의 문제점과 그 개혁방향을 살펴보도록 하자. '6대 개발공사'는 전국 곳곳에서 대단히 많은 사업을 벌이고 있으며, 이 과정에서 지역주민들은 물론이고 시민단체들과도 심각한 갈등을 빚고 있다. 이러한 갈등으로 말미암은 사회적 비용까지 고려하면 '6대 개발공사'의 개혁은 더 이상 미룰 수 없는 과제이다. 그 까닭을 따져보기에 앞서서 6대 개발공사가 벌이고 있는 주요 사업과 그 문제들을 살펴보자. 다음의 〈표 3〉은 그 주요 내용을 간추린 것이다.

〈표3〉 6개 개발공사의 주요 사업과 문제

	주요 사업	주요 문제
한국 전력공사	위도 핵폐기장 건설사업	반생태적 핵발전 정책을 반민주적 방식으로 강행
대한주택공사	용인 죽전 등 주택건설사업	반생태적 난개발과 폭리 취득
한국수자원공사	한탄강댐 건설사업	반생태적 대형 댐 정책을 반민주적 방식으로 강행
한국도로공사	민자 고속도로사업	반생태적 고속도로 정책을 예산 낭비적 방식으로 강행
농업기반공사	새만금 간척사업	반생태적 간척사업을 반민주적 방식으로 강행
한국토지공사	용인 죽전 등 택지개발사업	반생태적 난개발과 폭리 취득

6대 개발공사가 추진하는 각종 개발사업의 공통점은 세 가지로 추릴 수 있다. 첫째, 이러한 개발사업은 모두 대규모 토건사업으로서 해당 지역은 커다란 물리적·사회적 변화를 겪게 된다. 둘째, 개발사업이 펼쳐지는 지역의 요구가 아니라 개발공사의 결정에 의해 이러한 개발사업이 계획되고 추진된다는 것이다. 셋째, 단순히 사회간접자본을 공급하기 위한 것이 아니라 경제성장정책의 일환으로 추진된다는 것이다.

이러한 개발공사의 주요 문제는 크게 세 가지로 나누어 살펴볼 수 있다.

첫째, 반민주성이다. 개발공사는 여전히 개발독재 시대의 국가주의적 중앙집중형 방식으로 개발사업을 계획하고 추진한다. 따라서 개발사업이 펼쳐질 지역이라는 물리적 공간은 물론이고 그곳에서 살아가고 있는 주민들도 개발사업의 대상으로 다루어진다. 핵폐기장 건설사업에서 잘 알 수 있듯이 주민들의 반대는 흔히 '국익'이라는 이름으로 무시된다. 개발사업의 계획과 추진에 관한 정보는 결코 제대로 공개되지 않는다. 주민의 검토와 참여는 요식행위 수준을 넘어서지 않으며, 사실상 주민은 매수의 대상이거나 억압의 대상일 뿐이다.[14]

둘째, 반생태성이다. 대규모 개발사업은 모두 대규모 토건사업이어서 해당 지역을 크게 변형시킨다. 그에 따라 지역의 자연이 파괴될 뿐 아니라 그 자연과 어우러져 만들어진 사회와 문화 역시 파괴하게 된다. 이와 같은 파괴성 때문에 지역사회는 물론이고 시민사회 전체에서 거센 항의와 저항이 빗발치고 있다. 그러나 개발공사는 엉터리 환경영향평가를 내세우거나,[15]

---

14) 대표적인 예가 핵폐기장 건설을 위해 위도주민들에게 3억 원에서 5억 원까지 현금을 주겠다고 했던 산업자원부 장관의 발언이다. 위도주민들을 매수하기 위해 법적으로 할 수 없는 보상을 하겠다고 했던 것이다. 부안항쟁은 참여정부의 '참여민주주의'가 얼마나 취약한 것인가를 보여주었다. 참된 '참여민주주의'는 생태적 가치를 존중하는 '생태민주주의'를 그 내용으로 추구해야 한다(홍성태 2004ㄷ).

악법의 조항을 통해 합법성을 강조하거나, 개발독재 시대의 국익론을 주장하면서 이런 항의와 저항을 무시하고 있다.

셋째, 반경제성이다. 새만금 간척사업에서 잘 드러났듯이 개발공사는 명백히 경제성이 없는 것으로 판명된 경우에도 대규모 개발사업을 밀어붙인다.[16] 개발사업 자체의 수익성은 물론이거니와 파괴에 따른 엄청난 경제적 손실이 분명하게 드러남에도 개발공사는 진행하던 사업을 중단하는 일이 사실상 없다. 일단 진행된 사업은 끝까지 진행되며, 그 결과 경제성의 문제는 더욱더 커진다.

모든 공사는 강한 정치적 성격을 갖는다. 공사의 모든 업무가 국가정책과 직결되어 있으며, 국가권력이 그 구성과 운영을 좌우하기 때문이다. 이런 점에서 모든 공사의 문제는 무엇보다 민주성의 문제라고 할 수 있다. 민주성이란 주권자인 국민의 참여와 감시를 통해 공사를 합리적으로 구성하고 운영하는 것을 뜻한다. 물론 하나의 기업으로서 공사는 효율성도 추구해야 한다. 그러나 공사가 추구해야 하는 효율성은 어디까지나 '민주적 효율성'이다. 공사가 단순히 '경제적 효율성'만 추구한다면, 공사로서 존립할 이유 자체가 사라지고 만다.

박정희의 개발독재는 정확한 자료의 공개, 주민의견의 수렴 그리고 시민사회의 토론으로 이루어지는 '민주적 효율성'을 무가치하고 비효율적인 것

---

15) 가장 흔히 볼 수 있는 정당화 방법이다. 이 때문에 환경영향평가는 개발사업의 '면죄부'로 여겨지고 있기도 하다. 동강, 새만금, 천성산, 한탄강 등 사실상 대규모 개발사업이 펼쳐지는 모든 곳이 엉터리 환경영향평가의 문제를 안고 있다고 볼 수 있다.
16) 새만금 간척사업은 그 구상단계인 1980년대 중반에 이미 경제성이 없는 것으로 판명되었으며, 2004년 초에 서울대 경제학과의 이준구 교수도 경제성이 없다는 보고서를 법원에 제출했다(이준구 2004). 이준구 교수는 한국재정경제학회장을 지냈으며, 중립적 전문가로 선정되어 이 보고서를 작성했다.

으로 여겼다. 민주주의를 요구하는 사람들은 '독재의 적'으로서 철저히 응징되었다. 개발공사가 반민주적으로 각종 개발사업을 강행하는 이유는 여전히 개발독재 시대의 관행에서 벗어나지 못하고 '민주적 효율성'에 대한 자각이 낮기 때문이라고 할 수 있다. 좀더 구체적으로 보자면, 여기에는 다음과 같은 세 가지 문제가 결부되어 있다.

첫째, 개발공사가 추구하는 각종 개발사업이 반생태적이고 심지어 반경제적이기 때문에 개발공사는 반민주적으로 될 수밖에 없다. 민주적으로 사업을 계획하고 추진한다면, 반생태적이고 반경제적인 사업을 계획하고 추진하는 것은 사실상 불가능하다. 무엇보다 시민사회가 그런 사업을 용인하지 않을 것이다.

둘째, 대규모 개발사업은 엄청난 이권사업이기도 하기 때문에 이권을 노린 허다한 행위자들이 개발공사로 하여금 대규모 개발사업을 벌이도록 요구한다. 대규모 개발사업을 통한 국가의 경제활동이 활성화되어 있는 구조에서 이런 상황은 일상적으로 빚어진다. 이런 상황이 빚어낸 최악의 구조적 결과가 바로 토건국가이다.

셋째, 개발공사 자체의 조직적 이익을 위해 개발공사는 반생태적이고 반경제적인 대규모 개발사업을 추진한다. 대규모 개발사업의 필요성이 줄어들면, 개발공사는 통폐합되어야 한다. 모든 개발사업에는, 특히 대규모 개발사업에는, 명백한 생태적 한계가 있다는 점에서 이것은 사실 모든 공사의 예정된 운명이다. 개발공사는 이러한 운명을 피하기 위해 적극적으로 대규모 개발사업을 계속 기획한다. 이렇게 해서 개발공사의 존속이라는 '사익'을 위해 대규모 개발사업을 지속적으로 기획하고 추진하여 개발공사의 통폐합이라는 '공익'을 희생하는 것이다. 이런 식으로 개발공사는 토건국가의 한 축이 된다.

1990년대에 들어와서 개발공사의 개혁에 관한 논의가 본격적으로 펼쳐지고 관련정책이 추진되었다. 그 방향은 대체로 '효율화'라고 할 수 있는데, 이것은 부분적으로 '민주적 효율성'을 높이는 것이기도 했지만, 그보다 훨씬 더 '경제적 효율성'을 강화하는 것이었다. '효율화'가 무엇보다 '민영화'로 추진된 것은 그 좋은 증거이다. 개발독재가 사라졌다고 해서 개발주의가 사라진 것은 아니라는 사실을 여기서도 분명하게 확인할 수 있다.

'참여정부'가 들어서면서 새롭게 '갈등의 관리'라는 방향이 강조되기 시작했다. 이것은 개발공사의 반민주성을 바로잡으려는 새로운 정책적 시도라고 할 수 있다. 그러나 지속가능발전위원회[17]가 주도하고 있는 이 시도는 구조적 개혁의 과제를 전제로 해야 실효를 거둘 수 있는 것이다. 개발공사와 개발사업을 둘러싸고 갈등이 빚어지는 까닭은 개발사업은 물론이고 개발공사 자체가 심각한 문제를 안고 있기 때문이다. 따라서 이러한 구조적 문제를 바로잡지 않고 '갈등관리'를 한다는 것은 사실상 불가능하다.

---

17) '지속 가능 발전'은 본래 환경문제에 대처하기 위해 유엔에서 만든 개념이다. 이 개념은 미래의 관점에서 현재를 볼 것을 요구한다. 요컨대 "우리의 후세들이 잘살 수 있도록 자연을 보호하고 보존해야 한다"는 것이다(세계환경발전위원회 1994). 1992년의 세계환경정상회담에서 이 개념은 세계 각국이 추진해야 할 정책목표로 채택되었다. 그런데 오늘날 이 개념은 사회적·경제적 영역으로 확장되면서 상당히 '변질'되어 버렸다. 특히 경제적 영역으로 확장된 결과 각종 개발사업을 정당화하는 것으로 '악용'되기도 한다. '환경보호'를 주임무로 삼아야 할 지속가능발전위원회에서 '갈등관리' 정책을 열심히 연구하고 입안하게 된 것도 그 한 예라고 할 수 있다. '갈등관리' 정책은 국무조정실에서 맡는 것이 타당할 것이다. 현상적 '갈등'에 초점을 맞춰 조정하려다가 실패한 '한탄강댐 건설사업'에서 지속가능발전위원회는 무엇을 배워야 하는가? 만연한 구조적 '부패'와 정치적 필요 때문에 강행되는 사업을 애초에 허심탄회한 토론과 합의로 해결할 수 있다고 여긴 것이 잘못이었다. 지속가능발전위원회의 존재이유는 '생태민주주의'의 수호와 확산에 있다. 개발주의의 알리바이가 되는 순간, 그것은 없는 것이 더 나은 '감시 조직'이 되어버릴 것이다.

정말로 필요한 것은 '갈등의 관리'가 아니라 개발공사의 개혁이다. 그 방향은 무엇보다 '민주적 효율성'을 높이는 것이어야 한다. 개발공사의 모든 구성과 운영을 투명하게 해서 국민이 언제 어디서나 참여하고 감시할 수 있도록 해야 한다. 이를 위해 개발공사의 정책결정과정에 시민사회가 참여할 수 있도록 하는 방안도 적극적으로 강구할 수 있을 것이다. 이렇게 해서 반생태적이고 반경제적인 개발사업을 중단하는 것은 물론이고 아예 기획할 수 없도록 해야 한다. 나아가 비슷한 기능을 가진 개발공사를 통폐합하는 한편, 그 기능의 생태적 전환을 추구해야 한다. 이를 위해서는 인력 자체를 통폐합하는 동시에 생태적 지식과 기능을 갖춘 인력으로 바꿔야 한다. 이러한 점에서 개발공사의 민주적 효율화와 생태적 전환은 노동운동의 핵심적 과제이기도 하다. 노동운동이 '민영화 반대투쟁'을 명분으로 이러한 질적 요구를 무시한다면, 그것은 결국 그 사회적 책임을 제대로 이행하지 않는 것이며, 따라서 그 사회적 설득력을 크게 잃고 말 것이다.

'경제적 효율성'을 강화하는 민영화나 '갈등관리'와 같은 정책적 시도는 올바른 개발공사의 개혁방향이라고 보기 어렵다. 개발공사의 개혁은 개발독재의 폐해를 바로잡기 위한 구조적 개혁의 과제이며, 개발독재가 만들어놓은 정부체계와 사회체계로부터 벗어나서 참으로 지속가능한 발전을 추구하는 사회로 나아가기 위한 노력이어야 한다.[18]

---

18) 여기에는 물론 공급자 위주의 부동산정책을 혁파하고 부동산 투기를 근절하고자 하는 노력이 포함되어야 한다. 재벌의 '대마불패론'처럼 '부동산투기 불패론'이 상식처럼 되어 있는 사회에서 공급자 위주의 부동산정책은 결국 투기꾼과 토건업자의 배를 불리는 것이 될 수밖에 없다. 비대한 시장을 줄이고 투기꾼을 엄벌해서 부동산에 관한 개념 자체를 서구식으로 바꿔놓아야 한다. 즉 소유는 허용하되 마음대로 개발할 수 없으며, 매매는 허용하되 불로소득은 용납하지 않는 것이다.

5. 맺음말

전국 곳곳에서 대규모 개발사업이 끊이지 않고 있다. 이미 '국토개발'
이라는 개념을 공식적으로 사용하지 않기로 한 지 10년이 넘었건만 여
전히 우리의 국토는 개발중이다.[19] 그 까닭은 무엇인가? 무엇보다도 국
토를 개발해서 먹고 살아가는 세력이 너무나 많기 때문이다. 이 때문에
한국은 일본보다 더 심한 '토건국가'라는 우려와 비판의 목소리가 높아
지고 있다.[20]

'토건국가 한국'의 문제는 개발독재의 행동부대로 만들어진 개발공
사의 문제와 직결되어 있다.

개발공사는 순전히 개발을 위해 만들어졌다. 그 조직과 인력과 관련
법령이 모두 이러한 사실을 보여준다. 개발공사는 여전히 대대적인 '국
토개발'을 주도하고 있다. 개발공사는 자기 조직의 이익을 위해 곳곳에
서 대규모 개발사업을 벌이고 있으며, 정치권은 지역주의와 연결된 개
발주의를 정치적으로 이용하기 위해 이러한 개발공사의 문제를 방치
하고 있다. 이 때문에 천문학적 규모의 혈세가 낭비되고, 국토 곳곳이

---

19) 수자원공사의 이전 이름은 '수자원개발공사'인데, '개발'을 빼기는 했으나 수자원공사의
   실체는 여전히 '수자원개발공사'이다. 전국 곳곳에서 대형 댐의 '개발'을 강행하여 갈등을
   빚고 있는 것이다. 일본의 '수자원개발공단'은 2003년 10월에 그 이름을 '수자원공단'으로
   바꿨다. 그 까닭은 더 이상 댐을 '개발'하지 않기로 했기 때문이다. 우리의 수자원공사는
   도대체 왜 이름을 바꿨는가?
20) 개발공사는 중앙정부의 각종 개발정책을 대행한다. 여기에 덧붙여 1990년대에 들어와서
   지방자치체의 개발정책이 토건국가를 더욱 강화하기 시작했다. 지역경제를 활성화한다
   거나 중앙정부의 재정지원을 더 받는다는 여러 명목으로 지방자치체들은 경쟁적으로 대
   규모 개발사업을 벌이고 있다. 서울시의 강남순환고속도로 건설사업이 그 좋은 예이다.
   이 파괴적 사업에 대해 환경부는 편법으로 환경영향평가를 승인해 주었으며, 이에 맞서
   서 시민사회는 감사원에 감사를 요청했다(서울환경연합 외 2004).

파괴되고, 수많은 지역주민들이 생업을 팽개치고 개발공사와 힘든 싸움을 벌이고 있다. 이런 상황을 그대로 내버려두고 '선진 한국'을 이룰 수는 없다.

이제까지 개발독재에 대한 연구는 주로 군대와 경찰이라는 물리력의 작동에 초점을 맞추거나, 고도성장을 위한 산업정책이나 기업정책에 초점을 맞추었다. 그러나 그 전모를 제대로 파악하기 위해서는, 나아가 개발독재 이후의 사회에 개발독재가 끼치는 영향을 제대로 이해하기 위해서는, 개발독재의 '전위대'로 만들어진 개발공사의 형성과 작동을 밝히는 연구가 더욱 활발히 이루어져야 할 것이다. 매년 수십조의 예산을 주물러서 거대한 파괴적 개발을 계획하고 추진하는 개발공사라는 존재를 제쳐두고는 개발독재의 역사를 올바로 이해할 수 없을 뿐더러 지속가능한 미래를 준비할 수도 없다.

이 글에서는 '6대 개발공사'를 예로 해서 개발공사의 문제를 살펴보았다. 개발공사는 전국 곳곳에서 지역개발과 경제성장을 내걸고 대규모 개발사업을 펼치고 있다. 그 결과 대규모 지역파괴의 문제가 만연하게 되었다.

'토건국가 한국'은 불행하고 불안하다. 이 상황에서 벗어나기 위해서는 개발공사의 민주화와 생태화를 적극적으로 추진해야 한다. 전국 곳곳에서 벌어지고 있는 대규모 개발사업에 대한 지역주민의 거센 저항은 이 과제가 이미 시대의 요청이 되었음을 보여준다. 2003년의 새만금 삼보일배와 2004년의 지율스님의 목숨을 건 싸움에서 우리는 이 사실을 뼈아프게 확인했다.

민주화는 단순히 정권의 민주적 교체로 이루어지지 않는다. 정권의 민주화는 정부의 민주화로 이어져야 하며, 나아가 경제와 사회의 민주

화로 이어져야 하고, 이를 위해 '토건국가'라는 개발독재와 고도성장의
구조적 유산을 청산해야 한다. 개발공사의 민주적 · 생태적 개혁은 그
핵심적 과제이다.

(『민주사회와 정책연구』 제7호/2005년 상반기호)

2. 생태민주주의의 요청

신행정수도의 이상과 현실
: 국가 균형발전인가, 토건국가의 확장인가

부안항쟁과 생태민주주의

새만금 보존운동과 생태민주주의
: 지역주의와 토건국가를 넘어서

생태적 전환과 사회운동

신행정수도의 이상과 현실
국가 균형발전인가, 토건국가의 확장인가

1. 머리말

2004년 4월 15일에 제17대 총선이 끝나고 얼마 지나지 않아 신행정수도의 건설을 둘러싸고 뜨거운 논란이 벌어지기 시작했다. 충청도의 표를 얻기 위해 신행정수도 건설계획에 찬성한다고 했던 한나라당이 총선이 끝나자 태도를 바꿔서 강력히 반대하고 나섰던 것이다.

정부/여당은 국가 균형발전을 이루지 않으면 선진화를 이룰 수 없고, 이를 위해서는 무엇보다 지나친 수도권 집중을 해소해야 한다고 주장했다. 한나라당은 정부/여당이 국민의 의견을 충분히 수렴하지 않은 채 정략적 차원에서 '천도'를 밀어붙이고 있다며 강력히 비판하고 나섰다. 이에 맞서서 노무현 대통령은 신행정수도의 건설은 정권의 진퇴가 걸린 사안이라고 주장함으로써 정부/여당과 한나라당 사이의 논란에 기름을 부었다.

　물론 신행정수도의 건설을 둘러싼 논란은 정부/여당과 한나라당 사이의 논란에 그치지 않았다. 사안 자체가 대단히 중대하고 거대한 만큼, 사실 모든 국민이 신행정수도 건설계획에 관심을 가지고 있었으며, 따라서 신행정수도의 건설을 둘러싼 논란은 정치권은 물론이거니와 시민사회 전체로 확산되었다.

　신행정수도 건설계획은 지나친 서울 집중과 수도권 집중의 문제를 해결하기 위한 정책으로 마련되었다. 잘 알다시피 서울에는 대략 1100만 명이 살고 있으며, 서울을 포함한 수도권 전체에는 대략 2400만 명이 살고 있다. 2006년 5월 현재, 1천만 명이 넘는 인구가 사는 도시는 전세계적으로 20개 정도가 있으며, 그중에서 선진국의 도시는 도쿄밖에 없다. 시역을 넘어서 생활권으로 확장해야 뉴욕과 로스앤젤레스와 파리 정도가 여기에 포함될 수 있다.

　이러한 인구 1천만 명 도시 중에서 인구밀도가 가장 높은 도시는 서울이다.[1] 또한 1천만 명이 넘는 사람이 모여사는 도시나 2천만 명 이상이 사는 도시권이 여럿 있다고 해도, 서울처럼 전체 인구의 1/4이 몰려 있는 도시와 수도권[2]처럼 전체 인구의 1/2이 모여사는 도시권은 이 세상 어디에도 없다.

　이러한 인구집중은 산업, 금융, 언론, 교육, 문화 등 기능의 집중으로

---

1) 서울의 넓이는 606㎢이며, 1㎢당 1만 7000명 정도가 살고 있다. 도쿄의 넓이는 2187.05㎢이며, 전체 1200만 명 정도가 살고 있어서 1㎢당 5300명 정도가 사는 셈이다. 서울보다 더 복잡할 수 있는 인구 1000만 명 도시로는 인도네시아의 자카르타 정도가 꼽히고 있다.

2) 100만 명 이상의 인구가 사는 대도시를 메트로폴리스라고 하고, 이런 메트로폴리스들이 연결되어 하나의 도시권을 이루고 있는 것을 메갈로폴리스라고 한다. 경인권과 경수권은 이러한 메갈로폴리스에 해당한다.

이어진다. 지리적 크기로 볼 때, 서울의 크기는 남한의 0.6%에 그칠 뿐이며, 수도권으로 넓히더라도 그 크기는 남한의 11.8%밖에 되지 않는다.[3] 이렇게 좁은 곳에 전체 인구의 각각 1/4과 1/2이 모여살고, 그 결과 모든 사회적 기능이 이 좁은 곳에 모이게 되었다.[4] 이로 말미암은 문제는 다시 말할 필요도 없다. 국토의 많은 곳이 사람이 살지 않는 곳이 되었고, 많은 사람이 살더라도 사회적 기능이 모자라는 곳이 되었다. '지역 불균형 발전'이 구조화된 것이다(한국공간환경연구회 1994). 이와 함께 서울을 핵으로 하는 수도권의 문제도 대단히 커졌다. 물류비나 지대의 급증으로 말미암은 경제적 손실뿐 아니라 환경오염과 문화파괴의 문제도 이미 너무나 심각한 지경에 이르렀다(정기용 외 2002; 홍성태 2004ㄴ). 우리의 수도권 집중 문제는 세계적으로도 유례를 찾아볼 수 없는 것이다.

이런 점에서 참여정부의 '신행정수도' 건설계획은 큰 설득력을 가졌다. 그렇지만 이 계획이 과연 올바른 내용으로 이루어져 있는가? 참여정부의 신행정수도 건설계획은 훌륭한 목표를 내걸었으나 그 내용은 매우 큰 문제를 안고 있었다. '국가 균형발전을 내건 토건국가의 확대재생산'이라고 말할 수 있다.

---

3) 수도권은 서울과 인천 · 수원 · 성남 · 의정부 · 안양 · 부천 · 광명 등의 위성도시와 서울을 중심으로 반경 70km 이내에 있는 경기도의 19개 군으로 이루어진다. 면적은 1만 1686km²이다.

4) 제조업체의 55.1%, 대학교의 42.3%, 은행예금의 65.9%, 중앙기관의 69.4%, 정부투자기관의 83.3%가 수도권에 몰려 있다. 명절 때마다 되풀이되는 귀성 · 귀경의 민족대이동은 이러한 망국적 지역불균형의 산물이다.

2. 신행정수도 건설계획의 경과

잘 알다시피 신행정수도 건설계획은 참여정부가 처음으로 제안한
정책이 아니다. 서울을 핵으로 하는 수도권 집중 문제는 이미 1960년대
부터 중대한 문제로 나타나기 시작했다. 일제의 식민지배로부터 벗어
나던 무렵의 서울인구는 90만 명 정도였다. 이것은 조선말에 비해 대략
50만 명 정도 늘어난 규모였다. 이처럼 완만한 증가세를 보이던 서울의
인구는 한국전쟁을 거치면서 급속히 늘어나게 되었다. 월남 피란민을
비롯한 각종 난민과 농촌을 떠난 많은 농민들이 서울로 몰려들었던 것
이다. 그 결과 1960년 서울의 인구는 240만 명을 넘게 된다. 서울의 인구
가 불과 15년 사이에 무려 2.5배나 늘어났던 것이다.

1961년에 군사정변을 일으켜 무력으로 권력을 찬탈한 박정희 일파는
이러한 서울집중 문제를 해결하기는커녕 더욱 조장하는 정책을 폈다.
이미 1964년에 '대도시 인구집중 억제방안'을 발표하고 추진할 정도로
서울을 비롯한 대도시의 인구는 급속히 늘어나고 있었다. 그러나 박정
희 정권은 계속해서 '특정 지역 개발 중심의 산업화 정책'을 펼쳤고, 그
결과 서울을 비롯한 대도시의 인구집중은 더욱 심해졌다(홍성태 2000ㄱ).

다음의 〈표 1〉에서 볼 수 있듯이, 서울을 핵으로 하는 수도권의 집중
문제는 1960년대부터 본격적으로 나타났으며, 그동안 정부에서 내놓은
여러 대책에도 불구하고 이 문제는 해결되기는커녕 계속해서 더욱더
악화되었다.

서울의 인구집중을 막기 위한 여러 대책에도 불구하고 서울의 인구
는 계속 늘어난다. 70년대를 지나면서 서울의 인구는 800만 명을 넘게
되고, 1988년에는 마침내 1천 만 명을 넘어선다. 이렇게 인구가 늘어나

<표 1> 서울과 수도권 과밀 해소정책의 경과

1964.	대도시 인구집중 억제방안
1970.	수도권 인구과밀 억제에 관한 기본지침
1971.	7대 대통령선거에서 신민당 김대중 후보 '대전 신행정수도' 건설 공약
1973.	수도권 공장 신·증설 5배 중과세
1975.	서울 시내 공장 신·증축 억제 및 수도권 인구 재배치계획
1977.	임시행정수도 건설방안 제안
1979.	과천 제2정부종합청사 착공
1980.	수도권정비계획법
1987.	대전 행정중심기능도시 계획 발표
1990.	청 단위 중앙행정기관 대전 이전계획 확정 주택 200만호 건설계획과 수도권 5개 거대 신도시 건설
1993.	대전 제3청사 건립공사 시작
1994.	수도권 정비계획법 개정
1999.	중앙행정기관의 지방이양 촉진에 관한 법률 제정
2000.	지역균형발전기획단 설치, 지역균형발전특별법 제정
2002.	16대 대선 노무현 후보의 신행정수도 공약
2003. 12.	신행정수도의 건설을 위한 특별조치법 제정
2004. 10.	헌법재판소 신행정수도 건설특별법 위헌 결정

면서 서울의 지리적 범위도 크게 늘어나는데,[5] 이와 관련한 대표적 정책이 바로 강남 개발정책이다. 박정희 정권은 서울의 인구급증에 대응해서 강남 개발정책을 급속하게 펼쳤고, 이 정책의 성공을 위해 강북의 고등학교들을 이전하는 등의 특혜는 물론이고 심지어 부동산 투기를 조장하는 정책까지도 적극적으로 펼쳤다.[6] 이렇게 해서 박정희 정권은

---

5) 본래 서울은 도성과 성밖 10리 지역을 아우르는 '성저' 지역으로 이루어져 있었다. 근대화와 함께 인구가 늘어나서 1936년에 133.94㎢로 확장했다. 그리고 해방 뒤에는 1949년에 268.35㎢로, 1963년에 593.75㎢로, 1973년에 605.33㎢로 확장되었다.

6) 1975～78년에 실시한 '특정 지구 개발촉진에 관한 임시조치법'이 대표적인 예이다. 이처럼 비정상적인 특혜를 통해 막대한 재산을 거머쥔 강남의 부자들은 강남을 자기들만의 '기득권 지역'으로 만들고, 지방의회를 장악하여 재산세의 정상화라는 작은 개혁마저 막았으며, 신행정수도 건설계획에 대한 가장 강력한 반대세력으로 나섰다.

이 나라 전체를 '부동산 투기 공화국'으로 만들어버렸다.

1970년 6월 16일, 장차 서울에 엄청난 회오리바람을 몰고 올 중요한 정책이 서울시에 의해 발표되었다. 그것은 한강 이남지역을 본격적으로 개발하기 위해 압구정·청담·삼성·논현·도곡·대치·학동으로 이루어지는 이른바 영동지구 365만 평과 167만 평의 잠실지구 개발을 함께 착공하고, 이 대개발사업의 일환으로 성수동과 청담동을 잇는 영동교, 자양동과 잠실을 잇는 잠실대교를 건설하겠다는 취지의 '강남 서울 개발계획'이었다. (신한종합연구소 1991, 55쪽)

강남 개발과정에서는 일부 재벌과 특권층을 주축으로 한 토지투기가 그 전반기의 특징이라면, 복부인을 중심으로 사회 전역으로 확산되어 간 아파트 투기가 후반기의 두드러진 특징이었다. 여기서 가장 중요한 사실은 바로 이러한 강남의 투기바람이 사회 전역으로 확대되면서 우리 사회에는 고칠 수 없는 하나의 만성병, 즉 부동산 투기병이 자리 잡기 시작했다는 사실이다. (같은 책, 63쪽)

박정희 정권은 서울의 인구집중에 제대로 대처하지 못했을 뿐 아니라 그 문제를 강남으로 확산시켰으며, 이 과정에서 '부동산 투기의 대중화'라는 심각한 문제를 널리 퍼트리게 되었다. 이 문제는 너무나 심각해서 '한국판 골드러시'라고도 불렸다. 강남에서 졸지에 부자가 된 사람들의 이야기가 널리 전해지면서, 가진 돈이 별로 없는 사람도 강남에서 부자가 되기 위해 강남으로 몰려들었다. 여기서 나아가 부동산 투기는 빠른 시간에 큰돈을 벌 수 있는 가장 확실한 수단으로 자리 잡게 되었다.

　이처럼 부동산 투기가 이른바 '재테크'의 가장 일반적인 수단이 되면서 '지상의 방 한 칸'을 위해 평생을 담보 잡혀야 하는 구조가 확립되었다. 이 문제에 대응한다는 명목으로 노태우 정권은 '주택 200만호 건설'을 내걸고 무려 5개의 수도권 신도시를 건설하였다. 이로써 서울과 수도권은 급속히 고층아파트 지역으로 바뀌었다.[7] 그 결과 서울은 시멘트와 스모그로 기억되는 도시가 되었다. 세계의 도시들을 대상으로 한 삶의 질 조사에서 서울은 아주 낮은 순위에 머물게 되었다.[8] 서울을 비롯한 수도권은 다른 지역의 저발전을 가져온 동시에 자신의 과잉발전으로 말미암아 스스로 무너질 지경에 이른 것이다.

---

7) 노태우 정권은 전국의 모든 주택수가 550만 호 정도인 상황에서 '주택 200만호'의 건설을 추진했다. 실로 엄청난 규모였다. 그 이면에는 토건업의 활성화로 경제성장을 유지한다는 산업정책이 자리 잡고 있었다. 노무현 정권은 2003년 현재 전국의 주택수가 1300만 호를 넘는 상황에서 2012년까지 전국에서 '주택 500만호'(서울에 300만호)를 건설하겠다는 계획을 발표했다. 노무현 정권은 노태우 정권의 '토건국가'정책을 더욱 크게 확장하고 있는 셈이다(홍성태 2004ㅂ). 지난 20년 사이에 전국적으로 아파트는 크게 늘어났어도 자기 집을 소유한 사람은 오히려 줄어들었다. 건교부의 자료에 따르면 2003년에 주택보급률은 101%를 넘어섰지만, 자가점유율은 49.7%로 50% 아래로 떨어졌다. 자가점유율은 자기 집에서 사는 비율로서, 자가보급률보다는 낮게 마련이다. 그렇다고 해도 우리의 자가점유율은 매우 낮으며, 이에 비해 집을 2채 이상 가진 사람의 비율은 매우 높다. 또한 공급자 위주의 주택 보급정책으로 말미암아 공급자는 엄청난 폭리를 취할 수 있게 되었고, 이 때문에 서울을 중심으로 전국 곳곳에서 엄청난 난개발이 이루어지고 있다. 이제 공급자 위주 그리고 투기꾼 위주의 주택 보급정책을 근본적으로 바꾸어야 한다. 주택문제의 핵심은 주택수의 부족이 아니라 부동산 투기, 토건업 폭리, 개발공사(公社)의 조직이기주의 그리고 정경유착으로 이루어진 '토건국가'에 있다(변창흠 2005ㄱ; 오성훈·송영일·손정락 2005).

8) 2002년 초에 발표된 한 국제조사에 따르면, 서울의 환경지수는 세계 215개 도시들 중에서 157위에 머물렀다. 또한 2004년 초에 발표된 국내의 한 연구에 따르면, 서울을 비롯한 수도권의 대기오염으로 매년 1만 1천 명이 조기사망하고 2조～10조 원의 막대한 경제적 피해가 발생하고 있다(홍성태 2004ㄴ, 4쪽).

3. 신행정수도 논쟁의 전개

오늘날 우리가 살아가고 있는 사회의 구조는 박정희 정권에 의해 만들어졌다. 박정희라는 일제 관동군 출신의 독재자는 죽어 사라졌어도, '박정희 체계'라고 부를 수 있는 그가 만든 사회체계는 여전히 살아남아 있는 것이다(홍성태 2003ㄴ).

부동산 투기는 이 체계를 떠받치는 한 축이며, 서울을 핵으로 하는 수도권 과밀 문제는 이 체계의 역사적 산물이다. 박정희의 뒤를 이은 어느 정권도 이 문제를 해결하지 못했을 뿐 아니라 오히려 더욱 악화시켜 왔다. 참여정부는 이 문제를 해결하기 위한 '극단의 대책'으로서 신행정수도 건설계획을 제시하였다. 신행정수도를 건설해서 망국적 수도권 과밀문제도 해결하고 지역개발을 통한 국가 균형발전을 이루겠다는 것이었다.

그러나 이 야심찬 계획은 보수세력의 저항으로 일단 제지되었다. '관습헌법'이라는 해괴한 논리를 동원한 헌법재판소의 위헌 판결은 이 나라의 기득권 세력이 국가보안법이나 재벌뿐만 아니라 망국적 수도권 과밀과도 직접적으로 연결되어 있다는 것을 잘 보여주었다. 이에 맞서서 열린우리당은 '행정도시'로 바꿔서 다시 추진하겠다는 계획을 밝혔다. 다음의 〈표 2〉는 그 경과를 간추린 것이다.

정부/여당이 제시한 '신행정수도 건설을 통한 국가 균형발전의 구상'은 문제의 심각성에 비추어 상당히 큰 설득력을 지녔다. 박정희 체계를 뜯어고치기 위해서는 신행정수도의 건설과 같은 특단의 대책이 필요하다는 데 대해 시민사회는 대체로 동의한 것이다. 그러나 구상이 설득력을 지녔다고 해서 꼭 그렇게 실현될 수 있는 것은 아니다. 이 구상에

〈표 2〉 신행정수도 건설계획의 경과

2002. 9.	16대 대선 노무현 후보의 신행정수도 공약
2003. 12.	신행정수도의 건설을 위한 특별조치법 제정
2004. 7. 12.	신행정수도건설특별법 헌법소원 신청
8.	신행정수도 건설지역 확정(연기 · 공주 2160만평)
9.	신수도권 발전과 혁신도시 건설방안 발표
10. 21.	헌법재판소 신행정수도건설특별법 위헌 결정
11.	신행정수도후속대책위원회 출범
2005. 2.	열린우리당 '신행정수도 후속대책을 위한 연기 · 공주 지역 행정도시 건설 특별법(신행정도시법)' 제정안을 국회에 제출
2006. 3. 2.	'신행정도시법' 국회통과

대해 찬성하는 사람들만큼이나 반대하는 사람도 많으며, 특히 정부/여당과 한나라당의 대립은 심각한 국론분열로까지 이어졌다.

2004년 6월에 17대 국회가 열리면서 한나라당은 신행정수도 건설계획의 추진을 정면으로 반대하고 나서기 시작했다. 반대이유는 다음과 같이 크게 세 가지였다.[9] 첫째, 비용문제이다. 한나라당은 나라의 경제사정도 좋지 않은데, 정부가 당장 필요하지도 않은 사업에 너무 많은 돈을 쓴다고 비판했다. 나아가 정부/여당은 비용을 상당히 줄여서 여론을 호도했다고 주장했다. 정부/여당은 40조 원 정도가 필요할 것으로 추산했으나, 한나라당은 120조 원이 넘을 수도 있을 것으로 추산했다.[10] 이런 주장은 정부/여당이 경제를 회생하는 것이 아니라 희생하면

---

9) 한나라당은 신행정수도 건설계획의 문제를 사회적 논란의 대상으로 만드는 데 성공했지만, 과연 한나라당이 진지한 정책연구를 통해 이러한 논란을 불러일으켰다고 할 수 있을까? 헌재에서 위헌 판결을 내리기 열흘 전인 2004년 10월 11일에 한나라당 홈페이지에서는 신행정수도와 관련된 한나라당의 정책문건을 단 한 편도 볼 수 없었다. '열린자료실'에 접속하여 '신행정수도'라는 핵심어를 입력하여 찾았으나 아무런 자료도 없다는 응답만 볼 수 있을 뿐이었다.

10) 2004년 10월 11일 국회 예산처는 2004년 기준으로 67조 원, 2016년 기준으로 103조 원이 넘

서 신행정수도를 추진하고 있다는 인상을 심는 데 어느 정도 성공을 거두었다.

둘째, '천도'문제이다. 한나라당은 정부/여당이 추진하는 신행정수도 건설계획이 단순히 행정기능을 옮겨가는 것이 아니라 사실상 수도의 모든 정치적 기능을 함께 옮겨가는 '천도'라고 주장했다. 특히 대통령 집무실이 옮겨가게 되면 단순히 신행정수도를 건설하는 것이 아니라 명백한 '천도'에 해당한다고 주장했다. 이런 주장은 대통령을 '왕'과 등치시켜서 신행정수도 건설계획을 전근대적 왕조시대의 사업과 같은 것으로 보이게 하는 데 나름대로 성공을 거두었다. 이 때문에 정부/여당에서도 '천도'라는 개념 자체의 문제를 지적하고 나서기도 했다.

셋째, 여론문제이다. 이것은 '천도'문제와 바로 이어지는 것으로서 '천도'는 통치자가 자기 마음대로 수도를 옮기는 것을 뜻한다. 따라서 '천도'라는 표현은 수도를 옮기는 중대한 일을 하면서도 주권자인 국민의 뜻을 제대로 받들지 않았다는 뜻을 담고 있다. 요컨대 '천도'라는 표현에는 노무현 정권이 반민주적이라는 뜻이 담겨 있는 것이다. 여기서 신행정수도 건설계획을 둘러싼 논란은 단순히 새로운 수도를 건설하는 차원을 넘어서 민주주의의 문제로 나아가게 된다. 한나라당은 이 문제를 해결하기 위해 국민투표를 해야 한다고 주장했다.

이런 식으로 한나라당은 신행정수도 건설계획 자체를 사회적 논란의 대상으로 만드는 데 성공했다. 뿐만 아니라 헌법재판소를 통해 신행정수도 건설계획을 제지하는 데 성공했다. 그렇다면 한나라당은 과연 옳았는가? 한나라당은 신행정수도 건설계획과 어떤 관계를 맺고 있는가?

는 비용이 들 것이라는 보고서를 국회 사법위의 한나라당 주성영 의원에게 제출해서 이러한 한나라당의 주장을 지지하고 나섰다.

사실 신행정수도 건설계획이 잘못되었다면, 그것은 전적으로 한나라당의 책임이라고 할 수 있다. 법적으로 신행정수도 건설계획은 2003년 12월 29일에 국회를 통과한 '신행정수도 건설에 관한 특별조치법'에 근거해서 추진되었다. 그런데 이 법은 다름아니라 한나라당이 제정한 법이었다. 2003년의 정기국회에서 한나라당이 반대하는 법은 결코 제정될 수 없었다.[11] 한나라당은 온 국민이 염원한 '친일진상규명법'조차 아무런 효력을 가지지 못한 '누더기 법'으로 만들었고, 국민이 직접 뽑은 대통령까지 탄핵의 대상으로 만들어 나라를 큰 혼란에 빠트렸다. 이처럼 법을 제정할 수 있는 실제 능력의 면에서 보았을 때, '신행정수도 건설에 관한 특별조치법'은 사실상 한나라당이 제정한 법이었다. 2003년 12월에 열린우리당은 이 법을 제안하기는 했어도 제정할 능력은 전혀 가지고 있지 않았다. 그러므로 이 법에 따른 정책의 집행이 잘못된 것이었다면 그것은 무엇보다 한나라당의 잘못이었다고 하지 않을 수 없다.

그런데 왜 한나라당은 '신행정수도 건설에 관한 특별조치법'을 통과시켰는가? 이것은 당시 한나라당 지도부의 정략적 판단의 산물이었다. 한나라당은 이 법의 통과를 두고 2002년 12월 내내 내부논란을 벌였다. 무엇보다 서울과 수도권의 의원들이 강력하게 반대했다. 이와 관련해서 최병렬 당시 한나라당 대표는 2004년 6월에 『중앙일보』와의 인터뷰에서 흥미로운 증언을 했다. 그 요지는 "법안통과 후에도 수도 이전을 막을 수 있다는 생각에 신행정수도특별법의 국회 처리를 주도했다"는 것이었다(『중앙일보』, 2004. 6. 18). 요컨대 신행정수도특별법을 통과시켜야 충청권에서 표를 얻을 수 있고, 이렇게 얻은 표로 총선에서 압승한 뒤

---

11) 당시 전체 의석수는 273석이었다. 이 가운데 한나라당은 149석을 차지한 제1당이었고, 여당인 열린우리당은 고작 43석밖에 안 되는 소수당이었다.

에 이 특별법을 폐기하거나 무력화하려고 했던 것이다. 쉽게 말해서 한나라당은 국민을 속이려고 했던 것이다.

신행정수도의 건설을 둘러싸고 한나라당은 사실 상당한 내분상태에 빠졌다. 특히 신행정수도의 건설에 따른 수도권 지역의 반발을 막기 위해 정부/여당이 수도권 규제완화 정책을 펼치자 한나라당의 수도권 대 비수도권의 대립은 더욱 명확하게 드러났다.[12] 여기에 덧붙여 일부 한나라당 의원들은 '행정수도'가 아닌 '행정특별시'를 건설하자는 '대안'을 제시하기도 했다. 그러나 이러한 한나라당 소속 자치단체장들의 갈등이나, '행정특별시'와 같은 '대안'보다 우리가 더욱 주목해야 하는 것은 한나라당이 '신행정수도특별법'을 제정한 정치적 이유와 계산이라고 하지 않을 수 없다. 신행정수도특별법의 제정과 폐지의 과정에서 한나라당은 스스로 믿을 수 없는 당이라는 사실을 확인해 주었기 때문이다.

그렇다면 정부/여당은 어떤가? 정부/여당은 과연 신행정수도 건설계획을 올바르게 계획하고 추진했는가? 정부/여당은 신행정수도 건설계획을 크게 보아 다음과 같은 네 가지 논리로 옹호했다.

첫째, '동북아 중심국가'라는 우리나라의 장기적 발전전망을 실현하기 위한 계획이라는 것이다.[13] 그 전제는 지금처럼 수도권 집중과 지역

---

12) 손학규 경기도지사가 '수도권 집중이 경쟁력'이라고 주장하고 나서자, 김진선 강원도지사는 "이런 시각은 전적으로 교정할 필요가 있다"고 반박하고 나섰다(『한겨레21』 2004. 9. 23). 또한 서울시 · 인천시 · 경기도가 '신행정수도 반대-수도권 규제완화파'로 결집하자, 강원도 · 충북도 · 경북도가 '신행정수도 찬성-수도권 규제강화파'로 새롭게 힘을 모으기 시작했다(『한겨레신문』 2004. 9. 20). 2006년 5월의 지방선거는 한나라당의 압승으로 끝났다. 서울시 · 인천시 · 경기도의 새로운 한나라당 자치단체장들은 '대수도론'을 내세우고 나섰다.

13) 요컨대 '동북아 중심국가'라는 다분히 개발국가적인 목표가 '신행정수도 건설계획'의 전제인 것이다. 그런데 이런 목표에 대해서는 정부/여당과 한나라당이 대립하지 않는다. 양

불균형 문제가 심각해서는 '동북아 중심국가'는커녕 지금의 수준을 유지하는 것도 어려울 수 있다는 인식이다. 이런 인식 위에서 그동안 수도권 집중을 막기 위한 여러 정책이 모두 수포로 돌아갔기 때문에 이제는 신행정수도 건설과 같은 특단의 정책을 펼 수밖에 없다는 것이다.

이것은 '동북아중심국가' 구상을 수도권 집중의 해소와 연관지어 신행정수도를 적극적으로 정당화하는 논리이다. 그러나 이 수도권 집중의 해소 논리는 정부/여당이 추진하고 있는 수도권 규제완화 정책과는 완전히 모순된 것이라고 할 수 있다.

둘째, 오랜 시간에 걸쳐 준비해 온 정책이라는 것이다. 정부/여당은 이것이 박정희 정권 때부터 따져서 30년 동안 연구되어 온 정책이며, 노무현 대통령 자신도 이미 1993년부터 연구해 온 정책이라고 주장했다. 여기서 나아가 앞으로 30년에 걸쳐 추진해야 하는 역사적 과제라고 주장했다.

이것은 졸속으로 마련된 '천도'계획이라는 비판에 대한 반박의 논리이다. 그러나 이 논리는 그대로 받아들이기 어려운 면을 가지고 있다. 지금의 신행정수도 건설계획과 같은 대대적인 계획은 사실 노무현 정부가 출범하면서 본격적으로 준비되기 시작한 것이다. 이 계획이 30년 전부터 또는 10년 전부터 연구되고 준비된 정책이라는 정부/여당의 주장은 그대로 받아들이기 어려운 것이다. 그 오랜 기간 동안 이와 관련된 진지한 연구나 토론회조차 한번도 열린 적이 없다는 것이 그 좋은 증거이다. 특히 김병준 당시 정책실장이 이런 주장을 강하게 펼쳤는데, 본인은 지방행정학자로서 오래 전부터 연구해 왔는지 몰라도, 정부는

자는 개발주의와 성장주의에서 벗어나지 못했다는 점에서 비슷한 '낡은 세력'의 면모를 보인다.

물론이고 어떤 정치인도 그렇다고 볼 수 있는 증거가 없다.

셋째, 경기부양을 위한 경제정책이라는 것이다. 이것은 경제사정도 좋지 않은데 엉뚱한 곳에 너무 많은 비용을 들인다는 비판에 대한 반박이다. 신행정수도의 건설은 지나친 수도권 집중의 문제를 해결하는 것일 뿐만 아니라 토건업을 활성화시켜서 경기부양에 이바지한다는 것이다.

박정희 정권이 그 구조를 만든 토건국가의 현실에 비추어볼 때, 토건업의 활성화는 피하기 어려운 경제정책이라고 할 수 있다. 토건국가는 토건업을 활성화시켜 경제성장을 추구하는 극히 악화된 개발국가[14]의 형태이다. 이러한 토건국가의 현실에서 토건업의 활성화는 손쉽고도 필수적인 경제정책이다. 그러나 항생제를 많이 쓸수록 체질이 약해지는 것처럼, 토건업의 활성화에 매달릴수록 토건국가의 문제는 더욱 악화된다. 따라서 정치적 지지를 얻기 위한 단기적 경기부양책으로, 혹은 지역주의 구조 속에서 선심정치의 수단으로, 토건업을 활성화하는 것은 사실상 개혁을 포기하는 것과 같다. 토건국가 정책을 펴면 펼수록 국토는 더욱 피폐해지고, 정경유착은 더욱 기승을 부리게 되고, 재정의 낭비는 더욱 심해진다(홍성태 2005ㄷ).

넷째, 지나친 서울 집중을 통해 엄청난 이익을 보고 있는 기득권세력

---

14) 영어로는 developmental state를 가리킨다. 이 용어는 흔히 '발전국가'로 번역되곤 한다. 영어 develop는 본래 '발전하다'는 자동사였으나, 2차대전 이후 미국의 '제3세계 근대화' 과정에서 '발전시키다'는 타동사로 변형되었다. 미국이 제3세계를 '발전시켜 주는 것'이 '개발'이며, 국가가 국토와 국민을 '발전시켜 주는 것'이 '개발'이다. 그 실제 내용은 공업화와 자본주의화이다. '발전'의 이름으로 많은 '개발'이 이루어졌지만, 이런 '개발'이 꼭 '발전'인 것은 아니다. 이런 점에서 '발전국가'보다는 '개발국가'라는 용어가 더 타당할 것이다(더글러스 러미스 2000, 3장; 홍성태 2002ㄱ).

이 계속 기득권을 지키기 위해 신행정수도 건설계획에 대한 전면전을
펼치고 있다는 것이다. 서울집중의 핵은 다름아니라 강남이다. 강남은
개발독재의 공간적 집적체이며, 개발독재 기득권세력의 집적지이다(강
내희 2004; 윤성복 2004; 조명래 2004; 홍성태 2002ㄷ). 신행정수도의 건설로 가장 큰
변화를 겪게 될 곳은 아마도 강남일 것이다.[15] 따라서 강남을 근거지로
한국사회 전체에 대한 지배권을 확립한 개발독재 기득권세력, 곧 '강남
세력'이 기득권을 지키기 위해 다양한 반노무현세력과 힘을 모아 신행
정수도 건설계획을 저지하기 위해 팔을 걷고 나섰다는 것이다. '강남세
력'이 한나라당의 가장 강력한 지지세력이라는 점에서 한나라당의 '배
신'은 사실 필연적인 것이었다.

그런데 정부/여당의 이러한 주장에도 불구하고 정부/여당이 순전히
국익을 위해서 신행정수도 건설계획을 추진했다고 보기는 어렵다. 한
나라당만이 신행정수도 건설계획에 정략적으로 대응한 것은 아니었
다. 정부/여당에게도 이 거대한 계획은 충청권의 표를 얻어서 대선에서
승리하기 위한 정략의 산물이기도 했다. 이회창 후보를 지지하는 표가
정몽준 후보를 지지하는 쪽으로 빠지는 상황에서 충청권의 표를 선점
하기 위해, 2002년 9월 30일에 노무현 후보는 신행정수도의 건설을 공
약했던 것이다. 그 결과 충청권에서 노무현 후보에 대한 지지가 크게
올랐다.[16] 신행정수도 공약은 노무현 후보의 승리에서 결정적인 이바

---

15) 행정자치부가 2003년 11월에 발표한 「세대별 주택소유 현황」에 따르면, 서울 강남지역(서
   초 · 강남 · 송파구)의 다주택 소유자는 평균 3.67채를 보유하고 있는 것으로 조사됐다. 전
   국 다주택 소유자의 1세대당 평균 보유수는 2.95채였다. 강남이 '집부자' 동네라는 사실은
   이렇듯 분명하다.
16) 그러나 2006년 5월의 지방선거에서 열린우리당은 충청권에서도 한나라당에게 참패하고
   말았다. 거대한 지역개발을 내세운 '매수정치'가 먹히지 않은 것이다.

지를 했던 것이다.

'전략'이라는 점에 초점을 맞춘다면, 신행정수도 공약은 결국 지역주의와 개발주의의 산물이다. 그러나 '정책'으로서 신행정수도 계획은 바로 지역주의와 개발주의를 넘어설 것을 목표로 제시했다. 정부/여당은 이러한 신행정수도 공약과 신행정수도 계획 사이의 모순을 제대로 해결하고자 했는가? 신행정수도를 둘러싼 논란에서 가장 중요한 것은 이 점이었다. 그러나 이것은 한나라당과 정부/여당 사이의 논란에서는 전혀 다루어지지 않았다.

4. 신행정수도 계획의 문제

노무현 대통령은 한나라당과 조·중·동의 공격에 맞서서 신행정수도에 대한 반대를 불신임으로 연결시켰다. 2004년 7월 8일 인천에서 열린 한 회의에서 노무현 대통령은 신행정수도 반대론을 격렬히 비판하며 이것을 '대통령에 대한 불신임운동이나 퇴진운동'으로 느낀다고 말했다. 한나라당과 조·중·동의 공격은 확실히 그런 성격을 가지고 있는 것으로 보였다. 노무현 대통령에 대한 반대라는 차원에서 신행정수도의 건설이라는 거대하고, 따라서 여러모로 불투명한 사업을 비판하고 있다는 인상을 강하게 풍겼던 것이다.

그러나 그렇다고는 해도 노무현 대통령의 발언은 지나친 것이었다. 한나라당과 조·중·동이 아무리 거칠게 공격을 한다고 해도 신행정수도 건설계획에 대한 국민의 지지가 확고했다면 아마도 노무현 대통령이 그렇게까지 강하게 발언하지는 않았을 것이다. 그러므로 노무현 대통령은 그렇게 강하게 발언하기에 앞서서 자신이 그토록 훌륭하다고 믿고 있는 정책에 대한 국민의 지지가 왜 별로 높지 않은가에 대해 깊이 고민해야 옳았다. 특히 시민사회에서 비판적 태도를 취하고 있는 것에 대해 깊이 반성하고 잘못된 부분을 고치려고 애써야 했다.

지금의 서울 과밀, 수도권 과밀은 그야말로 망국적이라고 할 만하다. 이런 과밀의 대가로 다른 지역이 피폐해지고, 서울과 수도권의 삶의 질도 계속 악화되고 있다. 이미 1960년대 초부터 나타나기 시작한 이 문제를 해결하기 위해 40년 전부터 여러 정책들을 펼쳤다. 그러나 이런 정책들은 모두 별 다른 성과를 거두지 못했다. 이런 상황에서 신행정수도 건설계획은 사실 우려보다 기대가 훨씬 큰 정책이 될 수 있었다. 그런데 현실은 그렇지 않았다. 한나라당과 조·중·동의 공격이 강화되면서 사람들의 우려도 커졌다. 이에 비해 노무현 대통령의 가장 중요한 지지기반인 시민사회의 지지는 좀처럼 커지지 않았다. 바로 이런 상황이 노무현 대통령의 신경질적 반응을 이끌어내게 되었던 것으로 보인다.[17]

노무현 대통령의 극적 발언이 반대자들에게는 나름대로 효과를 거두었던 것 같다. 그러나 지지자들에게는 그렇지 않았다. 오히려 신행정수도 건설계획에 대한 의구심을 키우는 하나의 계기가 되었다. 제대로 준비를 하고 추진한다면, 명분에는 조금도 문제가 없기 때문에, 폭넓은 지지를 받을 수 있는 것이기 때문이었다. 이런 상황에서 노무현 대통령이 불신임과 같은 극단적 발언을 한 것은 오히려 신행정수도 건설계획

---

17) 물론 이 신경질적 반응은 나름대로 고도의 정치적 계산에 따른 것일 수도 있었다. 노무현 대통령은 한편으로 지지자들에게 안심할 수 없는 상황이라는 경고의 메시지를 보내고, 또 한편으로 반대자들에게 탄핵 반대투쟁의 악몽을 떠올리게 했던 것이다.

에 실제로 큰 문제가 있기 때문이라는 판단을 하게 했던 것이다.

이런 어려운 상황에서도 신행정수도 건설계획은 착착 진행되었고, 후보지 지정에서 예정지 확정으로 나아갔다. 여러 논란을 거쳐 서울에서 120km 정도 떨어진 충남 연기-공주 지역이 예정지로 확정되었다. 그런데 예정지는 논과 숲으로 이루어진 거대한 녹지이다. 이 거대한 녹지가 도시로 바뀐다는 것은 생태적으로 자못 무서운 일이다. 생태위기의 현실을 떠올린다면, 이 거대한 녹지는 너무도 중요한 생태자산이다. 만일 이 거대한 녹지가 서울과 같은 시멘트와 스모그로 가득 찬 도시로 바뀐다면, 그것은 결코 올바른 신행정수도의 건설이 아닐 것이다.

신행정수도 건설계획의 목표는 아름다웠지만 그 현실은 별로 그렇지 않았다. 신행정수도 건설계획은 여러 심각한 문제를 안고 있었다. 신행정수도 건설계획이 안고 있는 이러한 문제들을 지적하는 시민사회의 목소리들이 있었다. 물론 '반노무현'의 관점에서 사실상 '무조건 반대론'을 펴는 사람들도 있었다. 그러나 이런 사람들을 빼더라도 신행정수도 건설계획에 관한 시민사회의 대응은 다양하게 나타나고 있었다. 그만큼 신행정수도 건설계획이 여러 문제를 안고 있다는 사실을 보여주는 것이었다. 신행정수도 건설계획에 관한 시민사회의 의견은 크게 네 가지로 나뉘었다.

첫째, 찬성론이다. 이 의견은 특히 비수도권 지역단체들에서 강력하게 제시되었다. 예컨대 참여자치지역운동연대(2004)는 "신행정수도 이전 관련 국민투표 회부 논란은 국민과의 약속을 파기하는 것"이라고 한나라당을 강력히 비판했으며, 지방분권국민운동(2004)은 신행정수도 건설후보지 선정과 관련하여 '천도 시비 즉각 중단'을 요구하며 '수도권과 지방-상생의 새 역사'가 시작된다고 주장했다. 수도권 과밀의 문제를 누구보다 심하게 겪고 있으며 잘 알고 있는 사람들이 가장 강력한 찬성론을 폈던 것이다.

둘째, 반대론이다. 여기에는 크게 세 가지 주장이 섞여 있었다. 우선 신행정수도는 '통일수도'여야 하며, 이런 점에서 충남은 결코 알맞은 곳이라고 할 수 없다는 주장이 있었다. 실제로 통일에 대비한다면, 파주나 개성이 훨씬 알맞을 것이다. 다른 하나는 준비가 미흡해서 제대로 된 신행정수도를 건설할 수 없으리라는 것이다. 서둘러서 추진하다가 용두사미를 만드느니 차라리 하지 않는 게 낫다는 것이다. 끝으로 '수도 서울'의 역사성을 훼손할 것이기 때문에 신행정수도 건설계획은 철회되어야 한다는 주장이 있었다.

셋째, 변형론이다. 서울 집중의 문제를 해결하기 위해 그 기능을 분산해야 할 필요가 있지만, 신행정수도를 건설하는 것이 아니라 기존의 도시를 최대한 이용하자는 것이다. 여기에는 크게 두 가지 주장이 섞여 있었다. 먼저 대전의 종합청사 부지를 최대한 활용하여 중앙행정부와 공공기관을 대폭 옮기고, 다른 주요 대도시로 지역관련 중앙행정부와 공공기관을 옮기자는 것이다. 이것은 '대전 중심 분산론'으로 부를 만하다. 다음에 대전을 포함한 전국의 주요 대도시로 중앙행정부와 공공기관을 골고루 옮기자는 것이다.[18] 예컨대 해양수산부는 부산으로 옮기고, 문화관광부는 광주로 옮기는 식이다. 고속철도와 같은 교통망의 건설을 바탕에 깔고 있는 이 주장은 '완전 분산론'으로 부를 수 있다.

넷째, 유보론이다. 헌법재판소가 위헌판결을 내리던 순간까지 대다

---

18) 민주노동당은 당론을 정하지 못하고 논란을 거듭했다. 이런 와중에 민주노동당의 기관지인『이론과 실천』2004년 10월호는 변형론을 '대안'으로 제시했다(황기룡 2004; 박철한 2004). 이중에서 특히 황기룡의 구상은 한나라당의 '대안'과 비슷했다.

수 시민단체들은 이 의견을 제시하고 있었다. 신행정수도를 건설할 필요와 목표에는 찬성하지만, 정부가 제출한 신행정수도 건설계획이 과연 그런 목표를 이룰 수 있는가에 대해서는 큰 의문을 보였던 것이다. 이와 관련해서 특히 중요한 것은 수도권 규제완화 정책의 문제였다. 수도권 집중의 폐해를 해결하기 위해 신행정수도를 건설한다면서 수도권 규제완화 정책을 펴는 것은 그 자체로 모순일 뿐만 아니라 수도권 집중의 폐해를 더욱 악화시킬 것이기 때문이다.[19]

유보론은 사실상 '비판론'이었다. 정부/여당은 목표를 내세워 시민사회의 강력한 지지를 받으려 했다. 그러나 시민사회는 아름다운 목표에 현혹되지 않았다. 중요한 것은 아름다운 목표를 정말로 아름답게 실현할 수 있는 구체적인 계획과 의지였다. 정부/여당은 이러한 계획과 의지를 보여주지 않았다. 만일 시민사회가 노무현 대통령을 지지했다면, 그것은 노무현 대통령이 이 나라의 개혁을 위해 올바른 정책을 펴리라는 기대 때문이었다. 그러나 이러한 기대는 제대로 실현되지 않았다. 정부/여당은 신행정수도 건설계획을 흔들리지 않고 추진하기 위해서도 시민사회의 비판에 귀 기울이고 잘못을 바로잡기 위해 애써야 했다.[20] 그러나 정부/여당은 그렇게 하지 않았다.

그렇다면 신행정수도 건설계획은 어떤 문제들을 안고 있었는가? 무

---

19) 환경운동을 비롯한 시민사회는 이 점을 계속 지적하고 올바른 계획을 요구했다. 그러나 정부/여당은 이런 요구를 완전히 무시했다. 2004년 8월 31일, 국가균형발전위원회와 건설교통부는 '신수도권 발전방안과 혁신도시 건설방안'이라는 것을 발표했는데, 그 내용은 신행정수도와 190여 개의 공공기관을 지방으로 이전하는 대가로 수도권에 대기업 및 외국기업의 공장신설을 허용하는 등으로 수도권 규제를 완화하는 것이었다.

20) 시민사회는 단순히 정치적 지지를 위한 동원의 대상이 아니다. 낡은 관변단체의 관점으로 시민사회를 보아서는 안 된다. 참여민주주의는 외친다고 이루어지지 않는다. 시민사회의 지적에 귀 기울이고 잘못을 바로잡을 때 참여민주주의는 비로소 활성화된다.

엇보다 먼저 유념할 것은 신행정수도 건설계획의 복합성이다. 이 계획
은 단순히 충청도에 신행정수도를 건설하는 것으로 끝나지 않는다. 이
계획은 전국적인 지역발전의 기폭제가 되어야 하고, 서울과 수도권의
삶의 질을 높여야 하며, 강남으로 대표되는 망국적 투기사회를 바로잡
는 것이어야 했다. 신행정수도 건설계획이 과연 이런 목표들을 제대로
이룰 수 있는 쪽으로 마련되고 추진되었는가?

신행정수도 건설계획이 추진되면서 가장 먼저 나타난 문제는 토지
투기였다. 후보지로 알려진 모든 곳에서 투기바람이 일어났고, 예정지
로 확정된 연기-공주지역에서는 투기가 극성을 부렸다. 멀쩡한 농지에
갑자기 조립식 건물들이 들어서는 일들이 예사롭게 벌어지기 시작했
다. 투기꾼들은 물론이고 농민들도 더 많은 보상을 노리고 농지에 가짜
주택이나 창고를 지었던 것이다. 이런 식으로 투기꾼들이 지역을 장악
하면서 대다수 주민들은 급격한 변화에 당황했다. 충분히 예상된 문제
였지만, 정부는 제대로 대처하지 못했던 것이다.

가장 중요한 문제는 수도권 규제정책의 완화였다. 한나라당과 조·
중·동은 신행정수도의 건설로 서울과 수도권의 공동화 현상이 나타
날 것이며, 서울과 수도권의 부동산 가격이 급락하리라는 주장을 계속
폈다. 이에 맞서서 정부/여당은 수도권 규제정책의 완화를 강력히 추진
하기로 했다. '신수도권 발전방안'의 주요 내용은 수도권 신도시 건설,
개발제한구역 내 택지개발, 공장 신·증설 허용, 자연보전권역 내 골프
장을 비롯한 레저시설 건설 허용 등이다. 이것은 한마디로 수도권의 대
대적인 개발계획이며, 그것도 결코 새롭다고 할 수 없는 내용이다. 정
부/여당이 추진하는 것은 수도권 전체를 온통 도시와 도로와 골프장과
공장지역으로 만드는 것이다. 정부/여당은 박정희로부터 시작되어 전

두환과 노태우 시기를 거치며 그 틀이 완성된 '토건국가'를 개혁하는 것이 아니라 더욱 대대적으로 확장하는 계획을 추진하고 있다.

여기서 특히 중요한 것은 공장의 건설에 관한 규제를 대폭 완화하는 것이다. 공장과 같은 산업시설은 연관효과가 커서 과밀·과소의 문제를 해결하기 위한 근본적 방책이 되기 때문이다. 이와 관련해서 가장 큰 문제로 떠오른 지역은 평택이다. 정부/여당은 미군기지 이전을 빌미로 평택에 엄청난 특혜를 주기로 했다. 파주에 있는 주한미군 제2사단과 용산 미군기지 등을 평택으로 옮겨서 평택을 세계 최대의 '미군기지 도시'로 만드는 대신에 평택에 각종 특혜를 주겠다는 것이다. 그 핵심은 평택을 '산업집적 활성화 및 공장설립에 관한 법률'의 예외로 인정해 '수도권정비계획법'에서 불허하고 있는 500㎡ 이상의 공장을 포함한 첨단업종의 대기업 공장의 신·증설, 외국인 고등학교 설립, 4년제 대학의 증설·이전을 허용하는 것이다.[21]

이런 조치는 당연히 수도권 과밀을 더욱 강화할 수밖에 없다. 그렇지 않아도 지난 40년 동안의 난개발과 공업화로 망가질 대로 망가진 수도권의 환경이 더욱 극심한 파괴를 겪을 위기에 처한 것이다. 또한 수도권 규제정책에 힘입어 그나마 공장을 유치할 수 있었던 지역들에서는 어렵게 유치한 공장이 수도권으로 빠져나갈 조짐을 보였다. 수도권 규제정책의 완화는 신행정수도 건설정책과 양립할 수 없다. 이런 명백한

---

21) 이 계획은 2004년 8월에 국회에 제안되고 12월에 국회를 통과해서 2005년 4월 1일부터 시행되는 이른바 '평택지원특별법'에 의해 추진되고 있다. 평택에서는 이 법의 시행을 막기 위한 시민운동이 격렬하게 전개되었다. 정부/여당은 서울의 용산 미군기지와 부산의 하야리야 미군기지 등을 팔아서 재원을 마련하기로 했다. 이것은 용산 미군기지와 하야리아 미군기지가 시민을 위한 공원이 아니라 부자들을 위한 고층·고밀도 주거공간이나 상업공간으로 바뀌게 된다는 것을 뜻한다. 정부/여당의 이런 파괴적이고 무능한 계획에 대해 시민사회는 크게 반대하고 나섰다(참여연대 2004ㄱ; 2004ㄴ; 2004ㄷ).

사실을 무시하고 추구되는 수도권 규제정책의 완화는 신행정수도 건설정책의 진실성을 의심하게 했으며, 여기서 나아가 정부/여당이 내거는 개혁 자체에 대한 의혹을 깊게 했다.

문제는 여기서 그치지 않았다. 정부/여당은 서울에서도 새로운 개발계획을 대대적으로 벌이겠다는 계획을 발표했다. 2004년 가을까지 정부는 이미 두 가지 계획을 발표했다. 하나는 광화문 일대의 개발계획이다. 청와대가 있어서 그나마 보존되었던 북촌 일대를 대대적으로 개발할 수 있도록 정부청사와 청와대가 옮겨가는 것과 함께 공공건물과 공공용지를 팔아서 대규모 개발이 이루어지도록 하겠다는 것이었다. 다른 하나는 용산 미군기지 개발계획이다. 이곳은 서울의 파괴된 자연을 되살리기 위해 보존된 국보급 공공용지이다. 서울시도 이곳을 모두 자연공원으로 만들겠다는 계획을 발표했다. 그런데 정부는 용산 미군기지 74만 평 중에서 20만 평을 매각해서 대규모 개발을 하도록 하겠다는 계획을 발표했다.[22]

서울 과밀을 해소하겠다는 정부가 서울에서 이런 고밀도 개발계획을 추진하겠다는 것은 잘못이다. 그것도 서울의 역사를 가장 잘 보존하

---

22) 용산 미군기지의 이전협상은 원천적으로 잘못되었다. 미군이 내야 할 주한미군 2사단의 이전비용까지도 우리가 내도록 되었기 때문이다. 이 잘못 때문에 정부는 용산 미군기지의 매각방안을 추진하게 되었다. 하나의 잘못이 또 다른 잘못을 불러일으킨 것이다. 참여정부의 무능을 보여준 중요한 사례라고 하지 않을 수 없다(홍성태 2004ㄷ). 한 가지 더 지적할 것은 이런 정부/여당의 무능에 한나라당도 적극 동조하고 있다는 사실이다(참여연대 2004ㄹ). 또한 참여정부는 개발독재 시대에 만들어진 토지강제수용법을 이용해서 평택지역의 땅 350만 평을 확보해서 주한미군에게 주기로 했다. 졸지에 쫓겨나게 된 주민들이 거세게 반발하고 나선 것은 당연한 일이었다. 가장 민주적인 정부를 자처하는 참여정부는 주민들을 물리력으로 진압했다. 이로써 참여정부는 무능 이상의 잘못을 저지르고 말았다. 2003년 여름에 부안에서 확인했던 참여정부의 '반민주성'이 2006년 봄에 평택에서 다시금 확인되었던 것이다.

고 있는 광화문 일대와 서울에서 자연이 가장 잘 살아 있는 용산 미군 기지를 개발하겠다는 것은 그야말로 역사적인 잘못이다.

　이런 문제들에서 알 수 있듯이 신행정수도 건설계획은 '국가 균형발전을 내세운 토건국가의 확대재생산'에 가깝다. 토건국가의 문제를 완화하는 동시에 균형발전을 추구해야 하는 상황에서, 그렇게 해서 부패와 파괴와 탕진을 넘어서 선진국으로 나아가야 하는 상황에서, 참여정부와 열린우리당은 부패와 파괴와 탕진의 주범인 토건국가를 확장하고 불균형발전을 강화[23]하는 정책을 추구하고 있다. 참여정부와 열린우리당은 가장 중요한 개혁의 대상인 개발국가의 행정체계, 개발동맹, 개발공사 등(오관영 2003; 정규호 2003; 최지훈 2003)을 개혁하기는커녕 이 개혁의 대상을 이용하여 지역주의와 개발주의를 확대재생산해서 정권재창출을 이루려고 한다는 비판을 받게 되었다.

5. 맺음말

　신행정수도 건설계획은 한편에서 망국적인 서울 과밀과 수도권 과밀의 문제를 해결하고, 다른 한편에서 대대적인 지역개발을 통해 국가 균형발전을 이룬다는 목표를 갖고 있다(신행정수도건설추진위원회 2004). 이미 40년 전부터 서울과 수도권의 집중을 막기 위한 억제정책을 펼쳤으며, 또한 지역 균형발전을 위한 여러 지역 개발정책을 펼쳤다. 그러나 이러한 노력은 모두 별다른 성과를 거두지 못했고, 이 때문에 결국 신

---

23) 국가 균형발전 정책보다 수도권 규제완화 정책의 영향이 더 큰 힘을 발휘할 것이며, 또한 지역 내에서도 도시와 농촌 간의 불균등발전이 크게 강화되고 있다.

행정수도의 건설이라는 정책을 펼치기에 이르렀다.

그런데 이 정책은 기존의 질서를 크게 바꾸는 것이기 때문에 커다란 우려와 반대에 부딪힐 수밖에 없었다. 여기에 정략적 계산과 대응까지 겹쳐서 신행정수도를 둘러싼 대립과 갈등은 대단히 복잡한 양상을 보이게 되었다. 여기에는 '반노무현을 위한 무조건 반대'나 '친노무현에 따른 무조건 찬성'까지 뒤얽혀 있었다. 헌법재판소는 '관습헌법'이라는 반헌법적 논리로 보수세력의 손을 들어주었다.[24] 이로써 정부/여당은 큰 타격을 받았지만, 청와대와 외교부·국방부 등을 뺀 중앙부서의 이전을 골자로 하는 '행정도시' 계획을 추진하는 것으로 '신행정수도 후속대책'을 마무리했다.[25]

비판과 반박의 논리가 난무하면서 전체적인 논의의 지형이 대단히 혼란스러워지기는 했으나, 결국 신행정수도 건설계획을 둘러싼 논란은 두 가지 질문을 통해 살펴볼 수 있다.

첫째, 과연 신행정수도 건설계획은 필요한 것이었는가? 서울과 수도권의 집중이 이상상태에 이르렀다는 데 대해서는, 손학규 당시 경기도지사[26] 같은 사람을 빼고는 대부분의 국민이 동의하고 있었다. 그러나 그렇다고 신행정수도 건설계획의 필요성에 대해서도 그랬던 것은 아

---

24) 이로써 보수적 헌법재판관들은 보수파들이 성문헌법을 우습게 여기고 있다는 것과 헌법재판소가 보수파에 의해 악용될 수 있다는 것을 여실히 증명해 주었다.

25) 정부/여당은 예산을 둘러싼 논란을 의식하여 투입될 재정의 상한을 10조 원으로 정했다. 40조 원이나 100조 원보다는 적은 금액이지만, 그러나 10조 원은 그 자체로 어마어마한 돈이다. 1억 원짜리 임대주택을 100만 호나 지을 수 있으며, 100만 명의 빈곤가구에게 가구당 1천만 원씩 줄 수 있다. 이런 점에서 돈이 없어서 복지국가를 만들 수 없다는 것은 사실상 거짓말이다.

26) 그는 2004년 가을에 수도권 집중이 경쟁력이라며 더 많은 집중을 해야 한다고 주장했다. 이것은 비이성적일 뿐만 아니라 비정상적인 주장이라고 해야 할 것이다.

니었다. 그러나 지난 40년 동안 펼쳐진 관련정책이 사실상 모두 실패했다는 점에서 신행정수도 건설계획의 필요성은 나름대로 반증되었다고 할 수 있다.

둘째, 그러나 과연 신행정수도 건설계획은 올바른 내용으로 마련되고 올바른 방식으로 추진되었는가? 신행정수도 건설계획의 필요성이 역사적으로 반증된다고 해서 정부/여당이 추진한 신행정수도 건설계획의 내용과 방식이 모두 올바른 것으로 입증된 것은 아니었다. 특히 대대적인 수도권 규제완화 정책의 실행은 신행정수도 건설계획의 신뢰성과 진실성에 짙은 그늘을 드리웠다. 지나친 수도권 집중의 문제를 해결하기 위한 특단의 대책과 수도권 규제완화 정책은 결코 양립할 수 있는 것이 아니기 때문이다.

우리가 다시금 곱씹어보아야 할 것은 과연 '올바른 국가 균형발전의 길은 무엇인가' 하는 것이다. 여기서 지난 40년 동안의 강력한 경제성장 정책에 힘입어 엄청난 부를 쌓게 되었지만, 그 결과 우리의 국토가 금수강산에서 '공해강산' '파괴강산'으로 전락했다는 사실을 되새겨볼 필요가 있다. 그 대표적인 지역이 바로 서울을 비롯한 수도권이다. 신행정수도 건설계획은 수도권의 문제를 해결하는 것이어야지 그것을 다른 지역으로 확산하는 것이어서는 안 되었다.

잘못된 신행정수도 건설계획은, 그것이 아무리 이름을 바꾸더라도, 결국 신개발주의의 거대한 토건사업으로 끝나고 말 것이다(조명래 2003; 김귀순 2004; 한면회 2004; 홍성태 2004ㄱ). 신행정수도를 건설하기 위해 서울의 자연과 문화를 또다시 파괴하고, 상당한 성과를 거두고 있는 수도권 규제정책을 포기해서는 안 된다. 그러나 정부/여당의 계획은 지역주의와 개발주의를 확대재생산하여 '토건국가 한국'의 문제를 더욱 깊게 할 우려를 안고 있었다. 이것은 참여정부가 개발독재의 파괴적 유산을 더욱 더 확대재생산한 정부가 될 것에 대한 우려이기도 했다.

그렇다면 참여정부와 열린우리당은 과연 어떤 길로 가고 있었는가? 전국의 환경단체들은 2004년 11월에 '환경비상시국'을 선언하고 '환경비상시국회의'를 열어서 참여정부와 열린우리당의 각종 개발계획을 강력히 비판하고 나섰다(오성규 2004; 환경비상시국회의 2004). 실로 정부/여당은 '정권 재창출'이라는 목표를 위해 정치개혁은 물론이고 경제개혁에도 눈을 감은 것으로 보인다. 행정도시로 이름을 바꾼 '신행정수도'를 비롯해서 수도권 신도시, 기업도시, 지방 혁신도시, 광주 문화중심도시, 전주 전통문화 중심도시, 경주 역사문화도시, 민자 고속도로, 국립공원 관통도로, U자형 지역개발 구상, 레저복합도시, 해남 프로젝트 등 정부/여당은 전국 곳곳에서 헤아리기도 어려울 정도로 많은 대규모 토건사업들을 벌이고 있거나 벌이려고 한다.

참여정부와 열린우리당은 대규모 지역개발사업을 벌여서 정치적 지지를 얻는다는 박정희식 구태정치, 선심정치, 매수정치를 확대재생산하고 있다. '신행정수도 건설계획'의 속내는 그 명분이나 목표와 달리 지역주의와 개발주의의 산물에 가까워 보인다. 정부/여당은 '토건국가 한국'을 대대적으로 확장하고 있다. 이 점에서 정부/여당과 한나라당/조·중·동/재벌의 초거대 개발연대가 작동하고 있다. 그 폐해에 대한 대응은 대단히 시급한 개혁의 과제이다. 스스로 가장 강력한 개혁의 주체로 자부했던 정부/여당이 시급한 개혁의 대상이 된 셈이다.[27]

---

27) 개발은 불가피할 수도 있다. 그러나 난개발은 그렇지 않다. 난개발을 막기 위해서는 환경영향평가, 최저입찰제, 분양원가 공개, 개발이익 환수제 등의 제도를 강력히 시행해야 한다. 최저입찰제의 시행만으로도 막대한 세금을 줄이고 파괴를 막을 수 있을 것이다(선대

　‘토건국가’의 문제를 더욱 악화하는 정부/여당의 ‘한국판 뉴딜정책’을 막기 위한 ‘한국비상시국회의’를 구성해야 한다.[28]

(『시민과 세계』 제7호/2005년 상반기호)

인 2005ㄱ). 한국에서 가장 손쉽게 큰돈을 벌 수 있는 것이 토건업이다. 이 때문에 OECD 국가들에서 토건업은 계속 줄어들고 있으나 한국은 오히려 지난 10년 사이에 크게 늘었다(조명래 2003, 52쪽; 우석훈 2004). 이런 상황에서 정부/여당이 추진하는 ‘한국판 뉴딜정책’이란 명백히 ‘토건국가’ 확대정책일 뿐이다. 지율스님의 경우를 보자. 지율스님은 법으로 규정되어 있는 환경영향평가의 올바른 시행을 위해 목숨을 걸어야 했다. 정부/여당은 이런 스님을 오히려 이상한 사람으로 몰아갔다. 심지어 이강철 당시 시민사회수석은 지율스님 때문에 혈세가 낭비되었다고 주장했다. 과연 그런가? 혈세의 낭비는 반생태적 개발계획을 반민주적으로 강행하는 데서 발생한다. 그렇게 낭비된 혈세는 정경유착의 원천이 된다(박태견 2004ㄱ; 2004ㄴ). ‘토건국가’는 ‘파괴국가’일 뿐 아니라 ‘부패국가’이다. 지율스님이 바로잡으려 했던 것은 파괴의 문제만이 아니라 부패의 문제도 있었다. 지율스님은 자연을 살릴 뿐만 아니라 혈세의 탕진을 막기 위해 목숨을 던지고자 했던 것이다. 이런 지율스님을 가리켜 혈세를 낭비했다고 주장하는 사람이 실세로 있는 정부/여당은 결코 시민사회의 신뢰를 얻을 수 없을 것이다.
28) 한나라당의 이명박은 ‘경부운하 건설계획’이라는 것을 밝혔다. 이 계획이 추진된다면 토건업체들은 커다란 이익을 거둘 것이다. 그러나 한국은 세계 최악의 토건국가가 될 것이며, 이 나라의 자연은 총체적인 교란과 훼손에 빠지고 말 것이다.

부안항쟁과 생태민주주의

1. 머리말

핵폐기장의 건설을 둘러싸고 사회적 갈등이 오랫동안 거세게 일어났다. 사실 '한국의 반핵운동은 핵폐기장 반대운동의 역사'(반핵국민행동 2003ㄱ)라고 할 정도로 핵폐기장 건설을 둘러싼 사회적 갈등은 두드러졌다.

핵폐기장을 둘러싼 사회적 갈등은 무엇보다 중앙정부의 핵발전 정책에서 비롯된 것이다. 핵발전은 필연적으로 핵폐기물을 낳게 마련이기 때문이다. 그런데 핵폐기물은 단순한 '폐기물'이 아니다. 일반적으로 산업폐기물은 유독성이어서 특수 처리를 거쳐 폐기하지 않으면 안 된다. 핵폐기물은 더욱더 심각하다. 폐필터나 폐윤활유 등의 중준위 폐기물은 수백 년 동안 안전하게 보관해야 하며, 사용후 핵연료[1] 같은 고준위 핵폐기물은 무려 20만 년 이상 안전하게 보관해야 한다. 이것이 얼마나 어려운 일인가는 군이 말할 필요도 없을 것이다.

핵폐기물의 완전히 안전한 보관이 극도로 어렵다는 사실에 비추어보자면, 핵폐기장을 둘러싸고 끊임없이 빚어지는 격렬한 사회적 갈등은 핵발전 정책 자체를 근본적으로 고쳐야 할 필요를 제기하는 것이라고 할 수 있다. 그러나 정부에서는 이를테면 '현실론'을 내세워서 이런 필요를 사실상 무시해 왔다. 이미 핵발전에 대한 의존도가 아주 높아서 핵발전 정책을 돌이킬 수 없으며, 또 이미 핵폐기물이 많이 생산되었으므로 핵폐기장을 무조건 짓지 않으면 안 된다는 것이다.

그러나 이런 '현실론'은 '또 다른 현실'을 무시하고 있다. 그것은 국민 대다수가 핵발전소와 핵폐기장의 위험을 잘 알고 있으며, 이 때문에 핵폐기장의 건설은 물론이고 핵발전 정책 자체에 대해서 근본적인 재검토를 요구하는 목소리가 계속해서 커지고 있다는 사실이다. 이러한 '또 다른 현실'은 핵폐기장의 건설을 포함한 정부의 핵발전 정책이 과연 민주적인가에 대해 깊은 의문을 품게 한다.

1990년의 안면도, 1994년의 굴업도, 다시 2003년의 부안에서 거세게 일어난 핵폐기장 반대운동은 중앙정부의 핵발전 정책에 대한 저항이

---

1) 사용후 핵연료는 예컨대 '연탄재'처럼 더 이상 원래의 용도로 사용할 수 없는 '쓰레기'가 아니다. 핵발전소에서는 우라늄을 농축해서 연료로 사용한다. 우라늄원자의 분열반응에서 발생하는 엄청난 고열을 이용하는 것이다. 그 원리는 핵폭탄과 똑같다. 다만 핵폭탄은 우라늄의 분열반응을 빨리 일으키는 데 비해, 핵발전소는 그것을 천천히 일으키는 것이 다를 뿐이다. 그런데 사용후 핵연료는 극도로 위험한 방사능물질로서, 이것을 특수하게 재처리해서 플루토늄을 생산한다. 플루토늄은 다시 핵폭탄의 원료가 되거나 고속증식로라는 새로운 핵발전소의 발전연료가 된다. 그런데 고속증식로는 일반적인 핵발전소보다 더욱 불안정한 기술로서 사실상 실용화될 수 없다. 플루토늄을 사용하는 가장 확실한 용도는 핵폭탄을 만드는 것이다. 이런 점에서 사용후 핵연료는 바로 핵폭탄의 원료물질인 것이다.

었다. 그런데 여기서 우리가 또한 주목해야 하는 것은 핵발전 정책, 그 중에서도 특히 핵폐기장 건설정책이 대단히 비민주적인 방식으로 추진되었다는 사실이다. 이런 맥락에서 이 글은 특히 2003년의 부안에서 벌어진 저항에 주목할 필요를 강조하고자 한다. 그동안 민주화가 상당한 정도로 진척되었는데도 불구하고 2003년의 부안에서 1990년의 안면도가 재연된 것으로 보였기 때문이다.[2]

어떻게 된 것일까? 그동안 이루어진 민주화는 헛된 것이었는가? 그렇지 않다면, 민주화가 영역에 따라 차별적으로 이루어지거나, 그 효과가 영역에 따라 차별적으로 나타나는 것일까? 왜 핵발전 정책의 영역에서는 민주화가 제대로 이루어지지 않은 것으로 나타나는 것일까? 핵발전의 반생태성과 핵발전 정책의 반민주성은 불가분의 관계를 맺고 있는 것은 아닐까?

이 글은 반생태적인 핵발전 정책을 강행한 참여정부와 그에 맞선 대다수 부안주민의 저항을 '부안항쟁'으로 파악하고 다룬다. 그러나 이 글의 초점은 '부안항쟁' 자체가 아니라 그것을 매개로 핵발전과 민주주의의 관계에 대해 살펴보는 것이다. 또한 이 글의 출발점은 '부안항쟁'을 통해 민주주의의 문제를 생태적 전환의 관점에서 추구하는 것, 요컨대 생태민주주의의 과제가 전면에 떠오르게 되었다는 것이다.

---

2) '안면도 항쟁'은 1990년 11월 3일에 시작되어 1993년 3월 25일에 마무리되었다(전재진 1993). 전문가의 판단이라는 형식을 갖추기는 했으나 사실상 정부의 일방적 입지선정과 강요라는 반민주성의 면에서 안면도, 굴업도, 부안은 모두 닮은꼴이다.

2. 부안항쟁의 경과

부안군민들은 중앙정부가 반민주적 방식으로 강요한 핵발전 정책에 맞서서 싸움을 벌였다.[3] 그러므로 우리는 이것을 '부안사태'가 아니라 '부안항쟁'[4]이라고 부를 수 있다. '사태'가 단지 '갑자기 발생한 큰 소란'이란 뜻을 가지고 있다면, '항쟁'이란 '잘못에 맞서 싸운다'는 뜻을 담고 있다. 부안군민들은 반생태적일 뿐더러 반민주적인 핵발전 정책을 바로잡기 위해 싸웠다.[5] 그러므로 부안에서 2003년 5월부터 2004년 2월까지 벌어진 일을 우리는 '부안항쟁'이라고 불러야 한다. 그것은 어떻게 전개되어 왔는가?

'부안항쟁'은 크게 세 단계로 전개되어 왔다. 첫째, 발단기로서 2003년 5월 13일에 일부 위도주민들이 유치를 청원한 것으로 시작되었다. 이에 맞서서 부안주민들은 적극적으로 대응하기 시작했다. 둘째, 격화기로

---

3) '부안항쟁'은 2004년 2월 14일 주민투표를 통해 일단락되었다. 결과는 72.04%의 투표율에 91.8%의 반대로 나타났다. 그러나 정부는 이 주민투표는 법적인 효력이 없다며 주민투표법이 발효되는 7월 이후에 정식으로 주민투표를 하겠다는 뜻을 밝혔다. 또한 5월 31일까지 새롭게 유치신청을 받았으며, 이에 맞서서 2004년 5월 24일에 부안주민을 비롯해서 전국 7개 지역의 주민들이 서울에 모여서 대규모 반핵집회를 열었다.

4) 안면도 주민으로 핵폐기장 반대운동에 주도적으로 참여했던 전재진씨는 싸움의 경과와 주요 내용을 정리해서 한 권의 책으로 묶었다. 이 책에서 그는 안면도 핵폐기장 반대운동을 '안면도 항쟁'으로 규정했다(전재진 1993). '부안항쟁'이란 규정은 이러한 안면도의 경우를 염두에 둔 것은 아니었다. 그러나 결과적으로 같은 것이 되었는데, 그 바탕에는 '광주항쟁'에 대한 인식이 자리 잡고 있다.

5) 부안군민의 싸움으로 가장 중요한 것은 2003년 7월부터 2004년 2월까지 부안읍의 수협 앞길에서 매일 밤마다 열린 촛불집회이다. 매일 밤마다 남녀노소를 떠나서 보통 1천~3천 명 정도의 군민이 모였으며, 많을 때에는 1만 명이 넘는 군민이 모였다. 부안군 전체에서 이렇듯 많은 군민들이 부안읍으로 자발적으로 모여들었다. 부안은 본래 전봉준 장군의 고장이며, 동학농민전쟁의 핵심적 무대이다. 이런 역사가 '부안항쟁'의 밑바탕에 자리 잡고 있는 커다란 사회적 자원일 수도 있다.

〈표 1〉 부안항쟁의 경과 요약

2003.
5. 1. 산업자원부, 핵폐기장 관리시설 유치신청 공고
 13. 위도주민핵폐기장유치위, 주민 80% 이상 서명을 받아 부안군의회에 유치를 청원
7. 9. 부안군의회, 핵폐기장 유치에 관한 찬반 토론회를 열어 반대 결의
 10. 김종규 군수, 언론사와 인터뷰중 유치반대 표명
 11. 김종규 군수, 핵폐기장 유치선언 기자회견
 14. 김종규 부안군수와 김형인 군의회 의장, 산업자원부에 유치신청서 제출
 22. 핵반대 · 군수퇴진 부안군민 1만인궐기대회
 23. 노 대통령, 김종규 군수에게 격려전화
 24. 산업자원부, 부안군 위도를 핵폐기장 후보지로 최종 결정
 26. 김두관 행정자치부 장관과 윤진식 산업자원부 장관, 부안방문. 윤진식장관은 '현금보상'을 검토하겠다고 말함 부안주민, 부안읍에서 촛불집회 시작
 29. 정부, '위도 현금보상' 배제 결정
8. 28. 정부와 핵폐기장 백지화 군민대책위원회, '부안문제 해결을 위한 공동위원회' 구성에 대체로 합의
9. 8. 김종규 부안군수, 내소사에서 부안군민들에게 폭행당함
9. 24. 부안군의회 의원 7명, 핵폐기장 백지화를 요구하며 무기한 등원거부를 결의
10. 24. '부안지역 현안 해결을 위한 공동협의회' 1차회의 개최
11. 2. 부안 핵폐기장 반대 촛불집회 100일째
11. 18. 정부, 주민투표 연내실시 불가방침 발표
11. 19. 핵폐기장 백지화 범부안군민대책위원회, 정부와 대화 중단 공식선언 부안군민 총궐기대회 개최
11. 22. 시민단체들, 부안핵폐기장중재단 구성. 2004년 1 ~ 2월 주민투표실시안 제시
11. 25. 부안 핵폐기장 사태 해결을 위한 주민투표 실시를 촉구하는 '2천인선언문' 발표 노무현 대통령, 국무회의에서 조속한 주민투표 실시에 반대
11. 25~6. '반핵국제포럼 in 부안' 개최
12. 2. '부안지역 현안 해결을 위한 공동협의회'의 정부측 간사인 정익래국무총리실 민정수석비서관, 환경단체의 '배후조종설' 주장
12. 10. 정부, 핵폐기장 유치신청 추가접수 결정
12. 12. 윤진식 산업자원부 장관 사임

2004.
1. 6. 대한변호사협회, 경찰이 부안에서 시위진압시 인권을 침해했다고 발표
1. 7. 서울대 일부 교수들, 핵폐기장을 서울대에 유치하자고 망언
1. 15. 핵폐기장 관련 부안주민 직접투표 방안 발표
2. 14. 주민투표. 전체 유권자 5만 2208명 가운데 72.04%가 투표해서 91.8%가 반대
3. 5. 산업자원부, '원전수거물 관리시설 부지공모에 관한 공고안'을 발표
5. 9. '부안새만금생명평화모임' 창립식

서 2003년 7월 11일에 김종규 군수가 전날의 약속을 어기고 돌연 유치선언 기자회견을 한 것으로 시작되었다. 7월 22일의 '1만인궐기대회'로 그 의지를 보인 부안주민은 7월 26일부터 '부안항쟁'의 상징이 된 '촛불집회'를 열기 시작했다. '궐기대회'가 전면투쟁의 의지를 보여주는 것이었다면, '촛불집회'는 지속적인 저항의 뜻을 밝히는 것이었다. 셋째, 정리기로서 11월 22일에 시민단체들이 중재단을 구성하는 것으로 시작되었다. 이어서 2004년 2월 14일에 주민투표를 통해 부안주민의 압도적인 다수가 반대의 뜻을 밝혔다. 이로써 '부안항쟁'은 일단락되었다.

여기서 우리는 무엇보다 먼저 평범한 핵폐기장 건설 반대운동이 격렬한 '부안항쟁'으로 변모한 과정에 주목하지 않으면 안 된다. 부안주민들이 반대하고 나선 것은 당연한 것이었다. 정부가 다수 주민의 뜻을 무시하고 절대적 위험시설을 건설하고자 했기 때문이다. 부안주민은 민주주의가 부여하는 권리를 행사했던 것이다. 그러나 정부는 부안주민의 민주적 요구를 사실상 묵살하고, 심지어 평화적인 촛불집회를 폭력으로 해산하거나 봉쇄했다. 요컨대 군부독재 시대와 같은 반민주적 방식으로 부안주민의 민주적 요구를 억압하려고 했던 것이다. 반생태적 핵발전 정책이 부안항쟁의 구조적 원인이었다면, 정부의 반민주적 억압책은 부안항쟁의 직접적 원인이었다.

3. 부지선정의 문제

1990년의 안면도, 1994년의 굴업도를 거쳐 2003년의 부안에서 다시 일어난 핵폐기장 반대운동은 지역이기주의에 사로잡힌 지역주민의 맹

목적인 반대운동이 아니었다. 그것은 민주적이지 않은 발전정책의 민주화를 요구하는 민주화운동이면서, 또한 생태적이지 않은 핵발전 정책의 생태적 전환을 요구하는 생태운동이었다. 우리는 누구나 안전하게 살아갈 권리를 가지고 있다. '행복추구권'을 거부하는 정부에 대해서 우리는 복종하지 않을 권리와 저항할 권리를 가지고 있다. 부안항쟁은 이런 당연한 권리를 적극적으로 실천한 결과였다.

부안항쟁은 2003년 5월 13일 위도유치위에서 위도주민의 서명을 받아 부안군의회에 유치를 청원하는 것으로 시작되었다. 그러나 나중에 밝혀졌듯이 이 서명은 주민들에게 3억~5억 원씩 현금보상을 받을 수 있다고 거짓말을 해서 받아낸 것이었다.[6] 또한 위도유치위의 유치신청은 핵폐기장의 위험에 직접 노출되어 있는 인근 지역주민들의 의견은 전혀 묻지도 않고 이루어졌다. 이런 점에서 위도유치위의 신청은 원천적으로 무효였다. 위도주민들에게 거짓말을 하여 서명을 '매수'하고 인근 지역주민들의 의견을 완전히 무시한 채 이루어진 신청을 지역주민의 '자발적 합의'에 따른 것이라고 할 수는 없을 것이다.

이처럼 위도유치위의 신청은 원천적인 문제를 안고 있었고, 그런 만큼 이 신청이 받아들여지기는 어려운 것으로 보였다. 또한 유치신청에서 가장 중요한 의사결정권자인 김종규 군수도 계속 반대의견을 밝혔으므로 문제가 쉽게 해결될 것으로 보였다.[7] 그런데 김종규 군수가 갑

---

6) 과학기술정책연구원 부연구위원인 ㅂ씨가 위도에 낚시꾼으로 위장해서 들어가 주민들에게 핵폐기장을 유치하면 최고 5억 원까지 받을 수 있다는 말을 퍼트리고 다닌 것으로 알려졌다. 이미 주민들 사이에서는 널리 알려져 있었던 이 사실은 2003년 11월 26일에 민주당의 부안사태 조사결과 공표를 통해 공식화되었다(권박효원 2003).

7) 2003년 7월 9일, 김종규 군수는 군청 앞에서 천막농성을 시작한 주민들과 만나서 반대의견을 밝혔다. 또한 2003년 7월 10일, 언론사와 인터뷰 중에 다시 반대의견을 밝혔다.

자기 유치계획을 밝히고 나섰다(2003. 7. 11). 그리고 바로 이어서 유치신청서를 산업자원부에 제출했다(2003. 7. 14). 당연히 김종규 군수의 갑작스런 '변심'에 대한 의혹이 크게 불거졌다. 그런데 어쩐 일인지 노무현 대통령은 김종규 군수에게 전화를 걸어 이런 의혹에 가득 찬 행태를 크게 치하했다(2003. 7. 23). 산자부가 위도를 최종후보지로 선정하기 전날이었다(2003. 7. 24).

여기에는, 민주주의와 관련해서 두 가지 문제가 있었다.

첫째, 대다수 부안주민들이 이미 7월 초부터 반대의견을 분명하게 밝히고 있었는데 김종규 군수는 이런 뜻을 저버리고 갑작스레 유치신청을 했다. 이 과정 자체가 정치적 분노와 의혹의 대상이 되었다. 더욱이 노 대통령이 이런 김 군수에게 전화를 걸어 치하한 것은 대다수 부안주민들의 뜻을 대통령이 나서서 무시한 것이라고 할 수 있었다.

둘째, 아직 산자부에서 최종후보지로 선정하기도 전에 노 대통령이 김 군수에게 치하전화를 했다는 것도 큰 문제가 아닐 수 없었다. 담당부서에서 최종후보지로 선정하기도 전에 어떻게 대통령이 나서서 관련 지자체장에게 치하전화를 할 수 있을까? 사실 이것은 상식적으로 보더라도 납득하기 어려운 일이 아닐 수 없다. 이 때문에 노 대통령과 김 군수 사이에 이미 모종의 정치적 거래가 이루어진 것이 아닌가 하는 의혹이 제기되었다(『부안21』 창간준비3호, 2003. 12. 1).

2003년 7월 24일, 부안군과 산업자원부는 위도주민들이 핵폐기장을 받아들이기로 했다고 발표했다. 그러나 이것은 그 실제 내용으로 보아서는 거짓이었다. 사실상 위도주민들은 산업자원부에 비싼 값에 위도를 팔기로 했던 것이기 때문이다. 이런 사실은 빨리 현금을 내놓으라는 위도주민들의 독촉으로 밝혀졌다. 산업자원부가 위도주민들에게 현금을 주고 위도를 산다는 것은 명백히 불법이었다. 다시 말해서 유치신청서에 서명해 준 대가로 보상금을 주는 것은 명백히 불법이었다. 따라서 산업자원부는 위도주민들의 요구를 도저히 들어줄 수 없었고, 그래서 어쩔 수 없이 위도주민들과 산업자원부의 잘못된 거래의 내막이 세상에 드러나게 되었다.

위도주민들과 산업자원부의 잘못된 거래는 그렇다 치더라도, 과연 위도가 핵폐기장으로 사용하기에 적합한 곳일까? 이 점은 두 가지 측면에서 살펴보아야 한다.

첫째, 위도처럼 핵발전소로부터 멀리 떨어진 곳으로 핵폐기물을 옮기는 것의 안전성 문제이다. 사실 수백 킬로미터나 떨어진 머나먼 곳에서 위험하기 짝이 없는 극독물을 배로 실어 나른다는 발상 자체가 큰 문제라고 하지 않을 수 없다. 차로 이동하거나 배로 이동하거나 먼 거리를 옮겨가게 되면, 그만큼 '수송위험'이 커질 수밖에 없다. 따라서 안전을 위해 핵발전소로부터 멀리 떨어진 곳에 핵폐기장을 건설한다는 것은 위험의 증대라는 점에서 대단히 모순적이라고 할 수 있다. 또한 그 위험의 절대성을 충분히 고려한다면, 이동경로에 있는 모든 지역의 주민들에게 사전에 허락을 받아야 옳을 것이다.

둘째, 위도 자체의 지질학적 안전성에 대해 살펴보자. 이 작업은 핵폐기장 건설주체인 산업자원부의 '핵폐기장 부지선정위원회'가 맡아서 한다. 이 위원회는, 쉽게 예상할 수 있듯이, 위도가 지질학적으로 최적지라고 판정했다. 그러나 이에 대해 반핵국민행동은 2003년 8월 27일에 기자회견을 열어 활성단층에 대한 조사조차 제대로 이루어지지 않았다는 사실을 밝혔다(조혜진 2003). 가장 기초적인 지질조사조차 제대로 하지 않은 채로 지질학적 최적지라고 발표했던 것이다. 또한 지질학적 요건에 비해 잘 알려지지 않은 사실이지만, 생태적으로 문화적으로 보호 가치가 높은 곳에는 핵폐기장이 들어설 수 없다. 이와 관련해서 환경운동연합과 문화연대는 2003년 12월 17일에 핵폐기장 부지선정위원회가 위도의 생태와 문화에 대해 아무런 조사도 하지 않았다는 사실을 발표했다(참소리 2003).

여기서 우리는 '핵폐기장 부지선정위원회'에 주목해야 한다. 전문가들로 이루어졌다는 '선정위원회'야말로 위도주민들과 산업자원부의 잘못된 거래를 합법적인 것으로 만들어준 '거간꾼'이었기 때문이다. 그러므로 우리는 우선 이 거간꾼이 정말 제대로 된 거간꾼인지에 대해 똑바로 알아야 한다. 산업자원부는 누구나 알아야 마땅한 '부지선정위원회'의 구성에 관한 정보를 한사코 공개하지 않다가, 부안주민들이 모두 들고 일어나서 사태가 심상치 않은 방향으로 흘러가자 비로소 그 정보를 공개했다.[8] 모두 '전문가'들이라고 할 수 있겠지만, 여기서 정말 중요한 것은 '어떤 전문가'인가이다.

---

8) '핵폐기장 부지선정위원회' 위원 명단(2003년 7월 현재)
   1. 장인순 위원장: 한국원자력연구소 소장 (과기부 산하기관)
   2. 이태섭: 한국지질자원연구원 원장 (과기부 산하기관)
   3. 변상경: 한국해양연구원 원장 (과기부 산하기관)
   4. 강병규: 행자부 자치행정국장 (정부기관)
   5. 김신종: 산업자원부 에너지산업국장 (정부기관)
   6. 조청원: 과기부 원자력국장 (정부기관)
   7. 오석보: 원자력문화재단 전무 (산업자원부 등록법인)
   8. 이중재: 한수원(주) 사업본부장 (사업시행자)
   9. 박시룡: 서울경제신문 논설위원 (언론)
   10. 이창건: 전력기술기준위원회 회장 (원자력위원회 위원장)
   11. 장호완: 서울대 교수, 대한 지질학회장 회장 (원자력안전위원회)
   12. 장승필: 서울대 토목공학과 교수, KEERC 지진공학연구센터 (원자력안전전문위원회)
   13. 황주호: 경희대 원자력공학과 교수, 원자력학회 전문위원 (원자력안전전문위원회)
   14. 문현구: 한양대 지구환경 시스템 공학과 교수, 한국 암반공학회 부회장

2003년 8월 3일, 인터넷신문 『프레시안』에는 이 위원회의 면면을 따져보고 평가하는 기사가 실렸다. 그 주요 내용을 여기에 인용한다.

프레시안이 확인한 바에 따르면 부지선정위원 14인 중에서 6인이 정부인사 또는 핵발전 이해당사자들이다. 예를 들어 김신종 산업자원부 에너지산업국장, 조청원 과학기술부 원자력국장, 강병규 행정자치부 자치행정국장이 정부인사들이라면, 장인순 한국원자력연구소장, 오석보 원자력문화재단 전무, 이중재 한국수력원자력(주) 사업본부장은 핵발전의 이해당사자들에 해당된다.
나머지 8인도 대부분 직간접적으로 핵발전과 관련해 산업자원부나 과기부 등 관련부처와 관계를 맺고 있는 것으로 알려졌다.
이창건 전력기술기준위원회 회장은 한국원자력학회장을 역임한 인물이며 최근에는 원자력위원회 산하 원자력이용개발전문위원장을 지낸 바 있다. 또 장승필 서울대(토목) 교수와 장호완 서울대(지질학) 교수, 황주호 경희대 교수(원자핵공학)는 과기부 원자력안전위원회 위원으로 활동중이다. 또 유일한 언론계 인사인 박시룡 서울경제 논설위원 역시 현재 산업자원부 무역위원회 위원이고 이전에도 정부기관 주최의 에너지 관련 회합에 언론계 대표로 참여해 온 것으로 알려졌다.
한국해양연구원 변상경 원장과 한국지질자원연구원 이태섭 원장도 정부산하 연구소의 원장으로서 중립적인 위치에서 전문적인 조언을 하기에는 한계가 있다는 것이 관계인사들의 지적이다.

한마디로 객관적인 위원회가 아니라 산업자원부의 뜻대로 움직이는 위원회라는 것이다.[9] 산업자원부는 이런 위원회를 통해 위도가 최적지라고 일방적으로 공표했던 것이다. 이처럼 위도주민의 유치신청부터 핵폐기장 부지선정위원회의 부지선정에 이르기까지 모든 절차는 형식적으로 완료되었을 뿐이었다.

4. 핵폐기장과 민주주의

2003년 8월 3일에 발표된 환경운동연합의 논평은 핵폐기장 부지선정위원회의 위원들을 가리켜 "예정된 결과를 충실히 짜맞추는 프로그램화된 로봇이며, 복채를 주는 손님에게 원하는 답을 주는 점쟁이"라고 규정했다. 문제는 이런 로봇들이 선정한 땅에 들어설 시설이 다름 아닌 '절대적 위험시설'[10]이라는 데 있다. 이런 시설의 건설계획은 관련된 모든 정보를 철저히 공개하고 관계된 사람들 모두의 적극적인 참여를 보장하는 방식으로 이루어져야 한다. 특히 시설이 들어설 지역의 주민들이 올바른 판단을 내릴 수 있도록 하는 것이 무엇보다 중요하다.

---

9) 핵발전을 적극적으로 지지하는 사람들을 보통 '찬핵론자'라고 부른다. 그러나 여기에도 두 부류의 사람들이 있다. 하나는 정말로 양심적인 판단에 따른 사람이고, 다른 하나는 그보다는 직업적 판단에 따른 사람이다. 후자의 경우는 '찬핵론자'보다는 '식핵론자', 곧 '핵발전을 이용해서 먹고 살아가는 사람'으로 부를 수 있다. 핵발전산업이 커질수록 '식핵론자'가 늘어날 가능성이 크다. '식핵론자'는 자신의 경제적 이익을 위해 핵발전의 위험을 과소평가한다.

10) 이것은 두 가지로 규정된다. 첫째, 일단 사고가 일어나면 돌이키는 것은 절대적으로 불가능하다. 둘째, 사고를 막을 수 있는 인간의 능력은 절대적으로 제한되어 있다. 소련의 체르노빌 핵발전소 사고가 그 대표적인 예이다. 이에 대해 '식핵론자'들은 '후진 소련'에서 일어난 사고라고 주장한다. 그러나 비슷한 사고가 소련보다 7년이나 앞서서 '선진 미국'의 스리마일 섬 핵발전소에서 일어났다. 그 뒤로 미국은 핵발전소를 더 이상 짓지 않고 있으며, 대신에 한국과 같은 '후진국'들에게 열심히 핵발전 관련 장비와 기술을 팔고 있다.

그러나 산업자원부는 이렇게 하지 않았다. 위도주민들에게 3억~5억 원의 거금을 줄 수 있을 것처럼 거짓말했으며, '로봇 위원회'를 만들어 예정된 결론을 위원회의 이름으로 정당화하고자 했다. 산업자원부의 잘못은 명백했다. 관련정보를 철저히 공개하지 않았으며, 관련된 사람들의 적극적인 참여를 보장하지 않았고, 해당 지역의 주민들이 올바른 판단을 내릴 수 있도록 하지 않았다. 주민의 유치신청과 전문가의 부지선정이라는 절차를 밟기는 했지만, 그 실체는 민주주의와 전문가의 이름으로 치장된 '밀어붙이기 행정'일 뿐이었다.[11]

핵발전소 자체가 극도로 위험한 시설이고, 그곳에서 나오는 핵폐기물도 극도로 위험한 물질이다. 그런 물질들을 한곳에 모아둔 핵폐기장이 극도로 위험한 시설이라는 것은 다시 말할 필요도 없다. 또한 핵폐기장을 짓게 되면 극도로 위험한 핵폐기물을 그곳으로 옮겨가는 극도로 위험한 일을 하게 된다. 요컨대 핵폐기장의 건설은 극도로 위험한 핵시설을 하나 더 늘리는 것이면서, 또한 극도로 위험한 일을 먼 거리를 오가며 반복적으로 수행하게 되는 것을 뜻한다. 그러므로 핵폐기장이 어쩔 수 없이 필요하다고 하더라도, 그것을 먼 곳에 짓는 것이 아니라, 핵발전소에서 자체 보관하는 것이 가장 경제적이고 안전한 길일 것이다.[12]

---

11) 이런 반민주적 행정에 많은 전문가들이 '적극적으로' 이용당하고 있다. 지식인으로서의 성찰성은커녕 수치심마저 망각하고 반민주적 행정을 전문적으로 정당화하고 있는 것이다. 이러한 '장식적 전문가'들은 '위험사회'의 주도자로서 심각한 '공공의 적'이라고 할 수 있다. 이들에 대한 사회적 감시운동은 이미 절박한 과제가 되었다.

12) 핵발전을 담당하고 있는 (주)한국수력원자력(약칭 한수원)은 KAIST에 2002년 9월에 핵폐기장 관련 연구를 맡겼다. KAIST는 같은 해 12월에 보고서를 제출했는데, 한수원은 이 보고서 내용을 조작하고 은폐했다. 이 사실은 녹색연합과 한나라당 김성조 의원이 2003년 9월 24일에 발표한 공동성명서를 통해 밝혀졌다. 이 성명서에 따르면, KAIST는 한수원이

　산업자원부와 한수원은 핵폐기장 건설을 지역개발 정책이라고 주장
했다. 수천억 원을 투자해서 지역을 잘사는 곳으로 만들고, 핵폐기장에
복지시설과 문화시설을 세우겠다고 주장했다. 그러나 부안주민들은
다 필요 없으니 핵폐기장을 짓지 말라고 했다. 산업자원부와 한수원은
핵폐기장에 대한 '무지와 오해' 때문에 반대하는 것이라고 주장했다.[13]
그러나 정말로 핵폐기장이 안전한 시설이라면 핵발전소에서 쉽고 빠
르게 도달할 수 있는 곳에 지어야 할 것이다. 나아가 핵발전소와 핵폐
기장을 모두 서울과 부산을 비롯한 대도시에 짓는 게 옳을 것이다.[14]
'오염자부담 원칙'을 지킨다는 점에서나 송전탑 건설로 말미암은 2차
파괴를 줄인다는 점에서도 전력의 주소비지인 대도시에 핵발전소와
핵폐기장을 짓는 것이 옳을 것이다.

　산업자원부와 한수원은 핵폐기장의 이름을 '원전수거물관리센터'로
바꾸었다. 그러나 아무리 용어를 그럴듯하게 바꾸더라도 핵폐기장은
핵폐기장일 뿐이다. 사람들이 이 시설에 반대하는 이유는 단순한 혐오
시설이어서가 아니라 '절대적인 위험시설'이기 때문이다. 지금 우리에
게 정말로 시급한 것은 핵발전소가 폭발했을 경우를 상정하고 대피훈
련을 하는 것인지도 모른다.

　추진하는 별도 핵폐기장 저장방식의 비용은 2조 2100억 원으로 기존 핵발전소 부지 저장
　방식의 비용인 1조 5500억 원보다 42%나 비싸다고 밝혔다. 또한 수송위험성에 대해서도
　KAIST는 이 보고서에서 분명히 지적했다(강양구 2003).
13) 이것은 그야말로 '반민주적 시민관'의 전형이라고 할 만하다. 핵의 안전성은 '핵공학자'만
　이 안다는 것이다. 이런 논리의 연장선에서 반핵운동을 하는 핵공학자는 '비정상'으로 취
　급된다.
14) 일부 '식핵론자'들은 안전성에는 문제가 없지만, 핵발전소의 열기를 식혀줄 물이 없기 때
　문에 대도시에 짓지 못한다고 한다. 그러나 서울에는 한강이 있고, 부산에는 바다가 있다.
　그리고 핵발전소의 열기 자체가 심각한 핵발전 공해를 이룬다.

세계 6위의 핵발전소 보유국인 한국은 이미 '절대적인 핵 위험' 속에서 살아가고 있다.[15] 위험한 것은 북한이 보유하고 있을 수도 있는 핵폭탄만이 아니다. 우리의 핵발전소도 '절대적인 위험시설'이다. 그런데 이로부터 일어날 수 있는 비상사태에 대한 대응책조차 제대로 마련되지 않은 상태에서, 수많은 지역주민들의 반대는 물론이고 KAIST의 연구결과마저 무시하면서, 핵폐기장이라는 또 다른 '절대적인 위험시설'을 세우는 것은 큰 문제라고 하지 않을 수 없다.

핵은 언제나 '절대적인 위험'을 안고 있다. 이런 위험을 올바로 알리는 것이야말로 정부가 해야 할 일이다. 이런 위험을 올바로 알리지 않는 것은 국민의 '행복추구권'을 침해하는 것이며, 따라서 그런 정부를 제대로 된 민주정부라고 보기는 어렵다.

요컨대 참여정부가 시대의 흐름에 걸맞은 개혁정부가 되기 위해서 정말로 필요한 것은 핵폐기장을 건설하는 것이 아니라 반민주적 방식으로 핵폐기장 건설정책을 강행하고 있는 산업자원부와 한수원을 민주화하는 것이다. 이런 점에서 반핵운동은, 반핵폐기장운동은, 민주화운동이다. 핵의 위험을 모든 국민이 잘 알고 있는 상황에서, 선진국의 탈핵화가 새로운 시대의 추세가 되고 있는 상황에서, 핵발전과 핵폐기장의 필요성을 강변하는 것은 개혁정부가 할 일이 아니다. 진정 개혁해야 하는 것은 반민주적이고 반생태적인 핵발전 정책이다.

그러나 불행하게도 부안항쟁에서 우리는 '참여정부의 반민주성'을

---

15) 2003년 12월에 영광원전 5호기에서 방사능이 유출되는 사고가 일어났다. 이 사고로 그동안 한수원측에서 오염되지 않은 계통으로 분류했던 곳이 오염된 것으로 밝혀졌다. 수십 곳이 오염되었고, 심지어 4명의 근무자가 방사능에 오염된 물을 마셨다. 그러나 사고원인은 여전히 불명확하다(심규상 2004). 불안한 것은 영광주민들만이 아니다.

확인할 수 있었다.

첫째, 이미 분명히 드러났듯이 산업자원부는 위도주민들을 속였고 나아가 극소수의 '식핵'진영을 뺀 대다수 국민들을 속였다. 핵폐기장이 '절대적 위험시설'임을 구태여 떠올리지 않는다 하더라도, 참여민주주의의 활성화를 내건 참여정부에서 결코 일어나서는 안 되는 일이 일어난 것이다. 개혁을 내세우고 외친다고 해서 개혁정부가 되는 것은 아니다. 정말 개혁정부가 되고자 한다면, 반민주적인 정부 조직과 정책을 개혁해야 한다.

둘째, 부안주민들의 정당한 반대를 경찰은 폭력을 행사해서 진압했다.[16] 부안은 핵폐기장 반대운동으로 말미암아 갑자기 저 어두운 '5공 시대'로 되돌아간 것처럼 보였다. '민중을 때리는 지팡이'로서 한국 경찰의 능력이 부안에서 다시금 발휘되었다. 정말 참여정부가 참여민주주의의 활성화를 내걸고 있는 것이 맞는가? 촛불집회도 주민투표도 모두 참여민주주의의 생생한 사례이다. 촛불집회를 폭력으로 진압하고 주민투표를 거부한 정부가 과연 참여민주주의를 논할 자격이 있는가? 우리는 심각하게 묻지 않을 수 없다.[17]

셋째, 무엇보다 큰 문제는 참여정부에서도 박정희 시대의 에너지 정책과 제도가 고스란히 유지되고 있다는 점이다(홍성태 2003ㄴ). 핵발전 정책은 박정희식의 자연파괴형 고도성장에나 걸맞은 것이다(이필렬 2002).

---

16) 부안군의 전체 인구가 7만 명이고, 부안읍의 인구는 2만 3천 명이다. 그런데 2003년 11월 19일의 '부안군민 총궐기대회'를 진압하기 위해 무려 8천 명의 경찰이 부안에 투입되었다. 경찰은 촛불집회를 지속적으로 방해해 왔으며, 주민들에게 상습적으로 폭력을 휘둘렀다. 최루가스를 주민들의 얼굴에 직접 뿌리는 것은 물론이고 방패로 머리를 찍는 악랄한 수법도 흔히 사용되었다. 관련자료는 www.nonukebuan.or.kr에서 볼 수 있다.
17) 이와 관련해서 노무현 대통령은 2003년 11월 25일 국무회의에서 "공포 분위기나 악성 유언비어가 엄존하는 상황에서 형식적으로 주민투표를 한다면, 명분을 찾아 물러나겠다는 뜻

따라서 박정희 시대의 에너지 정책과 제도를 고스란히 물려받은 채로 선진국에 이를 수 있는 길은 없다. 선진국이 되고자 한다면, 선진국이 되기 위해 애써야 한다. 물리적 공간과 사회적 제도에 이르는 모든 것을 그렇게 고쳐가야 한다. 이런 점에서 반민주적이고 반생태적인 핵 발전 정책은 중대한 개혁대상이며, 이 정책을 통해 거대공룡이 되어버린 한수원이나 원자력문화재단 등의 관련기구들도 역시 중대한 개혁대상이다.

사실 박정희 시대의 에너지 정책과 제도를 바꾸지 않는 한, 참여정부의 바탕은 언제까지고 반민주적 상태에 머물지도 모른다.[18] 박정희 시대의 에너지 정책과 제도는 반생태적이어서 반민주적일 수밖에 없는 것이기 때문이다. 반생태적인 핵발전소와 핵폐기장을 지역주민들에게 강요하기 위해서는 반민주적인 '눈 가리고 아웅 식의 행정'과 '밀어붙이기 행정'을 펼칠 수밖에 없는 것이다. 요컨대 참여민주주의와 분권민주주의를 제대로 구현하고자 한다면, 반생태적이어서 반민주적이기 십상인 핵발전 정책을 근본적으로 재검토해야 한다.

에 불과하다" "이 문제는 국정운영의 원칙에 관한 것으로 결과 여하를 떠나 절차의 합법성이라는 의사결정과정을 양보할 수는 없다"고 주장했다. 그가 말한 '공포 분위기'는 무엇인가? 부안주민의 정당한 촛불집회인가, 경찰의 폭력적 봉쇄행위인가? 그가 말한 '악성 유언비어'는 또 무엇인가? 핵폐기장의 위험성에 대한 지적인가, 현금보상 운운하는 명백한 거짓말인가? 그가 말한 '절차의 합법성'은 어떤 것인가? 산업자원부가 현금보상 운운하며 서명을 '매수'하는 것은 합법이고, 부안주민이 주민투표로 반대의견을 밝히는 것은 불법인가?

18) 사실 문제는 에너지정책만이 아니다. 대형 댐이나 도로의 건설을 둘러싸고 전국 곳곳에서 거센 반대운동이 일어나고 있다. 자연파괴를 구조화한 '박정희 체계' 자체가 문제인 것이다.

5. 부안항쟁과 생태민주주의

참여정부의 반민주적 핵폐기장 정책에 맞서서 부안주민은 2003년 7월 26일부터 매일 밤마다 부안읍내에서 '촛불집회'를 열기 시작했다. 이 집회는 단순히 핵폐기장 정책에 반대하는 것이라기보다 부안주민의 뜻을 널리 알리고 핵폐기장의 위험에 대해 함께 공부하는 자리였다. 이런 점에서 부안의 촛불집회는 핵폐기장에 반대하는 주민들이 참여민주주의와 분권민주주의를 실천하는 하나의 방식이었다. 또한 이것은 반생태적 핵발전 정책에 대한 거부라는 점에서 생태사회로 나아가기 위한 생태민주주의의 실천이라는 의미도 지녔다.

'부안항쟁'이 본격적으로 전개되기 시작하던 2003년 여름에 정부는 "참여정부답게 주민투표를 통해 결정하겠다"는 뜻을 밝히기도 했다. 그러나 이 주민투표안은 사실 참여정부답지 못한 교묘한 계산의 산물이었다. 많은 부안주민들이 핵폐기장이 무엇이고 그 위험이 어떤 것인지 제대로 알지도 못한 상태에서, 산업자원부 장관은 3억~5억 원을 줄 수도 있다는 거짓말을 하고, 한수원과 원자력문화재단은 핵폐기장을 복지시설이며 문화시설인 것처럼 대대적으로 선전하고 있었기 때문이다. 그래서 당시 부안주민의 반대운동을 이끌던 사람들은 주민투표안에 반대했다. 그러나 촛불집회 등의 노력을 통해 부안주민들이 핵폐기장에 대해 잘 알게 되자 연내에 주민투표를 해서 빨리 결정하자고 정부에 제안했다.[19]

---

19) 민주주의가 제대로 구현되기 위해서는 모든 시민이 스스로 판단하고 결정해서 '자발적 합의'를 이룰 수 있어야 한다. 그리고 이렇게 하기 위해서는 정보와 지식이 공유되어야 한다. 특히 핵발전소나 핵폐기장처럼 '절대적 위험시설'의 경우에는 관련 정보와 지식이

그러나 부안주민이 비로소 투표를 할 수 있는 상태가 되자 이번에는 정부가 투표를 할 수 없는 상태라고 주장하고 나섰다. 예컨대 노무현 대통령은 찬반토론이 제대로 이루어질 수 없는 상황이라고 주장했다. 반대파들의 목소리가 너무 커서 찬성파들이 자기 목소리를 낼 수 없다는 것이었다. 그러나 진정한 이유는 핵폐기장의 위험성을 잘 아는 확고한 반대파가 너무 많아졌기 때문이 아닐까? 여기에는 또 다른 문제가 있다. 넉 달이 넘는 동안 부안읍에서는 매일 밤마다 적게는 수천 명, 많게는 만 명을 훨씬 넘는 많은 수의 부안주민들이 모여 위도 핵폐기장 유치계획에 반대하는 뜻을 밝혔다. 사실 주민투표를 할 필요가 없을 정도로 부안주민은 이미 자신의 뜻을 충분히 밝힌 상태였던 것이다.

우리는 부안항쟁에서 세 가지 점에 주목해야 한다.

첫째, 무엇보다 중요한 것은 부안주민의 자발적 참여로 부안항쟁이 전개되었다는 점이다. 부안주민은 누구의 사주나 매수로 움직이지 않았다. 부안주민은 스스로 판단해서 반민주적인 핵폐기장 정책에 반대했다. 따라서 민주주의의 원리에 따랐을 때, 위도 핵폐기장 계획의 철회는 당연했다. 부안주민의 요구를 부정하는 것은 민주주의를 부정하는 것이었기 때문이다.[20]

둘째, 부안항쟁은 이제 '국가주의적 공익논리'가 통하지 않는 시대가 되었다는 것을 보여주었다. 사실 그것은 파시즘의 통치논리이다. 잘못

철저히 공유되고, 의사결정과정이 완전히 투명하게 이루어지지 않으면 안 된다. 이러한 전제조건들을 제대로 갖추지 않은 채, 민주적 의사결정의 형식을 갖춘다고 해서 민주주의가 구현되는 것은 아니다.

20) 이런 맥락에서 2003년 11월에 정익래 국무총리실 민정수석비서관이 '환경단체의 배후조종설'을 주장한 것은 대단히 유감스러운 일이다. 낡은 개발론자와 색깔론자가 여전히 위세를 부리고 있는가?

된 정책을 강요하는 정부는 잘못된 정부이지만, 이제는 잘못된 정책을 순순히 받아들이는 사람도 없다. 이것은 민주화의 중요한 결과이다. 이런 사실을 분명히 깨닫고 정책의 의사결정과정을 투명하게 진행해야 한다. 그렇지 않을 경우 정책의 신뢰성은 땅에 떨어지고, 당연히 시민의 저항에 부딪히게 된다.

셋째, 부안항쟁은 생태민주주의가 시대적 과제라는 사실을 보여주었다. 부안주민의 정당한 요구가 받아들여지지 않고 있는 데서 우리는 민주화가 아직도 이 사회의 중대한 과제라는 사실을 잘 알 수 있다. 그런데 정부가 부안주민의 정당한 요구를 거부하는 반민주적 행태를 보이고 있는 까닭은 이 사회가 반생태적 구조로 이루어져 있기 때문이다. 반생태적 구조를 그대로 유지하려고 하니 반민주적 행정을 저지르지 않을 수 없게 되는 것이다.

결국 부안항쟁에서 우리가 주목해야 하는 가장 중요한 논제는 민주주의에 관한 것이다. 참여정부처럼 참여민주주의와 분권민주주의를 가장 중요한 국정목표로 내걸고 있는 정부가 어떻게 부안항쟁과 같은 심각한 저항을 불러일으키게 되었을까?

이 질문에 답하기 위해 우선 민주주의의 형식과 내용을 구분해 볼 필요가 있다. 민주주의는 주권자인 국민의 뜻에 따라 권력을 행사하는 정치체제를 뜻한다. 그러나 그것은 그 형식과 내용에 따라 다양한 하위유형으로 나뉠 수 있다. 먼저 민주주의의 형식은 권력의 형성 및 작동 방식과 연관되며, 그 내용은 권력을 통해 이루고자 하는 삶의 방식과 연관된다. 전자는 보통 대의민주주의와 참여민주주의로 나뉘지만, 후자는 무수히 다양한 내용을 지닐 수 있는데, 특히 생태위기라는 시대적 조건에 따라 생태적 전환이 갈수록 중요해지고 있다.

<표2> 민주주의의 네 가지 유형

내용		형식	
		대의	참여
내용	개발	①	②
	생태	③	④

　이러한 두 가지 기준에 따라 민주주의의 하위유형을 살펴보면, 위의 <표 2>와 같이 네 가지로 나누어 제시할 수 있다.

　①과 ②는 '개발민주주의'로서 생태적 한계를 고려하지 않는 개발주의가 지배하는 상태에 해당한다. 오늘날 한국의 지배적 상태는 이러한 개발민주주의로 설명할 수 있다. 토건국가와 투기사회의 면에서 보자면, 한국은 사실 병적인 개발민주주의 상태에 있다고 할 수 있다. 그러나 생태적 한계를 절대적인 것이기 때문에 개발의 진척과 함께 생태적 전환의 요구가 나타나게 된다. ③과 ④는 이러한 생태적 전환의 요구를 추구하는 새로운 민주주의로서 '생태민주주의'에 해당한다. 현재 한국은 ①과 ②가 대단히 강한 상황에서 ④가 나타나면서 ③이 조금씩 이루어지고 있는 상황이라고 할 수 있다. 즉 시민의 참여로 생태민주주의의 요구가 확산되면서 정부와 국회에서도 이 요구를 조금씩 받아들이고 있다.

　또한 여기서 우리가 주의해야 하는 것은 생태민주주의가 참여민주주의의 방식으로 제기되었다고 해서 참여민주주의가 곧 생태민주주의의 강화로 이어지지는 않는다는 사실이다. 이런 사실은 2005년 11월의 '방폐장 주민투표'를 통해서도 잘 드러났다. 정부는 핵폐기장의 용도를 중저준위 폐기물의 보관으로 제한하고 3천억 원이 넘는 지원금을 제공하기로 정책을 바꿔서 주민투표를 통해 경주에 핵폐기장을 짓기로 결정했다. 이 주민투표의 과정에서는 너무나 많은 문제들이 드러났지만, 아무튼 반생태적 정책을 위해 참여민주주의의 형식이 적극 활용되어 나름대로 큰 성과를 거두었다는 사실에 주의해야 할 필요가 있다.

부안주민은 자기가 사는 지역에 핵폐기장이라는 절대적 위험시설이 들어서는 것을 막으려는 '지역방어주의[21]'에서 출발해서 핵발전소와 핵폐기장은 영구히 사라져야 한다는 생태주의로 나아갔다. 이 점에서 부안주민은 참여민주주의의 방식으로 생태민주주의를 요구했던 것이다. 그러나 참여정부는 낡은 개발주의를 대표하는 핵발전 정책을 강행하기 위해 부안주민의 요구를 강력히 억압하였다. 참여민주주의의 활성화를 표방한 정부가 생태민주주의의 요구를 억압하다가 결국에는 참여민주주의까지 강력하게 억압하게 된 것이다. 이 점에서 부안항쟁은 생태민주주의의 요구가 참여민주주의의 실현에서 대단히 중요한 과제라는 사실을 보여주었다.

생태위기라는 시대적 조건 위에서 생태민주주의에 대한 요구가 갈수록 커지고 있기 때문에, 이 요구를 얼마나 잘 실현하는가는 참여민주주의의 실현을 비롯한 민주주의 일반의 실현을 평가하는 핵심적 기준이 되고 있다. 부안항쟁은 이런 사실을 올바로 깨닫지 못한 참여정부가 잘못된 정책을 잘못된 방식으로 강요하는 바람에 엄청난 사회적 비용을 소모하게 된 역사적 사건이라고 할 수 있다. 정부는 신뢰성을 잃었고, 부안주민은 삶을 잃었다. 이 문제를 바로잡기 위해 정부는 한편에

---

21) 이른바 혐오시설의 건설을 둘러싼 해당 지역주민의 저항은 흔히 '지역이기주의'로 여겨진다. 그러나 이런 개념은 지역주민의 저항을 원천적으로 부정시키는 '낙인적 개념'이다. 이런 점을 보완하기 위해 외부로부터 강요되는 변화에 대한 능동적 대응으로서 '지역방어주의'의 개념을 사용할 수 있을 것이다.

서 부안주민이 입은 피해를 보상하고, 다른 한편에서 관련된 여러 의혹
들을 철저히 규명해야 한다. 나아가 반생태적이어서 반민주적이기 십
상인 핵 발전 정책 자체를 근본적으로 재검토해야 한다.

과연 누구를 위한 핵발전인가? 핵발전은 '절대적 위험'을 낳는다는 명
백한 사실을 과연 부정할 수 있는가? 이런 사실을 잘 알고 국민적 반대
운동이 일어나고 있다면, 그 여론을 받아들여 핵발전 정책 자체를 고치
고 생태민주주의를 추구해 나가는 것이 참여민주주의를 구현하는 올
바른 길이 아닐까? 부안항쟁은 우리에게 이런 질문을 던진다.

6. 맺음말

핵폐기물의 안전한 처리는 극도로 어려운 일이다. 인류문명의 역사
는 기껏 1만 년밖에 되지 않았다. 그중에서 공업문명의 역사는 250년밖
에 되지 않았으며, 핵발전을 포함한 고도 공업문명의 역사는 50년밖에
되지 않았다. 그런데 핵폐기물은 앞으로 20만 년을 넘도록 안전하게 보
관해야 한다. 핵발전의 산업화는 애초부터 큰 문제를 안고 있었다. 예
컨대 석유가 고갈된 뒤에도 우리가 핵발전소를 운영할 수 있을까? 핵폐
기장을 안전하게 관리할 수 있을까? 아마도 그렇지 않을 것이다.

그러나 원자력문화재단이라는 공공기관은 단순히 이런 위험을 감추
는 것을 넘어서 핵발전을 '행복 에너지'라고 선전하고 있다. 이미 스리
마일 섬과 체르노빌에서 그 위험이 명백히 입증되었는데도 불구하고
이런 식으로 선전하고 있는 것이다. 그 위험에 주목하자면, 또한 그로
말미암아 전국 곳곳에서 일어나고 있는 저항에 주목하자면, 핵발전은

'행복 에너지'가 아니라 '불행 에너지'라고 해야 옳을 것이다. 원자력문화재단은 이런 현실을 무시하고 핵발전의 편익을 극단적으로 과장하고 있는 것이다. 이런 예를 보면서 우리는 '찬핵론' 혹은 '식핵론' 진영의 무모함에 대해 다시금 돌아보게 된다. 이들은 핵의 위험에 관한 모든 진지한 논의를 잘못된 염려로 몰아붙이고, 핵이 전혀 위험하지 않다는 주장을 널리 퍼트리기 위해 엄청난 금액의 세금을 쓰고 있다. 많은 세금이 대단히 잘못 사용되고 있는 것이다.

핵발전의 영역은 절대적 위험을 품고 있는 영역이기 때문에 '생태파괴형 사회의 가장 약한 고리'이다. 더욱이 그 위험은 스리마일 섬과 체르노빌에서 이미 역사적으로 증명되기도 했다. 핵발전소와 핵폐기장을 둘러싸고 거센 사회적 갈등이 끊이지 않는 것은 이 때문이다. 이 갈등을 무마하거나 우회할 수 있는 길은 없다. 참여민주주의의 면에서나, 생태민주주의의 면에서나, 핵발전 정책은 명백히 민주화의 대상이다. 안면도, 굴업도 그리고 부안에서 펼쳐진 '항쟁'은 핵발전 정책의 민주화가 일어나고 있다는 것을 보여주는 역사적 사례이다.

핵발전 정책을 떠받치는 것은 반민주적 국가주의의 논리이다. 이것은 흔히 "대를 위해 소를 희생해야 한다"는 논리로 나타난다. 그러나 이것은 일제 군국주의의 '멸사봉공'론에 뿌리를 두고 있는 전형적인 파시즘의 논리이다. 민주주의는 모든 사람이 똑같은 가치를 가지는 존엄한 존재라는 전제 위에 서 있다. 이런 민주주의의 전제에서 보자면, 사람을 '대'와 '소'로 구분하는 것 자체가 잘못이다. 파스칼이 말했듯이 인간은 누구나 우주보다 고귀한 존재이다. 이런 인간주의를 부정하는 민주주의란 성립할 수 없다.

이런 민주주의의 원리라는 면에서도 핵발전 정책은 근본적인 문제를 안고 있다. 그것은 국가의 이름으로 특정 지역의 희생을 강요하며, 결국 특정 지역에 살고 있는 사람들의 희생을 강요한다. 물론 그 대가로 '대규모 지역개발'이란 보상을 해주겠다고 하지만, 부안항쟁에서 다시 확인했듯이 언제나 사실 그것은 '대규모 지역파괴'에 가깝다. 박정희 시대에 만들어진 사회체계, 곧 '박정희 체계'는 반생태적이어서 반민주적이기 십상이다. 민주화와 생태위기라는 시대적 조건 위에서 그것을 유지하는 것은 더욱더 어려워진다. 핵발전 정책을 통한 전력낭비형 성장사회에서 벗어나기 위해 적극적으로 핵발전 정책의 생태적 전환을 추구하는 수밖에 없다.

생태민주주의는 막연한 과제가 아니다. 그것은 지금 여기에서 우리가 추구해야 하는 시대적 과제가 되었다. 우리는 '부안항쟁'에서 이런 사실을 확인할 수 있었다. '생태파괴형 사회의 가장 약한 고리'인 핵발전 정책을 고수하는 한, 이에 대한 거센 저항은 끊이지 않을 것이며, 따라서 정부의 민주성은 늘 의심받을 것이다. 결국 생태민주주의는 민주화의 정도를 가늠하는 시금석이 될 것이다. '부안항쟁'은, 적어도 핵폐기장 정책과 관련해서, 생태민주주의를 이미 그렇게 만들어놓았다.

(『ECO』6호/2004년 상반기호)

새만금 보존운동과 생태민주주의
지역주의와 토건국가를 넘어서

1. 머리말

잘 알려져 있다시피 새만금[1] 간척사업은 세계 최대의 갯벌매립 사업이다. 세계 어디서도 새만금 간척사업에 필적하는 대규모의 갯벌매립 사업이 추진된 적이 없다. 그러므로 새만금 간척사업을 둘러싸고 논란이 끊이지 않은 것은 어쩌면 당연할 것이다. 이 논란은 크게 두 축을 중심으로 펼쳐졌다.

첫째, 경제성의 문제이다. 이렇게 큰 규모의 국책사업은 오랜 시간에 걸쳐 막대한 액수의 세금을 쏟아부어야 한다. 그런데 만일 조 단위를 헤

---

1) '새만금'은 본래 지명이 아니라 만경강과 금강의 머리글자를 따서 만든 '사업명'이다. 남북으로 35km, 동서로 30km에 이르는 드넓은 갯벌을 매립하는 사업이 바로 '새만금 간척사업'이다(고철환 1998). 이 글에서는 편의상 이 사업의 대상지역을 '새만금 갯벌'이라고 부른다.

아리는 천문학적 액수의 세금을 쏟아부어서 만든 간척지[2]가 쓸모없는 땅이 되어버린다면, 이것은 그만큼 엄청난 정책실패가 아닐 수 없다. 공사과정에서 비용이 늘어나는 것을 생각하면 더더욱 그렇다. 따라서 경제성 평가는 이 사업을 추진하기 위한 핵심 기준이 된다.

둘째, 환경성의 문제이다. 갯벌은 땅이 되어야 하는 불모의 장소가 아니다. 오히려 갯벌이야말로 세상에서 가장 풍요로운 장소라는 사실이 이미 과학적으로 입증되었다(고철환 2001). 간척사업은 이러한 갯벌을 없애버리는 것일 뿐만 아니라 갯벌과 연결되어 있는 바다와 육지에도 악영향을 미친다는 점에서 극히 반환경적이다. 이 점에서 환경성 평가는 경제성 평가만큼이나 중요한 핵심 기준이다.

'새만금지구 종합개발사업 기본계획'은 1989년에 확정되었으며, 2006년 3월 16일에 대법원은 이 사업을 용인하는 판결을 내렸다. 그러나 경제성과 환경성을 중심으로 하는 논란은 아직도 계속되고 있다. 사실 추진 쪽은 이미 농업용지를 만들겠다는 애초의 목적을 저버린 상태이다. 다시 말해서 원래의 목적이 경제성과 환경성을 가질 수 없다는 사실은 이미 명확히 드러났다. 그럼에도 불구하고 새만금 간척사업이 계속 진행되는 까닭은 이 사업이 단순한 간척사업이 아니라 한국의 지역주의 정치구조가 빚어낸 거대한 정치사업이기 때문이다. 바로 여기에 새만금 보존운동의 어려움이 있다.

새만금 보존운동은 "새만금 간척사업을 중단시키고 새만금 갯벌을

---

2) 1991년부터 2004년까지 약 1조 5천억 원의 혈세가 투입되었다. 농지를 만든다면 앞으로 5조 원 정도, 산업단지를 만든다면 앞으로 무려 27조 원 정도를 투입해야 할 것으로 추정된다. 경제성이 없는 것으로 판명된 사업에 이렇게 많은 돈을 투입하는 것은 분명히 잘못된 것이다. 환경운동연합 김혜정 사무총장은 농림부와 농업기반공사의 조직이기주의 때문에 이런 잘못이 저질러지고 있다고 지적한다(선대인 2005ㄴ).

지키는 것을 목적으로 하는 사회운동"이다. 이러한 새만금 보존운동이 한국의 대표적인 환경보호운동으로 널리 알려지면서, 새만금 간척사업은 한국의 대표적인 환경파괴사업으로 알려지게 되었다. 그러나 새만금 간척사업이 단순한 간척사업을 넘어서는 복합적인 성격을 가지고 있는 것처럼 새만금 보존운동도 단순한 환경운동을 넘어서는 복합적인 성격을 가지고 있다. 우리는 우선 이 점을 올바로 이해할 필요가 있다.

새만금 보존운동과 관련된 여러 기존연구들(함한희 2001; 꿈지모 2001; 박순열 2002; 박재묵 2002; 이시재 2002; 이승민 2003; 최미희 2003)을 살펴보면 한 가지 흥미로운 사실을 발견하게 된다. 그것은 아직까지 새만금 보존운동을 전면적으로 다룬 연구성과가 발표되지 않았다는 사실이다. 사실상 모든 연구가 새만금 간척사업과 그 영향에 관한 것이며, 그중에서도 대부분은 정책결정과정의 문제에 관한 것이다.

새만금 보존운동에 관한 세간의 관심에 비추어보자면, 이러한 기존연구의 동향은 상당히 특이한 것으로 보이지만, 또한 현실을 올바로 반영하고 있는 것으로 보이기도 하다. 새만금 문제란 곧 '새만금 간척사업 문제'를 뜻하며, 그 문제는 결국 잘못된 정책결정과정의 산물이기 때문이다.

이 글에서는 새만금 간척사업이 아니라 새만금 보존운동에 초점을 맞추고자 한다. 새만금 보존운동은 이미 10년 이상의 내력을 가지고 있고, 그 영향은 새만금을 넘어서 전국적으로 미치고 있다. 이 글은 새만금 보존운동의 전개, 특성, 과제로 나누어 그 의의에 대해 살펴보고자 한다. 특히 토건국가의 맥락에서 새만금 보존운동의 내적 복합성을 밝히고, 생태적 전환이라는 역사적 관점에서 그 의의를 정리하고자 한다.

2. 새만금 보존운동의 전개

아마도 '새만금 보존운동'이라는 말을 익숙하게 받아들이는 사람들이 많을 듯하다. 그러나 사실 이 말은 그동안 별로 사용되지 않았다. 그동안 주로 사용된 말로는 '새만금 간척사업 반대운동'과 '새만금 갯벌 살리기 운동'을 들 수 있다. 둘의 차이는 뚜렷하다. 앞엣것이 간척사업의 문제에 초점을 맞춘 것이라면, 뒤엣것은 갯벌 살리기의 중요성에 초점을 맞춘 것이다. 이 글에서는 새롭게 새만금 보존운동이라는 말을 쓰고자 한다. 그것은 '새만금 간척사업을 중단시키고 새만금 갯벌을 지키려는 사회운동'을 뜻한다.

그런데 여기서 주의할 것은 새만금 보존운동이 내적으로 여러 목표를 가지고 있다는 사실이다. 다시 말해서 새만금 보존운동은 서로 다른 목표를 추구하는 여러 세력과 사람들을 포괄한다. 이런 차이에도 불구하고 새만금 보존운동이라는 개념이 성립할 수 있는 것은 서로 다른 목표를 추구하는 여러 세력과 사람들이 공통적으로 받아들이는 하나의 목표가 있기 때문이다. 그것은 방조제를 쌓더라도 최소한 새만금 갯벌이 죽지 않도록 그 안팎으로 바닷물이 자유롭게 드나들 수 있도록 해야 한다는 것이다.

이러한 새만금 보존운동의 정의는 방조제 공사가 거의 완공된 2004년 여름 무렵의 상황에 맞추어 이루어진 것이다. 새만금 보존운동이 펼쳐지기 시작한 것은 어느덧 10년도 더 전의 일이 되었다. 그동안 새만금 보존운동의 뜻도 변화하지 않을 수 없었다. 예컨대 처음에는 간척사업에 반대하는 것으로 시작되었으나, 공사가 진행되면서 죽어가는 갯벌을 살리려는 것으로 옮겨갔다. 이처럼 '간척사업 반대운동'에서 '갯벌

〈표〉 새만금 보존운동의 전개

1987. 5. 12.	서해안간척사업 추진계획 확정
1987. 11. 11.	노태우, '새로운 서해안시대를 대비한 개발전략'이라는 공약 발표 그러나 여기에 새만금 간척사업은 포함되어 있지 않았음
1987. 12. 10.	노태우, 군산유세에서 처음으로 새만금 간척사업을 공약으로 제시
1987. 12. 11.	농림수산부, '새만금지구 간척사업'을 정부사업으로 추진하겠다고 발표
1989. 11. 6.	새만금지구 종합개발사업 기본계획 확정 (구 농촌근대화촉진법 제92조)
1991. 8. 19.	새만금지구 종합개발사업 사업시행계획 고시
1991. 11. 28.	제1공구(외곽방조제) 공사착공
1992. 6. 10.	제2, 3, 4공구(외곽방조제) 공사착공
1996. 5.	시화호 오염발생으로 새만금 간척사업에 대한 문제제기 본격화
1998. 7.	영산강 4단계 간척사업 백지화 발표
1998. 7.	새만금사업 백지화를 위한 시민위원회 발족(운동의 본격화)
2000. 3. 15.	새만금사업 반대 부안지역 1000인 선언 기자회견
2000. 5. 4.	제1차 행정소송(미래세대 소송) 제기
2000. 5. 8.	한·일 새만금 공동선언 2000 기자회견
2000. 8.	새만금 민관공동조사단 연구위원들의 최종보고서 시정요청
2001. 3.	새만금갯벌 생명평화연대 발족, 단식농성 돌입
3. 7.	노무현 당시 해양수산부 장관, 새만금 간척사업의 유보 주장
2001. 5. 17.	새만금사업 강행 반대 시민사회단체연대회의 기자회견
2001. 5. 24.	한국갤럽과 MBC 공동 새만금 간척사업에 관한 국민여론 조사 (83%가 새만금 간척사업 강행을 반대)
2001. 5. 25.	1445인의 새만금 시국선언
2001. 7. 4.	새만금생명학회 발족
2001. 8.	제2차 행정소송 제기
2003. 3. 29.	300km 삼보일배(三步一拜) 수행 시작
2003. 7. 15.	서울행정법원 새만금사업 집행정지 가처분 선고
2004. 1. 29.	서울고등법원의 1심 결정 취소 및 신청기각 결정
2004. 2.	신청인들(원고들) 재항고 제기
2004. 5. 9.	부안새만금생명평화모임 창립
2004. 5. 28.	'삼보일배, 그후 1년: 생명과 평화의 길' 심포지엄 개최
2005. 2. 4.	새만금 간척사업 무효소송 1심, 사업계획을 취소하거나 변경하라고 판결
2006. 3. 16.	대법원, 새만금 간척사업을 진행하라고 판결(2명 반대)
2006. 4. 21.	새만금 방조제 완성

살리기 운동'으로 옮겨간 데에는 갯벌의 중요성에 대한 사회적 인식의 확산도 큰 영향을 미쳤다.

앞의 〈표〉는 새만금 보존운동과 관련된 주요 사건을 간략히 정리한 것이다. 이 표를 통해 새만금 보존운동의 전개에 대해 살펴보도록 하자.

〈표〉에서 알 수 있듯이 새만금 간척사업은 전북의 표를 얻기 위한 5공세력의 정치적 의도로 시작되었다. 경제기획원은 1987년 11월 4일의 경제부처 장관회의에서 새만금지구의 간척사업에 경제성이 없다고 보고하기도 했다. 그러나 5공세력은 당시 이미 발표한 군장지구 중심의 개발계획만으로는 전북의 표를 얻을 수 없다고 판단하여 1987년 12월 10일 오전의 군산유세에서 갑자기 새만금 간척사업을 발표했다(문경민 2000, 58~59쪽). 이러한 경과에서 알 수 있듯이 새만금 간척사업은 정치적 목적에서 졸속으로 추진된 것이었다.

새만금 간척사업이 발표되었을 당시에는 그 문제가 널리 알려지지 않았기 때문에 사회적으로 큰 반향을 일으키지는 않았다. 또한 6공화국이 들어선 뒤에도 이미 경제적 타당성이 없다는 정부의 조사결과가 발표되기도 했기 때문에 새만금 간척사업은 천천히 추진되었다. 그러다가 1991년에 방조제 공사가 착공되면서 새만금 간척사업에 대한 반대여론이 사회적으로 확산되고 조직적으로 반대운동이 펼쳐지기 시작했다. 이때부터 지금까지 새만금 보존운동의 전개과정은 다음과 같이 4단계로 나누어 살펴볼 수 있다.

1단계는 1989~95년의 형성기이다. 이 시기는 1989년에 '새만금지구 종합개발사업 기본계획'이 확정된 뒤부터 1995년에 이르는 시기이다. 이 단계에서 일어난 가장 중요한 사건은 여러 우려와 비판에도 불구하고 새만금 간척사업이 정치적으로 확정되고[3] 방조제 공사가 시작된 것이다. 공사가 시작되면서 바로 새만금 갯벌은 몇몇 지역에서 조개류와 해태류가 사라지는 등의 이상 징후를 보이기 시작했다. 이 때문에 주민들을 중심으로 새만금 간척사업에 대한 반발과 저항이 일어나기 시작했다. 또한 새만금 간척사업을 중단시키기 위한 전문가들과 환경단체의 참여도 이루어지기 시작했다(고철환 1993; 편집국 1993).

2단계는 1996~2000년의 확산기이다. 이 시기는 1996년 5월에 시화호의 오염[4]이 널리 알려지면서 새만금 간척사업에 대한 우려가 사회적으로 확산된 것으로 시작되었다. 새만금 간척사업도 시화호와 마찬가지로 거대한 방조제를 쌓아 하천을 막아 담수호를 만들고 그 주변의 매립지를 농경지로 개발하는 것이기 때문이다. 그 결과 1998년 7월에 '새만금 간척사업 백지화를 위한 시민위원회'가 발족하고, 2000년 5월에는 새만금 간척사업의 중단을 위한 제1차 행정소송이 제기되기도 했다.

---

3) 1980년대 말부터 1990년대 초에 걸쳐서 상대적으로 잘 보전되어 있던 전라도 지역에서도 거센 개발의 바람이 불기 시작했다. 여기에는 중국과의 수교라는 경제적 변화뿐만 아니라 5공과 6공 세력의 집권이라는 정치적 목적도 큰 영향을 미쳤다. 5공과 6공 세력은 '광주학살'이라는 원죄를 안고 있었다. 이 때문에 이들은 전라도 곳곳에서 대규모 국책사업들을 벌여서 전라도의 표를 얻고자 했다(홍성태 2000ㄱ, 5장).

4) 시화지구 개발계획은 1977년에 확정되었으며, 방조제 공사는 1987년 6월에 시작해서 1994년 1월에 끝났고, 이 방조제 공사로 시화호가 만들어졌다. 그러나 한국수자원공사가 개발의 책임을 맡은 이 공사는 대실패작이었다. 시화호가 썩은 물의 호수가 되었기 때문이다. 2004년 9월 22일에 발표된 해양부 '시화호 종합관리계획 개선안'에 따르면, 시화호의 수질개선을 위해 2009년까지 무려 9522억 원이 필요하다. 1996년에는 2005년까지 4493억 원이 필요할 것으로 제시됐었다(『동아일보』 2004. 9. 22). 이 사업은 1조 원이 넘는 엄청난 혈세를 낭비한 토건국가의 대표적 사례이다. 이런 종류의 사업은 흔히 혈세의 낭비를 통한 지역자연과 지역사회의 파괴라는 이중의 파괴로 귀결된다(한경구 외 1998; 홍성태 2000ㄱ; 허정균 2001; 윤영배 2003). 그러나 사업의 주체인 각종 개발공사와 개발업자는 오랜 기간에 걸쳐 엄청난 이득을 보게 된다. 이런 종류의 대규모 파괴형 혈세낭비사업들이 좀처럼 줄어들지 않는 큰 이유이다(홍성태 2005ㄷ).

이 확산기에 이르러 새만금 간척사업은 단순히 대규모 갯벌매립사업
이 아니라 한국의 대표적인 환경문제로 널리 알려지게 된다.

3단계는 2001~2004년의 심화기이다. 이 시기는 2001년 3월에 새만금
갯벌생명평화연대[5]가 발족하는 것으로 시작된다. 새만금 간척사업의
문제는 이미 확산기에 널리 알려지게 되었다. 그러나 정부는 문제를 바
로잡기 위해 애쓰기는커녕 계속 밀어붙일 뿐이었다. 이에 맞서기 위해
새만금 보존운동 쪽에서는 성직자들과 전문가들이 결합된 새로운 운
동조직을 만들었다. 여기서 한걸음 더 나아가 여러 분야의 연구자들을
망라한 '새만금생명학회'가 꾸려지기도 했다. 그러나 이 시기에 이루어
진 최대의 사건은 2003년 3월에 시작된 삼보일배였다. 이것은 새만금
갯벌을 지키기 위한 목숨을 건 호소운동으로서 세계적인 반향을 일으
켰다.

이렇듯 새만금 간척사업에 맞서서 새만금 갯벌을 지키기 위한 운동
은 10년이 넘는 긴 세월 동안 치열하게 펼쳐져왔다. 이 운동은 지역주
민의 생존권 수호운동을 넘어서 한국의 대표적인 환경운동으로, 나아
가 세계적인 환경운동으로 알려지게 되었다.

---

5) 지역주민과 환경단체와 전문가를 망라한 전국적 연대운동체로서 문규현 신부, 수경 스
   님(지리산살리기국민행동 상임대표), 이성종 교무(원불교천지보은회 대표), 박승해 수녀
   (한국천주교여자수도회장상연합회 회장), 최열(환경운동연합 사무총장), 임삼진(녹색연
   합 사무처장)의 여섯 분이 상임대표를 맡았다.

3. 새만금 보존운동의 특성

이제 새만금 보존운동의 주체와 이념을 중심으로 그 특성에 대해 살펴보고자 한다. 먼저 어떤 사람들이 왜 새만금 보존운동을 벌이고 있으며, 또한 어떤 목표를 추구하고 있는가에 대해 살펴보자.

새만금 보존운동에는 여러 주체들이 참여하고 있다. 그것은 크게 보아서 다음과 같이 넷으로 나눌 수 있다.

첫째, 직접적으로 피해를 입게 되는 지역주민이다. 지역주민은 크게 두 지역으로 다시 나뉘는데, 하나는 새만금 갯벌에 생계를 기대는 어민들이고, 다른 하나는 새만금으로 흘러드는 동진강과 만경강 유역의 농민들이다. 가장 큰 피해를 입는 곳은 갯벌이기에 어민들이 새만금 보존운동의 중심을 이루고 있으나, 심화기에 들어오면서 농민들이 새롭게 주체로 나서고 있다. 그 까닭은 방조제 공사가 마무리되면서 동진강과 만경강이 바다로 제대로 흘러들지 못해서 유역의 범람 문제[6]가 심각하게 대두되었기 때문이다.[7] 새만금 갯벌은 그것만 따로 존재하는 것이 아니라 동진강과 만경강으로 대표되는 주변의 생태계와 하나로 연결되어 있다. 방조제 공사의 완공에 따라 새만금 간척사업으로 말미암은 환경문제는 훨씬 더 커질 것이다. 따라서 더 넓은 지역에서 더 많은 지

---

6) 새만금 갯벌은 동진강과 만경강이라는 두 강이 만든 세계적으로 드문 대규모 하구갯벌이다(홍재상 1998). 따라서 새만금 간척사업은 단순히 새만금 갯벌을 매립하는 사업이 아니라 동진강과 만경강의 흐름을 억제하는 사업이기도 하다.

7) 새만금 방조제를 완전히 막는다면 두 강을 따라 흘러든 토사가 바다로 나가지 못하고 하구에 쌓여서 동진강과 만경강의 범람이 더욱 심각해질 것이므로 주변지역의 농업을 위해서도 새만금 간척사업은 중단되어야 한다. 이런 사실은 이미 2003년 7월의 장마 때 일부 확인되었다(허정균 2004).

역주민이 새만금 보존운동에 참여하게 될 가능성이 크다.[8]

둘째, 새만금 간척사업의 문제를 과학적으로 밝힐 수 있는 전문가이다. 새만금 간척사업으로 빚어지는 문제는 대단히 많다. 가장 직접적인 것은 갯벌의 소멸에 따른 해양생태계의 변화이지만, 여기서 나아가 만경강과 동진강으로 이어지는 육지생태계의 변화, 이런 변화가 이 지역에서 살고 있는 사람들의 삶에 미치는 영향, 오랜 시간을 두고 자연과 조화를 이루고 만들어진 지역문화의 훼손 등의 문제들도 대단히 심각하다. 따라서 새만금 보존운동에는 해양학, 생태학, 사회학, 인류학, 경제학, 정치학, 지리학 등 여러 분야의 많은 전문가들이 참여하고 있다. 문화 쪽의 참여도 두드러진다. 많은 시인과 소설가들이 참여하였으며, 또한 화가들도 적극적으로 참여하고 있다.[9] 이렇듯 다양한 분야의 많은 전문가들이 새만금 보존운동에 참여하여 환경성과 경제성의 문제를 밝혔을 뿐만 아니라 국민들을 상대로 새만금 갯벌의 가치를 널리 알리는 담론과 작품을 적극적으로 생산하고 있다(최성각 외 2004).

셋째, 지역 안팎의 환경운동단체들이다. 새만금 보존운동의 발전에서 가장 큰 영향을 미친 것은 아마도 환경운동단체일 것이다. 잘 알다

---

8) 2004년 5월 9월 부안에서 창립된 '부안새만금생명평화모임'은 이런 움직임의 한 예라고 할 수 있다. '새만금사업을 반대하는 부안사람들'이라는 모임으로 출발한 이 모임은 '새만금갯벌생명평화연대'가 추구한 생태주의와 민주주의를 새만금지역에서 지역주민의 손으로 적극적으로 실천하기 위해 만들어졌다.

9) 예술가의 참여에서 가장 두드러지는 예로 부안의 해창 갯벌에 나뭇조각들을 세워놓은 화가 최병수의 활동을 들 수 있다. 민주주의와 환경보호를 주제로 왕성한 작품활동을 펼치고 있는 최병수는 2000년에 새만금 갯벌의 일부인 해창 갯벌에서 열린 '새만금 갯벌을 살리기 위한 장승제'에 참여하여 장승과 솟대 수십 개를 깎아서 세웠다. 이것이 인연이 되어 그는 얼마 뒤에 거처를 아예 해창 갯벌 근처로 옮겼다. 그는 2004년 가을에 갑작스레 위암3기 판정을 받고 위의 2/3를 잘라냈지만, 투병중에도 계속 '전선'으로 돌아갈 뜻을 밝혔다(조호진 2004; 최병수 · 김진송 2006).

시피 한국의 환경운동은 1990년대 초부터 빠르게 대중화되기 시작했다. 여기에는 구조적 요인이 자리 잡고 있었다. 무엇보다 박정희식 무조건적 성장정책의 폐해가 문제였다. 박정희의 '조국 근대화'로 시작되어 30여 년에 걸쳐 전개된 파괴적 개발로 한국의 자연은 심각하게 오염되고 파괴되었다. 그 결과 환경문제가 크게 악화되어 1980년대 말부터 이대로는 안 된다는 위기의식이 널리 퍼지고 있었다.[10] 이런 상황에서 1991년 4월에 낙동강 페놀오염사건이 일어났고, 이 사건은 환경운동을 대중화하는 기폭제가 되었다(홍성태 2000). 이렇게 해서 오늘날 한국을 대표하는 환경운동단체들이 만들어졌다.[11]

이러한 환경운동단체들은 새만금 간척사업의 문제를 지적하고 중단시키기 위해 가장 선도적이고 헌신적으로 활동을 벌였다. 서울과 전주 등의 도시에서 집회나 시위를 펼치는 것은 물론이고, 공사를 중단시키기 위해 해창석산에 매달려 농성하는 등의 직접행동도 펼쳤고, 수십 차례에 걸쳐 각종 토론회나 문화제를 열었고, 또한 여러 차례 법원에 소송을 제기했다. 이런 활동을 통해 새만금 간척사업의 문제는 널리 알려지게 되었고, 그 결과 새만금 간척사업은 거의 모든 국민이 반대하는 사업이 되었다.[12]

---

10) 원주의 장일순 선생이 이끈 '한살림모임'은 그 중요한 결실이었다. 이 모임은 1988년 6월 25일부터 준비되기 시작되어 1989년 10월 29일에 '한살림모임'이라는 이름으로 창립되었다(장일순 외 1990).

11) 1991년 6월에 창립한 녹색연합과 1993년 4월에 창립한 환경운동연합이 대표적인 예이다. 또한 1991년 10월에 창간한 격월간 『녹색평론』은 생태주의의 확산에 큰 영향을 미치고 있다. 이런 운동의 발전은 환경문제의 급속한 악화에 따라 갑자기 이루어진 것처럼 보이지만, 사실 면면히 이어져 내려온 전통 생태사상과 깊은 관련을 맺고 있는 것이기도 하다(박희병 1999; 이경숙 외 2001). '한살림운동'이 그 좋은 예라고 할 수 있다.

12) 이런 거대한 성과에도 불구하고 새만금 간척사업이 강행되고 있다는 것은 새로운 생태주의 정치세력이 낡은 지역주의와 개발주의 정치세력을 정치적으로 제압하지 못하고 있

넷째, 종교지도자들이다. 한국에서 종교지도자들이 사회운동에 참여하는 것은 조금도 이상한 일이 아니다. 그러나 새만금 보존운동처럼 여러 종교의 지도자들이 헌신적으로 참여한 예는 쉽게 찾아보기 어렵다. 좋은 예가 바로 2003년 3월 28일부터 5월 31일까지 이어진 '삼보일배'운동이다. 이 운동은 문규현 신부, 수경 스님, 김경일 교무, 이희운 목사 등 주요 종교를 망라한 네 분의 종교지도자를 중심으로 펼쳐졌다. 이러한 종교지도자들의 적극적인 참여는 새만금 보존운동을 더 넓은 생명운동과 연결시키고 그것에 신성성을 불어넣었다. 삼보일배운동은 종교적 고행의 방식으로 새만금 간척사업의 문제를 고발하는 것이 아니라 각종 욕망에 찌든 나를 버리고 선조와 후손을 포함한 우리의 '온 삶'을 돌아보고 되찾자는 숙연한 자기성찰의 실천이었다. 이렇게 해서 삼보일배운동은 새만금 보존운동의 의미를 한층 깊게 만들었을 뿐만 아니라 그 자체로 우리의 삶을 돌아보는 새로운 실천으로서 중요하게 여겨지게 되었다(새만금갯벌생명평화연대 · 새만금생명학회 2004).

이제 새만금 보존운동의 이념에 대해 살펴보도록 하자. 새만금 보존운동의 이념으로는 무엇보다 생태주의와 민주주의를 들 수 있다. 여기서 생태주의는 자연을 있는 그대로 지키는 근본적인 것부터 자연과 조화를 이루는 삶을 추구하는 개혁적인 것까지를 포괄한다. 또한 민주주의는 무엇보다 지역주민의 의사를 올바르게 확인하고 수렴하여 추진하라는 요구를 중심으로 살펴볼 수 있다.

그런데 이러한 이념은 주체에 따라 다르게 나타났다. 특히 두드러지

다는 것을 뜻한다. 이런 상태에서 벗어나기 위해 생태주의 정치세력은 무엇보다 정치적 영향력을 강화할 필요가 있다. 2004년 6월에 '풀뿌리 생태정치'를 표방하고 창립된 '초록정치연대'는 바로 이런 목표를 추구한다.

는 차이는 지역주민과 환경운동 사이에서 나타났다.

먼저 지역주민은 생태주의나 민주주의에 대한 인식이 상당히 약한 상태에서 새만금 보존운동을 벌이기 시작했다. 그러나 그 직접적인 목적은 새만금 갯벌의 보존이 아니라 새만금 갯벌에서의 생계였다. 요컨대 지역주민의 새만금 보존운동은 주로 생존권수호운동으로 나타났다.[13] 그렇다고 해도 그것은 그 자체로 생태주의와 민주주의를 추구하는 운동이라고 할 수 있다. 새만금 갯벌의 지역주민에게 새만금 간척사업은 조상 대대로 물려받은 삶의 텃밭과 삶의 방식을 없애는 것이다. 생태적인 삶의 텃밭과 삶의 방식을 지키려는 것은 그 자체로 생태주의를 추구하는 운동의 성격을 가진다. 또한 새만금 갯벌의 지역주민은 졸지에, 당장 끼니를 걱정하지는 않더라도, 결국 자신의 뜻과 상관없이 새로운 살길을 찾아야 하는 괴로운 상황으로 내몰렸다.[14] 이런 상황에 저항하는 것 자체가 국가권력의 일방적 집행을 막고 민주주의를 증진하려는 노력의 일환이라고 할 수 있다.[15] 여기서 나아가 지역주민은 새

---

13) 이 때문에 새만금 간척사업에 대한 어민들의 반대투쟁은 1999년 말에야 나타났다. 어민들은 어업보상에 주력하면서 새만금 간척사업 자체를 막으려고 하지는 않았다(박재묵 2002, 224쪽).

14) 물론 새만금 간척사업을 추진하는 쪽에서 아무런 대책도 없이 지역주민을 내몬 것은 아니었다. 법이 정한 대로 지역주민의 피해에 대한 보상이 이루어졌다. 일부 지역주민은 보상금으로 상당한 목돈을 받아서 어부의 삶을 청산하고 횟집과 같은 가게를 열기도 했다. 그러나 시화호의 예에서 이미 잘 드러났듯이, 평생 익힌 어업기술을 버리고 새로운 살길을 찾는 것은 결코 쉬운 일이 아니다. 그것은 다른 사람이 되는 것을 뜻한다. 이 때문에 대다수 지역주민은 살던 곳을 떠나지 않고 살던 방식대로 계속 살 수 있기를 바란다(한경구 외 1998).

15) 역사적으로 보아서 지역주민이 보상투쟁에 몰두하는 것은 개발독재의 유산이라고 할 수 있다(홍성태, 2003ㄴ). 예컨대 박정희의 개발독재는 대규모 국책개발사업에 반대하는 사람들을 군사력으로 몰아내거나 위협하여 "나라에서 하는 일을 막을 수는 없다"는 반민주적 생각을 널리 퍼트렸다. 이런 상황에서 지역주민은 어차피 쫓겨날 것이므로 조금이라도 더 많은 보상금을 받기 위한 보상투쟁에 주력하기 쉽게 된다.

만금 보존운동을 통해 새만금 갯벌과 자신의 삶을 생태주의와 민주주의라는 가치로 되돌아볼 수 있게 되었다.[16] 2004년 10월 25일에 서울의 여의도에서 열린 새만금 지역주민의 '상경투쟁'은 그 한 예이다(부안21 2004).

한편 지역주민이 무엇보다 부당한 생존권 침해라는 경제적 변화에 대응하기 위해 새만금 보존운동을 벌이게 되었다면, 전문가와 환경운동단체와 종교인은 무엇보다 생태적 가치를 위해 새만금 보존운동을 벌이게 되었다. 그러나 전문가와 환경운동단체와 종교인이 단지 새만금 갯벌이라는 생태적 장소를 지키기 위해서만 새만금 보존운동을 벌이는 것은 아니다. 사실 새만금 보존운동에 참여하고 있는 전문가와 환경운동단체와 종교인은 새만금 갯벌이라는 생태적 장소를 지키기 위해서는 그곳에 살고 있는 지역주민의 생태적 삶을 지켜야 한다고 생각한다. 이런 점에서 새만금 보존운동의 생태주의는 지역사회를 지키고자 하는 '사회적 생태주의'이며, 지역문화를 지키고자 하는 '문화적 생태주의'라고 할 수 있다.

또한 새만금 보존운동에 참여하고 있는 전문가와 환경운동단체와 종교인을 분노하게 한 것은 새만금 간척사업의 반생태성만이 아니었다. 앞에서 보았듯이 새만금 간척사업은 결정과정과 추진과정에서도 많은 문제를 안고 있다. 한마디로 그것은 반민주성으로 요약할 수 있

---

16) 오늘날 한국에서 시민사회는 지역적으로 대단히 불균등하게 형성되어 있다. 서울과 같은 대도시에서는 시민사회가 상당히 발전되어 있는 반면에 지역으로 갈수록 시민사회의 형성 정도 자체가 낮아진다. 요컨대 각종 연고관계에 의해 지역사회가 운영되면서 정치와 경제에 대한 주권자인 시민의 감시와 비판이 제대로 이루어지기 어렵게 된다. 이런 점에서 지역주민의 생존권 수호투쟁에서 촉발된 지역 환경운동은 단순히 지역의 자연환경을 보호하는 데 그치지 않고 '지역 시민사회'의 형성과 발전에 큰 영향을 미칠 수 있다.

다. 이런 점에서 새만금 보존운동은 민주주의의 옹호와 발전, 특히 분권민주주의와 참여민주주의라는 맥락에서 이해되어야 한다.

이처럼 새만금 보존운동은 생태주의와 민주주의를 핵심 이념이자 핵심 가치로 삼아서 펼쳐지고 있다. 최근에 들어와서 이러한 두 이념은 '생태민주주의'라는 통합된 이념으로 나타나고 있다(홍성태 2004ㄷ). 여기서 중요한 것은 생태적 가치에 대한 사회의 의식이 대단히 높아진 상황에서 반생태적 목표를 추구하는 정부는 반민주적 정부가 되기 십상이라는 사실이다. 생태적 가치에 대한 사회의 의식이 높아지면서 생태적 가치가 민주주의의 핵심 내용으로 자리 잡게 되었기 때문에 반생태적 목표를 민주적 방식으로 추진하기는 대단히 어렵게 된 것이다. 이런 사실을 우리는 새만금 보존운동에서도 확인할 수 있다. 이미 10여 년의 세월이 지나면서 새만금 보존운동은 '생태민주주의'의 중요한 사례가 되었으며, 따라서 새만금 보존운동의 요구를 묵살하고 새만금 간척사업을 강행하는 전북도와 정부는 그만큼 시대에 뒤떨어진 반(反)생태민주적 세력이 되었다.

4. 새만금 보존운동의 과제

이제 새만금 보존운동의 과제에 대해 생각해 보고자 한다. 이를 위해 먼저 새만금 보존운동이 그동안 이룬 성과에 대해 살펴보도록 하겠다. 그것은 크게 다섯 가지로 나누어 살펴볼 수 있을 것 같다.

첫째, 생태적 전환의 과제를 적극적으로 제시했다. 새만금 보존운동은 단순히 새만금 갯벌이라는 생태적 장소를 지키기 위한 운동을 넘어서 지역사회와 지역문화를 함께 지키기 위한 운동으로 나아갔다(최성각 외 2004). 더욱 중요한 것은 이렇듯 지역을 온전하게 지키기 위해서 지역주의와 개발주의에 맞서서 한국의 정치와 사회를 생태적으로 개혁하고자 하는 운동으로 나아갔다는 점이다. '생태위기의 시대'라는 관점에서 보자면, 사실 생태적 전환은 우리 시대의 가장 중요한 사회적 과제이다. 이런 점에서 생태주의를 추구하는 모든 환경운동은 새로운 '사회구성운동'이다. 새만금 보존운동은 그 좋은 예이다. 새만금 보존운동의 역사적 중요성은 바로 여기에 있다.

둘째, 새만금 간척사업의 문제를 실증적으로 밝혔다. 새만금 간척사업은 추진측이 계속 그 목적을 바꾸고 있는 데서 잘 드러나듯이[17] 경제성과 환경성의 모든 면에서 도저히 용납할 수 없는 심각한 문제들을 안고 있다. 많은 연구자들이 참여하여 이 문제들을 실증적으로 밝혔으며, 이렇게 해서 환경운동의 힘이 더욱 강화될 수 있었고, 그 결과 정부는 심층조사를 하지 않을 수 없게 되었다. 사실 모든 환경운동이나 사회운동에서 연구자의 참여 자체는 조금도 특별한 일이 아니다. 그러나 새만금 보존운동에서 연구자의 참여는 분명히 두드러진다. '새만금생명학회'[18]와 같은 학제적 학회를 만들고 국제적인 차원에서 조사활동을 비

---

17) 농림부와 농업기반공사 그리고 전라북도로 이루어지는 추진측은 처음에는 농지를 만들겠다고 했으나, 이에 대해 비현실적이라는 비판이 쏟아지자 산업단지를 만들겠다고 목표를 바꿨으며, 다시 2004년 8월에 전라북도는 무려 540홀의 초대형 골프장을 만들겠다는 황당한 계획을 발표해서 세간의 빈축을 샀다. 2004년 12월 8일 전라북도는 '새만금 신항만 개발 및 배후물류단지 개발전략'에 관한 연구용역의 중간보고회를 열었다. 그 골자는 신시도와 가력도 사이 2공구 방조제 바깥쪽에 대규모 '새만금 신항만'을 건설하겠다는 것이다. 전라북도가 결코 이루어질 수 없는 이 같은 대규모 토건사업계획을 계속 발표하는 정치적 목적은 환경성은 물론이고 경제성도 가지고 있지 못한 것으로 판명 난 새만금 간척사업을 계속 강행하기 위해서였다.
18) 2001년 10월 12일에 창립되었다. 해양생태학자인 고철환 교수가 주도했으며, 여러 학문분

롯한 여러 활동을 벌이는 것은 새만금 보존운동이 처음이다. 이처럼 많은 학자들이 이 운동에 참여하고 있는 것은 새만금 간척사업의 파괴성이 큰 만큼이나 이 운동의 중요성이 대단히 크기 때문이다.

셋째, 생태적 가치의 확산에 크게 이바지했다. 1990년대에 들어오면서 생태적 가치의 확산과 환경운동의 대중화가 빠르게 이루어졌다. 그런데 이런 변화는 1991년 4월의 낙동강 페놀오염사건에서 잘 드러났듯이 직접적인 피해의 가능성이 커지면서 이루어진 것이었다. 새만금 보존운동은 이런 변화에 크게 힘입은 것이면서, 또한 이런 변화가 좀더 생태주의적인 쪽으로 나아가는 데 영향을 미치기도 했다. 새만금 보존운동을 통해 갯벌의 복합적 가치와 간척사업의 문제에 대해 많은 사람들이 알게 되면서 생태적 가치의 심화와 확산이 이루어졌던 것이다. 그 결과 새만금 보존운동은 커다란 상징성을 지니게 되었다. 여기서 가장 큰 구실을 한 것은 다름 아닌 성직자들이었다. 문규현 신부, 수경 스님, 김경일 교무, 이희운 목사 같은 성직자들의 헌신적 노력은 새만금 갯벌에 신성성을 부여하고, 나아가 생태적 가치에 신성성을 부여하는 효과를 거두었다. 이 점에서 새만금 보존운동은 특히 심층 생태주의의 확산에 크게 이바지했다고 할 수 있다.

넷째, 지역 시민사회의 발전에 이바지했다.[19] 지역사회는 지리적 협

야를 망라해서 많은 학자들이 참여하고 있다. 최근의 주요 성과로는 2004년 10월 27일에 서울에서 열린 "지속 가능한 새만금을 위하여"라는 제목의 심포지엄이 있다(새만금생명학회 2004).

19) 시민사회는 가치적 개념과 중립적 개념의 두 가지로 사용될 수 있다. 앞엣것은 민주주의와 공익의 실현을 추구하는 시민의 자발적 노력과 깊이 연관되며, 뒤엣것은 민주주의나 공익을 떠나서 복잡다단한 사회생활 자체를 가리킨다(조효제 엮음 2000). 여기서 시민사회는 물론 가치적 개념이다.

소함과 사회적 밀접함으로 말미암아 시민사회가 제대로 발전하지 못한 상태에 머물러 있다. 각종 연고관계 때문에 지역사회의 문제를 지적하고 바로잡기가 상당히 어려운 것이다. 또한 대도시보다 월등히 높은 지역사회의 노령주민들은 대체로 시민의 권리와 의무에 대해 잘 알지 못하고 있으며, 안다고 해도 실천하기가 대단히 어려운 상황에 있다. 지역운동은 국가권력의 부당함과 지역토호의 발호에 맞서서 지역을 지키고자 하는 운동이다. 따라서 운동이 전개되어 갈수록 지역주민의 삶을 억압하는 주체가 명확하게 드러나고, 운동에 참여하는 지역주민은 안팎의 억압주체에 맞서 싸우면서 자기가 살아가는 지역사회 자체를 바꾸어간다. 주민은 시민으로, 지역사회는 지역 시민사회로 바뀌어가는 것이다. 새만금 보존운동에서도 이런 변화를 확인할 수 있다.[20]

다섯째, 세계적 차원에서 새만금 간척사업의 문제에 대한 관심의 확산과 연대의 강화를 이루었다. 생태적으로 보자면, 새만금 갯벌은 단순히 우리의 자연자산이 아니라 모든 인류의 자연자산이다. 예컨대 수많은 철새들이 이곳을 식당으로 이용해서 시베리아와 적도 지방을 오간다. 새만금 갯벌을 이용하는 수많은 철새들과 관계를 맺고 있는 세계 곳곳의 수많은 사람들에게도 새만금 갯벌은 대단히 중요한 곳이다. 많은 외국인들이 새만금 보존운동을 통해 새만금 갯벌에 대해, 또한 한국이라는 나라에 대해 알게 되었다. 그리고 새만금 갯벌을 지키기 위해

---

20) 이런 변화를 보여주는 더욱 분명한 사례는 2003년 7월부터 2004년 2월까지 펼쳐진 '부안 핵폐기장 반대운동'이다. 새만금 보존운동은 이 운동만큼 '지역 시민사회'의 형성과 발전에 큰 영향을 미치지는 못하고 있다. 그러나 이 운동의 결과로 새만금 보존운동을 '핵폐기장 반대운동'의 연장선에서 생각하는 지역주민들이 늘어난 것도 사실이다. 이런 점에서 새만금 보존운동이 지역 시민사회에 미칠 영향은 앞으로 더욱 커질 것이다. 이와 관련해서 특히 부안새만금생명평화모임(nongbalge.or.kr/)의 활동에 주목해야 할 것이다.

함께 힘을 모아 싸우게 되었다. 새만금 보존운동은 학술적으로나 실천적으로나 새만금 갯벌을 국제적 관심사로 만들었다.[21]

이렇듯 여러 성과를 거두기는 했으나 새만금 보존운동은 해결해야 할 과제를 여전히 많이 안고 있다. 이를 크게 다섯 가지로 나누어 살펴보고자 한다.

첫째, 무엇보다 중요한 과제는 방조제를 개방하는 것이다. 새만금 간척사업은 크게 보아서 두 단계로 나뉘어 진행된다. 먼저 방조제를 쌓아서 바닷물의 흐름을 막고, 다음에 그 안쪽에 담수호와 육지를 만드는 것이다. 방조제를 쌓게 되면 바닷물이 통하지 않아서 갯벌은 곧 죽게 된다. 추진측에서는 방조제에 두 개의 갑문을 만들어 바닷물이 통하도록 하겠다고 한다. 그러나 이것은 극히 제한된 시간에만 바닷물이 통하도록 하겠다는 뜻이다. 이렇게 한다면 갯벌은 곧 죽을 수밖에 없게 된다.[22] 새만금 갯벌을 살리기 위해서는 적어도 갑문이 아니라 다리를 놓아서 방조제의 남쪽과 북쪽에서 바닷물이 언제나 자유롭게 드나들 수 있도록 해야 한다.[23]

---

21) 한 예로 2001년 5월 24일에 서울에서 열린 "새만금 간척사업 중단을 바라는 전세계 '습지와 철새보호 NGO들의 메시지 공개' 기자간담회"를 들 수 있다. 같은 해 5월 11일부터 시작된 새만금 간척사업 중단을 위한 국제 이메일운동에는 세계 수십 개국의 많은 단체와 사람들이 참여했다(습지와 새들의 친구들 2001). 환경부가 2000년 3월 12~13일에 전국 100개 철새 도래지를 조사한 결과를 보면, 새만금 갯벌은 우리나라에서 가장 많은 철새들이 찾는 자연습지였다. 그러므로 유엔의 람사협약에 따라 이런 곳은 반드시 보존해야 한다.
22) 이 때문에 추진측에서는 최대한 빨리 방조제를 완성하기 위해 애썼다. 방조제가 완성되어서 새만금 갯벌이 죽어야 이것을 기정사실화하고 매립사업을 계획대로 밀어붙이기가 쉬워지기 때문이다. 그러나 이렇게 될 경우에 '시화호'와는 비교도 안 되는 환경재앙이 빚어질 것이다. 2005년 2월 4일의 판결에서 서울행정법원의 재판부가 현재의 새만금 간척사업이 "'환경 친화적 개발'이라는 관련 법률의 취지에 정면으로 배치된다"며 사업계획의 취소나 변경을 요구한 것도 이 때문이었다.

둘째, 지역주의 정치의 개혁을 위해 애써야 한다. 사실 새만금 간척사업은 지역주의 정치가 낳은 괴물이다. 이 괴물을 없애지 못하는 이유도 결국은 지역주의 정치 때문이다.[24] 지역주의 정치세력은 낙후지역의 개발이라는 명분을 내걸고 전라북도의 생태적 보물을 없애려 하고 있다. 지역주의 정치의 개혁과 새만금 간척사업의 중단은 동전의 양면과 같이 밀접한 연관을 맺고 있다. 새만금 보존운동은 낡은 지역주의 정치의 개혁을 주요한 과제로 추구해야 한다. 요컨대 새만금 간척사업의 정치성을 직시하고 적극적으로 대응해야 하는 것이다. 이를 위해 관련 정치인의 의정활동을 철저히 감시하는 일상적 정치개혁 활동을 지속적이고 체계적으로 펼쳐야 한다.

셋째, 토건국가의 개혁이다. 토건국가는 실제적 필요와는 관계없이 대규모 토건사업을 끊임없이 벌인다. 그 결과 거대한 지역파괴가 곳곳에서 저질러지고 이와 관련된 부패가 만연하게 된다. 구조적인 면에서 새만금 간척사업이 강행되는 까닭은 무엇보다 개발독재의 역사적 산물인 토건국가 때문이라고 할 수 있다. 그 핵심에 이른바 '개발공사'가 자리 잡고 있다(오관영 2003; 최지훈 2003; 홍성태 엮음 2005). 예컨대 새만금 간척사업의 문제는 농업기반공사라는 개발공사의 문제와 따로 떼어놓고 생각할 수 없다(우석훈 2005). 토건국가의 개혁은 이러한 개발공사의 개혁을 통해 제도적으로 진척될 수 있을 것이다.

---

23) 북쪽 방조제인 4공구 방조제는 2004년 7월에 모두 막혔으며, 이에 따라 새만금 갯벌의 변형이 급속히 진행되었다. 2006년 4월 21일, 남쪽 방조제인 2공구 방조제의 2.7km구간이 완성되었다. 새만금 갯벌을 살리고자 한다면, 2공구와 4공구에 물길을 뚫어야 한다.
24) 2006년 5월의 지방선거에서 열린우리당은 오직 전라북도에서만 광역자치단체장을 확보할 수 있었다. 한나라당은 이미 2001년 1월부터 정략적 목적으로 새만금 간척사업의 중단을 요구해 왔다.

　넷째, 생태주의의 확산을 추구해야 한다. 새만금 보존운동은 이미 생태주의의 확산에 크게 이바지했다. 그러나 갯벌의 생태적 가치를 알리는 것을 넘어서 더욱 체계적으로 이 과제를 추구해야 한다. 그 핵심은 우리의 사회구조와 생활방식의 반생태성을 알리고 적극적으로 생태적 전환을 추구하는 쪽으로 나아가도록 하는 것이다. 이것은 그 자체로 지역주의 정치와 토건국가의 개혁을 추구하는 것이기도 하다. 지역주의 정치와 토건국가는 지역자연과 지역사회의 파괴를 통해 경제성장을 추구하는 박정희식 파괴적 개발의 산물이기 때문이다. 새로운 것을 적극적으로 추구하는 것은 낡은 것을 적극적으로 퇴역시키는 것이기도 하다. 사회구조와 생활방식의 생태적 전환이 구체화되어 갈수록 토건국가와 파괴적 개발의 문제는 더욱더 분명해질 것이다.

　다섯째, 개발에 대한 지역사회의 요구와 새만금 간척사업의 현황을 고려한 대안의 마련과 설득에 힘을 쏟아야 한다. 이미 건설된 방조제를 없애는 것은 대단히 어려운 일이다. 따라서 물길을 연 상태에서 방조제를 그대로 두고도 새만금 갯벌을 살리는 동시에 지역사회의 기대를 충족하는 대안을 마련해야 한다. 사실 그 대안은 이미 어느 정도 마련되어 있다(최미희 2003; 환경운동연합 2004; 조태경 2004).[25] 그러나 아직까지는 새만금 갯벌을 죽이고자 하는 지역주의와 개발주의의 힘이 더 강한 상태이다. 그들은 '기정사실화 전략'을 펼치고 있다. 어떻게 해서든 새만금 갯

---

25) 이중에서 건축가 김석철의 '해상도시'론은 백낙청의 전폭적인 지지를 받으며 주목을 끌었다. 그러나 베네치아를 예로 들고 있는 그의 구상은 베네치아보다 물살이 네 배나 더 빠른 새만금 바다의 특성을 전혀 고려하지 않은 것이면서 바다에 들어서는 거대도시가 가져올 거대오염에 대해서도 제대로 고려하지 않은 것이라는 비판을 받고 있다(박승우 2003). 박승우는 농토목학자로서 새만금 간척사업에 찬성측의 주요 논자이지만, '해상도시'론에 대한 그의 비판은 타당해 보인다.

벌을 죽이면 매립공사도 그냥 진행될 것이라고 보는 것이다. 그리고 그렇게만 되면 앞으로 수십 년에 걸쳐 20조 원이 넘는 엄청난 세금이 전라북도로 흘러 들어올 것이라고 보는 것이다. 그러나 새만금 간척사업의 환경성과 경제성에 대한 평가가 극히 좋지 않으며,[26] 절대 다수의 국민이 이 사업을 반대하고 있고, 새만금 보존운동에 참여하는 지역주민도 계속 늘어나고 있다. 이런 점에서 새만금 간척사업이 추진측의 기대와 달리 새만금 갯벌을 살리는 쪽으로 바뀔 가능성은 아직도 남아 있다.

이러한 다섯 가지 과제는 새만금 보존운동의 전략으로 이어진다. 그것은 크게 세 가지 내용으로 이루어진다. 첫째, 정치적 전략으로서 그 핵심은 지역주의 정치를 개혁하는 것이다. 둘째, 경제적 전략으로서 토건국가를 개혁하는 것이다. 셋째, 문화적 전략으로서 생태적 가치를 확산하도록 하는 것이다. 대안의 마련과 주민의 설득은 이런 세 전략의 응축적 결과로 나타나게 될 것이다. 이런 점에서 새만금 보존운동의 성공은 자연과 문화를 파괴하고 경제성장을 추구하는 토건국가를 넘어서 한국사회의 생태적 전환을 본격적으로 추동하는 역사적 계기가 될 것이다.

---

26) 재판에 중립적인 전문가로 참여하여 새만금 간척사업의 경제성을 평가한 서울대 이준구 교수는 2004년 4월에 조금도 경제성을 가지고 있지 않다는 '감정촉탁 보고서'를 재판부에 제출했다. 그는 『새만금사업 환경영향공동조사 종합보고서』가 "너무나도 많은 문제점을 갖고 있는 것으로 드러났기 때문에 더 이상 지적할 필요가 없다고 생각합니다"는 말로 '감정촉탁 보고서'를 마쳤다(이준구 2004). 2004년 9월에는 새만금 간척사업의 환경영향에 대한 한국해양연구원의 연구보고서가 발표되었다. 이 보고서에 따르면 새만금 갯벌이 파괴될 뿐만 아니라 서해안 일대에 광범위한 파괴적 결과가 빚어질 것이다. 방조제의 완성과 함께 이러한 재앙적 변화는 이미 시작되었다.

5. 이중전략의 추구

여론조사의 결과[27]에 따르자면, 새만금 간척사업은 분명히 국민적 불만대상이며 불안대상이다. 추진측은 새만금 간척사업을 발전의 상징으로 제시한다. 그러나 절대 다수의 국민들은 그것을 조금도 발전의 상징으로 여기지 않고 있다. 오히려 그 중단이야말로 낡은 시대의 종언이자 새로운 역사의 발전으로 여기고 있다.

새만금 간척사업에 대한 불만과 불안이 큰 만큼 새만금 보존운동에 대한 기대는 크다. 그동안 많은 사람들이 새만금 보존운동에 참여하여 많은 애를 썼으며, 또한 적지 않은 것을 이루었다. 그러나 새만금 간척사업을 중단시키는 데까지 이르지는 못했다. 지역주의 정치와 토건국가의 장벽을 넘어서지는 못하고 있는 것이다.

---

27) *2001년 5월의 사업강행 결정에 대한 여론조사 결과. "정부는 지난 5월 25일 새만금 사업을 강행하겠다고 전격 발표했다. 그러나 정부가 이런 결정을 내리기 하루 전인 24일 한국갤럽과 MBC가 공동으로 '새만금 간척사업에 대한 국민여론'에 대한 조사를 실시했다. 그런데 조사결과 66.3%가 새만금 간척사업을 반대하고, 지금 강행해서는 안 된다는 응답자가 83%에 달했다. 결국 이 조사결과를 놓고 본다면 정부가 국민여론을 전혀 반영하지 않고 강행결정을 내렸음을 알 수 있다. 새만금 간척사업에 대한 국민여론을 수렴해 새만금 간척사업 정책을 합리적으로 수립하는 데 필요한 기초자료를 제공할 목적으로 실시된 이번 조사는, 전국에서 무작위로 추출된 만 20세 이상 성인 남녀 1102명을 대상으로 11개 문항을 전화면접하는 방식으로 진행됐다."(황숙희 2001) *2005년 1월의 조정권고안에 대한 여론조사 결과. "한국사회여론연구소(KSOI 소장 김헌태)가 여론조사전문기관 TNS에 의뢰해 26일 실시해 28일 발표한 조사에 따르면, 법원의 조정권고안에 대해 '환경보호와 지역주민의 의견 수렴을 위한 판결로 별 문제 없다'는 찬성 여론이 51.6%로 과반에 달했다. '국책사업에 대해 법원이 과도하게 간섭하는 것으로 문제가 있다'는 응답은 43.6%였다. 이는 2003년 7월, 법원의 1차 공사중단 결정이 나온 직후 실시된 동기관 조사에서 '국책사업 중단은 큰 혼란을 가져오므로 보다 신중했어야 했다' 73.2%, '사법부의 독자적 결정으로 존중해야한다' 22.4%로, 법원의 판결에 대한 비판여론이 높았던 것과 크게 달라진 결과다."(임경구 2005)

새만금 보존운동은 2003년의 삼보일배운동에서 한 정점에 이르렀다. 2003년 3월 28일부터 5월 31일까지 65일 동안 부안의 해창 갯벌에서 서울의 시청 앞에 이르는 무려 309km의 머나먼 거리를 삼보일배로 이동하는 삼보일배운동이 펼쳐졌다. 삼보일배란 세 걸음 걷고 한번 절하는 것을 뜻한다. 이런 식으로 309km를 이동하기 위해서는 그야말로 초인적인 인내와 노력이 필요하다. 문규현 신부와 수경 스님, 김경일 교무, 이희운 목사[28] 등 네 명의 성직자가 앞장서고 많은 시민들이 그 뒤를 따랐다.

삼보일배운동은 한국사회 전체에 커다란 영향을 미쳤다. 새만금 갯벌의 중요성과 새만금 간척사업의 문제에 대해 많은 사람들이 새삼 깨닫게 되었다. 그러나 안타깝게도 새만금 간척사업은 여전히 진행되고 있다.[29] 추진측은 간척의 목적을 계속 바꾸며 사실상 '간척을 위한 간척'을 계속 벌이려고 한다. 간척사업을 벌여야 정부에서 엄청난 사업비를 계속 받을 수 있기 때문이다. 그 바탕에는 물론 전라북도민의 강력한 요구가 자리 잡고 있다. 이 점에서 지역주의는 단순히 민주주의의 발전에 해를 끼칠 뿐만 아니라 지역의 자연과 사회를 파괴하는 원천이기도 하다.

---

28) 보수적 개신교 인사들은 전주 나실교회의 이희운 목사를 비난하고 '왕따'했다. 전북지역의 대형교회들을 중심으로 '새만금기독교완공추진위원회'가 만들어지기도 했는데, 이 위원회는 자연을 개발하는 것이 '하나님의 뜻'이라며 삼보일배를 비난하는 성명을 발표하고 시위를 벌였다. 그들에게 자연을 지키는 것이 '하나님의 뜻'이라고 생각하는 이희운 목사는 아마도 '이단'이었을 것이다. 결국 그는 2004년 5월에 사실상 다시는 돌아오지 않기로 하고 인도로 떠났다.

29) 2005년 2월 4일의 판결에서 재판부는 방조제 공사 자체의 중단을 명령하지는 않았다. 새만금 간척사업의 반환경성과 비경제성을 인정했으면서도 그 핵심을 이루는 방조제 공사가 계속 진행될 수 있도록 해준 것이다. 그리고 2006년 3월 16일의 대법원 판결은 방조제 공사의 완성을 최종적으로 허락한 '새만금 죽이기' 판결이었다.

삼보일배운동에 참여했던 사람들 중에서 참여정부의 반개혁적 대응에 실망한 사람들도 적지 않다. 삼보일배운동은 너무도 처절한 운동이었기에 정권 차원의 적극적인 대응이 있을 것으로 기대했던 때문이다. 그러나 이른바 '현실정치'의 장벽은 높고 두터웠다. 삼보일배운동은 이 장벽을 뛰어넘지도 못했고 무너뜨리지도 못했다. 국민적 반대에도 불구하고 전라북도민의 요구라는 이유로 새만금 간척사업은 계획대로 진행되고 있다. 지역주의는 삼보일배보다 힘이 세다.

새만금 보존운동의 가장 큰 자원은 국민의 관심과 성원이다. 정치적 의도로 시작되고 진행되어 온 사업인 만큼 국민의 정치적 압력은 새만금 간척사업의 중단에 큰 영향을 미칠 것이다. 해양부나 환경부와 같은 관련 중앙부서에서도 새만금 간척사업에 불리한 의견을 계속 밝히고 있다. 이런 점에서 새만금 보존운동이 새만금 갯벌을 살리고 이 지역에서 지속가능한 발전을 이룰 가능성은 아직 남아 있다. 희망의 불씨를 보듬고 키워서 새만금 갯벌을 살리려는 노력은 절절하게 이어지고 있다.

가장 중요한 변수는 결국 전라북도의 여론일 것이다. 그동안 전라북도의 여론은 새만금 간척사업에 대해 압도적 찬성의 뜻을 보였다. 새만금 갯벌의 지역주민은 고립된 싸움을 벌이고 있다. 그러나 새만금 보존운동의 노력을 통해 전라북도의 여론도 미약하나마 조금씩 변하고 있다.[30] 이와 함께 새만금 갯벌의 주변 지역에서는 갈수록 피해가 늘어나

---

30) 전라북도에서는 새만금 간척사업에 비판적인 신문기사 자체를 보는 것이 대단히 어렵다. 새만금 간척사업을 주도하는 지역인사들은 대체로 지역 토건업체 사장들인데, 이들이 대부분의 지역 언론사들을 소유하고 있다고 한다. 이런 중에 2000년 10월에 창간한 『새전북신문』은 새만금 간척사업에 관해 객관적 보도를 하는 거의 유일한 지역신문으로 널리 알려지고 있다. 이 신문은, "도내 60여개 시민사회단체들이 내놓은 새만금 신구상안도 요즘 들어 도민 사이에 회자되고 있다. 전면적인 개발중지에서 현수교를 통한 해수유통이라는 부분개발론으로 전환한 것이 일부 설득력을 얻기 때문이다"고 전한다(『새전북신

고 있다. 새만금 보존운동은 이런 조건의 변화에 더욱 능동적으로 대응해야 한다. 여기서 나아가 지역주의를 제도적으로 재생산할 수밖에 없는 현재의 선거제도의 개혁에도 새만금 보존운동은 큰 주의를 기울여야 한다.

　새만금 보존운동은 초유의 전국적이고 국민적인 환경운동이다. 그것은 지역의 자연과 사회를 지키는 운동이면서, 또한 지역주의와 토건국가를 넘어서 생태적 전환을 추구하는 운동이다. 이토록 중요한 운동이 아직까지 획기적 성과를 거두지 못한 까닭은 운동에 참여한 사람들의 노력이 부족해서가 아니라 운동의 대상이 정치적으로 너무나 강하기 때문이다. 한편으로 설득력 있는 대안을 마련하여 전라북도민을 설득하고, 다른 한편으로 지역주의 정치를 개혁하기 위한 실천을 강화하는 '이중전략'을 추구해야 한다. 방조제가 완성되었으므로 더욱 열심히 운동을 펼쳐야 할 것이다.

(『ECO』 7호/2004년 하반기호)

문』 2005. 1. 7). '새만금 신구상안'이란 2공구와 4공구에 물길을 터서 해수가 자유롭게 유통할 수 있도록 해서 새만금 갯벌을 살리는 개발안을 가리킨다(오창환 2004).

생태적 전환과 사회운동

1. 머리말

생태위기의 시대에 생태적 전환은 절박한 생존의 요청이다. 그러나 생태위기는 상당히 오랜 시간에 걸쳐 불균등하게 전개되기 때문에 흔히 절박한 생존의 요청으로 느껴지지 않는 것으로 보인다. 요컨대 자동차에 치여죽거나, 심지어 굶어죽는 사람보다 대기오염으로 죽는 사람을 찾아보기가 훨씬 어려운 것이다. 바로 이런 사실에서 논란이 빚어진다.

생태위기와 관련해서 서로 크게 대립되는 두 가지 입장이 개진되어 있다.

첫째, 생태위기 비판론이다. 이 입장에서는 여러 지표로 보건대 현대문명은 이미 지구의 생태적 한계를 넘어섰고, 따라서 현재의 상태로는 그렇게 머지않은 시간 안에 파국이 닥치는 것을 피할 수 없다고 본다. 이 입장이 처음 개진된 것은 아마도 1950년대 말로 거슬러 올라갈 수 있을 것이다. 그러나 이 입장이 널리 퍼진 것은 적어도 1962년에 발표된 『침묵의 봄』이후이다.[1] 케네디 대통령이 의회연설에서도 인용할 정도로 이 책의 영향력은 컸다. 이 책에 힘입어 서구에서 환경정책이 국가정책으로 정립되기 시작했고, 환경운동이 대중화되는 길이 활짝 열렸다.

둘째, 생태위기 부정론이다. 이 입장에서는 생태위기를 '환경비관론'의 이론적 산물이라고 비난한다. 오늘날 생태위기 비판론은 국제연합의 공식적 입장으로까지 발전했다. 그러나 여전히 생태위기를 부정하는 자들을 어렵지 않게 찾아볼 수 있다.[2] 이 입장을 대표하는 자로는 '미래학자'로 유명한 앨빈 토플러를 들 수 있다. 그는 생태위기 비판론자를 '생태 히틀러'라고까지 비난한다.[3] 이런 비난에는 분명히 사회적 이유가 있다. 예컨대 우리는 여기서 미국이 지구온난화협약을 거부하여 '지구의 적'으로 여겨지고 있다는 사실을 떠올려야 한다. '생태제국주의' 미국의 문제와 같은 것이 생태위기 부정론의 가장 큰 사회적 배경인 것이다.

이런 논란에도 불구하고 생태위기는 피할 수 없는 사실이며, 따라서

---

1) 레이첼 카슨 1990. 카슨은 DDT라는 화학물질의 남용에서 현대문명의 구조적 취약성과 생태위기의 문제를 찾아냈다. 실로 그녀는 현대 환경운동과 환경정책의 길을 연 위대한 생물학자였다(린다 리어 2004).
2) 이 입장에는 환경정책과 환경운동을 적극적으로 막으려는 '반환경운동'이라는 것도 있다. 그러나 반환경운동은 현재의 자연파괴적 문명에서 가장 큰 이득을 취하고 있는 세력의 이익집단형 사회운동으로서 사회적으로 별 공감을 얻지 못하고 있다.
3) 앨빈 토플러 1990. 그러나 "기술이 우리를 구원하리라"고 강변하는 그야말로 '기술 히틀러'라고 불려야 할 것이다(홍성태 2004ㄱ, 8장). 현재의 생태위기는 바로 현대 과학기술의 산물이기 때문이다.

생태적 전환은 필연적이다. 지구온난화에 따른 기후의 급변이나 석유
의 고갈에 따른 현대문명의 근원적 동요는 그 구체적 양상이다. 이에
대해 우리는 두 가지 방식으로 대응할 수 있다. 첫째, '생태적 전환'을 통
해 생태위기를 완화하는 방식으로 지속할 수 없는 현대문명에서 벗어
나는 것이다. 둘째, 생태위기를 방치해서 '생태적 파국'을 맞는 방식으
로 지속할 수 없는 현대문명에서 벗어나는 것이다. 현대문명을 지속할
수 있는 길은 없다. 다만 고통을 가능한 줄일 수 있는 길과 가능한 크게
할 수 있는 길이 있을 뿐이다. 어느 길을 가야 할 것인가?

이 글에서는 우선 현대 공업문명의 한계라는 관점에서 생태적 전환
의 필연성을 검토하고, 이어서 구체적인 예를 들어 도시개발과 농업정
책의 문제를 검토하고자 한다. 여기서 우리는 다양한 생태적 전환의 사
회운동이 이미 펼쳐지고 있으며, 그 주체들간의 거대한 '생태적 연대'를
이루는 것이 핵심적 과제가 되었음을 확인할 수 있을 것이다.

2. 공업문명의 한계

우리는 공업사회에서 살아가고 있다. 오늘날 다수의 인류가 공업사
회에서 살아가고 있으며, 사실 모든 인류가 공업사회의 영향을 받으며
살아가고 있다. 또한 사실 인류만이 아니라 지구의 모든 생명체가 공업
사회의 영향을 받고 있다. 공업과 전혀 무관한 것으로 보이는 북극에서
살아가는 생명체들에게도 DDT나 PCB 같은 화학물질이 축적된 것이
확인되었다. 오래 전에 사용이 금지된 화학물질들이지만 생태계의 순
환운동을 통해 북극으로 흘러 들어가서 사람을 포함한 북극의 모든 생

명체들에게 영향을 미치고 있는 것이다. 펭귄을 비롯한 남극의 생명체들도 마찬가지다.[4]

지구 자체가 하나의 '공업행성'이 되었다. 우리는 언제부터인가 '공업행성'에서 살아가고 있는 것이다. 그런데 공업은 무엇인가? 그것은 인간의 욕구와 욕망을 충족하기 위해 자연을 인위적으로 변형하고 가공하는 사회적 행위이다. 그런데 우리 자신을 포함해서 자연은 45억 년의 긴 시간에 걸쳐 이루어진 물질운동의 산물이다. 그것은 느낄 수도 없이 작은 미시세계로부터 이른바 '가이아'로 불리는 거시세계로까지 이어지며, 또한 미시세계와 거시세계는 복잡한 연관을 통해 빈틈없이 이어져 있다. 공업은 이런 자연을 대규모로 변형하고 가공한다. 그것은 본질적으로 자연의 파괴이다. 형태의 급격한 변화라는 점에서 파괴일 뿐만 아니라 내부의 오염이라는 점에서 더 심각한 파괴이다.

여기서 내부의 오염은 인간 외부의 자연에 그치지 않는다. 그것은 자연의 한 요소인 인간 자신의 오염을 포함한다. 바로 이 점이 무엇보다 중요하다. 우리는 자연을 벗어나서 살 수 없다. 인간과 자연의 이분법은 근본적으로 잘못된 것이다. 인간은 자연의 대당적 존재가 될 수 없기 때문이다. 이른바 '환경호르몬'으로 불리는 각종 화학물질의 오염은 이런 사실을 명확하게 보여준다.[5] 앨빈 토플러의 아류들이 주장하듯이

---

4) 대양을 누비고 다니는 참치에게는 이런 화학물질이 많이 농축되어 있어서 WHO에서는 참치의 섭취를 줄여야 한다고 경고하고 있다. 참치는 일본의 음식에서 가장 중요한 물고기로서 일본 때문에 일부 참치가 멸종위기에 처했다는 보고도 있다. 참치를 위해서나, 인간을 위해서나, 참치잡이를 줄일 필요가 있을 것이다.

5) 환경호르몬이란 화학물질이 체내에 들어와서 마치 호르몬처럼 내분비계에 영향을 끼치는 것을 뜻한다. 환경호르몬은 내분비계를 교란하여 생명체가 항상성을 유지하지 못하도록 한다. 그 결과 생물의 번식 자체가 심각한 위기에 빠질 수 있다(테오 콜번 외 2000).

인간이 로봇으로 진화한다면 모를까, 그렇게 하지 않는 한 자연의 오염
은 바로 인간의 오염일 수밖에 없다. 그런데 앨빈 토플러와 그 아류들
은 로봇조차도 자연 속의 존재일 수밖에 없다는 것을 잘 모르고 있거나
속이고 있다. 아마도 에너지 위기의 심화에 따라 인간보다 로봇이 먼저
사라질 것이다. 인간은 공업이 없어도 살 수 있지만, 로봇은 공업이 없
이 살 수 없다.

　여기서 우리는 현대 공업문명의 한계와 운명에 대해 생각해 볼 필요
가 있다. 현대 공업문명은 이른바 '산업혁명' 또는 '공업혁명'으로 시작되
었다. 그러니까 현대 공업문명은 지금부터 300년쯤 전에 시작되었다. 주
요 에너지원을 기준으로 이것은 크게 두 단계로 나뉜다. 첫째단계는 석
탄에 의존한 석탄공업문명이고, 둘째단계는 석유에 의존한 석유공업문
명이다. 후자는 100년쯤 전에 시작되었고, 현대 공업문명의 지배적 측면
을 이루고 있다. 그런데 석유는 수억 년에 걸쳐 수많은 생명체들이 지질
학적으로 변형되어 만들어진 산물이다. 이 화석물질은 인위적으로 만
들 수 있는 것이 아니다. 머지않아 그것은 고갈될 것이다.

　석유는 '자연의 선물'이다. 이 귀한 선물에서 우리는 10만 가지 이상의
화학물질을 만들어 쓸 수 있다. 그중에는 의약품도 있다. 너무나 귀한
화석물질이 아닐 수 없다. 그러나 이 화석물질의 양은 제한되어 있다.
지구가 큰 것 같아도 한계가 있다. 석유의 양은 더 말할 것도 없다. 석유
의 고갈은 석유공업문명의 종말을 뜻한다. 다시 말해서 현대 공업문명
의 지배적 측면이 석유의 고갈과 함께 종말을 고하는 것이다. 석유의
발견량은 1960년대에 최댓값에 도달했으며, 늦어도 2008년 무렵부터는
석유생산량이 감소하는 시대로 들어가게 된다(이필렬 2002, 14~15쪽). 따라
서 석유를 둘러싼 갈등이 국내외적으로 갈수록 커질 것이다. '이라크전

쟁'과 같은 석유전쟁이 곳곳에서 벌어질 가능성이 갈수록 커지고 있다. 석유공업문명의 생태적 전환을 전제로 하지 않는다면, 평화는 갈수록 요원한 과제가 될 것이다.

찬핵세력은 이런 위기적 상황을 이용해서 핵발전의 위험성에 대한 우려를 불식하기 위해 최선을 다하고 있다. 그들은 핵발전이 석유고갈에 대처할 수 있는 유일한 길이라고 주장한다. 그러나 이 주장은 근본적으로 잘못된 것이다. 먼저 핵발전의 원료인 우라늄은 광석물질로서 화석물질인 석유를 대체할 수가 없다. 석유고갈은 석유공업문명의 종말일 뿐이다. 석유를 가장 무가치하게 사용하는 것은 그것을 연료로 사용하는 것, 즉 태워서 없애는 것이다. 핵발전은 이런 점에서만 석유를 일부 대체할 수 있을 뿐이다. 예컨대 석유 자동차를 핵발전 자동차로 바꿀 수 있겠는가?

이런 점을 떠나서 핵발전은 그 자체로 절대적 위험과 문제를 안고 있다. 첫째, 핵발전은 절대적으로 위험하다. 인류는 아직 핵발전을 완전히 안전하게 관리할 수 있는 능력을 가지고 있지 않다. 1979년의 미국 스리마일 섬 핵발전소 폭발사고, 1986년의 소련 체르노빌 핵발전소 폭발사고, 1995년의 일본 몬주 고속증식로 폭발사고는 어디서도 재연될 수 있다. 핵발전소는 '천천히 터지는 핵폭탄'이라고 한다. 안전하고 아름다운 미래를 바란다면 핵발전을 중단해야 한다. 언제 터질지 모르는 핵폭탄을 옆에 두고 행복하게 살고 있다고 말하는 것은 너무도 잘못된 것이다.

둘째, 핵발전의 결과로 역시 절대적으로 위험한 핵폐기물이 생산된다. 핵폐기물은 저준위, 중준위, 고준위로 나뉜다. 여기서 흔히 고준위만이 위험하고 다른 것은 별로 위험하지 않은 것으로 여겨지기도 하지만, 사실은 결코 그렇지 않다. 모든 핵폐기물은 위험하다. 그것은 어떤 환경호르몬보다도 더 강력하게 우리의 내분비계에 영향을 미칠 수 있다. 그것은 유전자에게까지 영향을 미쳐서 '획득형질'의 유전을 초래한다. 고준위 핵폐기물, 즉 사용후 핵연료는 플루토늄의 원료물질이기도 하다. 또한 플루토늄은 핵폭탄의 가장 중요한 원료물질이다.[6] 오늘날 핵폐기물의 위험은 잘 알려져 있다. 그 시설을 아무리 문화시설이나 복지시설인 것처럼 선전하고 엄청난 돈을 써서 유치지역을 매수한다고 해도 핵폐기물의 위험은 사라지지 않는다.

셋째, 핵발전소 자체가 거대한 핵폐기물이 된다. 인류의 문명은 고작해야 1만 년 정도의 역사를 가지고 있을 뿐이다. 공업문명의 역사는 더 짧아서 300년밖에 되지 않는다. 석유공업문명은 100년이 조금 지났을 뿐이며, 핵공업문명은 겨우 50년이 되었다. 그런데 핵발전소는 30년 정도 사용한 뒤에는 10만 년을 넘는 기나긴 시간 동안 안전하게 관리해야 한다. 핵발전은 우리 자신은 물론이고 우리 문명의 한계를 훨씬 뛰어넘는 시간을 요구하는 것이다. 찬핵세력은 관리할 수 없는 것을 관리할 수 있다고 주장하며 핵발전 확대정책을 맹렬하게 펼치고 있다. 그 결과 우리 문명은 갈수록 파국에 가까이 다가가고 있다. 파국에서 벗어날 수 있는 길은 파국의 원인을 제거하는 것뿐이다.

공업문명의 한계는 바로 자연의 한계에서 비롯된다. 공업문명을 유지하기 위한 자원의 양과 공업문명에서 발생하는 오염 처리능력의 모

---

6) 1945년 8월 10일 일본의 나가사키에 떨어진 핵폭탄은 6.1kg의 플루토늄으로 만든 것이었다. 2005년 현재 일본은 43.1톤의 플루토늄을 보유하고 있다. 그런데 일본은 2006년 3월부터 아오모리 현 로카쇼무라에서 핵 재처리공장을 가동하기 시작했다. 이 공장에서는 앞으로 매년 8톤의 플루토늄을 생산하게 된다. 이것은 국제원자력기구의 기준에 따르더라도 무려 1천 개의 핵폭탄을 제조할 수 있는 엄청난 양의 플루토늄이다. 따라서 로카쇼무라 핵 재처리공장의 본격가동은 세계적인 핵군비 확산경쟁을 촉발할 가능성이 크다. 이로써 일본은 다시금 세계평화에 짙은 먹구름을 드리우기 시작했다.

든 면에서 자연은 명확한 한계를 가지고 있다. 순환은 유한한 자연이 무한한 존재로 나타나는 유일한 방식이다. 산 것이 죽은 것이 되고, 죽은 것이 다시 산 것이 된다. 물질과 에너지가 무한히 순환하면서 유한한 자연이 무한한 생명의 모습을 나타내게 된다. 공업문명은 바로 이러한 자연의 순환을 철저히 파괴한다는 점에서 치명적인 문제를 지니고 있다. 그것은 자연의 순환을 파괴하여 자연의 한계가 급속히 드러나도록 만든다. 생태위기는 그 구체적인 양상이다.

이 문제에 대응하는 사회운동은 일부 지식인이나 시민들에 의해 주도되어 왔다. 그러나 더욱 큰 힘을 얻기 위해서는 노동운동의 결합이 대단히 중요하다. 공업의 주체로서 노동자는 대체로 '공업문명의 수호자'를 자처하는 경향을 보인다. 그러나 공업문명은 노동자를 지켜주지 않는다. 또한 그것은 조만간 몰락해서 사라질 것이다. 노동자는 자신을 지키기 위해서도 '지구의 수호자'가 되어야 한다. 노동자도 안전하고 아름답고 쾌적한 지구를 위해 최선을 다해야 한다. 이른바 '적록연대'는 노동운동의 절박한 과제이다. 노동운동은 공업문명의 문제를 최소화하는 방식으로 생태적 전환을 이끄는 주체가 되어야 한다.

3. 도시의 생태적 전환

현대사회는 도시사회이다. 그러나 현대도시는 공업에 의존하여 형성되고 운영되는 공업도시이다. 따라서 공업문명의 한계는 현대도시라는 공업적 주거지에서 대단히 쉽게 실감할 수 있다. 한국의 도시화율은 이미 80%를 넘어서 90%를 향해 치달리고 있다. 그러나 불행히도 대부분의 도시가 극히 심각한 공업도시, 즉 자연이 파괴된 도시의 성격을 지니고 있다. 아파트, 자동차, 스모그는 한국 도시의 가장 강력한 상징이다.[7]

이런 공업도시의 문제에 대한 관심이 갈수록 높아지고 있다. 이에 따라 상당한 정책적 변화도 이루어지고 있다. 그러나 부동산 투기에 대한 대응이 적극적으로 이루어지지 않고, 이에 따라 아파트를 중심으로 한 부동산 개발의 수요가 합리적으로 조절되지 않으면서, 난개발[8] 문제는 형태를 바꿀지언정 갈수록 악화되고 있다. 이런 상황에서 생태위기에 대한 대응을 내세운 새로운 난개발, 즉 '신개발주의'(조명래 외 2005)가 적극적으로 추진되기 시작했다. 그 대표적인 예가 바로 이명박의 '청계천 복원사업'이다.

이명박은 '청계천 복원사업'을 핵심 공약으로 내걸고 2002년의 서울시장 선거에서 당선되었다. 그는 서울시장에 취임한 2002년 7월 1일에 청계천 복원사업을 시작해서 2005년 10월 1일에 그 '완공'을 선언했다. 그런데 '복원'은 두 가지를 뜻했다. 하나는 역사유적 청계천의 복원이고, 다른 하나는 자연하천 청계천의 복원이다. 그러나 이명박의 '청계천 복원사업'은 어느 것도 이루지 못했다. '청계천 복원사업'의 실상은 철저한 '청계천 개발사업'으로서 청계천을 이용한 '명박천 개발사업'이라

---

7) 이에 관한 상세한 보고와 논의는 홍성태(2004ㄴ; 2005ㄱ) 참조.
8) 난개발은 보통 '비계획적 개발'을 뜻한다. 그러나 한국의 난개발은 이런 정도를 넘어서 개발을 통한 막대한 불로소득을 목표로 하는 '상호 가해적 개발', 따라서 자연의 한계는 전혀 감안하지 않는 노골적인 '반생태적 개발'의 성격을 지닌다. 사실 난개발이라는 말 자체가 한국에서만 사용되는 말이며, 다른 나라의 말로 옮기기가 대단히 어렵다. 세계 어느 나라에서도 한국의 난개발과 같은 현상은 볼 수 없기 때문이다. 토지의 사유제를 허용한다 하더라도 한국처럼 불로소득을 노린 마구잡이 개발을 허용하는 나라는 없다.

고 불러야 옳을 것이다. 한강물을 거꾸로 퍼올리기 위해 연간 8억 7천만 원의 전기세를 내야 한다. 정치적 결정에 따라 연간 17억 원이 넘는 한강물 값은 내지 않게 되었으나, 청소 등의 관리비로 연간 10억 원이 넘는 세금을 써야 한다. '복원'이 이루어지지 않은 곳에 이렇게 막대한 세금을 써야 하는 것이다.

'청계천 복원사업'은 신개발주의의 특징을 잘 보여주었으나, 도심에 커다란 열린 공간을 만들었다는 의의를 가지고 있기는 하다. 이런 점에서 청계천 복원사업보다 훨씬 더 적나라하게 신개발주의의 문제를 보여주는 사업으로는 이명박의 뉴타운사업을 들 수 있다. 뉴타운사업은 무엇인가? 그것은 '이명박식 새마을사업'이라고 할 수 있다. 박정희와 비슷하게 이명박은 낡은 집을 없애고 마을길을 넓히려고 한다. 이렇게 해서 서울을 더욱 완전한 자동차와 아파트의 도시로 만드는 것이 사실상 뉴타운사업의 목표이다. 바로 이 때문에 이명박이 박정희의 개발독재 시대를 대표하는 건설업자라는 사실이 새삼스럽게 부각되었다.

공식적으로 보아서 뉴타운사업은 주택 재개발사업과 도시 재개발사업의 중간쯤에 위치한다. 도시 재개발의 관점에서 주택 재개발을 해서 난개발을 막고 주거여건을 개선하기 위한 사업이라는 것이다. 주거여건의 개선은 모든 시민의 한결같은 바람이지만, 도시 전체의 차원에서는 무엇보다 먼저 난개발을 막아야 한다. 이런 점에서 뉴타운사업은 그럴듯해 보인다. 그러나 그 실상도 과연 그럴듯한가? 그렇지는 않은 것 같다.

이명박은 강남에 비해 낙후한 강북의 개발에 힘을 쏟을 것이며, 이를 위해 뉴타운사업을 벌이겠다는 계획을 세웠다. 그러나 불과 3년 만에 대상지역은 서울 전역의 26개 지역으로 확대되었다.[9] 뉴타운사업은 이

제 강북 재개발사업이 아니라 아예 '서울 재개발사업'이 되어버렸다. 사업이 시작되자마자 사업목적이 변질되어 버렸던 것이다. 이렇게 해서 서울 전역에서 개발과 투기의 광풍이 불게 되었다("뉴타운 문제 많다", 〈한국경제TV〉 2006. 1. 31).

낙후한 강북의 개발이라는 목적에만 국한해서 보더라도 뉴타운사업은 큰 문제를 안고 있다. 강북은 강남과 달리 오랜 주거의 역사를 갖고 있다(강영환 2002; 서울시정개발연구원 엮음 2001; 한국도시연구소 편 1998; 이경재 2003). 이 점에서 강북을 고층아파트촌으로 만드는 것은 강북의 역사와 문화를 파괴한다는 결과를 빚게 된다. 따라서 강북의 경우에는 그 역사와 문화를 최대한 살리는 재개발을 추진해야 하는 것이다. 지주와 개발업자에게 최대 이윤을 보장해 주기 위한 고층아파트 중심의 재개발은 강남은 물론이고 강북에서는 한시바삐 중단되어야 한다. 지구화와 함께 오늘날 역사는 다른 어느 곳에서도 볼 수 없는 문화적 자산으로서 갈수록 더욱더 중요해지고 있다. 이런 점에서 보더라도 고층아파트 중심의 재개발은 큰 문제를 안고 있다. 그것은 역사의 흔적조차 남겨놓지 않는 파괴적 개발이기 때문이다.

뉴타운사업의 가장 심각한 문제는 주민을 위한 사업이 아닐 수 있다는 사실이다. 사실 뉴타운사업은 이미 대단히 불의한 상황을 빚어냈다.

---

9) 2006년 5월의 지방선거에서 이명박 전 시장의 뒤를 이어 서울시장에 당선된 한나라당의 오세훈 시장은 아예 50개의 뉴타운을 만들겠다고 공약했다. 이 공약은 지방선거시민연대에 의해 10대 막개발 공약의 하나로 뽑혔다. 이런 사람이 '환경시장'을 자처하는 것은 그만큼 환경문제가 심각하다는 것을 반증하며, 또한 환경을 내세운 신개발주의가 널리 퍼져 있다는 것을 보여준다. 환경재단의 최열 대표가 오세훈 시장의 인수위원장을 맡아서 세상을 놀라게 했으나, 서울시 행정이 생태적으로 개선될 가능성에 대한 기대는 거의 없는 것 같다.

3개 시범지구 중의 하나인 길음 뉴타운 2구역을 대상으로 한 『한겨레 신문』의 조사는 그 생생한 예이다. 2005년 7월에 『한겨레신문』은 이 구역을 대상으로 뉴타운사업에 따른 모든 주민의 변화를 추적했다. 그 결과 놀라운 사실이 드러났다. 이곳의 원주민 입주율이 10%밖에 되지 않는 것이다. 길음 뉴타운 2구역의 결과를 예로 해서 말하자면, 뉴타운사업은 명백히 '가난한 원주민을 내쫓기 위해 벌이는 사업'의 성격을 갖는다. 가난한 주민들은 값비싼 아파트에서 도저히 살 수가 없다. 분양권이나 입주권을 받더라도 실제로 분양받거나 입주할 수 있는 경제적 능력이 없고, 또한 관리비를 낼 경제적 능력도 안 되기 때문에 또 다른 가난한 지역으로 떠나야 한다. 이들은 투기꾼들의 먹이일 뿐이다. 뉴타운사업이 정말로 가난한 주민들을 위한 사업이라면, 가난한 사람들이 살 수 있는 임대아파트 중심의 사업이어야 한다.

그러나 서울시는 결코 그렇게 하지 않으려고 한다. 투기꾼과 중산층이 선호하는 넓은 평수의 아파트를 많이 지으려고 한다. 임대아파트도 중산층 임대자의 수요에 맞추어 넓은 평수로 지으려고 한다. 이렇듯 뉴타운사업은 심각한 공간정의의 문제를 안고 있다. 공영개발은 사회적 약자의 주거권을 최대한 보장하는 것을 목표로 해야 한다. 기업은 최대 이윤을 추구하기 때문에 사회적 약자의 주거권에 관심을 기울이지 않는다. 공영개발의 의의는 여기서 비롯되는 것이다. 사회적 약자의 주거권을 도외시한 공영개발은 애초부터 잘못된 것이다.

이 문제를 가장 단적으로 보여주는 것이 바로 한양주택 개발계획이다(한양주택을 사랑하는 서울시민의 모임 http://cafe.naver.com/foreverhy.cafe 참조). 한양주택은 통일로 옆에 자리 잡고 있는 단층주택 단지이다. 그러나 이곳이 처음부터 지금처럼 아름다웠던 것은 아니었다. 이곳은 본래 가난한 농촌이었다. 그런데 1978년의 어느 날 근처의 골프장으로 가던 박정희가 이곳의 남루한 모습을 보고는 정비를 지시했다. 당시 서울시장이던 구자춘이 나서서 부랴부랴 택지를 만들고 집들을 지었다. 이렇게 해서 근처의 주민들이 새로 만들어진 주택단지에 들어와서 살게 되었다. 그런데 한양주택의 건설과정은 박정희 시대(이병천 엮음 2003)의 살벌함을 잘 보여준다. 박정희의 한마디에 주민들은 살던 곳을 버리고 획일적으로 구획된 삭막한 시멘트 주택으로 들어와야 했다. 완전히 강제적 과정이었다. 주민들은 땅과 집을 강제수용당했고, 집과 마을회관의 건축에 필요한 각종 건축비를 내야 했으며, 수도와 전기 등의 기반시설을 설치하기 위한 비용도 내야 했다. 이렇게 깊은 아픔이 서린 곳을 주민들은 잘 다듬어서 오늘날과 같은 아름다운 마을로 만들었다. 그 결과 1996년에 서울시는 이곳을 '아름다운 마을'로 선정하기도 했다.

　주민들은 이명박이 자신들을 속였다고 증언했다. 처음에 서울시는 보도자료를 통해 "기자촌 및 한양주택 등 양호한 주택지는 원칙적으로 계획구역에는 포함되지만 그대로 존속하는 것으로 계획하고 있다"고 밝혔다. 그러나 뒤에 말을 바꿔서 없애겠다고 했던 것이다. 서울시는 한양주택의 대지가 낮아서 개발하지 않으면 안 된다고 주장했다. 그러나 주민들은 서울시가 최대의 개발이익을 추구하기 위해 한양주택을 없애려고 한다고 주장했다. 한양주택의 대지에 15~20층 높이의 아파트단지를 짓게 되면, 아마도 서울시는 천억 원이 넘는 개발이익을 챙길 수 있을 것으로 보인다.[10] 이런 개발이익을 노리고 한양주택을 없앤다는 것은

10) 2006년 1월 25일에 국가인권위원회 건물 앞에서 열린 '한양주택 살리기 주민집회'에서 주민들은 사실 서울시가 50층의 초초고층 아파트를 지으려는 계획을 추진하고 있다고 증언했다. 이렇게 되면 개발이익은 수천억 원으로 늘어날 것이다. 2006년 6월 현재, 서울시는 한양주택 주민들에게 평당 1천만 원의 보상금을 책정했고, 주택에 대해서는 몇천만 원의

너무나 잘못된 일이 아닐 수 없다. 신개발주의가 구개발주의와 본질적으로 다르지 않다는 것을 한양주택 개발계획은 잘 보여준다.

2002년 10월에 서울시가 처음의 약속과 달리 한양주택을 은평 뉴타운사업에 포함시킨 계획을 발표했을 때, 한양주택의 주민들은 모두 서울시의 계획에 반대했다. 그러나 서울시는 이런 상황에도 아랑곳하지 않고 주민들을 회유하는 작업을 계속 벌였다. 그 결과 여러 주민들이 어쩔 수 없이 개발에 찬성하고 말았다. 서울시가 개발계획을 계속 강력히 주장하고 있는 상황에서 이렇게 주민들이 분열하는 것은 당연한 일이다. 법적으로나 정치적으로나 주민들은 서울시에 비해 너무나 무력한 존재이기 때문이다. 그렇기는 해도 2005년 12월까지도 여전히 2/3가 넘는 다수의 한양주택 주민들이 서울시의 뉴타운사업에 반대하고 있었다. 이에 대해 서울시는 반대주민들이 더 많은 보상을 노리고 있을 뿐이라고 주장했다. 서울시의 주장은 반대주민들을 '투기꾼'이나 심하게 말해서 '돈벌레'로 보는 것이었다.[11] 그러나 서울시야말로 막대한 개발이익을 위해 주민들의 반대를 무시하고 아름다운 한양주택을 완전히 파괴해 버리려는 것이 아니었을까?

한양주택은 여러 면에서 보존해야 할 아름다운 곳이다. 첫째, 자칫 황량한 시멘트 주택단지로 전락하기 쉬운 곳을 주민들이 잘 가꿔서 정원과 주택이 아름답게 조화를 이룬 보기 드문 '정원주택 단지'로 만들었

보상금을 추가로 지급하기로 했다. 이것은 은평지구에서 가장 많은 보상금이다. 이렇게 많은 보상금을 지급하고 수지를 맞추기 위해서는 초고층 오피스텔을 짓는 수밖에 없을 것이다. 애초에 제시했던 15층 정도의 아파트 건설계획조차도 결국 '거짓'이었던가?

11) 이런 선동적 주장에 맞서서 뉴타운사업을 반대하는 한양주택의 주민들은 어떤 개발도 반대한다는 '서약서'에 서명했고, 나아가 2006년 1월 27일에 문화재청에 '근대문화재' 지정을 신청했다. 주민들은 지금 그대로 살고 싶다는 뜻을 이렇듯 명확히 보였다.

다. 아름다움이 부에서 나오는 것이 아니라 아름다움을 사랑하는 마음과 정성에서 나온다는 것을 한양주택은 잘 보여준다. 둘째, 한양주택은 자신을 낮추고 자연으로 치장하여 북한산 및 주변의 전원과 아름답게 조화를 이룬 '생태주택 단지'이다. 주민들은 자연과 조화를 이룬 삶이 어떤 것인지를 자신들의 삶으로 보여주고 있다. 셋째, 이곳에서는 '이웃사촌'의 의미를 쉽게 확인할 수 있다. 주민들은 한양주택을 잘 지키고 다듬었을 뿐만 아니라 그 과정에서 서로 도우며 살아가는 공동체적 삶을 충실하게 일구었다.

서울시는 이곳에 '리조트형 생태전원 아파트'[12]를 짓겠다고 한다. 모든 고층아파트는 그 자체로 반생태적인 거대한 시멘트덩어리이다. '생태전원'이라는 말을 앞에 붙인다고 해서 이런 성격이 사라지는 것은 아니다. 거대한 시멘트덩어리를 세워서 서울시가 파괴하려는 것은 단순히 한양주택이라는 물리적 실체가 아니다. 그것은 자연을 파괴하고, 자연과 조화를 이룬 주택단지를 파괴하고, 오랜 세월에 걸쳐 형성된 도타운 공동체를 파괴하려고 한다. 이렇게 해서 지주와 투기꾼과 개발업자는 막대한 이익을 챙기겠지만, 대부분의 한양주택민들은 아름다운 마을과 공동체를 잃고 사방으로 흩어지는 유랑민의 신세가 될 것이다.[13]

주민들의 주거권을 지킨다는 점에서는 물론이고, 서울의 생태적 미래를 적극적으로 모색한다는 점에서, 한양주택은 계속 존치하고 생태적

---

12) '생태전원 아파트'라는 말은 '정말 진짜 참기름'이라는 말을 떠올리게 한다. 저층아파트라면 모를까, 고층아파트는 결코 '생태전원'에 어울릴 수 없다. 이러한 작명은 생태위기에 대한 우려를 적극적으로 이용하는 '기만의 수사학'에 속한다.

13) 한양주택의 주민들 중에서 그곳에 지어질 고급 아파트에 살 수 있는 사람은 거의 없다. 서울시의 뉴타운사업 관계자는 주민들에게 "당신들을 위해 짓는 것이 아니라 강남의 부자들을 끌어들이기 위해 짓는 것"이라고 노골적으로 말하기도 했다고 한다.

으로 개선해야 한다. 우리는 누구나 행복하게 살 권리를 가지고 있다. 여기에는 당연히 주거권과 정주권[14]이 포함된다. 사회 양극화의 핵심에 두 권리의 문제가 자리 잡고 있다. 뉴타운사업은 훌륭한 주거공간을 파괴할 뿐만 아니라 사회 양극화를 더욱더 악화하는 문제를 빚고 있다. 더욱이 한양주택은 이 사회의 소중한 생태적 자산이며 문화적 자산이다. 이곳처럼 환경과 공동체가 살아 있는 곳은 서울의 어디서도 찾아볼 수 없다. 이런 점에서 한양주택은 독일의 '킬 하세'[15]처럼 도시의 생태적 전환을 꿈꿀 수 있는 구체적 장소로서 길이 보존되어야 한다.

4. 농업과 오래된 미래

공업과 도시의 생태적 전환을 통해 우리가 결국 이르게 될 곳은 농업이라는 '오래된 미래'의 시공간이다. 농업은 순환이라는 '유한한 자연의 무한한 존재방식'을 깨뜨리지 않고 인간의 욕구와 욕망을 충족할 수 있는 유일한 길이다. 물론 이 경우의 농업은 공업형 농업이 아니라 자연형 농업을 뜻한다.

그러나 자연형 농업에 대해 낭만적 기대를 품어서는 안 된다. 사실

---

14) 주거권은 집에서 살 권리이고, 정주권은 살고 있는 곳에서 계속 살 권리이다. 한국에서는 주거권은 물론이고 정주권도 제대로 존중되지 않고 있다. 여전히 개발과 성장이 인간답게 살기 위한 최소한의 기본권을 압도하고 있는 것이다. 2006년 2월에 국가인권위원회는 서울시의 '해명'을 거의 그대로 인용해서 뉴타운사업을 막아달라는 한양주택의 탄원을 기각했다. 국가인권위원회조차 주거권과 정주권에 대해 올바로 알고 있지 못하거나 외면하고 있는 것이다. 국가인권위원회는 개혁의 필요성을 다시금 스스로 보여준 셈이다.
15) 세계적으로 유명한 독일의 도시형 생태주거단지(교육방송, "도시에서 생태를 꿈꾼다," 〈하나뿐인 지구〉 2006. 1. 2).

역사는 자연형 농업의 시대가 얼마나 무서웠는가를 잘 보여준다. 질병의 만연, 불규칙한 수확 등으로 인류는 큰 고통을 겪어야 했다. 그러므로 무턱대고 자연형 농업의 시대로 비약하자는 주장은 대단히 무모한 것이다. 우리가 해야 하는 것은 공업의 성과를 최대한 활용해서 비교적 오랜 시간에 걸쳐 자연형 농업의 시대로 점차적인 전환과 이행을 추진하는 것이다. 공업이 지배하는 상황에서 이런 실천은 사실 대단히 어렵다.

해마다 가을이 되면, 황희 정승(1363~1452)의 시조가 떠오른다. 대추나무에 붉게 단풍이 들어 가을이 왔음을 알리고, 여기저기 밤이 떨어져서 가을이 무르익었음을 보여주는데, 벼 벤 논에는 참게가 한가로이 노닌다.

대초 볼 붉은 골에 밤은 어이 듯드르며
벼 뷘 그루에 게는 어이 나리난고
술 익자 체 장사 도라가니 아니 먹고 어이리 (최승범 편주 1982, 20쪽)

넉넉한 가을에 어울리는 느긋한 마음을 잘 보여주는 멋진 작품이 아닐 수 없다. 그리고 여기서 한 걸음 나아가 이 시조는 그동안 세상이 어떻게 변해 왔는가에 대해 생각해 볼 수 있는 계기를 마련해 주기도 한다. 어떤 점에서 그런가?

이 시조에서 우리는 500년 전쯤의 가을 어느 날 이 땅의 모습을 읽을 수 있다. 그것은 대추와 밤이 가을을 알리고 논에는 게가 살아 있는 모습이다. 아마도 500년 전쯤의 가을에는 이런 모습을 이 땅의 어디서나 흔히 볼 수 있었을 것이다. 누구나 이 시조를 읽으면 가을의 어느 날을 노래하는 것이라고 쉽게 알 수 있었을 것이다. 그리고 술 한잔해야겠다는 황희 정승의 '결론'에도 누구나 쉽게 맞장구를 쳤을 것이다. 이 시조는 이 땅에 사는 사람들의 보편적인 정서를 잘 살렸을 것이다.

그러나 지금의 가을은 사뭇 다른 모습이다. 대추와 밤을 보고 가을이 왔다고 생각하는 사람도 드물거니와 아예 대추와 밤이 나무에 달려 있는 모습 자체를 보기가 어렵다. 더욱더 희귀한 것은 논에 사는 게이다. 논에 웬 게가 사나? 요즘 젊은이들에게 논에 게가 산다는 것은 거의 생각해 본 적도 없는 일이며, 베어낸 벼그루를 타고 노는 게라는 것은 더욱이 생각조차 할 수 없는 일일 것이다. 이렇게 가을의 모습이 확 달라진 것은 이미 꽤 오래 전의 일이다. 물론 500년이라는 세월에 비하자면 그저 얼마 전의 일일 뿐이다. 30여 년 전인 1970년대 초만 해도 이 나라의 많은 곳이 500년 전과 크게 다르지 않았기 때문이다. 그러나 지난 30여 년 사이에 대부분의 곳에서 너무나 많은 것이 변했고, 이미 30여 년 전의 모습을 기억하는 사람들은 많지 않게 되었다. 그러므로 황희 정승의 이 소박하지만 멋진 시조는 더 이상 보편적인 정서를 전하지 못한다. 다시 말해서 그 멋을 잃고 말았다.

도대체 무슨 일이 일어났던 것일까? 대추나무와 밤나무는 어디로 사라졌는가? 언제부터 논에는 게가 살지 않게 되었는가? 이런 변화는 어떻게 해서 일어났으며, 이것이 우리의 삶에서 갖는 의미는 무엇인가? 과연 우리는 황희 정승 시절의 선조들보다 더 잘살고 있는가? 잘산다는 것의 기준은 무엇인가? 대추나무와 밤나무가 어디로 갔는지 우리는 안다. 중국산 대추와 밤에 밀려서 숱한 나무들이 뽑혀 없어지고, 그 자리에는 아파트가 아니면 '가든' '카페' '모텔' 따위가 들어섰다. 아직도 가을이 되면 잘 익은 대추며 밤을 제상에 올리기는 하지만, 그러나 이제 우리 곁에서 그것들이 익어가는 모습은 좀처럼 보기 어렵게 되었다. 논에 게가 살지 못하게 된 까닭도 우리는 잘 안다. 더 많은 쌀을 생산하기 위해서 농법을 바꿨고, 그 결과 게는 더 이상 논에서 살지 못하게 되었다. 이른바 '녹색혁명'이 논에서 게를 몰아냈던 것이다.

어떻게 해서 이렇게 되었을까? 박정희의 '조국 근대화'에 따라 강행된 '녹색혁명'은 대대적인 농업의 공업화를 초래했다.

녹색혁명의 농법체계는 단작화 · 연작화 · 대규모화를 촉진함으로써 화학비료 · 농약 · 제초제의 대량살포와 대규모 관개를 하지 않을 수 없도록 한다. 따라서 이 같은 농법은 지력의 저하, 표토의 유실에 따른 토양의 황폐화를 낳고 물 부족현상을 가져왔다. 잔류농약은 인체에 직접적으로 악영향을 미치는가 하면 자연 생태질서의 균형과 상생관계를 통한 작물의 생물다양성을 파괴하기에 이르렀다. (권영근 2000, 101~102쪽)

'녹색혁명'은 농업에서 추진된 자연파괴적 고도성장 정책이라고 할 수 있다. 그것은 '다수확품종'을 길러서 생산성을 비약적으로 높인다는 목표를 내걸고 있었지만, '다수확품종'은 사실 농약과 비료에 대한 '고반응품종'이었을 뿐이다. '녹색혁명'은 단순히 품종을 바꾼 것이 아니라 자연친화적 농법을 자연파괴적 농법으로 바꾸었던 것이다.

이리하여 자연과 조화하고 지역 특성에 맞는 지역 내에서의 물질순환을 강조해 온 전통적 농사철학과 농법 및 농사관행은 사라지고, 녹색혁명에 의해 새롭게 중화학적 농업이 확립 · 정착되었다. 이것은 상업적 농업, 시설이용형 농업, 농자재 다량투입형 농업, 환경파괴형 농업, 자본집

약적 농업기술의 확산으로 이어졌으며, 이러한 현실을 바탕으로 도시를 쳐다보는 농업으로서 주산단지 농업정책, 규모화 농업정책, 대량 생산·유통의 농업정책이 채택·강화되었다. 녹색혁명으로 빚어진 이러한 현실적 조건 아래에서 농업을 영위하는 한, 농가경제는 '항상적인 농가부채의 구조화'로 귀결되었다. 즉 녹색혁명이 '녹색(=환경)농업'을 파괴했던 것이다. (같은 글, 102~103쪽)

물론 모든 농민이 '중화학적 농업'을 하는 것은 아니고, 또한 모든 농민이 '항상적인 농가부채'에 시달리는 것도 아니다. 그러나 어떤 농민도 사실상 '중화학적 농업'과 '항상적인 농가부채의 구조화'에서 자유로울 수는 없다. '녹색혁명'이 '농법체계'를 바꾸었기 때문이다. 농약과 비료를 생산하는 화학회사와 그것을 살 돈을 꿔주는 금융기관을 무시하고 농사를 지을 수 있는 농민은 거의 없다. 무시하고 살고자 갖은 애를 다 쓰는 농민도 자연의 순환과 시장의 유통을 통해 '녹색혁명'의 영향을 받을 수밖에 없다.

그런데 오늘날 '녹색혁명'은 '종자혁명'으로 이어지고 있다. '중화학적 농업'에 이어서 '생명공학적 농업'이 상당 정도 실현되었다. 세계의 곡물시장을 장악한 초국적 종자회사들은 자신들이 생산한 농약에만 반응하는 종자나 어떤 제초제에도 죽지 않는 종자, 또 한번 수확한 뒤에는 다시 수확할 수 없는 종자를 공장에서 대량생산하고 있다. 예전에 '유전공학'으로 불리던 것, 오늘날에는 '생명공학'이라는 더욱 무서운 이름으로 불리는 것이 이런 변화를 몰고 오는 직접적 힘이다. 공학은 사람의 뜻대로 세상을 바꾸는 기술이다. '생명공학'이란 생명을 사람의 뜻대로 주무르는 기술이라는 뜻이다. '생명공학'의 힘이 갈수록 세지면서 농업은 생명을 기르는 일에서 생명을 멋대로 주무르는 일로 바뀌고 있다. 그렇다고 '중화학적 농업'이 사라지는 것은 아니다. 화학비료와 화학농약과 플라스틱으로 대표되는 '중화학적 농업'의 문제가 여전히 있는 상황에서 '생명공학'을 이용한 종자 자체의 공업적 생산과 그로 말미암은 새로운 환경문제가 나타나게 된 것이다.[16]

많은 사람들이 현대사회의 생태적 전환에 대해 말하고 있으며, 그 핵심에 자연순환형 농업이 자리 잡고 있다고 말한다. 그러나 '농법체계'를 바꾸는 것은 결국 현대사회 자체를 바꾸는 것과도 같다. 그러므로 이런 변화는 꽤 오랜 시간에 걸쳐 상당한 희생을 치르고서야 이룰 수 있을 것이다. 물론 출발은 미약한 법이다. 그러니 처음부터 질려서 포기할 필요는 없을 것이다. 이미 적지 않은 사람들이 새로운 길을 걷고 있거니와 샛길이 큰길이 되지 말라는 법은 없다. 농업은 공업화의 사슬에서 벗어나야 하며, 결국 벗어나게 될 것이다. 공업문명은 머지않은 장래에 끝을 보게 될 것이기 때문이기도 하다. 농업의 생태적 전환은 시대의 요청이며, 그렇게 다시 태어난 농업이 이 세상을 구할 것이다. 농업은 오래된 미래를 준비하는 쪽으로 나아가야 한다(전국귀농운동본부 2000; 이영문 1999).

물론 현실은 결코 밝지 않다. '공업입국'의 이름으로 문전옥답이 뭉텅뭉텅 사라지더니, 또 다시 '지구화'의 이름으로 그렇게 되고 있다. 농

---

16) 불행하게도 공업문명 속에서 농업도 갈수록 공업화되었다. 그리고 마침내 우리는 자연의 선물인 종자 자체를 멋대로 공장에서 대량생산하는 지경에 이르고 말았다. 들판의 논은 더 이상 옛날의 그 논이 아니며, 또한 거기서 자라는 벼도 더 이상 옛날의 그 벼가 아니다. 공업화된 농업은 궁극적으로 '또 다른 공업'이라고 해도 좋을 것이다. 따라서 농업이 번성할수록 환경문제가 더 심각해질 수도 있다. 불행하게도 우리는 이처럼 무서운 상황 속에서 살아가고 있다.

업의 공업화를 넘어서 농업 자체의 소멸을 향해 나아가고 있는 느낌마저 든다. 공업문명 이후의 오래된 미래를 준비해야 할 농업이 아예 사라질 위기에 처한 것이다. 농사는 식량을 만들어내는 일이다. 먹는 것이 생명의 근원이니 식량을 만들어내는 농사는 이 세상의 근본일 수밖에 없다.

그러나 오늘날 '농자천하지대본'은 가뭇없이 사라진 옛 시대의 문구일 뿐이다. 우리는 농사를 우습게 여기고, 생명을 하찮게 여기는 시대를 살고 있는 것이다. 이런 점에서 '웰빙'을 둘러싼 호들갑이며, '황우석'을 둘러싼 야단법석은 그 자체로 극히 모순적이다. 덧붙여서 새만금 간척사업을 강행하는 정부의 정책은 모순의 극치라고 하지 않을 수 없다. 지구화에 따른 경쟁의 강화를 외치며 문전옥답을 없애면서 논과 쌀을 확보하기 위해 엄청난 돈을 들여 새만금이라는 세계 최대의 하구갯벌을 없애고 있기 때문이다.

이런 모순적 정책의 뒤에는 한국농촌공사와 같은 거대한 개발공사가 자리 잡고 있다. 이들은 농업의 전반적 위기 속에서 자신들의 거대한 조직적 이익을 추구하고 있다. 이를 위해 세계자연유산으로 지정해도 좋을 새만금 갯벌의 매립을 강행하고 있는 것이다. 이런 점에서 오래된 미래를 준비하고자 하는 농민들은 대단히 힘겨운 싸움을 벌이지 않을 수 없다. 첫째, 비교우위론으로 무장하고 농업을 없애고자 하는 지구화세력과 맞서 싸워야 한다. 둘째, 농업을 내세우고 조직적 이익을 취하는 데 골몰하는 한국농촌공사나 농협과 같은 기구들을 발본적으로 개혁해야 한다. 셋째, 공업화된 관습농법을 버리고 유기농업, 자연농업으로 나아가야 한다.

그러나 다행히도 농민들만이 이 싸움의 주체는 아니다. 농업은 식량을 생산한다는 점에서, 자연을 지킨다는 점에서, 문화를 지킨다는 점에서 반드시 지켜야 한다(천규석 2004; 이성아 외 2004). 사람의 목숨이 그렇듯이 농업은 일반적 경제거래의 대상이 아니다. 이 때문에 농업을 지키기 위해 폭넓은 연대활동이 펼쳐지고 있다. 그러나 이런 연대활동이 큰 성과를 거두기 위해서는 농업 안의 문제, 요컨대 농업 관련기구들의 발본적 개혁과 농법의 생태적 전환이 반드시 필요하다. 이런 변화를 통해 농촌은 자연을 체험하는 생태관광지로 거듭날 수도 있다. 이를 위해 도시를 전원에 옮겨놓는 '전원주택'이 아니라 도시 속 생태주거와 비슷한 생태주거들이 널리 건설될 필요가 있다.[17] 공업문명 이후의 오래된 미래를 준비할 뿐만 아니라 이 시대가 절실히 요청하는 생태문화의 요람으로 농촌은 거듭나야 한다. 이러한 농촌의 재생은 문화사회를 추구하는 새로운 문화운동의 핵심 과제이다.

5. 맺음말

여전히 공업문명이 위세를 떨치고 있는 것은 사실이지만, 많은 곳에서 많은 사람들이 생태적 전환을 추구하고 있기도 하다. 생태적 파국을 피하기 위해 우리는 생태적 전환의 과제를 더욱 적극적으로 추진해야 한다. 물론 이 과제는 공업문명의 자연적 몰락 이후를 준비하는 장기적 관점에서 추진되어야 한다.

---

17) 1990년대 중반 이후 크게 유행하고 있는 '전원주택'은 사실상 대부분 '전원파괴 주택'이다. 올바른 '전원주택'은 전원을 훼손하지 않는 생태주택뿐이다. 이와 관련해서는 이병철 외 (2000) 참조.

이것은 크게 세 단계로 이루어질 것이다. 첫째, 이미 발생한 심각한 생태적 문제들의 악화를 막기 위해 최선을 다하는 것이다. 둘째, 공업문명의 자연적 몰락에 적극적으로 대비하는 것이다. 재생과 순환의 공업을 발달시켜 공업문명이 가능한 점진적으로 몰락하도록 해야 한다. 셋째, 공업문명의 몰락 이후에 도래할 새로운 생태적 문명을 적극적으로 준비해야 한다. 공업문명이 세상을 너무나 더럽혀놓고 몰락한다면, 새로운 생태적 문명은 결국 자라지 못할 것이다. 지금 우리가 보유한 막대한 생산력은 생태적으로 지속 가능한 오래된 미래를 위해 사용되어야 한다.

이 과제는 공업과 도시와 농업이라는 세 영역에서 펼쳐질 수 있다. 공업의 생태적 전환은 무엇보다 중요한 과제이다. 공업은 생태위기를 초래한 직접적 파괴력이기 때문이다. 신자유주의에 대한 비판이나 사회주의에 대한 옹호라는 식의 계급적 관점으로 이 사실을 피해 갈 수는 없다. 또한 현대사회는 도시사회이다. 그런데 그 도시는 공업에 의해 좌우되는 공업도시이다. 이러한 공업도시는 현대인의 삶을 규정하는 가장 일반적 공간이다. 따라서 공업의 생태적 전환은 도시의 생태적 전환과 함께 이루어져야 한다. 세계 곳곳에서 이런 변화의 사례를 찾아볼 수 있다. 우리도 적극적으로 이런 사례를 만들어야 한다. 끝으로 농업은 오래된 미래를 준비해야 한다. 경쟁의 논리에 따라 농업을 파괴하려는 정책은 잘못된 것이며, 농업을 내세우고 조직적 이익을 챙기는 농업 관련기구들의 행태도 잘못된 것이고, 관행농법을 고수하며 보상에 매달리는 농민들의 대응도 잘못된 것이다. 농업의 근원성과 미래성을 지키기 위한 발본적 개혁이 필요하다.

생태적 전환이라는 시대적 과제는 사회운동의 생태적 전환을 요구한다. 생태적 전환은 이를테면 환경운동만의 과제가 아니다. 그것은 노동운동의 과제이고, 도시운동의 과제이고, 농민운동의 과제이다. 생태적 전환은 공업문명의 불가피한 운명이며, 따라서 공업사회에서 살아가는 우리 모두의 근본적 과제이다. 여기서 사회운동 전반을 가로지르는 '거대한 생태연대'의 필요성이 제기된다. 모든 사회운동이 생태적 전환을 전제로 한 의제의 재설정/재해석과 연대활동을 추구해야 하는 것이다.

복지사회와 문화사회의 꿈은 생태사회의 전제 위에서 가능하다. 멸종의 위기에 처한 북극곰의 운명은 공업문명의 운명이며, 공업문명에서 살아가는 우리 모두의 운명이기도 하다. 모든 사회운동이 현대 공업문명의 생태적 전환을 전제로 하는 사회운동의 생태적 전환을 통해 아름다운 오래된 미래를 만들기 위해 최선을 다해야 할 때가 무르익었다. 다른 길은 어디에도 없다.　　　　　　　　　　(『문화과학』 45호/2006년 봄호)

3. 생태적 전환의 목표

한국의 근대화와 생태주의

한국의 근대화와 발전 패러다임의 변화
:박정희 체계에서 생태문화사회로

고도성장의 한계와 생태적 전환

생태위기와 생태제국주의
: 한국의 생태적 위상과 과제

한국의 근대화와 생태주의

1. 머리말

근대화는 사회구조와 생활양식의 모든 것이 바뀌는 총체적 변화다. 그 동력은 물론 생산력의 발달에서 찾을 수 있는데, 근대를 형성하고 지탱하는 생산력은 바로 공업화에서 비롯되었다. 공업은 인간의 필요를 위해 자연을 대량으로 가공하고 변형한다. 따라서 공업화란 전체 산업에서 공업의 비중이 커지는 것을 뜻할 뿐만 아니라 자연이 크게 변화하는 것을 뜻한다. 자연은 우리의 모태이다. 자연의 변화는 우리의 변화로 이어지지 않을 수 없다. 이러한 사실을 무시하고 인간과 사회를 올바로 설명할 수는 없다.

여기서 무엇보다 중요한 것은 공업에 의한 자연의 변화가 대부분 '비가역적 변화', 다시 말해서 '되돌릴 수 없는 변화'에 속한다는 것이다. 이런 변화는 크게 오염과 파괴와 고갈로 나누어 살펴볼 수 있다. 공업화에 의해 오염된 자연을 되살리는 것은 대단히 어렵다. 이른바 환경호르몬 문제에서 잘 알 수 있듯이, 우리 밖의 자연만이 오염된 것이 아니라자연의 한 요소인 우리 자신까지도 심각하게 오염되었다. 또한 공업화에 의해 파괴된 자연을 되살리는 것은 사실상 불가능하다. 길을 내고아파트를 짓기 위해 파괴한 산을 되살릴 수 있는 길은 없다. 고갈의 문제는 더욱 심각하다. 공업은 인간의 욕망을 충족하기 위해 지구를 대량으로 소모한다. 그러나 지구는 결코 무한하지 않다. 현대 공업문명을떠받치는 가장 중요한 자원인 석유는 이미 고갈의 징후를 보이고 있다.결국 공업은 쇠락하고 말 것이며, 참된 탈공업사회가 도래하게 될 것이다.[1]

생태주의는 이러한 근대화의 문제에 대한 실천적 대응의 산물이다.요컨대 근대화로 말미암아 자연이 급격한 변화를 겪게 되었고, 결국 이때문에 인간 자신이 생존의 위기에 빠지게 되었으며, 이런 상황을 극복하기 위해 생태주의가 나타나게 되었다. 흔히 생태주의의 가장 큰 특징은 자연을 지키자는 주장으로 나타나는 것 같다. 그러나 생태주의는 단순히 자연을 지키자고 주장하지 않는다. 더욱 중요한 것은 자연을 지키

---

1) 미국의 다니엘 벨은 미국의 산업구조와 고용구조의 변화를 중심으로 1960년대 중반부터 써온 논문들을 모아서 1973년에 『탈공업사회의 도래』라는 제목의 책을 냈다(Bell 1973). 그러나 그가 말하는 '탈공업사회'는 결코 '탈공업사회'가 아니다. 그는 전통적인 제조업의 비중이 줄어들고 서비스산업의 비중이 우위를 차지하게 되는 사회를 '탈공업사회'라고 불렀다. 그리고 다시 1980년대에 들어와서는 종래에 받아들이기를 거부했던 '정보사회'라는 용어를 사용하기 시작했다. 다니엘 벨이 말하는 탈공업사회나 정보사회는 사실 '고도로 발달한 공업사회'이다. 다니엘 벨이 예로 삼았던 미국이야말로 이 사실을 가장 잘 보여주는 예이다. 탈공업사회는 말 그대로 '공업에서 벗어난 사회'여야 한다. 이런 점에서 다니엘 벨의 '탈공업사회'는 현실을 호도하는 잘못된 개념이다(홍성태 2005ㄴ, 1장; 2005ㄹ).

기 위해서 현재의 사회구조와 생활방식을 바꾸지 않으면 안 된다는 주장이다. 요컨대 생태주의의 내용은 자연을 지키자는 목표와 이를 위한 사회적 방법으로 이루어져 있다. 여기에서 우리가 무엇보다 주의해야 할 것은 생태주의가 내적으로 단일하지 않다는 사실이다(홍성태 2004ㄱ). 자연을 지키자는 목표에는 누구나 쉽게 동의할 수 있을지라도 그것을 이루기 위한 사회적 방법에 대해서는 결코 그렇지 않기 때문이다. 심지어 지구온난화의 실상조차 강력하게 부정하는 개발세력이 여전히 존재한다(米本昌平 1995).

세계사적으로 보아서 근대화의 역사는 대체로 250년 전 영국의 산업혁명으로 거슬러 올라간다. 공업화로 이루어진 생산력혁명이 시민혁명으로 이어지면서 이른바 근대사회가 형성되었던 것이다. 산업혁명과 함께 공업에 의한 자연의 심각한 변화가 이루어지기 시작했고, 이에 대한 대응도 이미 19세기부터 이루어지기 시작했다(McCormick 1989, ch.1; 존 포스터 2001, 3장). 그러나 공업사회 자체의 변혁을 추구하는 생태주의의 등장은 1950년대 이후의 일이다. 이른바 풍요사회의 등장과 포드주의의 확산에 따른 자연의 급격한 오염과 파괴가 그 물질적 배경이었다.

한국은 일본 제국주의의 식민지가 되면서 파행적 공업화의 길에 들어선 후후발 근대국에 속한다. 한국의 본격적 공업화는 1950년대 말부터 추진되었다(장상환 1999, 144~45쪽). 4·19 이후 장면 정권은 제1차 경제개발5개년계획을 세웠으나, 이 계획은 쿠데타로 권력을 찬탈한 박정희에 의해 비로소 강력히 추진되었다(임영태 2002). 박정희의 '조국 근대화'는 양적으로 경제의 고도성장을 이루었으나 질적으로 민중과 자연의 착취를 통해 이루어진 것이었다. 따라서 이와 함께 생태주의적 관심이 자연스럽게 나타나게 되었다. 물론 초기에 그것은 국가주의 공업화에 맞선 생존권 수호의 성격이 강했다.

이 글에서는 이처럼 근대화의 파괴적 결과에 그에 대한 대응이라는 관점에서 한국의 생태주의가 어떻게 변화해 왔는가를 살펴보고자 한다. 또한 이미 생태적 전환이 시작되었으며, 이와 함께 이런 변화를 경제적으로 정치적으로 악용하는 경우도 갈수록 늘어나고 있다는 것을 강조하고자 한다. 전체적으로 이 글은 근대화라는 역사적 변화의 맥락에서 생태주의의 보편화와 복잡화가 이루어진 과정을 밝히는 데 초점을 맞출 것이다.

2. 간략한 역사와 관점

공업화에 따른 환경문제는 공업화가 시작되면서 바로 나타났다. 그러나 그것이 큰 사회적 관심사로 커지고, 사회적 대응책이 마련되기까지는 많은 시간이 흘러야 했다. 특히 현대 환경문제의 근본 원인인 공업화 자체의 극복을 추구하는 생태주의의 등장은 더욱 많은 시간이 걸려야 했다. 이 글에서는 1970년대, 1980년대, 1990년대의 세 시기로 나누어 생태주의의 전개를 살펴볼 것이다. 10년을 단위로 하는 것이 시계열적 변화를 살펴보기에 편리할 뿐만 아니라 실제로 10년을 단위로 정치, 경제, 문화 그리고 생태주의에서도 큰 변화가 나타났기 때문이다.

생태주의는 생태학을 바탕에 두고 있다. 그러나 생태학은 그 자체로 생태주의를 규정하지 않는다(Gorz 1980, p. 17; 홍성태 2004ㄱ, 76쪽). 예컨대 약자를 억압하는 방식으로 생태계의 안정을 꾀하는 반동적 생태주의가 있는가 하면, 공업문명을 완전히 폐기하자고 주장하는 급진적 생태주의도 있다. 이 글에서는 생태학에 대해서는 거의 다루지 않는다.[2] 다만 생태위기와 그 대응의 필요성에 관한 생태학의 일반적 결론을 전제로 하고, 그것을 구현하고자 하는 여러 주장과 실천들을 생태주의의 전개라는 방식으로 살펴보도록 하겠다.

우선 한국의 근대화와 생태주의의 전개에 관한 주요 약사를 정리해서 이 글에서 살펴볼 시기의 대략적인 지도를 그려보도록 하자.

전체적으로 보아서 한국의 생태주의는 1970년대에 나타나서, 1980년대에 사회운동으로 발전하고, 1990년대에 급격한 심화와 확산을 이루었다. 양적으로 보아서 한국의 생태주의는 한국의 시민운동에서 가장 큰

〈표〉 한국의 근대화와 생태주의

1962.	제1차 경제개발5개년계획
1963.	공해방지법 제정 / 한국자연보존위원회 창립
1964.	수출 1억 달러 돌파
1967.	제2차 경제개발5개년계획 / 공해방지법 시행령 제정
1969.	한국야생동물보호협회 창립
1972.	제1차 국토종합개발계획 / 유신쿠데타
1977.	(사)한국자연보호중앙협의회 창립
1978.	자연보호헌장 발표
1982.	한국공해문제연구소 창립
1983.	온산병
1988.	주택 200만호 건설계획
1989.	한살림모임 발족
1991.	낙동강 페놀오염 사건 / 녹색연합 창립 / 『녹색평론』창간
1993.	환경운동연합 창립
1995.	환경사회학연구회 창립
2000.	한국환경사회학회 창립
2004.	수출 2천억 달러 돌파

---

2) 한국의 생태학 연구에 관해서는 김준호(2004) 참조.

세력을 이루고 있다. 사회이론의 생태적 전환이나 생태주의의 사회적 확산이라는 점에서 생태주의의 성공은 참으로 괄목할 만하다. 오늘날 생태주의의 주장에 귀 기울이지 않는 사람은 찾아볼 수 없다. 정부도 기업도 생태주의의 주장을 정면으로 부정할 수는 없는 시대가 되었다.

그러나 이런 변화를 과연 생태주의의 성공으로 볼 것인가의 문제는 여러 면에서 깊은 논의를 필요로 한다. '신개발주의'에 대한 논의에서도 잘 드러나듯이 생태주의는 이미 왜곡되거나 악용되고 있기도 한 실정이다(조명래 외 2005). 예컨대 언제부터인가 모든 아파트 광고가 짙푸른 녹색으로 치장되기 시작했다. 사실상 모든 아파트광고가 '친환경'을 강조하고 나서기 시작했다. 그러나 진실은 무엇인가? 그 모든 아파트가 사실상 푸른 산과 들을 없애고 건설된 '반환경' 아파트라는 것이다.[3]

어떤 점에서 오늘날 우리는 '반환경'이 '친환경'을 주장하는 거짓의 시대를 살고 있다. 그러나 생태주의는 이런 상황의 전환은커녕 저지조차 여전히 힘겨워하고 있다. 자연의 오염과 파괴가 심화되면서 그에 대한 우려는 급속히 커졌으나, 문제를 해결할 수 있는 길은 여전히 혼미상태에 있다. 이런 모순적 관점에서 한국의 생태주의가 어떻게 변화해 왔는가를 살펴보도록 하자.

---

3) 이와 관련해서 '연예인의 사회적 책임'에 대해 생각해 볼 필요가 있다. 거의 모든 아파트 광고가 유명 연예인을 내세우고 있다. '반환경' 아파트를 '친환경'으로 치장하는 데 연예인이 이용되고, 이렇게 이용되는 대가로 연예인은 막대한 개발이익을 나눠 갖는 것이다. 이러한 문제에 대해 연예인은 아무런 책임도 없는 것일까? 많은 사람들이 연예인을 믿고 선택한다면, 당연히 연예인도 합당한 책임을 져야 할 것이다. 연예인을 내세운 광고의 효과가 커질수록 연예인의 사회적 책임도 커질 수밖에 없다. 앞으로 소비자운동이나 환경운동의 차원에서 이와 관련된 논의와 실천이 활성화될 것이다.

3. 1970년대: 공해의 정치경제학

1962년부터 시작된 제1차 경제개발5개년계획으로 한국경제는 빠르게 성장했다. 1970년대 초에는 1960년대를 가리켜 '기적에 가까운 비약의 연대'라고 부르게 되었다(유인호 1973, 870쪽). '기적'을 증명하기 위해 가장 쉽게 제시되는 증거는 물론 GNP였다. GNP는 1961년에 21억 달러에서 1971년에 95억 달러로 늘어났다 1인당GNP는 82달러에서 289달러로 늘어났다(통계청 1992, 43쪽). 놀라운 경제성장이었다. 그러나 이러한 '성과'는 큰 '대가'를 치르고 이루어진 것이었다.

고도성장은 민중과 자연의 착취라는 '이중의 착취'를 통해 이루어졌다. 저임금-저곡가 체계로 불리는 착취체계가 작동하면서 급속한 공업화가 이루어질 수 있었던 것이다. 또한 이 과정은 경제개발과 국토개발의 이름으로 급격한 자연의 착취가 이루어진 과정이기도 했다. 1970년대에 이 문제는 주로 공해(公害)라는 개념으로 포착되었다.[4] 이러한 공해 개념에는 소수의 가해자와 다수의 피해자에 대한 구분이 전제되어 있다. 실제로 당시의 환경문제는 바로 이런 구도로 발생했다. 소수의 가해자가 추진하는 공업화로 말미암아 다수의 피해자가 발생하고 있었던 것이다.

그러나 이 문제에 대한 사회적 관심은 아직 높지 않았다. 물론 공업화와 함께 나타난 환경문제에 대처하기 위해 1963년 11월에 한국 최초

---

4) 공해란 본래 불특정 다수의 사람들이 입는 해를 뜻했다. 그런데 20세기 초 일본에서 공중위생 상의 해악을 총칭하는 것으로 특정화되어 사용되기 시작했다. 2차대전 이후 일본에서는 고도성장 과정에서 극심한 자연의 오염과 파괴 문제가 발생했는데, 이것을 2차대전 이전의 방식대로 공해문제로 불렀다.

의 환경법인 '공해방지법'이 제정되기도 했다. 그러나 이 법은 큰 문제를 안고 있었다. 사실 정확히 말하자면, 1960년대는 국가가 나서서 환경문제에 대해 큰 관심을 기울이지 못하도록 하는 시대였다. 예컨대 1964년에 박정희는 울산공단의 완공을 기념해서 "공업생산의 검은 연기가 대기 속에 뻗어나가는 그날엔 국가민족의 희망과 발전이 눈앞에 도래하였음을 알 수 있는 것입니다"고 연설했다(한국공해문제연구소 1986, 55쪽; 홍성태 2004ㄱ, 248쪽). 바로 그 '검은 연기' 때문에 일본에서 미나마타병과 이타이이타이병 등의 끔찍한 공해병이 생겼고, 이 문제를 둘러싸고 치열한 '공해재판'이 벌어지고 있을 때였다. 이처럼 최고권력자가 나서서 '검은 연기'를 공공연히 칭송하는 상황에서 공해행정이 제대로 펼쳐지기는 당연히 어려웠을 것이다.

공해방지법이 제정되고 3년이 지난 1966년 5월 부산에서 25만 명의 주민이 감천화력발전소에서 뿜어내는 매연에 견디다 못해 법에 호소함으로써 공해방지법이 처음으로 활용되었다.[5] 그리고 공해에 대한 최초의 피해보상 판결은 1969년 12월에야 내려졌다. 대구지방법원에서 소음공해에 대해 공해방지법을 적용해서 피해보상을 판결했던 것이다. 그 뒤 1973년 5월에 이르러서 이런 공해소송이 대법원의 판결로서 처음으로 확정되었다. 그것은 울산의 영남화학이 배출한 유해가스로 말미암아 주변 과수원이 1969년에 폐농해야 했던 사건에 대한 판결이었다. 이 사건에서 가해자인 영남화학은 '경제건설을 위해 부득이한 피해'라고 주장하기도 했다. 공해문제는 빠르게 전국화[6]되고 있었으나 국가의 대응은 늦

---

5) 그 시행령은 1967년에야 제정되었다. 이런 점에서 공해방지법은 사실상 세상의 눈을 속이기 위한 '허울'일 뿐이었다.
6) 1971년 7월 22일에 개정·발효된 공해방지법은 '전국을 공해지역'으로 규정했다(유인호

기만 했다(유인호 1973, 892~94쪽).

　이런 상황을 정리하면서 유인호는 "금수강산이 공해강산으로 바뀐 다음에 우리는 또 무엇을 할 수 있을 것인가"라고 탄식했다. 그는 1960년대의 고도성장을 공해문제의 관점에서 파악한 최초의 학자이자,[7] 나아가 성장주의의 극복과 새로운 성장의 길을 제시하여 생태주의의 길을 연 최초의 학자였다. 그는 여러 사례를 통해 급속한 공업화 과정에서 수질, 대기, 해양, 소음 등의 온갖 공해문제가 일어나고 있는 사실을 생생히 보여주었다. 그의 논문에서 우리는 이미 1960년대를 지나며 공해의 전국화뿐만 아니라 공해의 다양화가 이루어졌음을 쉽게 알 수 있다. 그는 급속한 공업화를 통해 고도의 경제성장을 이루고자 하는 성장주의가 문제의 근원이라는 사실을 밝혔다.

　안타깝게도 'GNP신앙'에 관한 유인호의 다음과 같은 설명은 여전히 큰 설득력을 지니고 있다.

　인간생활을 보다 행복하게 해야 할 국민총생산의 증가(경제성장)가 인간의 생활조건을 파괴하는 것이 되어서는 안 된다. 인간의 생활조건을 넓히는 것이 되어야 할 기업활동이 반대로 (이윤동인으로 말미암아) '인간부재의 공장입지'로 변하여 생활환경을 파괴하고 있다는 것은 확실히 'GNP신앙'의 죄악이라고밖에 할 수 없다. 더욱이 국가의 경제부담이 현재를 위

1973, 884쪽).

7) 1970년대에 생태주의의 길을 연 또 다른 학자로는 윤노빈이 거론된다. 1974년에 처음 출간된 『신생철학』(윤노빈 2003)이 "근대 산업문명의 핵심을 꿰뚫고 있기에, 생명사상의 기본적 골격을 갖출 수 있었던 것"이라는 설명이다(윤형근 2003, 98쪽). 그러나 『신생철학』은 통일철학이고 민족철학이다. 이 책에서 제기하고 있는 근대 산업문명에 대한 비판은 사실 제국주의에 대한 비판으로서, 이것을 생명사상의 시초와 비슷한 것으로 받아들이는 것은 상당히 무리한 해석으로 보인다.

해서보다도 미래를 위하여 사용되어야 함에도 불구하고 '성장률'에 지배
되어 본래의 기능을 다하지 못하는 것이 되어서는 안 된다. (같은 글, 883쪽)

사적 기업가의 공해방지비의 절약(또는 무시)과 정부의 공해대책 부재
로 인하여 전국을 공해지역으로 취급해야만 하게 되었다. 확실히 공해
는 인위적인 생활환경의 파괴이며 생활권·인권에 대한 침해행위이다.
이렇듯 공해가 '인위적인' 생활권의 침해이고 환경의 파괴이므로 그것을
방지하는 것은 가능하며 또한 방지하고 제거하지 않으면 안 된다. 더욱
이 창조되는 공해에 대해서는 그 원천을 봉쇄해야 한다. 이 과제달성에
GNP신앙이 앞설 수는 없다. 뿐만 아니라 과학기술의 진보에 따른 공업
화는 항상 새로운 공해발생의 가능성을 가진다. 여기에 이윤동인에 기
인한 '산업화'의 명목으로 공업선택의 '중립성'이 침해되어서는 안 된
다. (같은 글, 888쪽)

박정희가 심어놓은 'GNP신앙'은 여전히 맹위를 떨치고 있지 않은가?
이른바 '박정희교'는 사실 'GNP교'라고 할 수 있지 않은가? 그러나 GNP
의 성장이라는 것은 이미 오래 전에 유인호 교수가 지적한 것처럼 질적
으로 아무런 의미도 가지지 않을 수 있는 것이다. 자연을 파괴해서 우
리의 생활조건이 극도로 위험해지더라도 GNP는 크게 늘어날 수 있기
때문이다(울리히 벡 1997).

이미 1960년대 말부터 정부도 더 이상 공해문제를 방치할 수는 없는
지경에 이르렀다. 문제의 심각성을 밝힌 여러 기관의 보고서들이 잇따
라 발표되었다. 유인호는 1971년 보건사회부와 수산청이 조사한 보고
서를 인용해서 다음과 같이 요청했다.

경제성장이 문제되는 것이 아니고 그 방식이 문제되어야 하며 철저한 공해방지를 전제로 하는 성장방식을 채택하여 성장과 환경의 관계를 대립적인 것에서 조화적인 것으로 바꾸어나가는 일이 개발도상국의 새로운 진로가 되어야 할 것임을 강조하고 있다. 뿐만 아니라 공업화에 의한 환경오염을 극소화하는 것이야말로 공업화의 기본전략이 되어야 한다고 지적한다.(유인호 1973, 892쪽)

여기서 잘 드러나듯이 유인호는 환경과 조화를 이룬 성장, 환경오염을 극소화하는 공업화를 요청했다. 이것이 이루어지지 않는 이유를 그는 1973년 당시의 혹독한 정치상황[8] 속에서 정치경제학적으로 치밀하게 분석했다. 이렇게 해서 그는 근대화에 따른 환경문제의 발생과정과 원인 그리고 대책을 제시할 수 있었다. 그가 제시한 공해의 정치경제학은 환경정의론의 맥락에서 여전히 중요한 의미를 담고 있다.

4. 1980년대: 생명사상의 형성

1970년대는 영구집권을 꾀했던 독재자의 비참한 죽음으로 끝났다. 그러나 1980년대는 국민의 염원에 맞선 끔찍한 정치적 반동으로 시작되었다. 또다시 군사쿠데타로 권력을 장악한 전두환 정권은 박정희의 고도성장 정책을 거의 그대로 유지했다. 중공업 중심정책, 강력한 개발정책, 수출 중심정책, 재벌 중심정책, 수도권과 영남권 중심정책 등이 고스란

---

8) 박정희는 영구집권을 위해 1972년 10월에 이른바 '10월유신'을 단행해서 국민의 기본권을 극도로 억압하고 있었다.

히 유지되었다. 노태우 정권은 '서해안시대'를 선언하며 수도권과 영남권 중심정책의 탈피를 추구하는 듯이 보였지만, 사실 그 실체는 무차별적 개발의 압력을 서남권으로 확장하는 것이었다(홍성태 2000ㄱ). 이로써 '공해의 전국화'는 더욱더 심해졌다.

이와 함께 1980년대에 들어와서 공해문제에 대응한 사회운동도 적극적으로 펼쳐지기 시작했다. 그 시초는 1982년에 설립된 '한국공해문제연구소'였다. 이 연구소는 1988년에 '공해반대시민운동협의회' '공해추방운동청년협의회'와 함께 '공해추방운동연합'(공추련)으로 이어졌다. 공추련의 결성으로 본격적인 환경운동의 시대가 열렸다. 이 단체는 전국을 대상으로 환경운동을 펼쳤으며, '공해추방'이라는 용어를 널리 퍼트렸다. 결국 1990년대에 들어와서 이 단체를 중심으로 전국의 8개 주요 환경운동단체들이 힘을 모아 '환경운동연합'이 결성된다. 1980년대 초부터 환경운동의 새 장을 여는 움직임이 시작되었던 것이다.

그러나 1980년대에 환경문제는 아직 주요한 사회적 관심사로 떠오르지 못했다. 물론 약간의 예외는 있었다. 예컨대 1980년대 초에 온산공단의 지역주민들에게 괴이한 증세가 나타나기 시작했다. '온산병'으로 알려진 이 병을 계기로 공업화에 따른 공해문제에 사회적 관심이 잠시 쏠리기는 했다. 이 병은 온산과 울산을 비롯한 공단지역의 심각한 공해문제를 널리 알리는 계기가 되기도 했다. 그러나 공해문제에 대한 관심은 여전히 제한적이었다. 일반국민들은 물론이고 사회운동의 주요 관심도 공해문제나 환경문제가 아니라 민주화에 집중되어 있었다. 전두환과 노태우로 대표되는 반민주세력을 몰아내고 민주화를 이룰 수 있는가 하는 것이 1980년대의 가장 중요한 사회적 화두였던 것이다. 결국 이 화두는 1987년의 6월항쟁을 통해 해결의 실마리를 찾았다. 오랜 고통의

시간을 지나고 민주화는 이루어지기 시작했다. 그러나 공해문제는 여전히 악화되고 있었다.[9]

공추련은 그 이름에서 알 수 있듯이 유인호가 개척한 공해의 정치경제학에 바탕을 두고 있었다. 공추련은 환경문제를 무엇보다 공해문제로 파악했으며, 따라서 소수의 가해자에게 초점을 맞춘 운동을 펼쳤다. 공해는 무엇보다 이윤을 늘리기 위해 환경오염 방지비용을 제대로 투입하지 않는 기업이 다수의 국민들에게 환경오염을 통해 건강과 재산의 피해를 입히는 것이다. 따라서 '공해추방'이란 바로 이렇게 공해라는 외부불경제의 확대를 통해 이윤의 극대화를 추구하는 '기업추방'의 의미를 갖는 것이었다. 기업이 이런 식으로 이윤의 극대화를 추구할 수 있었던 배경에는 정경유착의 먹이사슬이 자리 잡고 있었다.[10] 따라서 '공해추방'은 구조적으로 민주화의 하위에 자리 잡을 수밖에 없었다. 1980년대는 민주화가 무엇보다 중요한 역사적 과제였던 것이다.

그러나 시대는 변하고 있었다. 예컨대 1960~70년대의 고도성장의 결과로 다수 국민의 삶이 크게 개선되었다. 이에 따라 이미 1980년대 초

---

9) 1989년 9월에 학술단체협의회의 제2회 학술단체연합 심포지엄이 열렸다. 이틀에 걸쳐 모두 12편의 논문이 발표되었으나, 이중에서 공해문제나 환경문제를 다룬 것은 한 편도 없었다(학술단체협의회 1989).

10) 물론 이 문제는 오늘날도 마찬가지다. 자본주의의 경쟁구조 속에서 기업은 생존을 위해서도 이윤의 최대화를 추구할 수밖에 없고, 이를 위해서 공해와 같은 외부불경제를 늘려서 비용을 줄이고자 한다. 따라서 값비싼 환경오염 방지시설을 제대로 가동하기보다는 감독관리에게 뇌물을 주는 방식으로 해결하고자 한다. 그 결과는 삼풍백화점 붕괴사고에서 잘 드러났듯이 끔찍한 사회적 비극으로 끝나곤 한다. 그러므로 환경오염을 방지할 책임을 지고 있는 관리의 부패는 더욱 엄격하게 감독하고 처벌할 필요가 있다. 한 사람의 부패로 수십만 명에서 수천만 명에 이르는 수많은 사람들이 생명을 위협을 받을 수도 있기 때문이다. 환경사범은 모든 사회구성원의 목숨을 위협하는 '공공의 적'으로 다루어야 한다.

부터 컬러TV방송의 시작이나 프로야구의 출범과 같은 여가문화의 급격한 변화가 이루어지기 시작했다. 그리고 1986년의 3저호황을 계기로 분배구조가 실질적으로 크게 개선되었다. 이런 변화를 바탕으로 1980년대 한국자본주의의 변화를 '한국 자본주의의 종속국 내부에서의 지위상승 과정'(홍장표 외 1989, 115쪽)으로 보는 견해가 널리 퍼지게 되었다. 이런 변화와 함께 공해문제와 관련해서도 중요한 변화가 나타나고 있었다.

민주주의가 이루어진다고 해도, 자본주의의 문제가 해결된다고 해도, 공해문제가 약화되지 않을 수 있다는 우려가 커졌던 것이다. 1970년대 말부터 일부의 사회운동가들 사이에서 현대문명을 형성하고 유지하는 공업화 자체의 문제에 대한 우려가 커지고 있었다. 그리고 1980년대에도 계속된 고도성장에 따라 더 많은 사람들이 풍요를 즐기는 이른바 '풍요사회' '소비사회'에 가까이 다가갈 수 있게 되면서 이런 우려는 상당한 정도로 현실이 되고 말았다. 이렇게 해서 현대문명 자체의 극복을 추구하는 사회운동이 등장하게 되었다. 본격적인 생태주의의 등장이었다.

이러한 생태주의 운동은 '한살림모임'이라는 단체를 통해 세상에 널리 알려지게 되었다. 이 모임 자체는 1989년 10월 29일에 창립되었으나, 이 운동은 사실 이미 1970년대 말부터 준비되고 있었다(장일순·황필호 대담 1992, 160쪽). 그 주된 준비자는 원주의 장일순이었으며, 그의 제자인 김지하, 박재일, 최혜성 등이 합세해서 한살림운동이 시작되었다. 김지하는 이 운동을 "인간과 자연의 생명을 소외·분열시키고 억압·파괴시키는 '죽임의 질서'인 산업문명 전반에 대항하여 생명을 총체적으로 살리는 전면적인 생명운동으로 발전시켜야 한다"는 생각에서 시작된 운동으로 설명했다 (김지하 외 좌담 1990, 46~47쪽). 이것은 죽임과 살림의 이분법에 바탕을 둔 생명사상의 핵심을 보여주는 설명이다. 그러나 다소 시적이다.

김지하의 설명에 이어서 최혜성은 사회자 이명현의 요청을 받아 '한살림'을 좀더 과학적으로 설명하고자 했다. 그는 한살림을 "산업화로 파괴되어 가는 자연의 생태적 균형을 회복하고 새로운 인류공동체를 구현하려는 이념"으로 설명했다. 이 설명은 김지하의 시적 표현에 비해 훨씬 구체적이다. 여기서 더 나아가 그는 다음과 같이 설명했다.

오늘날 세계 여러 곳에서 태동하고 있는 신과학운동과 녹색운동은 서구적 합리주의와 산업화에 대항하여 새로운 삶의 질서를 지향하는 일종의 생명운동 또는 생명의 세계관이라고 할 수 있을 것입니다. …신과학과 녹색운동을 생명운동이라고 할 수 있겠는데, 이러한 생명운동을 녹색이라고 표현하는 것보다는 '한살림'이라고 표현하는 게 더 적절하지 않나 생각합니다. '한'이라는 우리말은 수사로서 서로 상반된 의미를 동시에 내포하고 있습니다. 즉 부분으로서의 낱개를 지칭하면서 동시에 온전한 전체를 의미합니다. 말하자면 개별성과 전체성의 유기적 통합으로서의 전일성을 가리키는 것이지요. 이러한 전일성이 바로 모든 생명의 본모습입니다. 그리고 '살림'이란 인간을 포함한 뭇 생명들이 다른 생명과 더불어 공생하며 그 환경과의 에너지순환을 통하여 생명다운 삶을 누리고 살아가는 활동, 즉 '살림살이'를 뜻하며 또 죽어가는 생명을 살려낸다는 구원의 의미를 갖고 있습니다. …오늘날의 산업사회는 인간의 자기소외, 공동체의 상실, 생태적 균형의 파괴로 위기에 직면해 있습니다. 이러한 상황에서 인류가 살아남기 위해서는 우선 생명의 질서를 지향하는 총체적인 생명운동이 요청되는 것입니다. 이러한 요청에 부응하려고 하는 것이 바로 '한살림운동'이라 하겠습니다. (같은 글, 47~48쪽)

이 설명에서 잘 알 수 있듯이 한살림운동은 서구의 신과학운동과 녹색운동의 영향을 많이 받았다. 이런 사실은 한살림모임에서 펴낸 『한살림』이라는 부정기간행물에서 특집으로 '세계의 녹색운동'을 다루고 있는 것으로도 잘 알 수 있다. 그러나 한살림운동은 동양사상과 전통사상의 영향도 강하게 받았다.[11] 이 운동의 형성에 가장 큰 영향을 미친 사람은 장일순이었다. 그는 유·불·도의 고전에 해박했으며, 동학사상을 생명사상으로 해석했고, 그것을 다시 한살림운동으로 이어지게 했다(장일순·김종철 대담 1992, 169쪽).

그런데 생명사상이 추구하는 사회는 어떤 것인가? 한살림운동은 산업문명을 넘어서 어떤 '문명의 전환'을 이루고자 했는가? 『한살림선언』에서는 공업과 자본주의와 사회주의를 넘어서 자연과 인간이 공생하는 공동체라는 것으로 나타났다(한살림모임 1989). 그러나 그 실체는 명확하지 않다. 이에 대해 장일순은 다음과 같이 설명하기도 했다.

오늘날 우리가 시(侍)의 문화가 되지 못하고 있는 이유는 무엇이냐. 생산활동도 돈을 벌기만 하면 되게 되어 있단 말이에요. 돈 벌기 위한 생

---

11) 물론 서구 생태주의 자체가 동양 전통사상의 영향을 강하게 받아서 성립했으며, 뒤에 동양에서 서구 생태주의를 받아들이면서 동양 전통사상을 역수입하는 결과가 빚어지고 말았다. 이 때문에 동양사상의 영향을 강하게 받은 서구 생태주의의 소개와 유행은 또 다른 '오리엔탈리즘'의 혐의를 받기도 한다. 오리엔탈리즘이란 서구에서 일방적으로 규정한 동양의 모습으로서 동양을 신비적·영성적·여성적인 것으로, 따라서 개척해야 할 대상으로 제시한다(에드워드 사이드 1991).

산만을 하고 있다는 말이거든요. 그렇게 되니까 공업이 중점적으로 되는 생산이 되어버렸단 말이에요. 농업은 경제활동 자체에서 사장이 되어버렸어요. 그래서 농민회에서 쌀값 보장해 달라고 해도 그것이 인정이 안 되는 거라. 그런데 공업이라는 것은 원료 자체가 살아 있지 않아도 되지요. 그렇게 해서 계산만 맞추면 돼. 그런데 농업이란 것은 어떻게 되어 있나. 씨알 자체에서부터 살아 있어야 돼. 사람의 입에 들어갈 때까지도 그것은 살아 있는 것이어야 돼요. 그러니까 오늘날의 경제는 협의의 경제라고요. 생명을 모시는 경제가 아니라고요. 바로 썩지 않도록 방부제를 치고 한 것 가지고 돈만 벌면 된다구요. 그러니까 "시장경제라고 하는 것은 돈을 모시는 경제지 생명을 모시는 경제가 아니다" 이 말씀이야. 그러니까 문제는 농민들이 스스로 오늘날의 공산품 틀 속에 들어가서 문제를 해결하려 하니까 본원적인 문제가 해결이 안 되는 거라. (장일순 1990, 70~71쪽)

이 글에서 보자면, 장일순이 추구했던 것은 자연농업에 바탕을 둔 농업경제사회였던 것으로 보인다. 그러나 이것은 사실 양적인 면에서 생산력의 급격한 퇴보를 뜻한다. 따라서 이런 변화가 급격히 이루어진다면, 수많은 사람들이 커다란 고통을 받게 된다. 생명사상은 서구의 근본 생태론이 안고 있는 문제와 사실상 같은 문제를 안고 있다.[12] 세상의 모든 것을 존중할 필요와 그렇게 하기 어려운 현실 사이의 거리가 대단히 큰 것이다. 이런 점에서 생명운동의 실천적 추상성은 생명사상의 이론적 모호성에서 비롯된 것이다.

---

12) 앞의 최혜성의 설명에서 볼 수 있듯이, 사실 생명사상은 근본 생태론의 영향을 강하게 받았다.

그러나 공업문명의 한계를 지적하고 그것을 넘어설 대안을 적극적으로 추진했다는 것은 생명사상의 큰 업적이 아닐 수 없다. 생명사상은 한국에서 생태주의의 지평을 활짝 열었으며, 전통사상의 현대적 의의를 재발견하고 그에 대한 사회적 관심을 키웠고, 자연농업과 농촌공동체의 사회적 중요성을 재확립하는 중요한 성과를 거두었다.

5. 1990년대 이후: 생태주의의 발전

1990년대에 들어와서 갑자기 세상이 크게 바뀐 것처럼 보였다. 사회주의가 몰락하고, 신세대가 등장하고, 정보화가 빠르게 이루어졌다. 민주화가 진척되어 5·16쿠데타 이후 32년 만에 문민정부가 들어서게 되었다. 경제성장도 계속되어 1인당GNP는 1만 달러에 이르게 되었다. 신세대는 '풍요를 즐겨라'고 외치며 생활방식의 전면적 변화를 요구했다(미메시스 그룹 1994). 그러나 이 모든 변화의 바탕에는 여전히 자연의 착취가 자리 잡고 있었다. 공해문제보다는 환경문제라는 말이 더욱 널리 사용되고, 다시 환경문제와 함께 생태위기라는 말이 널리 사용되는 변화가 이루어졌으나, 이런 말의 변화와 함께 현실의 변화가 이루어진 것은 아니었다.

생태주의의 전개라는 관점에서 보아서 1990년대는 1991년 3월의 낙동강 페놀오염사건으로 시작되었다고 할 수 있다. 1991년 3월 14일 경상북도 구미시에 있는 두산전자의 페놀원액 저장탱크에서 페놀수지 생산라인으로 통하는 파이프가 파열되어 30톤의 페놀원액이 대구시의 상수원인 다사취수장으로 흘러들었다. 페놀은 낙동강을 타고 밀양을 거쳐 부산까지 흘러들었다. 낙동강을 상수원으로 사용하는 영남지역의 모든 사람들이 경악했다. 두산전자는 고의성이 없었다는 이유로 20일 만에 조업을 재개하게 되었다. 그러나 이런 조치를 비웃기라도 하듯이 4월 22일에 페놀탱크 송출 파이프의 이음새 부분이 파열되어 다시 2톤의 페놀원액이 낙동강으로 흘러들었다. 놀라운 일이었다.

이 사건은 'GNP신화'가 어느 정도에 이르렀는가를 잘 보여주었다. 발암성 화학물질인 페놀이 수십 톤이나 낙동강으로 흘러 들어갔는데, 한 달여 만에 똑같은 사고가 똑같은 회사에서 일어났기 때문이었다. 조업을 재개하도록 한 법원의 조치는 대단히 잘못된 것이었다. 이 사건을 계기로 공해문제 또는 환경문제에 대한 국민의 관심은 크게 높아졌다. 누구나 심각한 피해자가 될 수 있다는 사실을 절감했기 때문이었다.

이런 변화를 바탕으로 환경운동의 성장이 이루어졌다. 예컨대 녹색연합의 전신인 '푸른한반도되찾기시민모임'과 '배달환경클럽'이 각각 1991년과 1993년에 결성되었다. 그리고 공추련과 전국의 8개 환경단체들이 모여서 1993년에 전국적 연합조직으로서 환경운동연합이 창립되었다. 곳곳에서 다양한 환경운동단체들이 만들어졌으며, 이에 대한 시민의 참여도 빠르게 늘어갔다. 한편 이런 운동의 성장에 따라 1990년 1월에 환경처가 발족했으며, 환경처는 1994년 12월에 환경부로 승격했다. 물론 환경운동의 성장과 환경정책의 강화로 우리의 환경이 좋아진 것은 아니었다. 오히려 환경은 더욱더 나빠졌다. 특히 소득증대에 따른 자동차의 대중화와 전국 각지에서 벌어진 각종 난개발로 환경의 질은 1990년대에 들어와서 더욱더 나빠졌다.

이와 함께 생태주의의 발전이 이루어졌다. 1990년대 초에 이루어진 가장 큰 발전은 서구 생태주의의 폭넓은 소개가 이루어졌다는 것이다.

가장 두드러진 것은 문순홍의 활약이었다. 그녀는 서구 생태주의의 전개를 주제로 박사논문을 썼다. 이 논문을 보완해서 출간한 책은 연구자와 운동가 모두에게 큰 도움이 되었다(문순홍 1992). 여기서 나아가 그녀는 생태여성주의, 사회생태론 등의 이론을 소개하거나, 정부구조의 전환에 관한 연구 등에서 많은 업적을 남겼다. 생태마르크스주의의 소개와 적용도 활발히 이루어졌다. 이 분야에서 가장 두드러진 업적을 남긴 사람은 최병두와 조명래로서 두 사람은 마르크스주의적 관점에서 환경문제와 사회 불평등구조의 연관을 계속해서 강조하고 있다(조명래 2001; 최병두 1999). 환경사회학의 발전도 이루어졌다. 종래 사회학에서는 환경을 상수로 다루어왔다. 그러나 생태위기가 심화되면서 더 이상 그렇게 할 수 없게 되었다. 이로부터 환경사회학이 사회학의 한 분야로 형성되었다. 이시재, 박재묵, 권태환 등의 발의로 1995년에 환경사회학 연구회가 만들어졌으며, 이어서 2000년에 환경사회학회로 발전해서 『에코』라는 제목의 학회지를 발간하고 있다. 생명사상의 발전(장회익 1999)도 이루어지고, 에코아나키즘(구승회 2001), 위험사회론(울리히 벡 1997) 등의 소개도 이루어졌다. 1990년대 이후 한국에서 생태주의의 지형은 극히 넓어졌다.

　1990년대 이후 생태주의의 발전은 주로 서구 생태주의의 소개와 적용이라는 방식으로 이루어졌다. 그러나 이와 함께 우리의 전통사상에 주목해야 할 필요성도 강조되었다. 이것은 이미 장일순과 김지하에 의해 크게 강조되었던 것이기도 하다. 1990년대에 들어와서 생태주의의 관점에서 전통사상에 대한 관심을 크게 불러일으킨 것으로는 단연 최창조의 풍수론을 꼽을 수 있다(최창조 1992). 그는 풍수론을 생태적 세계관으로 발전시켰다. 비슷한 맥락에서 『산경표』라는 전통지리서에 대한 관심이 커졌고(조석필 1993), 이런 관심은 백두대간 보존운동으로 이어졌다. 또한 우리의 전통문화와 사상을 생태적으로 해석하려는 시도도 계속되고 있다(박희병 1999; 김욱동 2000). 이런 작업의 효시로는 국어학자이자 산악인으로서 박정희 정권의 '자연보호정책'에서 중요한 구실을 했던 이숭녕의 연구성과를 들 수 있다(이숭녕 1985). 또한 이런 전통사상의 재발견에 관한 연구도 계속 이루어지고 있다(이경숙 외 2001; 주요섭 2001; 윤형근 2003). 이렇듯 1990년대 이후 생태주의의 발전은 서구 생태주의의 도입과 한국 전통사상의 재발견이라는 두 축을 통해 이루어졌다.[13]

그런데 이처럼 실천과 이론의 양 면에서 생태주의의 발전이 이루어지는 한편, 민주화와 경제성장이 이루어진다고 해서 환경문제가 개선되는 것은 아니라는 사실이 분명해졌다. 김영삼 정권의 준농림지 규제완화정책, 김대중 정권의 그린벨트 해제정책, 노무현 정권의 전국적 신도시 개발정책은 그 좋은 예이다. 박정희가 이룬 것은 단지 고도성장이 아니었다. 그는 폭압적 근대화와 군사적 성장주의를 통해 고도성장형 사회를 만들었다. 이 사회는 노동과 자연의 착취를 통해 경제성장을 이루는 경제구조를 가지고 있다. 정치의 민주화는 이런 경제구조의 민주화로 이어져야 한다. 이렇게 해서 재벌국가, 토건국가, 투기국가, 파괴국가의 구조를 민주적으로, 생태적으로 전환해야 한다. 이것은 구조를 바꾸는 것이자 우리 자신을 바꾸는 것이다.

---

13) 다시 말해 일본과 중국은 물론이고 아시아 각 지역의 전통사상이나 생태주의는 여전히 거의 소개조차 되지 않고 있다. 특히 일본과 중국의 전통사상이 서구의 생태주의에 끼친 영향은 거대한데, 국내에서도 널리 읽힌 카프라의 저작이 그 좋은 예이다(프리초프 카프라 1989; 1998). 한국의 전통사상과 생태주의에 관한 연구는 동양의 전통사상과 생태주의 연구로 나아가야 할 것이다.

생태주의는 자연과 조화를 이룬 사회, 곧 생태사회를 추구한다. 또한 그것은 기꺼이 자연과 조화를 이루고 살아가고자 하는 주체, 곧 생태인을 추구한다. 생태적 전환은 구조와 주체의 양면에서 동시에 이루어져야 한다. 거시적 구조의 변혁과 미시적 주체의 형성이 함께 이루어져야 하는 것이다. 이론적으로 생태사회의 목표와 당위는 상당히 정립되었다. 서구사상에서도, 전통사상에서도 그 근거는 이미 충분히 마련되었다. 중요한 것은 사회구조와 생활방식을 바꾸는 것이다. 요컨대 생태사회의 목표가 아니라 그것을 향한 생태적 전환과 이행에 관한 구체적 연구와 실천이 필요한 것이다.

이런 점에서 머지않은 석유의 고갈에 대응해서 햇빛발전의 시대를 준비해야 한다는 연구(이필렬 2001)는 독일처럼 상당히 앞선 나라의 생생한 경험을 전하고 있다는 점에서 구체적이고 유용하다. 생태도시로 유명한 브라질의 꾸리찌바를 다룬 연구(박용남 2000)가 사회적으로 큰 반향을 불러일으켰던 이유도 같은 맥락에서 찾을 수 있다. 난개발과 오염으로 찌든 한국의 도시를 개선할 수 있는 구체적 가능성을 꾸리찌바에서 찾을 수 있었기 때문이다. 이런 점에서 녹색연합에서 발간한 생태마을에 관한 연구도 유용하다(이병철 외 2000).

가장 중요한 것은 생태적 전환에 관한 전망을 정확히 세우는 것이다. 문명적으로 보아서 현대 공업사회의 퇴락은 필연적이다. 그것은 무엇보다 석유의 고갈과 함께 급속히 진행될 것이다. 우리는 급격한 퇴락의 고통을 최소화하기 위해, 또한 지금 여기서 더 나은 삶을 살기 위해, 가능한 최선을 다해 생태적 전환을 추구해야 한다. 현실과 이상 사이에는 대단히 많은 더 나은 상태가 존재한다. 햇빛발전과 생태보전에서 가장 앞서 있는 독일을 비롯한 서구 국가들은 좋은 예이다.

6. 맺음말

근대화와 함께 한국의 자연은 크게 오염되고 파괴되었으며, 이 문제에 대응해서 생태주의의 발전도 이루어졌다. 특히 1990년대 이후 한국의 생태주의는 이론적으로 실천적으로 크게 발전했다. 그 결과 근본 생태주의, 사회생태주의, 생태마르크스주의, 생태사회주의, 생태여성주의, 생태아나키즘 등의 온갖 이론적 조류를 찾아볼 수 있게 되었다.

또한 서구의 생태주의를 받아들이고 적용하는 것에서 나아가 우리의 전통사상과 전통과학에 관한 연구도 깊이 이루어지고 있다. 생태주의의 목표를 실현하기 위해서는 자신이 살고 있는 지역에 관한 올바른 인식이 중요하다. "사고는 지구적으로, 행동은 지역적으로"라는 구호는 무엇보다 이 사실을 강조하는 것이다. 이런 점에서 전통사상과 전통과학에 관한 연구가 활발히 이루어지는 것은 바람직하고 다행스러운 일이다.

또한 '청계천복원사업'을 둘러싼 논란에서 잘 드러났듯이 생태주의에 대한 관심을 정치적으로 활용하는 일도 갈수록 늘어나고 있다(홍성태 2005ㄱ). 한국의 생태주의는 이론적으로 실천적으로 크게 발전했으나, 아직 생태적 전환을 촉구할 수 있을 정도로 정치적 영향력을 가지고 있지는 못하다. 이 점에서 1990년대는 한국 생태주의의 정치적 실패라는 관점에서 돌아볼 만하다. 이런 상황에서 정치인들이 생태주의를 정치적으로 활용하는 것은 결국 생태적 전환을 저해하고 왜곡하는 극히 위험한 상황으로 귀결될 수 있다. 청계천을 없애고 그 자리에 인공수로를 개발한 '청계천 복원사업'이 그 좋은 예이다. 이 사업은 그 자체로도 큰 문제를 안고 있지만, 시민들에게 복원에 관한 왜곡된 인식을 심어주었다는 점에서 더욱 큰 문제를 안고 있다.

　생태주의의 발전을 돌아보면, 그 발전은 핵심 용어의 변화로 뚜렷하게 읽을 수 있다. 근대화에 따른 환경문제는 처음에 공해라는 개념으로 이해되었다. 소수의 가해자가 자연을 파괴해서 다수의 피해자를 낳는다는 것이다. 따라서 이 개념에서는 소수의 가해자를 규제하는 것이 가장 중요한 과제로 떠오른다. 1980년대 말부터 공해의 사용빈도는 줄어든 반면에 환경문제라는 개념이 널리 사용되었다. 환경은 사실 자연환경을 가리켰다. 따라서 환경문제란 자연의 오염과 파괴를 가리켰다. 이제 소수의 가해자만이 아니라 사실상 모든 사람이 문제의 원천으로 여겨지게 되었다. 그런데 환경이란 용어는 사실 주체인 인간과 대상인 자연이라는 이분법 위에 서 고안되었다. 요컨대 인간중심주의의 산물인 것이다. 따라서 이 점을 넘어서기 위해 생태계라는 말이 자주 사용되기 시작했다. 사실 생태주의라는 용어도 사용되기 시작한 지 얼마 되지 않았다. 아무튼 사람도 생태계라는 전체 자연의 한 요소일 뿐이다. 생태계나 생태주의라는 개념은 이 사실을 전제로 한다.

　여기서 다시 처음으로 돌아가 보면, 생태위기를 초래한 주범은 결국 사람이다. 그리고 확실히 어떤 사람은 더 큰 문제를 일으키고 있다. 대체로 가난한 사람에 비해 부유한 사람은 훨씬 많은 자원을 소비하고 큰 오염을 일으키고 있다. 이런 점에서 공해의 개념은 여전히 적실성을 잃지 않고 있다. 요컨대 자연의 오염과 파괴에서도 사회 불평등구조가 강력히 작용하고 있는 것이다. 생태위기의 해소는 사회 불평등의 해소와 깊은 연관을 맺고 있다.

　오늘날 생태주의는 더 이상 목표가 아니라 이미 과정 속에 있다. 현실적으로 여전히 큰 혼란과 갈등이 빚어지고 있기는 하지만 생태적 전환은 이미 확실히 진행되고 있다. 그것은 자원의 고갈이나 생태위기라는 위험한 상황으로 진행되고 있기도 하지만, 새로운 사회구조와 생활방식의 추구라는 희망적 상황으로 진행되고 있기도 하다. 현실과 이상 사이의 거리를 올바로 인식하는 동시에 지금 여기서 그 거리를 좁히고자 하는 노력을 열렬히 추구해야 한다. 지금 여기서 더 나은 삶을 추구하면서 궁극적인 '오래된 미래'로 나아가야 한다. 그리고 사실 그것만이 파국을 피할 수 있는 유일한 길이다. 일찍이 『성장의 한계』에서 절박하게 호소했듯이.

(『시민과 세계』 8호/2006년 상반기호)

한국의 근대화와 발전 패러다임의 변화
박정희 체계에서 생태문화사회로

1. 개발과 발전

60년이란 시간은 각별한 의미를 갖는다. '환갑'을 축하하는 잔치를 벌이는 동양뿐만 아니라 서양에서도 '환갑'은 역시 각별한 의미를 갖는다. 그것은 시간의 측정에서 비롯된 고대의 60진법과 연관되어 있기도 하지만, 그보다는 60세에 이르러 우리가 대체로 본격적인 노년에 들어서기 때문일 것이다. 노령화[1]를 걱정하는 시대가 되었어도 여전히 60세는 개

---

[1] 노인복지법에 따르면 노인은 65세 이상의 연령층을 가리킨다. 노령화지수는 15세 미만의 유소년 인구 100명당 65세 이상 노령인구의 수로 나타내며, 보통 노령화지수가 30을 넘으면 노령화사회로 분류한다. 2000년 한국의 노령화지수는 34.3이며, 이 상태로는 2010년에는 66.8, 2020년에는 124.2에 이를 것으로 전망된다. 또한 노인의 비율이 7%를 넘어서면 '노령화'사회, 14%를 넘어서면 '노령'사회, 20%를 넘어서면 '초노령'사회로 분류한다. 2005년 현재, 한국의 노인인구 비중은 전체의 9.1%이며, 2030년에는 24.1%로 늘어날 것이다.

인의 삶에 규정적 영향력을 미치는 사회생활의 핵심적 기준이다.

그러나 사회의 변화에서 60년은 결코 긴 시간이 아니다. 한 사회가 기틀을 잡고 체계적으로 작동하는 것은 한 사람이 성장해서 가정을 꾸리고 살아가는 것보다 훨씬 복잡하고 어려운 일이다. 그러나 또한 사회의 변화에서 60년이 짧은 시간인 것만도 아니다. 충분하지는 않더라도 상당한 정도의 발전을 이룰 수 있는 시간이기는 하다. 더욱이 근대화를 통해 우리는 말 그대로 삽시간에 세상을 바꿔놓을 수도 있는 힘을 가지게 되었다.

한국은 실제로 지난 60년 동안 커다란 변화를 겪었다. 이제는 이 변화의 내용과 방식을 깊이 살펴보고 새로운 변화의 길을 도모해야 하는 상황에 이르렀다.

여기서 우리는 개발과 발전의 차이에 대해 살펴볼 필요가 있다. 그 까닭은 무엇보다 개발이 발전과 같은 것으로 여겨지고 있기 때문이다. 그러나 개발이 발전의 필요조건일 수는 있어도 결코 충분조건일 수는 없다. 다시 말해서 개발을 발전과 같은 것으로 여기는 것은 대단히 큰 잘못이다.

이런 혼동의 원천은 영어 develop의 번역에서 찾을 수 있다. 이 단어는 본래 '발전하다'는 뜻의 자동사이다. 그것은 시간이 지나면서 감춰져 있던 내적 능력이 겉으로 드러나서 더욱 좋은 상태로 되는 것을 뜻한다. 그런데 2차대전 이후 영어 develop는 심각한 정치적 목적에 의해 '발전시키다'는 타동사의 뜻도 가지게 되었다. 이 변화의 연원과 의미는 무엇인가?

이 변화는 미국의 해리 트루먼 대통령이 1949년 1월 20일에 행한 취임사에서 비롯되었다. 트루먼은 2차대전의 종전과 함께 세계무대에 등장한 제3세계 나라들을 '발전시킨다'는 정책을 발표했다. 물론 여기서 발전의 기준과 주체는 모두 미국이다. 요컨대 트루먼은 발전의 이름으로 제3세계의 미국화를 주창했던 것이다. 이렇게 해서 develop은 자동사에서 타동사로 바뀌었다. 그리고 여기서 나아가 그 내용은 무엇보다 개발, 곧 공업화를 핵심으로 하는 자연의 개조와 이용으로 바뀌었다. 이러한 발전하다(develop)라는 동사의 의미변화에 뒤이어 '근대화'(modernization)라는 용어가 고안되어 널리 사용되기 시작했다. 이렇게 해서 '근대화=개발=발전'이라는 등식이 확립되었다(더글러스 러미스 2002, 61~62쪽; 홍성태 2002ㄱ, 61~62쪽).

우리말에서 개발과 발전은 명확히 구분된다. 따라서 개발과 발전을 혼동해서 사용하지 않도록 주의해야 한다. 사실 영어에서도 개발과 발전은 명확히 구분될 수 있다. 요컨대 exploit가 '개발하다'는 뜻이라면, develop는 '발전하다'는 뜻인 것이다. 개발은 발전으로 이어질 수도 있고, 그렇지 않을 수도 있다. 나아가 개발이 발전은커녕 파괴와 퇴보를 가져올 수도 있다(Amin 1990). 개발은 주로 물리적 대상의 변화와 연관되는 것이기 때문에 비교적 쉽게 객관적으로 평가할 수 있는 반면에, 발전은 물리적 대상의 변화뿐만 아니라 사람의 만족감이라는 극히 주관적인 요소까지도 포함하고 있어서 객관적으로 평가하기가 결코 쉽지 않다. 바로 이런 사실 때문에 개발과 발전을 혼동해서 사용하게 된 것이기도 하다.

근대화에 따른 개발과 변화를 다루는 사회학의 분야를 '사회발전론' 혹은 '발전론'이라고 부른다. 이 분야의 논의는 크게 주류발전론과 비판발전론으로 나눌 수 있다. 주류발전론은 '근대화=개발=발전'이라는 등식에 바탕을 두고 있다. 여기서 발전의 핵심적 지표는 다름 아닌 '경제성장'이다. 그러나 이러한 주류발전론은 불평등의 확산과 자연의 파괴라는 문제를 폄하한다는 심각한 문제를 안고 있다. 반면에 비판발전론은 불평등에 초점을 맞춘다. 이러한 비판발전론은 주류발전론에 대한 마르크스주의적 비판의 산물이라고 할 수 있다.

그런데 오늘날 발전을 평가하기 위해서는 경제성장과 불평등만이 아니라 생태보존을 함께 고려해야 한다는 사실이 분명해졌다. 이런 맥락에서 새롭게 생태적 발전론이 제기되었다(세계환경발전위원회 1994; 홍성태 2004ㄱ). 물론 민주주의의 확립은 이런 과제들을 해결하기 위한 정치적 조건이다.

한국은 오랫동안 경제성장을 최우선의 과제로 추구했으며, 그 결과 고도성장을 이루기는 했다. 그러나 이러한 고도성장의 한계는 갈수록 명백해지고 있다. 한국은 과연 올바른 발전의 길을 걷게 될 것인가? 이 글에서는 해방 이후 60년 동안에 이루어진 발전 패러다임의 변화를 크게 네 시기로 나누어 살펴보고자 한다.

첫째시기는 해방에서 1961년대 초까지의 시기이다. 둘째시기는 5·16쿠데타에서 1970년대 말에 이르는 시기이다. 셋째시기는 1980년대 초에서 1990년대 초에 이르는 시기이다. 넷째시기는 1990년대 초부터 현재에 이르는 시기이다. 이러한 시기별 검토를 통해 우리가 어떤 사회체계 속에서 살고 있으며, 사회발전을 위해 어떤 과제를 추구해야 하는가를 제시하고자 한다.

2. 해방과 공업화

다음의 〈표 1〉은 해방에서 전쟁에 이르는 기간에 일어난 주요 사건을 간략히 정리한 것이다. 여기서 볼 수 있듯이 해방 이후 15년의 세월이 흐르고 나서야 정부가 국가의 발전을 이끌기 위해 체계적인 노력을 기울일 수 있게 되었다.

이 시기는 다시 세 국면으로 나뉠 수 있다. 첫째, 해방에서 단독정부 수립까지. 해방은 2차대전의 종전과 함께 갑자기 이루어졌다. 이로써 한국에서도 근대적 국민국가의 형성이라는 역사적 과제가 본격적으로

〈표 1〉 해방에서 시민혁명으로

1945. 8. 15	2차대전의 종전과 해방
1948. 5. 10.	남한 단독 총선거
1948. 7. 17.	대한민국 헌법 제정
1948. 8. 15.	대한민국 정부 수립과 분단
1948. 10. 23.	반민특위 구성
1948. 12. 1.	국가보안법 제정
1948. 12. 10.	한미원조협정
1949. 6. 26.	김구 암살
1949. 9. 22.	반민특위 폐지
1950. 6. 25.	한국전쟁 발발
1951.	유엔한국재건단에 '경제부흥5개년계획' 제출
1952. 7. 4.	이른바 '발췌개헌' 통과(제1차 개헌)
1953. 7. 27.	휴전협정 체결(UN군 총사령관, 북한군, 중공인민지원군)
1954. 2. 4.	한국경제재건계획: 네이산보고서'
1954. 7.	미국에 '한국경제부흥5개년계획' 전달
1955. 5. 31.	한 · 미 잉여농산물(PL480) 도입협정
1958. 1.	진보당 간첩사건 발표
1960. 2. 19.	한미투자보장에 관한 협정
1960. 3. 15.	3 · 15부정선거
1961. 4. 19.	4 · 19혁명제1차 경제개발5개년계획 수립

추진되기 시작했다. 그러나 한국의 해방은 제국주의 국가들의 전쟁을 통해 주어진 것이었고, 따라서 근대적 국민국가의 형성도 제국주의 국가들의 강력한 영향력에 의해 규정되었다. 북위 38도선을 기준으로 북쪽에 소련군이, 남쪽에 미군이 주둔하게 되었고, 이에 따라 결국 분단된 근대적 국민국가의 형성으로 귀결되고 말았다.[2]

해방 직후의 한국사회는 혼란의 도가니였다. 미군정은 사실상 '꼭두각시 정부'를 세우기 위해 임시정부와 건국준비위원회를 인정하지 않았다(김종범·김동운 1987, 52쪽). 이로써 허다한 정치집단들이 나타나게 되었다. 그런데 이런 혼란 속에서도 한 가지 특기할 것은 모든 정당이 발전의 목표로서 경제성장과 함께 민주주의와 분배정의를 적극적으로 내세웠다는 점이다. 예컨대 지주와 자본가의 정당인 한국민주당조차 강령의 3조에서 '근로대중의 복리 증진을 기함'이라고 밝히고, 정책의 6조에서 '주요산업의 국영 또는 통제관리'를, 7조에서 '토지제도의 합리적 재편성'을 제시했다. 당시 상황에서 대표적인 친일파로 지목되고 있던 지주와 자본가들이 민중의 고통을 대놓고 외면할 수는 없었던 것이다.

둘째, 분단에서 한국전쟁까지. 분단이 처참한 민족상잔의 전쟁으로까지 이어진 것은 너무도 잘못된 것이었다. 그것은 해방 이후 우리 역사에서 빚어진 가장 큰 비극이었다. 이 점에서 북한의 책임은 아무리

---

2) 잘 알다시피 남한은 북한을 '반국가단체'로 규정하고 있고, 북한은 남한을 '식민지'로 규정하고 있다. 양국은 서로 독립적 국가라는 사실을 부정하고 국제연합에 가입해 있는 것이다. 그러나 1990년대 이후 남북교류가 활성화되면서 이런 법적 규정은 상당히 약화되었다. 통일로 나아가기 위해서는 국가의 독립성을 인정하면서 민족의 일체성을 강화하는 노력을 앞으로 더욱더 기울여야 할 것이다. 한반도 평화체제의 구축은 그 핵심적 기반이 될 것이다.

강조해도 지나치지 않을 것이다. 그러나 전쟁의 원인인 분단이 일제의 식민지지배에서 비롯되었다는 것, 전쟁의 비극을 악용해서 친일독재세력이 전횡을 휘둘렀다는 것도 역시 잊어서는 안 될 것이다. 해방 이후 한국의 근대화는 이렇듯 혹심한 역사적 조건 속에서 이루어졌으며, 그만큼 민중의 고통과 희생은 클 수밖에 없었다.

남한은 1948년의 5·10총선을 통해 단독정부를 수립하는 방식으로 근대적 국민국가의 형성을 이루었다. 그러나 이것은 남한 내부의 민족모순과 계급모순을 미국의 힘으로 억누르고 이루어진 것이었다. '4·3항쟁', 김구의 암살과 반민특위의 해체 등의 사태에서 잘 드러나듯이, 새로 수립된 대한민국 정부는 너무나 많은 문제를 안고 있었다. 한국전쟁은 이런 문제를 더욱더 악화시켰다. 한국전쟁으로 얼마 안 되는 남한의 근대적 생산시설은 거의 완전히 파괴되고 말았으며, 미국의 지지를 받은 친일독재세력은 그 지위를 결정적으로 굳힐 수 있게 되었다.

한편 한국전쟁은 단순히 친일독재세력의 권력을 굳히는 역사적 계기에 그치지 않았다. 그것은 지주계급의 몰락과 재벌의 형성으로 나아가는 길을 열기도 했다(정진상 2000; 공제욱 2000). 그러나 한국전쟁으로 말미암아 한국이 취할 수 있는 발전의 길은 극히 좁아져 버렸다. 해방 뒤처럼 강력한 민족주의적 요구나 사회주의적 요구를 주장하는 것은 모두 이적행위로 몰리게 되었다. 조봉암을 간첩으로 몰아 살해한 진보당사건은 이런 변화에 쐐기를 박는 것이었다. 이로써 미국의 원조에 기댄 공업화와 자본주의화가 발전의 목표로 확정되었다. 미국은 1950년대 중반까지는 원조를 통한 경제안정에 중심을 두었으나, 1950년대 후반에는 점차 경제성장을 촉진하는 쪽으로 바꾸었다(장상환 1999, 135~45쪽).

셋째, 종전에서 4·19혁명까지. 경찰과 군대와 깡패를 이용해서 작동

했던 이승만의 독재는 결국 시민혁명으로 종말을 맞았다. 그 바탕에는 조세수탈로 대표되는 민중의 착취와 재벌의 형성으로 대표되는 불평등의 심화가 자리 잡고 있었다. 그러나 이런 와중에도 공업화의 진척에 따라 경제성장은 계속 이루어졌다. 예컨대 GNP는 1956년 14억 달러에서 1961년 21억 달러로 늘어났다. 이런 성과 위에서 4·19혁명으로 들어선 민주당 정권은 '경제개발5개년계획'을 수립하게 되었다. 이로써 한국은 국가자본주의를 통한 경제성장의 길에 들어서게 되었다.

3. 주류발전론의 극단화

1961년 5월 16일 박정희는 군대를 이끌고 서울로 쳐들어와서 권력을 장악했다. 민주당 정권은 경제개발5개년계획을 추진하지 못하고 무너져 버렸다. 일제 관동군 출신의 박정희는 한국전쟁으로 부활하고, 그로부터 10년 뒤에는 군사쿠데타를 일으켜 아예 최고권력자가 되었다. 원천적으로 정치적 정당성을 가지고 있지 못한 박정희 정권은 경제성장을 통해 국민의 지지를 얻고자 했다. 경제성장은 박정희 정권의 존립근거가 되었다. 이를 위해 박정희는 군대와 경찰을 이용해서 국가자본주의 정책을 더욱 강력하게 밀어붙였다.[3] 이 때문에 그의 통치기를 가리켜 '개발독재의 시대'라고 부르기도 하는 것이다(이병천 엮음 2003).

---

3) 박정희 정권의 근대화론은 외자도입에 바탕을 둔 국가자본주의의 경로라는 점에서 민주당 정권의 그것과 별 차이가 없었다. 그러나 민주화를 근대화 이후로 미루어야 한다고 주장하는 '선건설 후민주론'은 둘 사이의 차이를 잘 보여준다(홍석률 1999, 219쪽). 민주화가 근대화의 정치적 핵심이라는 점에서 박정희 정권이 추구하던 것은 '반(反)근대적 근대화'였다.

<표2> 박정희 시대의 주요 사건

1961. 5. 16.	박정희의 군사쿠데타
1962~66.	제1차 경제개발계획
1963.	'조국 근대화' 제창(『국가와 혁명과 나』) / 국토건설종합계획법 제정
10. 15.	박정희 대통령 당선
1964. 6. 3.	6·3사태
1965. 8. 13.	월남 전투부대 파병 동의안 의결
1965. 8. 14.	한일협정비준 동의안 의결
1967~71.	제2차 경제개발계획
1967. 4.	소양강댐 착공(1973년 10월 완공)
1968. 2. 1.	경부고속도로 착공(1970년 7월 7일 완공)
1969. 10. 17.	이른바 '3선개헌' 확정
1970. 4. 22.	새마을운동 시작
1970. 6. 16.	한수이남계획(漢水以南計劃) 발표와 강남개발의 시작
1970. 11. 13.	전태일 분신자살
1971~81.	제1차 국토종합개발계획
1972~76.	제3차 경제개발계획
1972. 7. 4.	7·4남북공동성명
1972. 10. 17.	10월유신
1973. 8. 8.	김대중 납치사건
1975. 8. 17.	장준하 의문사
1977~81.	제4차 경제개발계획
1979. 8.	YH여공 김경숙 살해사건
1979. 10.	부마항쟁
1979. 10. 26.	박정희 사망

박정희는 죽기까지 18년 5개월을 넘는 긴 세월 동안 한국의 최고권력자로 군림했다. 그의 통치기는 무엇보다 무서운 독재시대로 여겨진다. 그러나 그에 못지않게 우리는 그의 통치기에 이루어진 고도성장에 주목해야 한다. 그의 통치기에 엄청난 경제적 변화가 이루어졌고, 이와 함께 급속한 문화적 변화도 이루어졌다(홍성태 2004ㄹ; 2005ㅁ). 그런데 여기서 우리가 더욱더 주목해야 하는 것은 개발독재를 통해 단순히 고도성

장만이 이루어진 것이 아니었다는 사실이다. 고도성장이 이루어지는 것과 함께 사회체계의 커다란 변화가 이루어졌던 것이다. 우리는 이러한 두 가지 사실에 동시에 주목해야 한다.

개발독재 시대의 고도성장은 GNP를 통해 쉽게 확인할 수 있다. GNP는 1961년 21억 달러에서 1971년 95억 달러로, 다시 1981년 668억 달러로 늘어났다. 같은 기간에 1인당GNP는 82달러에서 289달러로, 다시 1734달러로 늘어났다. GNP만 늘어난 것이 아니라 박정희의 통치기에 한국사회는 '농업사회에서 공업사회로 단숨에 변화'했다(김호기 1999, 187쪽). 예컨대 산업구조의 변화를 보자. 1961년에 농림어업은 39.1%였고, 제조업은 13.6%였다. 1971년에는 27.2%, 22.4%로 변했으며, 다시 1981년에는 15.6%, 29.9%로 변했다. 공업구조도 1961년에는 경공업이 73.7%였으나, 1981년에는 중공업이 52.1%로 역전되었다(통계청 1992). 박정희의 통치기를 지나며 한국은 꽤 부유한 중공업 중심의 공업사회로 바뀌었던 것이다.

고도성장은 단순히 공업화와 자본주의화의 진척에 그치지 않는다. 경제의 변화는 즉각 문화의 변화로 이어진다. 경제성장은 사람들의 생활방식을 바꾸고, 여가와 문화에 대한 수요를 늘리고, 결국 사회 전체적으로 거대한 문화변동을 낳는다. 영화에서 우리는 이런 변화를 쉽게 엿볼 수 있다. 예컨대 1964년에 제작된 〈맨발의 청춘〉과 1975년에 제작된 〈바보들의 행진〉은 좋은 예이다. 10년 사이에 대학생은 특권적 존재에서 일반적 존재로 바뀌었고, 입는 옷은 훨씬 멋있고 화려해졌으며, 듣고 부르는 노래도 훨씬 풍부하고 다양해졌고, 건물이며 거리의 모습도 크게 바뀌었다. 경제성장에 따라 거대하고 급속한 문화적 다양화가 이루어졌던 것이다. 박정희에 대한 지지의 바탕에는 이런 문화적 변화가 자리 잡고 있기도 하다.

그러나 박정희시대의 고도성장은 폭압적 근대화와 군사적 성장주의의 산물이었다. 흔히 그의 '조국 근대화'를 가리켜 '압축적 근대화'라고 부르지만, 박정희는 바로 그 압축을 위해서 엄청난 폭력을 휘둘렀다. 정치적 반대자들은 무자비하게 살해되거나 의문의 죽음을 당하기도 했다.[4] 외국으로 도피해 있던 정치적 반대자들을 납치해 오기도 했다.[5] 이렇듯 박정희의 '조국 근대화'는 폭력을 가장 주요한 수단으로 이용했다는 점에서 '폭압적 근대화'라고 할 수 있다(홍성태 2003ㄷ). 또한 박정희의 '조국 근대화'는 군사작전을 벌이는 것과 흡사한 방식으로 성장을 추구한 군사적 성장주의를 통해 이루어졌다. 최고지휘관인 박정희의 명령이 곧 법이었다. 명령은 무조건 완수되어야 했다.

박정희가 공업사회와 자본주의를 이루기 위해 폭력만 사용한 것은 아니었다. 박정희는 이중의 착취를 강화했다. 한편으로 그는 노동자를 착취했다. 이를 위해 강력한 물리력을 사용했다. 전태일과 김경숙이라는 젊은 노동자의 죽음은 그 필연적 귀결이었다. 노동자는 사람이 아니라 시키는 대로 일해야 하는 '산업전사'였다. 극심한 반인권의 현실이 경제성장의 필요조건이라는 식으로 정당화되었다. 다른 한편에서 그는 자연을 착취했다. 그에게 '공장의 검은 연기'는 발전의 상징이었다. 1978년 10월 5일에 '자연보호헌장'을 제정하기도 했지만, 이것은 선진국

---

4) 1973년 10월 19일 당시 서울대 법대의 최종길 교수가 중앙정보부에서 잔인하게 살해되었다. 1975년 8월 17일에는 장준하 선생이 산에서 의문의 주검으로 발견되었다. 1979년 10월 7일 박정희의 부하로서 중앙정보부장으로 권세를 누렸던 김형욱은 박정희를 배신하고 미국으로 망명한 뒤에 파리에서 실종되었다.

5) 1967년 7월 8일에 발표된 '동베를린공작단사건', 1973년 8월 8일의 '김대중 납치사건' 등의 예가 있다.

의 추세를 어쩔 수 없이 따른 것일 뿐이었다. 실제로는 공장이나 댐 등을 건설하고 가동하면서 자연이 급속히 대대적으로 파괴되었다. 이와 함께 자연과 일체를 이루고 있던 지역사회도 급속히 대대적으로 파괴되었다. 이러한 파괴에 대한 저항은 철저히 응징되었다.

박정희는 1950년대 미국에서 정립된 이른바 '제3세계 근대화론'을 철저히 이행했다고 할 수 있다.[6] 월트 로스토우[7]의 이론으로 유명한 이 이론의 핵심은 공업화와 자본주의화를 철저히 추구하면 어느 나라나 미국처럼 잘살고 강한 나라가 될 수 있다는 것이다. 박정희는 일제의 군사학교와 관동군에서 배운 군사기술을 최대한 활용해서 '제3세계 근대화론'을 강력하게 추진했다. 군사력을 대대적으로 동원했을 뿐만 아니라 비밀경찰을 만들어서 사실상 모든 국민을 상시적으로 감시했다. 여기서 나아가 부족한 경제력을 한곳으로 모은다는 명목으로 재벌을 집중적으로 육성했으며, 개발공사들을 잇따라 설립해서 강력한 국가 자본주의를 확립하게 되었다.[8]

국민들은 박정희가 강력한 군사력을 이용해서 확립한 새로운 사회 체계에 적응하지 않을 수 없었다. 여기에는 학력경쟁과 부동산 투기의 광풍이 적지 않은 영향을 미치기도 했다. 학력경쟁과 토지투기는 국민

---

6) 박정희가 내세운 '조국 근대화'에서 잘 알 수 있듯이 '근대화론'은 박정희 정권의 이데올로기였다. 좀더 구체적으로 그것은 미국의 '제3세계 근대화론'이었다. 그리고 미국의 근대화론자들은 "제3세계의 경제개발을 위해서는 군인과 지식인의 결합이 필수적이라고 주장"하고 있었다(홍석률 1999, 204쪽).

7) 그는 1960년에 '비공산당선언'이라는 부제가 붙은 『경제발전의 단계들』이라는 책을 발간했으며, 케네디의 경제정책자문 등의 활동을 하면서 자본주의 세계체계의 강화에 적극적으로 나섰다.

8) 자유주의자를 자처하는 자들 중에서 박정희 시대를 칭송하는 목소리가 드높다. 그러나 박정희는 정치적으로는 말할 것도 없고 경제적으로도 결코 자유주의자가 아니었다. 박정희를 칭송하는 자유주의자는 무식하거나 분열증을 앓고 있는 것이다.

의 삶을 극심한 경쟁 속으로 몰아넣었다. 정권에 맞선다는 것이 사실상 불가능한 상황에서 이러한 경쟁의 강화는 사회체계에 수동적으로 적응할 필요를 더욱 강화한다. 이렇게 해서 박정희 체계, 곧 박정희가 고도성장을 이루기 위해 만든 사회체계가 확립되었다. 이 체계는 폭력기구와 개발기구를 두 축으로 해서 재벌 중심의 공업화와 자본주의화를 이루었으며, 이런 상황에 적응해서 성공을 거두기 위해 애쓰는 국민들의 자발적이고 일상적인 노력에 의해 가동되었다.

박정희 체계의 가장 큰 특징은 말 그대로 모든 것을 경제성장에 부속되는 것으로 만들었다는 점이다. 바로 이 점에서 박정희 시대의 발전 패러다임은 노골적인 폭력을 통해 극단화된 주류발전론이었다. 성장주의와 개발주의는 이 시대의 불행한 유산으로서 여전히 우리의 삶을 옥죄고 있다(조명래 2003; 정규호 2003). 그것은 난개발과 양극화, 망국적 부동산 투기와 학력경쟁의 형태로 사실상 이 나라의 모든 사람들에게 영향을 미치고 있다. 이런 점에서 박정희 체계는 저기 어딘가에 있는 것이 아니라 바로 여기 우리의 삶 속에 있다. 이 점을 정확히 이해하는 것이 무엇보다 중요하다. 박정희 체계를 바꾸는 것은 바로 우리가 살아가는 사회구조와 생활방식을 바꾸는 것이다. 요컨대 그것은 우리 자신을 바꾸는 것이다.

박정희는 오래 전에 죽었지만 그가 만든 사회체계는 사라지지 않았다. 우리는 아직도 상당한 정도로 그가 만든 사회체계, 곧 '박정희체계' 속에서 살고 있다. 정권의 민주화로 사회체계의 변화가 완성되는 것은 아니다. 성장주의와 개발주의를 존립근거로 삼았던 박정희가 만든 사회체계를 바꾸기 위해서는 정권의 민주화를 훨씬 뛰어넘는 커다란 노력이 필요하다. 이를테면 경제성장을 분배정의와 생태보존의 수단으로 삼는 새로운 사회체계를 만들어야 한다. 이를 위해서 예컨대 폭력기구뿐만 아니라 건설교통부와 개발공사로 대표되는 개발기구도 발본적으로 개혁해야 한다. 민주화는 이런 역사적 변화를 향한 정치적 출발일 뿐이다.

4. 비판발전론의 도전

박정희의 죽음으로 한 시대가 끝나고 새로운 시대가 시작되는 것으로 보였다. 그리고 그 시대는 무엇보다 민주화로 시작되는 것으로 보였다. 그러나 그 기대는 처참하게 무너지고 말았다. 박정희의 5·16쿠데타를 지지하는 육군사관학교의 시위를 주도했던 생도가 이제는 장군이되어 또 다른 쿠데타를 일으켰던 것이다. 이것은 시대의 요구를 정면으로 거부한 반동이었다. 전두환 일당은 쿠데타를 일으켰을 뿐만 아니라민주화를 요구하는 국민들을 학살하는 만행을 저질렀다.

전두환으로 대표되는 일부 '정치군인'들의 욕심 때문에 많은 사람들이 죽거나 다치고 말았다. 물론 그 바탕에는 개발독재의 기득권을 지키고자 하는 기득권세력의 강력한 지원이 자리 잡고 있었다. 이로써 심각한 역사의 퇴보가 이루어졌다. 전두환 일당은 위기에 처한 박정희 체계를 구원하고 강화하게 되었다. 그러나 역사의 변화를 언제까지나 막을수는 없는 법이다. 전두환 일당의 반동은 결코 국민의 저항을 억누를수 없었다. 결국 1987년의 6월항쟁으로 반동체제는 무너지고 민주화의도정이 시작되었다. 정치적인 면에서 근대적 국민국가의 완성을 향한길이 비로소 열렸던 것이다.

<표3> 1980년대의 주요 사건

1979. 12. 12.	전두환의 군사쿠데타
1980. 5. 17.	광주항쟁
1980. 9. 1.	전두환 대통령 취임
1980. 12.	컬러TV방송 시작
1981. 12. 11.	한국 프로야구 출범 공표
1982~86.	제5차 경제사회발전계획
1982~91.	제2차 국토종합개발계획
1982. 1. 5.	통행금지 해제(1945년 9월부터 시행)
1982. 9.	한강종합개발사업 착공(1986년 9월 완공)
1986.	3저호황(저금리 · 저유가 · 저달러)과 최초의 경상수지 흑자(46억 달러)
1986. 9. 20.	아시안게임 개막 (10월 5일 폐막)
1987~91.	제6차 경제사회발전계획
1987. 10.	6월항쟁
1987. 7~9.	노동자대투쟁
1987. 12. 17.	노태우 대통령 당선
1988. 9.	주택 200만호 건설계획 (분당, 일산, 평촌, 산본, 중동 등 5개 신도시)
1988. 9. 17.	서울올림픽 개막(1988년 10월 2일 폐막)
1989.	환경정책기본법 등 7개 환경관련법 제정
1989. 5.	경부고속철도 건설 결정(2004년 4월 1일부터 운행 시작)
1989. 5. 29.	전교조 창립
1989. 7.	경실련 창립
1989. 10. 29.	한살림 모임 창립
1990. 1. 22.	전국노동조합협의회(전노협) 결성
1990. 10. 3.	독일통일
1990. 12. 27.	서해안고속도로 착공(2001년 12월 21일 완공)
1991. 3. 14.	두산전자 낙동강 페놀오염 사건
1991. 9. 18.	남북한 유엔 동시가입
1991. 11. 28.	새만금 간척사업 기공
1991. 12. 8.	소련 해체
1991. 12. 3.	남북기본합의서 채택
1992~2001.	제3차 국토종합개발계획
1992. 3.	서태지 데뷔
1992. 8. 24.	한중수교
1992. 12.	김영삼 대통령 당선

전두환 일당이 권력을 장악했던 시기는 반동기이자 이행기였다. 경제성장에 힘입어 한국의 국제적 위상은 갈수록 높아졌으며, 민주주의에 대한 국민의 열망도 갈수록 커졌다. 1980년에는 제2차 석유위기와 정치불안으로 말미암아 경제가 마이너스 성장을 기록했지만, 제4차 경제개발계획(1977~81)은 전체적으로 5.8%, 제5차 경제개발계획(1982~86)은 8.6%, 그리고 제6차 경제개발계획(1987~91)은 무려 9.8%의 고도성장을 기록했다. 1인당GNP는 1981년 1734달러에서 1991년 6498달러로 늘어났다(통계청 1992, 43쪽). 이런 경제성장에 따라 1980년대에는 새로운 여가문화가 빠르게 확산되어갔다. 이른바 '소비사회화' 현상이 나타났던 것이다. 컬러TV방송, 프로야구 출범, 통행금지 해제, 한강종합개발 등은 단순히 경기부양책이나 정치적 유화책의 산물이 아니라 경제성장에 따른 새로운 문화적 수요의 등장이라는 구조적 변화의 산물이기도 했다.[9]

전두환 일당의 지배기는 본질적으로 박정희식 고도성장을 유지하고자 한 시기였다. 그러나 이제 더 이상 박정희 때와 같이 저항을 강력히 억압하는 것은 불가능했다. 또한 경제성장으로 유화책을 쓸 수 있는 경제적 능력도 커졌다. 그 결과 1982년의 제5차 경제개발계획은 경제사회발전계획으로 이름을 바꾸었고, 1987년의 6월항쟁과 노동자대투쟁을 통해 분배정의의 상당한 개선이 이루어졌다. 국가와 재벌 중심의 경제성장 정책을 축으로 하면서도 이제 더 이상 분배정의의 요구를 완전히 억압하거나 무시할 수는 없는 지경에 이른 것이다. 여기에는 생존권 수호투쟁을 중심으로 펼쳐진 사회운동의 성장이 큰 영향을 미쳤다. 덧붙

---

9) 정치적 지체가 문화적 다양화 자체를 막는 것은 아니다. 반민주적 정권은 '장발단속'과 같이 어처구니없을 정도로 강력한 문화적 규제를 행하기도 한다. 그러나 경제성장과 함께 진행되는 생활방식의 변화라는 가장 중요한 문화적 변화를 막을 수는 없다.

여서 경제성장의 결과로 한국경제의 외형이 대단히 커졌기 때문에 국가자본주의를 약화하지 않을 수 없게 되었다.

한국의 사회운동은 박정희 시대를 지나면서 반독재 민주화와 민중의 생존권 수호를 넘어서 새로운 사회체계를 모색하는 단계에 이르게 되었다. 여기에는 광주항쟁의 고통스런 경험이 큰 영향을 미치기도 했다. 광주항쟁이 처참하게 무력으로 진압되고 많은 사람들이 현실에 대한 과학적 인식으로 무장하고 조직적으로 운동을 펼쳐야 현실의 문제를 바로잡을 수 있다고 느끼게 되었다. 치열한 논쟁이 전개되고, 실천이 이어졌다. 그 결과 민족주의와 마르크스주의를 두 축으로 하는 큰 흐름이 형성되었다. 요컨대 국내외의 불평등구조를 바로잡아야 할 필요를 크게 강조하는 실천적 흐름이 형성되었던 것이다. 이른바 '사회구성체논쟁'은 이런 변화가 학술적 형태로 나타난 것이었다.

발전 패러다임이라는 관점에서 보자면, 새로운 이론은 새로운 방식의 근대화를 추구한다는 공통점을 가지고 있었다. 이를테면 그것은 '평등한 근대화론'이었다.[10] '제3세계 근대화론'이 추구한 것은 결국 미국식 성장주의로서 그 핵심은 자본이 주도하는 공업화였다. 국가가 강력한 구실을 하더라도 결국 그것은 자본의 승리를 위한 것이었다. 따라서 이 방식에서는 경제성장과 함께 기존의 농촌공동체가 급속히 파괴되며, 노동자는 장시간 저임노동으로 심각하게 착취당하고 만다. 경제성장과 함께 자연의 파괴는 물론이고 분배의 불평등이 더욱 커진다. 경제

---

10) 물론 이런 이론이 80년대 들어와서 처음 제시된 것은 아니었다. 한국전쟁은 이런 이론이 실천으로 이어지는 것을 봉쇄하는 역사적 계기가 되었다. 4·19혁명을 통해 다시금 논의가 활발하게 전개될 수 있게 되었으나, 박정희의 개발독재는 이런 이론을 이적시하여 봉쇄해 버렸다. 이런 점에서 80년대의 평등한 근대화론은 이론의 확장이자 역사의 복원이라는 의미도 지니고 있다. 그러나 이런 변화가 모두 실천적으로 올바른 것은 아니었다.

성장이 이루어지면 모두가 잘살게 된다는 주류근대화론의 약속이 지켜지지 않는 것이다. 이런 상황을 넘어서기 위해서는 제국주의와 자본주의에 맞서서 싸워야 한다는 주장이 널리 퍼졌다. 민족주의와 사회주의에 입각한 공업화의 전망이 올바른 발전의 길로서 강력히 주창되었던 것이다.[11]

고난에 찬 '이론적 실천'의 결과로 박정희의 집권과 함께 시작된 한국의 본격적 근대화가 안고 있던 여러 문제들에 대한 본격적 연구가 시작되었다. 그러나 여기에는 몇 가지 중대한 문제도 있었다. 첫째, 1980년대의 평등한 근대화론은 무엇보다 '위기론'에 뿌리를 두고 있었다. 요컨대 현재의 상태로는 경제가 곧 망할 것이기 때문에 현재의 상태를 유지하고자 하는 정부를 타도해야 한다는 논리였다. 그러나 이것은 결국 한국경제의 변화를 잘못 읽은 것으로 밝혀졌다. 1970년대의 성과 위에서 1980년대의 한국은 더욱더 큰 경제성장을 이루었다. 둘째, 평등한 근대화론도 제3세계 근대화론과 마찬가지로 공업화의 문제에는 주의를 기울이지 않았다. 자본주의의 불평등에는 깊은 관심을 기울였지만, 공업화의 파괴성에는 사실상 아무런 주의도 기울이지 않았던 것이다. 그러나 사회주의의 몰락 이후 드러난 사회주의 국가들의 실태가 잘 보여주듯이 공업화에 따른 자연파괴의 문제는 체제의 차이를 넘어선다.

평등한 근대화론은 근대화의 문제를 넘어서는 것이 아니라 근대화의 성과를 누가 이용할 것인가에 초점을 맞추고 있었다. 그러나 근대화의 핵심이자 동력인 공업화의 문제는 갈수록 커지고 있었다. 이런 상황

---

11) 이 변화에 가장 큰 영향을 미친 것은 '종속이론'이었다. 종속이론은 마르크스주의를 강력하게 규제하고 있는 상황에서 나타난 '이론의 우회로'였으며, 제3세계로서의 한국의 상황에 적용할 수 있는 새로운 마르크스주의로 여겨졌다(박재묵 1984; 임현진 1993).

에서 주류발전론과 비판발전론 양자를 넘어서기 위한 움직임이 커진 것은 당연한 결과였다. 그러나 물론 이런 움직임이 박정희 체계의 개혁으로 이어진 것은 아니었다. 발전론의 지형은 더욱 복잡해졌지만, 여전히 지배적인 것은 주류발전론이다. 따라서 박정희 체계의 개혁을 위해서는 더 오랜 시간과 더 큰 노력이 필요하다.

5. 생태문화적 전환을 향해

1990년대로 접어들면서 종래에 볼 수 없었던 여러 사회현상들이 나타났다. 아니, 사실은 1980년대 초부터 나타났던 소비사회 현상이 급속히 증폭되어 나타나게 되었다. 반면에 '사회구성체논쟁'으로 대변되었던 치열한 논쟁과 실천은 사그라졌다. 본질적으로 이것은 고도성장의 힘이 작용한 결과였다(홍성태 2002ㄱ). 고도성장의 과실을 어느 정도 분배할 수 있게 되자 생존권 중심의 사회운동에 대한 관심과 기대가 크게 줄어들게 되었던 것이다.[12] 1990년대 초의 이른바 '신세대' 논쟁에서 잘 드러났듯이, 자신의 욕망을 적극적으로 추구하며 풍요를 즐기고자 하는 세대가 나타나기도 했다(미메시스 그룹 1994).

정치적으로 1990년대는 '문민정부'와 함께 시작되었다. 이른바 '문민정부'의 출범은 군부독재의 종식과 본격적 민주화의 시작을 알리는 사건

---

12) 여기서 우리는 역사발전의 변증법에 대해 생각하게 된다. 고도성장의 결과로 좀더 자유롭고 풍요롭게 살 수 있게 되자 사람들은 민주주의를 갈망하게 되었다. 고도성장은 개발독재가 약화되는 길을 열었던 것이다. 사회운동은 분배정의를 강화하였다. 그 결과 사회운동에 대한 사람들의 관심이 줄어들었다. 차면 기우는 것이 세상의 이치이다. 끊임없이 올바른 변화를 추구하기 위해 애써야 한다.

<표 4> 1990년대의 주요 사건

1992~96.	제7차 경제사회발전계획
1993. 3.	신경제 5개년계획 발표
1993. 4.	환경운동연합 창립
1994. 9.	참여연대 창립
1994. 12.	환경부 승격
1995.	준농림지 규제완화
1995. 1.	세계무역기구(WTO) 출범
1995. 11.	노태우 구속
1995. 11. 11.	전국민주노동조합총연맹 창립
1995. 12.	전두환 구속
1997. 7. 15.	기아사태
1997. 8.	벤처기업 육성에 관한 특별조치법 제정
1997. 12. 3.	IMF사태
1997. 12. 17.	김대중 대통령 당선
1998.	개발제한구역 제도개선협의회 구성
2000~20.	제4차 국토종합계획
2000. 1. 30.	민주노동당 창당
2000. 6. 15.	남북정상회담
2000~2001.	3대 벤처게이트(정현준, 진승현, 이용호)
2002. 12.	노무현 대통령 당선
2003. 12.	국가균형발전특별법(혁신도시법) 제정
2004. 4. 15.	민주노동당 원내진출
2004. 12.	민간복합 도시개발특별법(기업도시법) 제정
2005. 3. 2.	행정중심복합도시건설 특별법 제정(12부 4처 2청을 이전)
2005. 7.	제4차 국토종합계획 수정안

이었다. 문민정부는 개발독재 시대의 정치적 및 경제적 폐해를 개혁하겠다고 약속했고, 이에 대한 국민의 기대도 상당히 높았다. 그러나 결과적으로 이런 기대는 제대로 충족되지 않았다. 정치적 개혁을 강력히 추진하기에는 문민정부의 태생적 한계가 너무 컸다. '김현철 사건'에서 잘 드러났듯이, 문민정부 자체가 또 다른 커다란 정치적 문제의 원천이 되었다. 문민정부는 재벌의 지배와 부패의 문제로 대표되는 '정실자본주

의'의 문제도 제대로 해결하지 못했으며, 이로 말미암아 결국 IMF사태[13]라는 경제적 비상사태를 맞은 채 역사의 뒤로 물러나고 말았다.

문민정부는 냉전의 종식과 WTO의 출범이라는 국제적 환경의 변화에 대응하는 것을 가장 중요한 과제로 제시했다. 이를 위해 문민정부는 이른바 '세계화'라는 낯선 용어를 널리 퍼뜨렸다. 문민정부는 그 핵심을 '무한경쟁'으로 제시했다. 요컨대 냉전의 종식과 함께 자본주의의 지구화가 이루어지고, 이에 따라 지구적으로 무한경쟁이 이루어지는 시대가 시작되었으므로, '국가경쟁력'을 강화하는 데 총력을 기울여야 한다는 것이었다. 이것은 민주화가 된다고 해서 박정희 체계가 바뀌는 것은 아니라는 사실을 잘 보여주는 좋은 예였다. 문민정부는 '국가경쟁력'의 이름으로 분배정의와 자연보호의 요구를 무차별적으로 억압해서 고도성장을 이루고자 했던 것이다(서경석·임재홍 1994).

김대중 정부는 IMF사태에서 벗어나는 것을 가장 중요한 과제로 추구했다. 개발독재의 파괴적 유산을 바로잡는 계기가 될 수 있었을 IMF사태는 성장주의의 지배 아래서 또다시 무조건 성장의 알리바이가 되고 말았다. 지식사회니 벤처산업이니 하는 낯선 용어들이 남발되는 가운데 재벌의 개혁은 거의 이루어지지 않았고, 2000~2001년에는 그토록 칭송되었던 벤처산업에서 잇따라 커다란 부패사건이 발생하고 말았다(홍성태 2005ㅁ). 분배정의와 자연보호에 대한 요구가 커지고 있었지만, 경제성장의 요구는 두 가지 요구보다 훨씬 강했다. 김대중 정부는 박정희

---

13)이 사태는 한국경제를 통제하려는 IMF의 은밀한 의도가 크게 작용한 것으로 알려졌다. 그러나 그 근원은 역시 비정상적인 재벌체제를 개혁하지 못한 데서 찾아야 할 것이다. IMF의 은밀한 의도를 이유로 재벌의 명백한 잘못에 면죄부를 주려는 시도는 또 다른 IMF사태를 불러일으킬 수 있는 위험을 안고 있다.

식 성장주의에서 벗어나는 것이 얼마나 어려운가, 박정희 체계의 개혁
이 얼마나 어려운가를 다시금 확인해 주었다.

　정치적 민주화에 심화에 대한 반민주세력의 집요한 공격이 이런 상
황의 개혁을 가로막는 커다란 요인이기도 했다. 민주화는 무엇보다 친
일독재세력의 권력을 약화하는 과정이었다. 이에 맞서서 친일독재세
력은 민주화에 대한 공격을 퍼부었다. 이런 상황에서 민주세력 내부의
계급적 분열과 갈등은 어쩔 수 없이 봉합되곤 했다. 또한 WTO를 내세
우고 이루어지는 미국식 신자유주의로 말미암아 고용불안은 더욱 심
화되었다. 이런 속에서도 경제성장은 계속 이루어졌다. 이로써 이른바
'고용 없는 성장'이 심각한 사회문제로 떠오르게 되었다. 이것은 경제성
장이 이루어진다고 해서 분배정의나 자연보호가 중요해지는 것은 아
니라는 사실을 극명하게 보여주었다.

　노무현 정부의 등장에 대해서는 김대중 정부 때보다 더 큰 기대와 우
려가 엇갈렸다. 우려는 다시 두 가지로 갈렸다. 하나는 반민주세력의
우려였고, 다른 하나는 민주세력의 우려였다. 전자는 노무현을 '사회주
의'로 몰아붙여서 기득권을 지키고자 했다. 후자는 신자유주의가 더욱
강화될 것을 우려했다. 결국 민주세력의 우려가 옳았다. 노무현 정부는
재벌의 개혁조차 사실상 무시하고 있다. 심지어 '삼성공화국'이라는 비
난까지 받게 되었다. 노무현 정부가 가장 강조하고 나선 것은 국가 균
형발전이다. 그러나 행정도시, 기업도시, 혁신도시, 문화중심도시 등의
온갖 도시 개발정책으로 이루어진 국가 균형발전정책은 박정희식 토
건국가를 확대재생산할 큰 우려를 안고 있다(변창흠 2005ㄴ). 2004년 11월
의 환경비상시국회의와 2005년 9월의 사회양극화해소연대회의는 노무
현 정부가 경제성장을 강조하면서 분배정의와 자연보호의 문제에 제

대로 대처하지 못하고 있다는 것을 여실히 반증한다.

1990년대를 지나며 민주화는 한층 심화되었다. 이에 따라 박정희 체계에 대한 도전도 크게 강화되었다. 노동운동과 시민운동의 성장은 그 좋은 예이다. 민주노총과 민주노동당의 약진에서 잘 드러나듯이, 평등한 근대화론도 상당한 합법적 지위를 차지하게 되었다. 이제는 평등한 근대화론의 문제에 대해서도 활발한 논의가 이루어지고 있다. 강력한 정치력과 경제력을 갖춘 대기업 정규직노동자의 '이기적 행태'는 이미 심각한 실천적 문제를 드러내고 있다. 복지사회로의 이행을 앞서서 조직해야 할 가장 중요한 주체가 자기의 이익을 위해 그 요청을 제대로 받아들이지 못하고 있기 때문이다. 이 때문에 평등한 근대화론은 이론적으로 실천적으로 새로운 위기에 놓이게 되었다.

이런 상황에서 삶의 질에 초점을 맞추고 성장주의를 정면으로 비판하는 새로운 발전 패러다임이 제출되었다. 한국은 30년 이상의 고도성장을 통해 세계 10위대의 경제력을 가지게 되었다. 그러나 복지와 문화와 자연의 충실도 등을 주요 기준으로 측정한 삶의 질 순위는 OECD는 말할 것도 개발도상국들 중에서도 결코 높지 않다. 경제력과 삶의 질 사이의 현격한 차이는 현재 한국사회가 지니고 있는 모순의 성격을 극명하게 보여준다. '부유한 못사는 나라'가 오늘날 한국의 현실이다. 이런 사실에 주목해서 문화사회론과 생태사회론의 형태로 새로운 발전 패러다임이 제시된 것이다(홍성태 2004ㄱ; 심광현·이동연 2000). 새로운 발전 패러다임의 출발점은 경제성장이 아니라 삶의 질을 발전의 기준이자 목표로 삼아야 한다는 인식이다.

생태사회론이 우리 삶의 자연적 조건을 보존하고 자연과 조화를 이룬 아름다운 삶을 꿈꾸는 것이라면, 문화사회론은 우리가 서로 존중하고 배려하며 각자의 내적 가치와 능력을 추구하는 삶을 꿈꾸는 것이다.[14] 최근에 두 이론은 생태문화사회론으로 융합하는 모습을 보이고 있다. 생태적으로 건강한 문화사회가 아니면 안 된다는 인식이 널리 퍼졌기 때문이다. 생태문화사회론은 성장주의에 대한 근본적 도전이라는 점에서 비판근대화론에 대해서도 비판적이다. 생태문화사회론은 끊임없이 성장을 추구해야 하는 현대사회의 구조에 대한 근본적 성찰을 촉구한다. 나아가 문명적 차원에서 현대사회는 결코 오래 지속될 수 없다는 사실에 대한 인식을 촉구한다. 무엇을 위한 경제성장인가, 경제성장의 성과를 어떻게 이용하는 것이 올바른 것인가, 경제성장을 최상의 목표로 추구하는 박정희식 성장주의가 과연 지속될 수 있는가 등의 질문이 생태문화사회론의 출발점이다.

그러나 생태문화적 전환을 이루기 위해서는 무엇보다 복지사회의 구현이 요청된다. 모든 사람이 하루하루의 생존을 위협받는 상황에서는 결국 생태문화적 전환에 대한 논의가 깊어지기 어렵기 때문이다. 이런 점에서 노동운동의 역할이 무엇보다 중요하다. 서구의 경우에서 잘 볼 수 있듯이, 노동운동은 복지사회를 실현하기 위해 가장 중요한 조직적 주체이기 때문이다.

---

14) 일찍이 김구 선생도 '문화사회'를 우리가 추구해야 할 목표로 제시했다. "나는 우리나라가 세계에서 가장 아름다운 나라가 되기를 원한다. 가장 부강한 나라가 되기를 원하는 것은 아니다. 내가 남의 침략에 가슴이 아팠으니, 내 나라가 남을 침략하는 것을 원치 아니한다. 우리의 부력은 우리의 생활을 풍족히 할 만하고, 우리의 강력은 남의 침략을 막을 만하면 족하다. 오직 한없이 가지고 싶은 것은 높은 문화의 힘이다. 문화의 힘은 우리 자신을 행복 되게 하고, 나아가서 남에게 행복을 주겠기 때문이다."(김구 1948, 431쪽) 60년의 세월이 흘러 이 꿈을 실현하기 위한 운동이 본격적으로 펼쳐지게 되었다.

6. 맺음말

해방 이후 60년의 시간이 지나면서 한국사회는 큰 변화를 겪었다. 가난한 농업사회는 부유한 공업사회가 되었다. 세계 11위의 경제대국이 되었으며, 기술적으로 대단히 높은 수준에 이르렀다. 세계경제포럼(WEF)의 2005년 국가경쟁력 평가에서 한국은 국가경쟁력 17위, 기술·혁신분야 7위라는 좋은 평가를 받았다. 2004년 11월에는 연간수출 2천억 달러를 돌파했다. 1964년에 수출 1억 달러를 돌파했는데, 40년 뒤인 2004년에는 2367억 달러를 기록했다. 시중에 400조 원의 부동자금이 떠다녀서 부동산 투기를 막을 수 없다고도 한다.

한국은 더 이상 가난한 나라가 아니며, 과학기술의 후진국도 아니고, 반민주적 국가도 아니다. 한국은 이미 서구적 복지사회를 이룰 수 있는 물질적 기반을 가지고 있다. 이제 박정희 체계에서 벗어나기 위해 애써야 한다. 박정희 체계는 쉽게 말해서 심각한 성장중독증에 걸린 사회이다. 민주화가 되었다고 해서 박정희 체계의 개혁이 쉽게 이루어지지 않는 것은 이 때문이다. 성장중독증에서 벗어나기 위한 노력은 상당한 금단현상을 낳을 수 있기 때문이다. 그러나 금단현상이 두려워서 중독증에서 벗어나기 위해 애쓰지 않는다면, 결국 우리는 헤어날 수 없는 상태에 빠지고 말 것이다.

박정희 체계는 근대화론의 실천적 산물이다. 그것은 경제성장을 최고목표로 추구함으로써 민주주의와 분배정의와 생태보존의 가치를 무시했다. 박정희 체계는 국가와 재벌과 투기와 부패의 먹이사슬을 통해 경제성장을 이룩하고자 했다. 이에 평등한 근대화론은 국가의 민주화를 통해 재벌과 투기와 부패의 먹이사슬을 바로잡고자 했다. 평등한 근대화론은 이렇게 해서 민족과 민중의 이익을 지키는 것이 올바른 근대화라고 주장한 것이다. 그러나 평등한 근대화론의 요청과 달리 근대화론이 이룬 사회체계는 무너지기는커녕 더욱 강화되었다. 국민 각자의 노력과 국제조건의 개선 등이 거둔 놀라운 성과였다.

그러나 이 성과는 다분히 비정상적인 것이다. 경제성장과 함께 나라 전체가 아파트와 자동차로 뒤덮이고, 거의 모든 국민이 끝없는 부동산 투기와 학력경쟁의 선수가 되어버렸다. 진작에 해체되었어야 할 개발공사들이 새로운 개발사업을 끝없이 추진하면서 나라 전체가 영구적 공사 중 상태가 되어버렸다. 재벌의 힘은 약화되기는커녕 '삼성공화국'의 형태로 더욱 강화되었다. 박정희 체계는 의연하다. 분배정의의 확대와 생태보존의 강화를 통해 박정희 체계를 넘어서야 한다. 정치적 민주화를 경제적 민주화로, 다시 생태문화적 민주화로 이끌고 나아가야 한다.

신자유주의는 박정희 체계의 문제를 더욱 악화시키고 있다. 비정규직의 확산과 사회 양극화의 심화에서 잘 볼 수 있듯이, 분배정의의 정상화는 이미 초미의 과제이다.[15] 그러나 단순히 분배정의를 정상화하는 것만으로는 이 문제에 올바로 대처할 수 없다. 기존의 산업구조와 생활방식을 크게 바꿔야 하기 때문이다. 토건국가로 상징되는 파괴적 개발의 문제는 병적으로 비대한 토건업의 구조적 산물이다. 공해국가로 웅변되는 오염과 파괴의 문제는 공업입국 정책의 역사적 산물이다. 오염과 파괴의 원인을 없애는 노력을 기울여야 한다. 성장주의와 개발

---

15) 정부의 통계에 따르면, 비정규직 노동자의 수는 2001년 360만 명에서 2004년 540만 명으로 늘어났다. 노동운동의 통계에 따르면, 2004년 816만 명에 이른다. 사회 양극화는 국민 사이의 계급적 분열이 극도로 악화된 것을 뜻하는데, 이런 상황에서는 그 누구도 편안하고 풍요롭게 살 수 없다. 사회 양극화의 해소와 복지사회의 구현은 부자들을 위한 것이기도 하다.

주의가 안고 있는 근본적 문제를 치유하는 방식으로 복지사회를 구현해야 한다. 이 점에서 근대화론은 물론이고 평등한 근대화론도 큰 문제를 안고 있다.

생태문화적 근대화론은 아직 장기적 목표를 제시하는 수준을 크게 넘지 못한 상태이다. 구체적인 전환과 이행의 과정에 대한 설명이 크게 부족한 것이다. 그러나 석유위기에서 잘 드러나듯이 현대문명이 심각한 구조적 한계를 안고 있다는 것은 분명하다(이필렬 2002). 위기가 심화될수록 약자들의 고통이 더 커질 것이다. 따라서 생태문화적 근대화는 노동운동의 핵심 과제이기도 하다. 이제 지난 60년 동안 흘린 피땀의 성과를 올바로 사용하기 위해 힘과 슬기를 모아야 한다. 생태문화적 근대화론은 우리가 나아가야 할 새로운 발전의 길을 보여주고 있다.[16]

(『해방 60년의 한국사회』, 한울, 2005)

---

16) 생태문화적 전환은 적어도 한 세대에 걸쳐서 일어날 사회체계의 변화이다. 결코 짧은 시간에 이루어지는 근본적 변화로 여겨서는 안 될 것이다. 그것은 삶의 질을 높이기 위해 우리가 추구해야 할 가장 현실적인 변화로서 단계적으로 이루어질 것이다. 독일을 대표로 하는 서구 복지사회가 그 구체적 참조대상이 될 수 있다.

고도성장의 한계와 생태적 전환

1. 머리말

1960년대 초부터 시작된 고도성장을 통해 한국사회는 크게 바뀌었다 (김호기 1999; 이헌창 2000). 그것은 한마디로 가난한 농업사회에서 부유한 공업사회로의 전환이라고 할 수 있다. 이러한 전환은 무엇보다 산업구조와 국민소득의 변화에 관한 통계로 쉽게 확인할 수 있다. 농업이 압도적인 우위를 차지하던 산업구조가 공업이 우위를 차지하는 산업구조로 빠르게 바뀌었고, 1960년에 60달러 수준이었던 1인당국민소득이 1990년에는 7천 달러 수준에 이르게 되었던 것이다.

이러한 고도성장에 따라 생활의 변화가 빠르게 이루어졌다. 먹고, 입고, 사는 모든 것에서 공산품의 비중이 크게 늘어나고, 나아가 그 양의 다양화와 질의 고급화가 빠르게 이루어졌던 것이다. 또한 고도성장의 영향은 단순히 의식주의 변화에 그치지 않았다. 예컨대 1980년대에 들어와서는 여가생활에 대한 수요가 크게 늘어나기 시작했다. 이런 변화를 배경으로 "80년대는 한국인들의 생활사적 측면에서 획기적인 선을 그을 수 있을 만큼 중대한 변화를 경험한 시기"(신한종합연구소 1993, 197쪽)라는 평가를 받게 되었다.

고도성장은 민주화의 물질적 기초를 마련하기도 했다. 박정희는 철권통치를 통해 고도성장의 길을 열었지만, 고도성장은 그것을 무너뜨리기 위한 물질적 원천을 만들었다. 고도성장에 따라 경제규모가 커지고 중산층이 크게 늘어났다. 그 결과 사회 전체적으로 이해관계의 다변화가 이루어졌다. 고도성장에 따라 물질적으로 사회의 분화가 촉진되었던 것이다. 그리고 바로 이러한 경제의 성장과 사회의 분화는 자유주의의 확대로 이어졌다. 철권통치의 사회구조가 고도성장과 함께 내적으로 무너지고 있었던 것이다(홍성태 2005ㅁ).

여기서 우리는 '고도성장의 변증법'에 주목할 필요가 있다. 요컨대 고도성장의 결과로 고도성장을 이룬 사회체계 자체를 바꿀 필요와 능력이 생긴 것이다. 고도성장은 풍요롭고 편리한 생활을 이룩한 물질적 변화였으며, 이념적 자유주의 운동을 현실적 자유주의 운동[1]으로 바꿔놓은 물질적 기반이었다. 박정희의 암살에 따른 민주화의 가능성은 전두환의 반동으로 처절하게 유린되었으나, 그것은 고도성장에 따른 자유

---

1) 여기서 자유주의 운동은 실질적으로 자유민주주의를 실현하고자 하는 정치적 운동을 가리킨다. 박정희의 지배로부터 연원한 수구파들도 자신들이 '자유주의'의 수호자라고 주장하지만, 그들이 실제로 추구하는 것은 '친일-독재의 기득권'을 정당화하기 위한 '반(反)자유주의'이다. 이러한 사실은 무엇보다 '국가보안법'에 대한 옹호에서 잘 드러난다. 국가보안법의 직접적 목적은 자유민주주의의 기초인 사상의 자유에 대한 억압이다. 이런 점에서 국가보안법에 대한 태도는 자유주의자와 반자유주의자를 구분하는 핵심 기준이다.

주의의 확대 자체를 막을 수는 없었다. 고도성장은 독재에 의한 일방적 통치와 이해관계의 조절을 더 이상 받아들이지 않는 사회를 만들었다. 고도성장은 자유민주주의를 구현하고자 하는 정치적 운동의 물질적 원천이었다.

이 글의 목적은 이러한 '고도성장의 변증법'이라는 관점에서 고도성장의 한계와 생태적 전환의 과제에 관해 살펴보는 것이다. 고도성장은 무엇보다 수출지향적 공업화의 산물이었다. 경제성장이라는 면에서 그것은 대성공을 거두었다. 그러나 그것은 커다란 대가를 요구했다. 그 핵심에 노동자의 착취와 자연의 착취가 자리 잡고 있었으며, 불행히도 아직 이 문제는 별로 개선되지 않은 상태이다(유인호 1973; 한국공해문제연구소 1986; 조명래 외 2005; 이병천 · 이광일 편 2001; 이병천 엮음 2003).

오늘날 우리는 고도성장의 성과를 최대한 활용해서 그 폐해를 최대한 줄여야 하는 사회적 과제를 안고 있다. 노동자의 착취와 자연의 착취를 더 이상 감내할 수 없는 상황에 이르렀으며, 이에 따라 고도성장도 더 이상 지속될 수 없는 상황에 이르렀다. 우리는 '사회양극화'로 이어지는 노동의 착취를 넘어서 복지사회를 이루어야 하며, 또한 위험천만한 '생태위기'로 나타나고 있는 자연의 착취를 넘어서 생태사회를 이루어야 한다. 생태위기는 공업화에 따른 자원의 고갈과 자연의 오염으로 말미암아 사회의 물질적 기초가 안전하게 재생산될 수 없고 우리의 생존 자체가 위협받게 된 것을 뜻한다. 이런 점에서 생태위기에 대한 적극적 대응은 사회의 존립과 인류의 생존을 위해 무엇보다 시급한 과제가 아닐 수 없다.

2. 고도성장의 실상

1960년대 초부터 1990년대 중반까지 30여 년 동안 한국경제는 8 ~
10%의 고도성장[2]을 이루었다. 그 결과 1961년에 불과 82달러였던 1인
당국민소득이 1995년에는 1만 달러를 넘게 되었다. 그리고 외환위기가
닥쳤던 1997년에는 4426억 달러의 국내총생산으로 세계 11위를 기록했
으며, 외환위기로 잠시 후퇴하기는 했으나 2004년에는 6815억 달러의
국내총생산으로 세계 10위[3]를 기록했다(통계청 1992; 산업자원부 2005).

이러한 고도성장의 결과는 여러모로 놀라운 것이다. 먼저 세계 10위
의 경제력은 우리가 가진 자원에 비해 대단히 놀라운 결과라고 하지 않
을 수 없다. 2004년 현재, 한국의 인구는 4830만 명으로서 세계 25위
(0.7%)[4]이고, 국토면적은 109위[5]에 불과하다(통계청 2005; 한국무역협회 2004). 이

---

2) 경제성장을 정의하는 기준은 여러 가지가 있으나 일반적으로 국민총생산이나 국내총생
산의 증가를 이용하고 있다. 국민소득에 관한 연구로 노벨경제학상을 받은 쿠즈네츠(S.
Kuznets)는 3%의 경제성장을 고도성장의 기준으로 제시했다. 그러나 대체로 이것보다
높은 5%나 8%를 기준으로 사용한다.

3) 10위국은 미국, 일본, 독일, 영국, 프랑스, 중국, 이탈리아, 스페인, 캐나다, 한국의 순이다.
이것은 2003년의 순위이다. 2005년에 발표된 2003년의 순위에서는 인도가 10위, 한국이 11
위로 나타났다. 또한 2006년 발표된 2005년의 순위에서는 인도가 10위, 브라질이 11위, 한
국이 12위로 나타났다. 보수세력은 이러한 변화를 정략의 근거로 악용하고 있기도 하다.
그러나 인도나 브라질은 거대한 '대륙국가'로서 본래 한국과 같은 국가와 비교하는 것 자
체가 잘못된 것이다. 한국은 이미 절대적으로 엄청난 물적 능력을 갖췄으며, 이것을 질적
으로 잘 활용하는 것이 가장 중요한 발전의 문제이다. GDP 순위의 변동을 '추락' 운운하며
국민을 선동하고 개발독재 시대로 돌아가자고 주장하는 것 자체가 보수세력의 '무능'을
잘 보여준다. 보수세력은 무능해서 부패하고 만다

4) 북한의 인구는 2300만 명(0.4%)으로 남북한을 합치면 세계 18위(1.1%)가 된다. 참고로 일본
은 1억 2800만 명(2.0%)으로 세계 10위이다. 또한 1위는 중국(13억 1600만 명, 20.4%), 2위는
인도(10억 1030만 명, 17.1%), 3위는 미국(2억 9800만 명, 4.6%)이다(통계청 2005, 8 ~ 10쪽).

5) 2002년 현재 한국의 국토면적은 992만 6천ha이다. 북한은 1205만 4천ha로 남북한을 합치
면 세계 84위가 된다. 1위는 러시아(17억 754만ha), 2위는 캐나다(9억 9706만1000ha), 3위는

266

렇듯 한국은 인구나 국토의 크기에 비해 대단히 큰 경제력을 보유하고 있는 나라이다. 한국은 사실상 '강중국[6]'이 되었다.

그러나 이러한 성과는 많은 대가를 치르고 이루어진 것이며, 또한 많은 문제를 안고 있는 것이기도 하다. 생태위기는 그 대표적 예이다. 근원적인 의미에서 그것은 우리의 생존에 대한 가장 거대한 위협이기 때문이다. 그러나 고도성장 이후의 한국사회와 관련해서 가장 큰 관심을 끌고 있는 것은 '생태위기론'이 아니라 '경제위기론'이다. 그 핵심은 한국경제가 양적으로 큰 성과를 거두었지만 질적으로 큰 문제를 안고 있어서 이대로 가다가는 한국은 후진국으로 추락하고 말 것이라는 주장이다. 이러한 '경제위기론'은 역설적이게도 한국경제를 대표하는 삼성재벌에 의해 가장 강력하게 주창되고 있다.[7]

2005년 6월에 삼성경제연구소는 이와 관련된 그동안의 연구를 총정리하며 『매력 있는 한국』이라는 제목의 보고서를 발표했다. 이 보고서는 한국의 1인당국내총생산이 세계 34위로서 G7 평균의 40%밖에 안 되

미국(9억 6290만 9천ha)이다.

6) 인구의 크기로 보아서 한국은 '강소국'보다는 '강중국'에 가깝다. 삼성재벌은 '강소국'론을 주장하고 있는데, 이것은 재벌이 지배하는 스웨덴을 모델로 한다. 스웨덴의 면적은 45만 km²로 한국의 4.5배 정도이지만 인구는 895만여 명으로 한국의 1/5정도밖에 되지 않는다. 스웨덴은 몇 개의 '재벌'이 지배하는 나라로 잘 알려져 있다. 삼성재벌의 '강소국'론은 스웨덴을 빌려서 자신의 지위를 강화하고자 하는 담론전술의 성격을 갖는다. 그러나 스웨덴과 한국의 여러 조건이 크게 다른 것처럼 스웨덴의 '재벌'과 한국의 재벌은 크게 다른 존재방식을 보인다. 예컨대 스웨덴의 재벌은 삼성재벌처럼 탈세와 세습을 위한 불법, 정경유착의 문제를 갖고 있지 않다(조명진 2006).

7) 예전에 경제위기론은 노동 쪽의 핵심 주장이었다. 그 주요 내용은 파국을 피하기 위해서는 재벌과 수출 중심의 경제구조를 혁신해야 한다는 것이었다. 그러나 1990년대 중반을 지나면서 경제위기론은 시나브로 자본 쪽의 핵심 주장으로 바뀌었다. 무한경쟁의 지구화에 따라 도래할 수도 있는 경제적 파국을 피하기 위해서는 노동운동을 억제하고 기업규제를 해제해야 한다는 것이다.

며 G7과 36년의 격차가 있다는 식으로 한국이 아직 선진국이 아니라는 사실을 강조한다. 또한 이런 상황에서 선진국과 GDP 격차가 더 벌어지고 있으며, 경쟁국과의 GDP 격차는 빠르게 줄어들고 있다고 주장한다. 삼성경제연구소에 따르면, '취약한 시스템경쟁력'이 그 원인이다. 역사상 최단기간에 중진국이 되었지만, 이제 시스템을 혁신해야 한다는 것이다. 삼성경제연구소는 대안으로서 5대 정책방향 12개 부문별 의제를 제시했다. 5대 방향은 혁신주도형 성장기반 구축, 인적 자원 업그레이드, 시장기능 강화, 개방과 신뢰 구축, 3안(安) 확보이다. 그런데 여기서 사실상 사회시스템과 관련된 것은 시장기능 강화뿐이다. 한마디로 선진국이 되기 위해서는 시장이 지배하는 사회를 만들어야 한다는 것이다(삼성경제연구소 2005).

　이런 주장은 그 자체로 전혀 새로운 것도 아닐 뿐더러 사실은 대단히 위험한 것이다. 미국식 신자유주의의 확산과 함께 한국도 이미 사실상 시장이 지배하는 사회가 되었으며, 이에 따른 사회 양극화를 해소하는 것이 초미의 사회적 과제가 되었기 때문이다. 요컨대 시장의 지배를 규제하고 약화하는 것이 한국사회가 해결해야 하는 초미의 사회적 과제인 것이다. 삼성경제연구소가 오래 전부터 지속적으로 펼치고 있는 '경제위기론적 선진국 진입전략'의 이데올로기는 고도성장의 성과와 문제를 호도한다. 우리는 고도성장을 통해 엄청난 부를 쌓았다. 그러나 그 과정에서 대단히 많은 문제들이 발생했다. 이제는 이 부를 선용해서 고도성장의 문제를 해결하도록 해야 한다. 여기서 우리가 무엇보다 유념해야 할 것은 국가자본주의가 시장자본주의로 바뀌면서 고도성장이 낳은 기존의 문제가 새롭게 악화되고 있다는 사실이다. 사회 양극화와 생태위기의 심화는 그 단적인 예이다.

그런데 삼성경제연구소는 우리가 당면한 '5대 메가트렌드'로 "미국 중심의 불안한 세계질서, 글로벌화 확산, 기술혁신에 따른 산업재편, 고령화 가속, 자연의 보복"을 들고 있다. 여기서 '사회양극화'는 빠져 있다. 다시 말해서 '자연의 보복'으로 나타나는 '생태위기'를 사회 양극화보다도 더 중요한 문제로 파악하고 있는 것이다. 그러나 실제 분석과 제안에서는 사회 양극화는 물론이고 '자연의 보복'에 대해서도 전혀 다루지 않고 있다. 고도성장은 '자연파괴형 경제'로 이루어졌으며, 바로 그 결과로 생태위기라는 '자연의 보복'이 무섭게 전개되고 있다. 이 때문에 고도성장으로 이룬 엄청난 경제규모에 비해 삶의 질은 현격히 떨어진다. 2005년 1월의 세계경제포럼에서 한국의 환경지속성지수는 146개 국가 가운데 겨우 122위를 차지했다. 자연이 이렇듯 열악한 상태에 있는 상황에서 경제규모에 걸맞지 않은 삶의 질이라는 문제를 개선하기는 어렵다.[8] 우리에게 정말로 필요한 것은 양적 성장이 아니라 '질적 성숙'이고, 그 핵심에 생태위기에 대한 적극적 대응이라는 과제가 자리 잡고 있다.

사실 이 과제는 이미 1960년대 초에 나타난 것이다. 그러나 박정희 정권은 이 과제에 적극적으로 대응하려고 하지 않았고, 오히려 'GNP교'를 널리 퍼트리는 식으로 고도성장을 추구했다. 그 결과 이미 1970년대 초에 "금수강산이 공해강산이 되고 있다"는 연구가 발표되기에 이르렀다 (유인호 1973). 그러나 그 뒤로도 문제는 개선되지 않았다. 우리의 자연은 더욱 심하게 파괴되고 오염되었다. 그 결과 1990년대 초에 다시금 '공해

---

8) 2004년에 발표된 OECD 조사에 따르면, OECD 30개국 중 온실가스 배출량은 6위, 재생가능에너지 비중은 28위였으며, 삶의 질 부문에서 평균수명 24위, 1인당보건비 지출 26위, 1인당근로시간 1위였다.

강산'의 현실을 직시하고 적극적 대응을 요청하는 목소리가 터져나오
게 되었다(김상종 1994; 홍성태 2000ㄱ). 이러한 공해강산의 문제는 고도성장
의 적나라한 실상이다. 이것은 고도성장의 이름으로 강행된 '졸속성장'
의 필연적 결과이다. 오늘날 우리는 졸속성장의 문제를 해결해야 할 뿐
만 아니라 그것을 통해 이루어진 부패와 비리와 착취의 사회구조를 혁
신해야 하는 과제를 안고 있다. 고도성장의 과정에서 이루어진 사회구
조를 혁신하는 것이야말로 '취약한 시스템 경쟁력'을 개선하는 유일한
길이다.

그러나 자본 쪽은 사실상 지금까지와 같은 방식으로 경제성장을 지
속하는 길만이 생태위기에 대응할 수 있는 유일한 해결책이라고 주장
한다. 2005년 10월에 상공회의소의 지속가능경영원은 「국민소득과 환
경 질 간 상관관계에 대한 국제비교분석」이라는 제목의 보고서를 발표
했다. 그 주요내용은 '환경쿠즈네츠가설'(Environmental Kuznets Curve
Hypothesis), 즉 "소득이 일정한 수준에 도달하게 되면, 환경투자 및 기
술개발이 촉진되어 경제성장 과정에서 발생한 환경오염 문제가 개선
된다"는 가설을 실증하는 것이다(연합뉴스 보도자료, 2005. 10. 18). 쉽게 말해서
환경규제를 강화하는 것이 아니라 완화하는 것이 환경오염 문제를 개
선하는 유일한 길이라는 것이다. 그러나 '선성장 후분배론의 환경판'이
라고 부를 수 있을 이 주장의 문제는 고도성장의 역사 자체가 충분히
입증해 준다. 예컨대 고도성장의 결과로 이루어진 세계 10위의 경제력
과 세계 122위의 환경지수 사이의 괴리는 무엇을 말해 주는가?[9]

---

9) 한국의 환경쿠즈네츠가설을 실증한 연구들은 U자형 곡선이 아니라 N자형 곡선으로 나
  타난다는 사실을 보여준다. 즉 경제성장에 따른 극심한 자연파괴에 대한 대응으로 1980
  년대 말과 1990년대 초에 환경문제가 일부 개선되었으나, 여전히 경제주의가 지배하는

고도성장의 결과와 관련한 논의는 크게 네 가지로 나눌 수 있다. 먼저 양적인 면에서 고도성장을 지속해야 한다(또는 할 수 있다)는 것과 그렇지 않다는 것, 다음에 질적인 면에서 자연파괴/노동착취형 경제를 유지해야 한다(또는 할 수 있다)는 것과 그렇지 않다는 것이다. 앞의 환경쿠즈네츠가설에 관한 주장에서 잘 드러나듯이, 자본 쪽은 여전히 자연파괴/노동착취형 고도성장을 추구하고 있다. 그러나 이것은 명백히 지속 불가능한 길이다. 우리는 세계경제에 의해 강제적으로 조정당하기 전에 적극적으로 자연보호/복지사회형 안정성장으로 나아가야 한다. 인권을 존중하는 경제성장의 길만이 올바른 의미에서 '경제발전'이라고 할 수 있을 것이다(아마티아 센 2001; 이정우 2003). 오늘날 자연보호는 복지사회의 본질적 내용이 되었으며, 이제 자연보호를 통한 인권의 존중은 '경제발전'의 핵심으로 다루어야 한다.

3. 생태적 전환의 과제

고도성장으로 한국경제의 규모는 거대해졌다. 그 결과 '고도성장의 종료'에 대한 논의가 본격적으로 이루어지게 되었다(이규억 1998). 고도성장에 성공한 나라는 경제규모의 확대와 국제경쟁의 강화에 따라

속에서 1990년대 중반부터 다시 환경문제가 심각하게 악화되고 있다는 것이다(오경희 2004). 경제성장이 이루어진다고 해서 자동적으로 환경문제가 해결되는 것은 아니다. 서구의 경우도 생태주의의 확산에 따라 비로소 환경문제가 개선될 수 있었다. 복지의 경우도 마찬가지다. 재벌을 중심으로 한 한국의 성장주의자들은 경제성장이 이루어지면 모든 문제가 해결된다며 자연파괴를 지속하는 것은 물론이고 사실상 복지의 증진과 인권의 보호까지도 거부하고 있다.

안정성장[10]으로 옮아갈 수밖에 없다. 양적 성장의 성과를 활용해서 질적 성숙의 단계로 옮아가야 하는 것이다. 생태적 전환은 그 핵심 과제이다.

1) 생태적 전환의 요청

이 글에서는 크게 세 가지 점에서 생태적 전환을 절박한 사회적 과제로 파악한다. 하나는 우리의 건강과 생명에 닥친 위험에서 비롯되는 것이며, 다른 하나는 이와 연관되어 발생하는 불필요한 비용에서 비롯되는 것이고, 마지막 하나는 자연의 파괴를 당연한 것으로 여기도록 이끌린 우리의 정신에서 비롯되는 것이다.

첫째, 지나친 자연의 파괴와 오염으로 말미암아 우리의 생존 자체가 큰 위험에 처하게 되었다. 대기오염은 그 단적인 예이다. 서울의 연간 미세먼지 오염도는 도쿄보다 두 배, 런던이나 파리보다는 세 배에 이르는 것으로 조사되었다. 서울에서 옷이 금방 더러워지는 이유는 미세먼지 때문이다. 미세먼지는 옷을 더럽힐 뿐만 아니라 우리의 건강에 치명적 영향을 미친다. 2000년에 연세대 환경공해연구소는 미세먼지[11]로 말미암은 조기사망자 수가 서울에서만 매년 9641명에 이를 것으로 추정했다(『중앙일보』 2005. 6. 27). 2004년에는 서울과 수도권 지역에서 매년 1만 1천 명이 조기사망한다는 연구결과가 발표되었다(경기개발연구원 2004).

---

10) 이것은 양적으로 5% 이하의 성장률을 보이는 경제를 뜻할 뿐만 아니라 더 중요하게는 경제성장을 위해 대규모 개발사업 등의 불필요한 자연파괴/세금탕진형 공공사업을 벌이지 않는 경제를 뜻한다. 투기와 부패가 사라지는 대신에 돌봄노동이 확산되어 사회가 전반적으로 평화롭게 되는 것이 안정성장의 상태이다.

11) 지름이 10㎛ 이하인 먼지를 가리킨다. 한국의 경우 절반 이상이 자동차에서 발생하며, 그 중에서도 특히 디젤자동차에서 70% 정도가 배출된다. 미세먼지는 호흡기 질환을 일으키거나 면역기능의 약화를 가져오는 치명적인 오염원이다.

2004년에 발표된 또 다른 연구에 따르면, 미세먼지 때문에 서울시민의 평균수명이 도쿄시민보다 3년이 짧은 것으로 나타났다(『중앙일보』 2005. 6. 27). 서울시민의 수를 1천만 명으로 보면, 미세먼지 때문에 무려 3천만 년의 수명이 줄어들 수 있는 셈이다.[12]

둘째, 지나친 자연의 파괴와 오염은 경제적으로도 큰 문제를 낳는다. 무엇보다도 그것은 막대한 비용을 유발한다. 다시 대기오염의 경우를 보자. 한국환경정책평가연구원은 미세먼지로 말미암은 진료비 지출과 노동력 상실 등의 사회적 피해비용으로 2002년에 수도권 지역에서만 4조 4천억 원이 발생한 것으로 추산했다(『중앙일보』 2005. 6. 27). 또한 2004년 초에 발표된 경기개발연구원의 보고서는 대기오염으로 말미암아 수도권 일대에서 최대 10조 원 이상의 비용이 발생할 수 있는 것으로 추산했다. 10조 원은 1천만 명에게 1인당 100만 원씩 줄 수 있는 돈이다. 자연의 파괴와 오염으로 말미암아 그야말로 천문학적 액수의 불필요한 비용이 발생하고 있는 것이다. 자연파괴형 경제를 자연보존형 경제로 바꾼다면, 이러한 비용은 복지의 증진을 위한 자원으로 유용하게 사용될 수 있을 것이다.

셋째, 자연의 파괴와 오염은 결국 우리 자신의 파괴와 오염이 될 수밖에 없다. 그것은 육체적 차원을 넘어서 정신적 차원으로 이어진다(펠릭스 가타리 2003). 육체가 병들 뿐만 아니라 정신도 병이 드는 것이다. 자연 속의 한 존재인 인간을 자연과 무관한 존재로 파악하는 근대과학에 뿌

---

12) 살아 있는 동안에는 각종 환경질병으로 고통받아야 한다. '아토피'는 그 대표적인 예이다. 아토피는 '이상하다'는 뜻의 그리스어로 병의 원인을 알 수 없는 복합질환을 가리킨다. 아토피병은 피부병이 대표적인 증상이지만 보통 천식, 비염, 류머티즘 등이 함께 나타난다. 그 주요 원인은 더러운 공기 등 오염된 환경과 식품으로 알려져 있다.

리를 둔 인간 중심적 사고방식은 그 원천이다. 이 세상은 물질로 이루어져 있으며, 생명체는 물질운동의 특수한 한 양태이고, 인간은 그런 생명체의 한 부분일 뿐이다. 우리는 흙에서 와서 흙으로 돌아간다. 자연은 우리가 마음대로 이용하고 폐기하는 대상이 아니라 우리의 고향이자 우리 자신이다. 자연을 대상화하고 수단시하는 것은 자연의 파괴와 오염이 이루어지는 심층적 원인이다. 우리 자신을 자연 속의 한 존재로 보는 것이야말로 후손의 처지에서 현재의 문제를 바로잡고자 하는 '지속 가능한 발전론' 혹은 '지속 가능한 개발론'의 출발점이다(세계환경발전위원회 1987).

이렇듯 자연의 파괴와 오염이라는 문제는 심각한 건강의 악화와 막대한 비용의 발생이라는 또 다른 문제를 낳는다. 이런 점에서 보자면, 고도성장의 종료에 따라 양적으로 안정성장의 과제가 제기되는 동시에 질적으로 자연파괴형 경제의 악순환구조를 혁신해야 하는 과제가 제기된다.[13] 이것은 사실 기존의 경제구조와 산업 전체를 혁신해야 하는 거대한 과제이다. 그러나 우리의 생존을 위해서 이루지 않으면 안 되는 긴급한 과제이기도 하다. 그 핵심은 자연을 파괴해서 돈을 버는 산업은 없애고, 자연을 보존해서 돈을 버는 산업을 키우는 것이다. 여기서 나아가 자연파괴형 경제에 의한 고도성장이 빚어낸 사회체계와 자연관의 생태적 전환을 추구해야 한다.

여러 국제연구에 따르면, 한국은 중국을 제외한 모든 경쟁대상국보

---

13) 물론 이와 함께 재벌로 대표되는 비합리적이고 반민주적인 경제구조를 바꾸는 과제도 제기된다. 삼성재벌의 불법승계와 정경유착에서 잘 드러났듯이, 현재와 같은 상태에서 재벌은 이른바 '투명경영'을 할 수 없다. 재벌은 고도성장의 가장 중요한 견인차이자 수혜자이다. 따라서 고도성장의 종료와 함께 재벌의 개혁은 더욱 절박한 과제가 된다.

다 환경규제가 미약하며, 환경규제의 일관성과 공정성에서도 비교대
상국들보다 순위가 낮다(한기주 2003). 이러한 연구들은 한국의 고도성장
이 자연의 착취를 통해 이루어진 것임을 보여준다. 이른바 '요소투입형
경제'라는 것은 사실상 '자연파괴형 경제'를 가리키는 것이다. 이제 이
런 경제를 넘어서 생태적 안정성장으로 나아가야 한다. 이를 위해서 문
제에 대한 제도적 이해와 접근이 대단히 중요하다. 반생태적 세력이 막
대한 이해관계를 바탕으로 강고하게 제도화되어 있기 때문이다. 생태
적 전환은 막연한 인식의 전환이나 생활방식의 개선을 뜻하는 것이 아
니라 이러한 구체적인 이해관계의 해체를 통한 새로운 사회체계의 형
성을 뜻한다.

2) 하부구조의 전환

생태적 전환은 무엇보다 경제의 생태적 전환을 통해 실현될 수 있다.
공업은 물론이고 농업과 서비스업에서도 생태적 전환은 이미 긴급한
과제이다. 오늘날 농업은 기계와 화학비료에 크게 의존하는 '공업적 농
업'이며, 서비스업도 대체로 전기와 물 등의 귀중한 자원을 대량으로
낭비하고 오염시키고 있기 때문이다. 이런 점에서 우리가 추구해야 할
생태적 전환은 '전체 경제의 생태적 전환'이라고 할 수 있다. 그리고 이
런 점에서 생태적 전환은 궁극적으로 '문명의 전환'이라는 성격을 지니
게 된다. 그러나 그것을 실현하는 길은 점진적이어야 한다. 오래 전에
『성장의 한계』에서 지적했듯이 급격한 변동은, 마치 차를 과속으로 몰
다가 급제동을 걸었을 때처럼, 커다란 혼란과 위험을 야기할 것이기
때문이다.

여기서 우리는 모든 산업과 생활에 영향을 미치는 하부구조의 생태

적 전환을 통해 경제의 생태적 전환을 유도하는 방법을 생각해 볼 수 있다. 전기를 생산하고 공급하기 위한 하부구조가 그것이다. 오늘날 산업과 생활을 유지하기 위해 무엇보다 먼저 전기를 대량생산해야 한다. 그러나 그 방식은 대단히 반생태적이다. 그럼에도 불구하고 반생태적 산업과 생활을 유지하기 위해 전기의 반생태적 대량생산 방식이 좀처럼 개선되지 않고 있다. 바로 이 때문에 전국 각지에서 주민운동이 끊이지 않고 일어나고 있다. 핵발전소나 핵폐기장 때문에 졸지에 삶의 터전을 잃게 된 지역주민들이 생존권과 행복권을 지키기 위해 어쩔 수 없이 처절한 싸움을 벌이고 있는 것이다.

전기의 대량생산 방식을 대표하는 것은 핵발전이다. 2000년 말 기준으로 한국은 세계 7번째 핵발전국이다. 핵발전의 순위는 경제규모의 순위보다도 더 높다. 2005년 현재 고리, 영광, 울진, 월성 등 4개 부지에 20기(1572만kw용량)의 핵발전소가 가동되고 있으며, 2000년 현재 전체 발전설비의 28.3%, 전체 전력사용량의 40.9%를 핵발전이 차지했고, 2015년까지 8기(960만kw)의 핵발전소를 더 건설할 계획이다. 여기서 무엇보다 먼저 주목할 점은 핵발전소가 들어서 있는 4개 부지가 모두 유신독재 시대에 선정되었다는 사실이다(반핵국민행동 2003ㄱ). 요컨대 한국의 핵발전은 사람들이 핵발전의 위험성에 대해 잘 모르고 있으며, 감히 '나랏일'에 반대할 엄두도 내지 못하던 시절의 역사적 산물인 것이다.

그러나 미국의 스리마일 섬 핵발전소 사고(1979)와 소련의 체르노빌 핵발전소 사고(1986)를 계기로 핵발전의 위험이 널리 알려지고, 민주화와 함께 국가권력의 잘못된 정책에 저항할 수 있는 여지가 커지면서, 핵발전을 위한 새로운 부지를 찾는 일은 사실상 불가능해지고 있다. 핵발전의 위험은 절대적 위험이다. 핵발전소는 무려 10만 년 동안 안전하게 관리되어야 한다. 이것은 인류의 능력을 벗어나는 일이다. 인류는 핵발전소의 위험을 완전하게 막을 수 있는 능력을 가지고 있지 않으며, 또한 사고의 영향을 완전히 수습할 수 있는 능력도 가지고 있지 않다. 따라서 많은 학자들이 핵발전에 관한 유일한 안전대책은 그것을 포기하는 것이라고 지적한다(Perrow 1984; 울리히 벡 1997; 이필렬 2002).

핵발전소는 절대적 위험시설이기 때문에 사람들이 적게 사는 곳에 건설하게 된다. 이 때문에 소비지까지 거대한 송전탑을 세워서 전력을 공급하게 된다. '송전탑 공해'라는 2차 파괴가 일어나는 것이다. 송전탑은 경관의 훼손은 물론이고 산불의 원인으로 지목되고 있기도 하다. 이런 이유들로 말미암아 송전탑은 이미 전국 곳곳에서 커다란 저항을 불러일으키고 있다. 또한 핵발전은 극독한 방사능물질인 핵폐기물을 낳는다. 따라서 이것을 관리하거나 재처리하기 위한 추가시설이 필요하다. 이 문제로 말미암아 한국은 이미 20년 가까이 극심한 갈등을 겪고 있다. 이것은 절대적 위험시설을 특정 지역주민들에게 강요하는 데서 비롯된 당연한 결과이다. 이제 지역주민들은 이러한 절대적 위험시설은 어디에도 건설해서는 안 된다는 생태민주주의의 요구를 추구하기 시작했다(홍성태 2004ㄷ).

물론 이미 핵발전의 비중이 40%를 넘는 상황에서 급격히 핵발전을 중단할 수는 없을 것이다. 지금의 상황에서 급격한 핵발전의 중단은 생산뿐만 아니라 생활의 급격한 중단을 뜻하기 때문이다. 핵발전을 포기하고 햇빛발전[14]으로 나아갈 것을 요구하는 대안세력 쪽에서는 핵발전

---

14) 한때 '태양열발전'이 권장되었던 적이 있기 때문에 지금도 많은 사람들이 태양을 에너지원으로 한다면 '태양열발전'을 떠올린다. 그러나 '태양열', 즉 햇볕은 소량의 물을 데우는 정도로 사용할 수 있을 뿐이고, 발전용으로 사용하는 것은 '태양광', 즉 햇빛이다.

소 추가건설 계획의 포기와 순차적인 핵발전소 폐기라는 2단계 접근법을 제안하고 있다. 이와 함께 햇빛발전을 중심으로 하는 대안에너지 정책을 적극적으로 펼 것을 요구하고 있다. 한국은 석유수입량 세계 4위, 에너지 국외의존도 97%의 나라이건만, 자체 생산할 수 있는 생태적 대안에너지 정책은 사실상 없다시피 하다. 한국정부는 사실상 핵발전에 이른바 '올인'하고 있는 것이다. 그러나 2030년까지 모든 핵발전소를 폐기하기로 한 독일의 경우는 가장 뚜렷한 예이지만, 햇빛발전을 비롯한 생태적 대안에너지정책의 강화는 세계적 추세가 되고 있다.[15] 석유는 물론이고 우라늄도 머지않아 고갈될 것이다. 세계적으로 생태적 대안에너지 정책이 강화되는 것은 이러한 객관적 상황 때문이다.

한국정부가 핵발전에 전적으로 매달리는 까닭은 핵산업의 존재를 빼고는 올바로 이해할 수 없다. 한국은 핵발전에 대한 의존도가 높을 뿐만 아니라 핵산업이 과잉성장한 나라이다(석광훈 2005). 한국의 핵산업은 산업자원부와 과학기술부라는 거대한 정부기구들을 정점으로 해서 많은 국회의원들과 모든 재벌기업과 많은 학교들이 얽혀 있는 구조로 되어 있다(반핵국민행동 2003ㄴ). 정부와 기업을 연결하는 핵심 기구는 한국전력, 한국수력원자력, 원자력문화재단 등이다. 핵발전을 둘러싸고 거대한 이해관계의 복합체가 형성되어 있는 것이다. 핵발전의 생태적 전환은 단순히 발전방식을 바꾸는 것이 아니라 이러한 핵산업체계의 생태적 전환을 추구하는 것이다. 핵발전의 생태적 전환이 어려운 것은 이 때문이다.[16]

---

15) 1990년대 중반에 유럽연합은 2050년까지 전체 에너지의 50% 이상을 생태적 대안에너지로 생산할 계획을 수립했다.
16) 2005년 1월부터 산업자원부는 '원자력과 신·재생에너지는 같은 친환경적 대안에너지'라

3) 사회체계의 전환

박정희의 개발독재는 고도성장의 길을 활짝 연 데 그친 것이 아니라 고도성장을 추진하면서 특정한 사회체계를 만들었다. 이것을 우리는 '박정희 체계'라고 부를 수 있을 것이다(홍성태 2003ㄴ). 박정희 체계는 대단히 다양한 요소들로 이루어진다. 국가기구만 하더라도 군대나 경찰로 대표되는 폭력기구뿐만 아니라 강력한 개발을 통해 고도성장을 이끈 개발기구가 있다. 여기에 박정희 정권이 강력하게 육성한 민간기구로서 재벌을 중심으로 한 경제주체들이 있다. 또한 수많은 사람들이 일상적으로 참여하고 있는 토지투기와 학벌경쟁의 구조도 박정희체계의 중요요소이다. 일찍이 유인호가 'GNP교'라고 불렀던 성장주의에 대한 맹신과 자연의 파괴를 발전으로 여기는 물신화된 파괴적 자연관도 그렇다. 이렇게 보면, 박정희가 죽은 지도 오래되었고, 그 사이에 민주화도 상당한 정도로 이루어졌으나, 우리는 여전히 박정희 체계 속에서 살아가고 있다는 것을 알 수 있다.

박정희 체계의 해체는 민주화의 핵심적 과제이면서 생태적 전환의 핵심적 과제이다. 이런 점에서 우리가 무엇보다 주의해야 할 것은 박정희 체계가 단순히 폭력기구로 형성된 것이 아니라는 사실이다. 박정희의 통치를 가리켜 흔히 '개발독재'라고 하거니와 '개발'은 박정희 정권의 정치적 지주였다. 원천적으로 정치적 정당성을 결여한 군부쿠데타 권력으로서 박정희 정권은 급속한 경제성장을 통해 정치적 정당성을 확보해야 했던 것이다. 이를 위해 박정희 정권은 정부구조를 개발에 걸맞

는 구호를 내걸고 원전사업기획단 내에 신·재생에너지과를 신설해서 운영하기 시작했다. 이것은 급격히 증대한 생태적 대안에너지에 대한 요구를 오히려 핵산업의 성장으로 이끌고 가려는 정치적 술책이라고 할 수 있다. 이런 술책은 정부에 대한 불신을 더욱 깊게 할 수밖에 없다.

게 바꾸었고, 구체적인 과제를 급속히 추진할 수 있는 전문기구를 만들었다. 이렇게 해서 건설교통부와 산업자원부 등의 개발부서들이 만들어지고, 한국전력공사, 수자원공사, 도로공사, 토지공사, 주택공사, 농업기반공사 등의 개발공사들이 만들어졌다. 이들은 개발을 그 존재이유로 하는 부서와 공사이다.

이와 같이 전문적 개발기구를 설립해서 강력한 개발정책을 펼치는 국가를 가리켜 '개발국가'라고 부른다. 박정희의 경제개발계획은 한국을 강력한 개발국가로 만들었다(조명래 2003). 이것은 박정희 정권의 국가자본주의가 작동하는 핵심적 방법이었다.

개발국가는 무엇보다 급속한 공업화에 필요한 각종 하부구조를 대량으로 싼값에 생산하고 공급했다. 이것은 국토의 급격한 변화를 뜻했고, 지역사회의 급격한 파괴를 뜻했다. 예컨대 박정희 정권의 상징과 같은 경부고속도로와 소양강댐과 고리핵발전소는 일사천리로 건설되었다. 어떤 설명도 없었고, 어떤 반대도 용납되지 않았다. 주민들은 정부의 명령에 따라 누대에 걸쳐 살던 곳을 떠나야 했다. 박정희 정권의 개발정책은 군사작전을 펼치는 것과 똑같은 방식으로 전개되었다. 박정희의 개발국가는 '군사적 성장주의'의 방식으로 작동했던 것이다(홍성태 2005ㄱ, 2장). 최고지휘자는 박정희였다. 그는 수시로 온갖 공사현장을 찾아가서 '현지지도'를 했다.

민주화와 함께 국가권력은 더 이상 무소불위의 존재로 군림할 수는 없게 되었다. 그러나 박정희 체계는 여전히 강고하다. 개발을 자신의 존재이유로 하는 개발부서와 개발기구의 힘은 여전히 막강하며, 그들과 연계해서 수익을 올리는 기업들이 여전히 대단히 많다. 이 때문에 중복개발이나 낭비개발의 문제가 갈수록 커지고 있다. 2005년 가을의 국정감사에서도 다시 확인되었듯이 개발공사들의 방만한 경영과 횡령 등의 문제들은 전혀 개선되지 않고 있다. 오히려 '직업세습'[17]이라는 더욱 황당한 문제가 새로 드러났다. 이런 예에서 알 수 있듯이 개발국가의 문제는 사실상 더욱 악화되었다. 이런 점을 강조해서 '토건국가'라는 용어가 널리 사용되기 시작했다. 그 핵심에는 개발독재 시대를 이끌었던 개발부서와 개발공사가 자리 잡고 있다. 따라서 개발부서와 개발공사의 생태적 전환은 토건국가의 생태적 전환을 위한 핵심 과제이다(홍성태 엮음 2005).

박정희 체계는 토건국가보다 방대하다. 따라서 토건국가를 개혁하는 것으로 박정희 체계의 개혁이 완료될 수는 없다. 또한 토건국가는 박정희 체계의 한 요소이기 때문에 박정희 체계 전체의 개혁을 추구하지 않는다면, 토건국가의 생태적 전환도 제대로 이루어지기 어렵다. 이런 연관을 염두에 두고 토건국가와 박정희 체계의 생태적 전환을 추구해야 한다.

그것은 한편으로 독재시대에 뿌리를 두고 있는 부패와 비리의 먹이사슬을 없애는 것이면서, 다른 한편으로 자연을 파괴해서 막대한 이득을 챙기는 파괴적 경제구조를 개혁하는 것이다. 이러한 생태적 전환의 과정에서 우리의 육체와 정신은 다시금 자연과 조화를 이룰 수 있는 길에 들어서게 될 것이다.[18]

---

17) 일부 개발공사의 지사에서 명예퇴직하는 노동자에게 그 자녀의 입사를 보증하는 문서를 작성해 주었으며, 실제로 몇 명의 자녀가 이 보증에 따라 입사한 사례가 적발되었다.
18) 우리는 여전히 박정희 체계 속에서 살고 있다. 그러나 그렇다고 해서 현재의 한국사회가 박정희 시대의 한국사회와 같다는 것을 뜻하지는 않는다. 그동안 한국사회는 경제성장, 기술발달, 문화적 다양화, 정치적 민주화 등의 변화를 이루었다. 그러나 자연파괴/노동착취형 고도성장에 대한 추구, 각종 개발부서 및 개발공사의 온존, 토건국가의 확대, 학벌사회의 강화 등에서 드러나듯이 박정희 시대에 만들어진 사회체계는 사실상 변하지 않

4. 생태사회의 전망

오늘날 우리는 생태위기에 대한 숱한 우려의 목소리를 일상적으로 들으며 살고 있다. 모든 매체에서 생태위기의 현실에 관한 이러저러한 진단과 처방을 매일 매시간 내놓고 있다. 그러나 여전히 생태사회라는 용어는 사람들에게 어딘가 비현실적인 느낌을 주는 듯하다. 아마도 현실에 비추어 생태사회라는 용어가 너무나 근본적인 목표를 제시하는 것으로 보여서 그럴 것이다. 우리가 접하는 각종 첨단매체들과 그 매체들에서 내보내는 생태위기에 관한 담론들 사이에는 확실히 심각한 괴리가 있다. 문제를 실감하기에는 우리의 일상이 사실 너무나 호화롭고 화려하다. 그러나 오존층파괴, 지구온난화, 생물종 감소, 환경호르몬, 아토피, 전자파 질환, 핵발전, 스모그, 미세먼지 등에 관한 각종 연구는 우리가 오늘날 얼마나 무서운 세상에서 살고 있는가를 고민하지 않을 수 없게 한다.

이런 우려에 대한 반생태적 반응도 있다. 그리고 사실 이런 반생태적 반응이 아직 더 큰 힘을 가지고 있다. 첫째는 기술낙관론적 반응이다. 토플러와 같은 미국의 경영컨설턴트들로 대표되는 이 반응은 생태주의의 우려와 생태사회의 전망을 극히 잘못된 것이라고 맹비난한다. 토플러는 이반 일리치 같은 생태주의자, 평화주의자를 '생태 히틀러'라고

왔다. 이 점에서 필자의 박정희 체계라는 개념은 현재 우리가 대면하고 있는 구조적 문제의 뿌리가 박정희 시대에 있다는 것을 가리키면서 경제성장과 민주화와 다양화 등으로 그 문제가 해결되지 않는다는 뜻을 담고 있다. 박정희 체계의 가장 큰 문제는 그것이 상당한 정도로 우리의 삶에서 무의식화되었다는 데에 있다. 따라서 그것을 우리의 의식 위로 끌어올려서 개혁하고자 하는 노력이 대단히 중요하다. 생태적 전환은 그 핵심적 방향이자 내용이다.

부른다. 그러나 사실 토플러야말로 '기술 히틀러'라고 불러야 할 사람이
다. 그는 기술로 모든 문제를 해결할 수 있다고 주장한다. 그 바탕에는
기술이 가장 발달한 미국이 모든 문제를 해결하게 될 것이라는 강력한
미국주의가 깔려 있다. 따라서 그는 아랍근본주의를 세계가 직면한 가
장 큰 위협으로 지적하면서 미국이 부당한 전쟁을 벌이는 것이나 지구
온난화방지협약을 무산시키려고 하는 것에는 아무 말도 하지 않는다.
기술낙관론은 흔히 '인간주의'의 탈로 그 문제를 감추곤 한다.[19] 우리는
생태학의 힘을 빌려 이 탈을 벗기고 기술낙관론의 문제를 명확히 드러
내야 한다.

둘째, 반생태주의자의 생태정치적 반응이다. 다시 말해서 생태위기
에 대한 우려를 교묘히 활용하는 정치적 술책이 갈수록 늘어나고 있다
는 것이다. 아마도 가장 좋은 예로는 2005년 10월 1일에 완공된 '청계천
복원사업'을 들 수 있을 것이다. 역사적으로나 생태적으로나 청계천은
복원되지 않았다(홍성태 2005ㄱ). 영조 때의 호안석축이 완전히 사라지고
말았으며, 광통교 유적도 원래 자리를 떠나 상류로 옮겨지고 말았다.
하류의 한강물을 거꾸로 끌어올리기 위해 매년 10억 원이 넘는 막대한
전기세를 내며 많은 양의 전기를 써야 한다.

이명박 시장은 1급이었던 환경관리실을 2~3급인 환경국으로 하향조
정해 환경행정 담당부서의 위상을 떨어뜨리는 동시에 강력한 위상을
가진 개발부서를 신설했으며, 당선되자마자 도심재개발기본계획과 도
시계획조례를 개정해서 청계천 주변지역에 초고층 고밀도 개발을 가

---

19) 황우석 교수의 '과학사기'도 이런 외피를 쓰고 있었다. 그는 인간주의적 목표를 내세워서
　자기의 연구가 안고 있는 문제는 물론이고 자신의 '과학사기'를 감추려고 했다(박병상
　2004; 김세균 외 엮음 2006; 강양구 외 2006; 전규찬 외 2006).

능하게 만든 새로운 ‘불도저’ 시장이다. 이런 사람이 청계천을 정치적으로 이용한 것이다.

생태사회에 관한 논의는 이런 반생태적 반응을 염두에 두고 살펴볼 필요가 있다. 생태위기의 심화에 따라 노골적인 반생태주의는 보기 어렵게 된 반면에 신개발주의처럼 생태주의의 탈을 쓴 반생태주의가 널리 퍼졌기 때문이다(조명래 외 2005). 생태사회의 내용에 관해서는 여러 방식으로 정리할 수 있겠지만, 여기서는 거시적 관점에서 크게 두 가지 차원으로 나누어 간단히 살펴보고자 한다.

첫째, 문명적 차원이다. 현대 공업문명은 이제 겨우 250년 정도의 시간을 지났을 뿐이다. 1만 년의 인류문명사로 보자면, 극히 짧은 시간일 뿐이다. 이 문명이 이전의 문명과 다른 가장 큰 차이는 수십억 년의 시간을 지나며 지구에 축적된 화석자원과 광물자원을 대량소비해서 자연의 순환을 파괴한다는 것이다. 100년 전부터 이 문명은 석유화학문명으로 변화했다. 따라서 석유의 고갈은 현대 공업문명의 전면적 변화를 초래하지 않을 수 없다. 석유의 가격은 계속 급등할 것이고, 석유전쟁도 빈발할 것이다. 아무튼 궁극적인 결과는 석유 이후의 사회에서 우리가 살게 될 것이라는 사실이다. 현대 공업문명을 지탱하는 자원의 고갈과 함께 공업의 쇠퇴가 이루어지고 우리는 다시금 농업사회로 옮겨가게 될 것이다. 물론 이 경우의 농업사회는 자연순환형 농업사회이다. 생태사회는 우리가 언젠가는 맞을 수밖에 없는 ‘오래된 미래’이다.

둘째, 사회적 차원이다. 우리가 아무런 대비도 하지 않은 채로 석유와 같은 자원의 고갈을 맞게 된다면, 사회적으로 엄청난 혼란과 갈등이 빚어지지 않을 수 없다. 우리는 지금 여기서 ‘오래된 미래’를 준비해야 한다. 아직 여유가 있을 때, 파국에 대비해야 하는 것이다. 그 시간은 개인사적으로는 긴 시간일 수 있으나, 인류사적으로는 대단히 짧은 순간일 뿐이다. 또한 파국은 갑자기 오는 법이지만, 그 전에 여러 징후를 보이게 된다. 그리고 징후 자체가 작은 파국으로서 큰 피해를 입힐 수 있다. 우리는 이런 사실을 곳곳에서 이미 확인하고 있다. 지구온난화에 따른 태풍과 해일, 홍수, 산불, 생태계 교란 등은 이미 우리의 현실이기도 하다. 따라서 우리는 지금 여기서 이런 징후에 적극적으로 대처해서 자연보호/복지사회형 경제를 이루어야 한다. 이런 노력의 결과로 생태사회는 조금씩 더 많이 우리의 현실이 될 수 있다.

지금 여기서 생태적 전환을 적극적으로 추구하기 위해 이미 현실에는 독일과 같은 좋은 모범이 있다. 독일은 엄격한 환경규제 위에서 경제성장을 추구하며, 햇빛발전을 중심으로 새로운 생태적 공업문명의 길[20]을 열어가고자 한다(이필렬 2001). 우리가 자연의 일부라는 점에서 자연이 충만하게 살아 있는 곳에서 훨씬 충만한 삶의 질을 느끼며 살아갈 수 있는 것은 당연한 일이다. 모든 아파트 광고가 '자연'을 내세우는 것도 이 때문이다. 그러나 정말로 자연을 지키고 살려면 지금과 같은 공급자 위주의 고층아파트 대량생산을 하루속히 중단해야 한다. 물론 고층아파트의 건설과 분양에서 벌어들이는 수익이 너무나 크기 때문에 고층아파트 대량생산이 저절로 중단되지는 않을 것이다(김현동·선대인 2005; 박태견 2005). 무엇을 해야 할 것인가?

---

20) 그 상징으로 독일정부는 베를린의 독일연방의회를 개조했다. 청동돔을 없애고 그곳에 유리돔을 설치해서 햇빛이 본의사당으로 바로 들어갈 수 있도록 했으며, 남쪽 지붕에 햇빛발전소를 설치해서 연방의회에서 사용하는 모든 전력을 자체적으로 생산해서 사용하도록 했다. 우리도 국회를 이런 식으로 고치면 어떨까? '아시아 최대'를 자랑하는 한국 국회의사당의 돔은 순전히 권위적 장식으로 설치된 것이다. 그나마 원래 설계에는 없던 것을 당시 의원들이 국회의사당에 청동돔은 있어야 하지 않느냐고 요구해서 설치하게 되었다고 한다.

이렇게 되도록 하기 위해서는 토지공사, 주택공사, SH공사 등의 개발공사들, 이들과 연계해서 더 많은 아파트를 짓기 위해 최선을 다하는 수많은 건설업체들, 그리고 이러한 공사와 기업들에서 근무하는 노동자들의 변화가 필요하다. 여기서 관건은 복지사회형 노동운동의 강화이다. 생태적 전환의 과정은 기존의 반생태적 제도와 조직과 이해관계와 맞서 싸우는 과정일 수밖에 없다. 이 과정은 상당한 정도로 이 사회의 합리화와 민주화를 진척하는 과정이기도 하다. 예컨대 아파트 분양원가 공개제, 아파트 분양원가 연동제, 아파트 후분양제, 개발이익 환수제 등의 제도는 무분별한 아파트 대량생산을 막을 수 있는 제도이면서 천문학적 액수에 이르는 부당이득과 개발이익의 발생을 막고 소비자를 보호하기 위한 제도이다. 막대한 조직역량을 갖춘 노동운동이 이런 변화를 이끌어야 한다.

무엇보다 중요한 것은 생태위기의 현실에 적극적으로 대처하기 위한 생태적 전환의 실천을 통해서 생태사회를 이룰 수 있게 된다는 사실이다. 일찍이 한살림모임에서 제안한 '자연순환형 농업사회'는 생태사회의 궁극적인 전망이다(한살림모임 1989). 그러나 이런 전망에 이르기 위해서는 '생태적 공업사회'의 길을 우회하지 않을 수 없다. 요컨대 현재의 기술을 최대한 이용해서 생태위기의 문제를 최소화하는 공업사회의 생태적 전환을 추구해야 한다. 독일녹색당의 예에서 잘 볼 수 있듯이, 이 우회는 희망의 씨를 뿌리는 과정이면서 안팎으로 혹독한 싸움의 과정이기도 하다. 생태주의가 내적으로 다양한 이론에 바탕을 두고 있는 것처럼 생태사회의 구체적인 전망도 내적으로 다양한 갈래를 지니고 있다(홍성태 2004ㄱ). 따라서 역시 독일녹색당이 그러했듯이, 싸움은 안에서도 일어난다. 현실적 생태주의자는 원칙에 입각한 단계적 전략을 추구하며 생태적 연대의 틀을 넓히고 다져야 한다.

5. 맺음말

한국은 1960년대 초부터 1990년대 중반에 이르기까지 30년이 넘는 오랜 세월 동안 고도성장을 이루었다. 그 결과 한국은 가난한 농업사회에서 부유한 공업사회로 크게 변화했다. 고도성장을 이룬 덕에 사람들의 생활은 훨씬 편리하고 풍요롭게 되었다. 고도성장은 민주화의 물질적 기초로 작용하기도 했다.

그러나 고도성장으로 모든 것이 좋아지기만 한 것은 아니다. 가난한 농업사회는 자연이 살아 있는 사회, 다시 말해서 '가난한 생태사회'였다. 맑은 하늘과 맑은 물은 그 사회의 상징이었다. 그러나 고도성장과 함께 맑은 하늘과 맑은 물은 사라지고 말았다. 고도성장으로 우리가 이룬 부유한 공업사회는 '부유한 반생태사회'이기도 하다. 맑은 물에서 놀면서 그 물을 마시고 맑은 하늘을 바라보며 상상의 나래를 펴던 일은 이제 머릿속에 깊이 감춰진 추억이 되고 말았다. 우리는 언제까지 스모그에 짓눌리고 생수를 마시며 살아야 하는가?

고도성장에 성공한 결과 한국은 안정성장의 시대로 접어들게 되었다. 단순히 요소투입을 늘려서 제품생산을 늘리는 방식으로는 경제성장을 꾀할 수 없는 질적 성숙의 단계에 접어든 것이다. 그러나 올바른 질적 성숙을 이루고자 한다면, 이제 적극적으로 생태적 전환을 추구해야 한다. 세계경제포럼이나 경제개발기구의 통계가 잘 보여주듯이, 한국의 자연은 심각하게 오염되고 파괴되었다. 아니, 심각한 정도를 넘어서 세계에서 가장 안 좋은 상태이다.

이런 상황에서도 자본은 경제성장을 내세워 환경규제를 해제하라고 요구하고 있다. 환경영향평가가 사실상 개발의 면죄부로 활용되고 있다는 것은 이미 널리 알려진 사실이다. 부패와 비리의 먹이사슬로 작동하는 토건국가가 세금을 탕진하며 자연을 파괴하고 있다는 사실도 이미 잘 알려진 사실이다. 이런 상황에서 어떻게 더 환경규제를 해제할 수 있는가?

한국은 이미 부유한 나라이다. 경제적으로 한국의 가장 심각한 문제는 사회 양극화에 있다. 이것은 조세 및 분배의 불평등에 그 뿌리를 두고 있다. 지니계수로 본 불평등 정도는 이미 경제개발기구 중에서 미국, 멕시코에 이어 3위에 이르렀으며, 부동산 불평등은 거의 완전 불평등에 가까운 실정이다. 이런 불평등 문제를 해결하지 않고 환경규제를 해제해서 경제성장을 추구하자는 주장은 눈앞에 있는 도둑은 잡지 않고 도둑을 지키는 개를 잡아서 나눠먹자는 것이나 같다. 극심한 환경의 파괴로 말미암아 우리는 여전히 삶의 질이 아니라 삶의 양을 고민해야 하는 상태에 머물러 있다.

자연의 오염과 파괴를 막는 것은 삶의 질을 높이는 것이면서, 경제의 질적 향상을 추구하는 것이고, 사회의 질적 성숙을 추구하는 것이다. 자연파괴가 아니라 자연보존을 중심에 두고 모든 것을 다시 생각하고, 시대의 흐름을 앞에서 이끌기 위한 생태적 전환을 적극적으로 추구해야 한다.

생태적 전환의 실천을 통해서 우리는 비로소 생태사회의 전망을 실현할 수 있게 된다. 생태사회는 자원의 고갈에 따라 궁극적으로 도래할 '오래된 미래'인 동시에 지금 여기서 '오래된 미래'를 향해 나아가기 위한 노력의 점진적 산물이기도 하다.

이 노력이 좀더 커다란 사회적 성과를 거둘 수 있기 위해서는 노동운동의 생태적 전환이 절실하다. 그러나 현재의 상태로 보자면, 이것은

대단히 요원한 과제인 것으로 보인다. 그러나 생태위기가 갈수록 심화
되고 이에 따른 자연발생적 저항이 확산되면서 이 요원한 과제의 중요
성은 더욱더 커질 것이다.   (『경제와 사회』 69호/2006년 봄호)

생태위기와 생태제국주의
한국의 생태적 위상과 과제

1. 생태위기의 도래

오늘날 생태위기는 이미 생생한 눈앞의 현실로 여겨지고 있다. 물론 여전히 이 사실을 부인하는 사람들이 있기는 하다(Bailey 1993). 그러나 예컨대 지구온난화와 이에 따른 이상기후처럼 중대한 생태위기의 증거로 여겨지는 여러 현상들의 목록은 갈수록 늘어나고 있다. 이에 따라 생태위기 자체보다는 대응방안을 둘러싸고 갈수록 논란이 커지고 있다. 생태위기의 심화에 따라 생태주의의 발전이 이루어지고 있는 것이다.

생태위기는 '생태계의 위기'를 뜻한다. 생태계란 쉽게 말해서 생물과 비생물이 얽혀서 이룬 복잡한 체계를 뜻한다. 생태계는 여러 수준에서 규정할 수 있지만, 궁극적으로는 지구 자체가 하나의 생태계를 이루고 있다는 사실에 주의해야 한다. 이것을 우리는 '지구생태계'라고 부른다.

그런데 이 체계는 어느 날 갑자기 나타난 것이 아니라 사실은 기나긴 우주적 운동의 산물이다. 다시 말해서 지구생태계는 지구라는 별의 탄생과 함께 만들어지기 시작한 것이다.

45억 년 전의 어느 날 지구라는 별이 만들어졌고, 그로부터 몇억 년의 세월이 흘러 지구에서 최초의 생명체가 만들어졌다. 이 생명체는 시간이 지나면서 계속 변했고, 그와 함께 지구의 모습도 계속 변했다. 이러한 생명체의 변화를 우리는 흔히 '진화'라고 부른다. 그러나 이 변화는 비생명체의 변화와 함께 이루어졌다. 모든 진화는 사실 '공진화', 곧 생명체와 비생명체가 서로 영향을 주고받으며 변하는 것이다.[1]

수십억 년에 걸친 공진화의 결과로 지구생태계는 안정된 상태를 유지하게 되었고, 이런 상태 위에서 인류라는 생물종이 나타나게 되었으며, 불과 1만 년 전부터 인류는 문명생활을 하기 시작했다. 공업문명이 나타난 것은 기껏 250년밖에 되지 않았으며, 오늘날의 공업문명은 2차대전 이후에 나타난 것이다. 그런데 이제 짧게 보아 50년, 또는 길게 보아 250년밖에 되지 않은 공업문명이 45억 년이라는 긴 세월의 공진화를 거치며 만들어진 지구생태계를 위기로 몰아넣고 있는 것이다.

생태계의 특징은 연관과 순환의 법칙에서 찾을 수 있다. 연관법칙은 이 세상의 모든 것이 서로 연관되어 있다는 것이다. 동물은 식물과 뗄 수 없는 연관을 맺고 있으며, 생물은 비생물과 뗄 수 없는 연관을 맺고 있다. 순환법칙은 이 세상의 모든 것이 돌고 돈다는 것이다. 생물이 비

---

1) 이 점을 강조해서 지구 자체를 하나의 생명체로 볼 수 있다고 하는 것이 유명한 '가이아 가설'이다. 그 내용은 "지구의 생물들, 대기, 대양, 지표면은 모두 함께 한 복잡한 시스템을 형성하여 마치 하나의 생물처럼 간주할 수 있으며, 그 자체가 이 지구를 생명이 약동하는 쾌적한 장소로 만들고 있다"는 것으로 요약된다(제임스 러브록 1990, 14쪽).

생물이 되며, 동물이 식물이 된다. 생태위기는 이런 법칙이 깨진 것을 뜻한다. 생태위기는 무엇보다 생물의 생존위기이다. 생태위기는 서식환경과 먹이사슬이 파괴되는 것을 뜻하기 때문이다. 이런 점에서 생태위기는 궁극적으로 인류라는 생물의 위기이기도 하다. 인류는 생태계 밖의 존재가 아니라 그 안의 존재이기 때문이다. 생태계를 단순한 환경으로, 나아가 자원으로 여기는 것은 결국 우리의 집을 부숴 없애는 것과 같다.

생태위기는 오염과 고갈로 나누어 살펴볼 수 있다. 인류는 생태계의 자정능력을 넘어서서 자연적으로 처리될 수 있는 오염물질을 배출하고 있으며, 또한 애초부터 자연적으로 처리될 수 없는 수많은 오염물질을 배출하고 있다. 이러한 오염은 인류의 의지대로 지구를 가공하는 공업의 결과이다. 공업은 그야말로 지구 자체를 변형하고 가공해서 인류가 사용하기 위한 물건을 만들어내는 것이다. 공업은 지구를 '생태계'가 아니라 인류를 위한 단순한 '자원'으로 다룬다. 따지고 보면 이런 공업적 세계관 자체가 생태위기의 근원에 자리 잡고 있는 크게 잘못된 것이지만, 더욱 직접적인 문제는 공업의 발달로 지구가 너무나 많이 가공되어 결국 인류가 사용할 수 있는 자원이 고갈되었다는 것이다.[2]

현대의 생태위기는 분명히 현대 공업문명의 역사적 산물이다. 따라서 그 해결은 현대 공업문명의 개혁을 통해서만 이룰 수 있다. 그러나 여기서 국가별로 공업문명의 형성과정과 수준이 다르다는 사실에 주

---

2) 대표적인 예로 석유를 들 수 있다. 석유의 고갈은 필연적이므로 우리의 공업문명은 결국 '오래된 미래'를 향해 나아갈 수밖에 없다. 그러나 우리가 석유를 사용하면서 지구를 너무나 많이 망가뜨린다면, 석유공업문명 이후의 '오래된 미래'는 대단히 삭막하고 고통스런 시대가 될 것이다.

의해야 한다. 공업문명의 개혁이라는 문명론적 접근은 너무나 포괄적이어서 현실의 불평등관계를 은폐하는 거대한 '보자기 담론'으로 구실할 수 있다.

생태제국주의의 개념은 이러한 문명론적 접근을 넘어서 생태위기에 대한 국가별 기여도의 차이에 입각한 해결책을 찾기 위한 노력과 밀접하게 연관되어 있다.

2. 생태제국주의의 개념

일반적으로 제국주의는 한 국가가 군사력으로 다른 국가를 차지하여 경제적 이득을 취하는 것을 뜻한다.[3] 다시 말해서 제국주의는 두 가지 사실에 초점을 맞추고 있다. 첫째, 제국주의는 국가와 국가의 불평등관계에 초점을 맞춘다. 둘째, 제국주의는 경제적 이득을 위해 군사력을 사용하는 것에 초점을 맞춘다. 생태제국주의는 이러한 제국주의의 개념에 뿌리를 두고 만들어진 개념이다. 이제 그 뜻에 대해 좀더 구체적으로 살펴보도록 하자.

용어상으로 보았을 때, '생태제국주의'는 '생태학적 제국주의'(Ecological Imperialism)라는 뜻이다. 이런 뜻의 생태제국주의라는 용어는 알프레드 크로스비의 저서에서 비롯되었다. 그는 1986년에 『생태학적 제

---

3) 레닌은 그의 유명한 『제국주의론』에서 제국주의를 '자본주의의 최후단계'로 규정했다. 이 규정은 두 가지 뜻을 담고 있는데, 가장 발달한 자본주의이자 곧 사멸할 자본주의라는 것이다. 그러나 이러한 '과학적 규정'은 결국 틀린 것으로 드러났다. 제국주의에 대한 레닌의 설명뿐만 아니라 그 뿌리인 마르크스의 '자본주의 붕괴론' 자체가 틀린 것이다.

국주의』라는 제목의 책을 발간했는데, 이로부터 '생태학적 제국주의' 곧 '생태제국주의'라는 용어가 널리 사용되기 시작했다. 그러나 이 두 툼한 책을 통틀어 크로스비 자신은 생태제국주의를 구체적으로 정의하지 않고 있다. 따라서 이 책의 내용을 통해 생태제국주의의 뜻을 짐작할 수밖에 없다.

크로스비는 백인종이 다른 인종과 달리 세계 곳곳을 차지하고 살게 된 까닭을 생태학적으로 밝히려고 한다. 이른바 '신세계'의 형성을 생태학적으로 밝히려는 것이다. 그는 아메리카, 오스트레일리아, 뉴질랜드를 '네오유럽'이라고 부른다.

이곳이 이렇게 바뀐 것은 콜럼부스의 '신대륙의 발견'으로 시작된 것이지만, 실제로 이렇게 된 것은 1820년에서 1930년 사이에 5천만 명이 넘는 유럽인이 이곳으로 이주했기 때문이다. 그런데 더욱 중요한 것은 유럽인이 이처럼 대량으로 이주하면서 이곳은 유럽인이 많이 산다는 의미에서뿐만 아니라 생태계 자체가 유럽과 비슷하게 변했다는 점에서 '네오유럽'이 되었다는 사실이다. 크로스비는 "유럽 제국주의의 성공은 생물학적인 구성요소, 생태학적 구성요소를 가지고 있는 것 같다"고 지적한다(알프레드 크로스비 2000, 19쪽). 그리고 이런 사실을 많은 자료를 통해 구체적으로 입증한다. 그 결과 유럽인들이 아메리카, 오스트레일리아, 뉴질랜드를 '네오유럽'으로 만들 수 있었던 것은 유럽인이 옮겨놓은 '이식 생물상'의 번성 때문이라고 주장한다. 그가 말하는 '생태제국주의'란 이처럼 유럽의 생명체로 아메리카, 오스트레일리아, 뉴질랜드의 생태계를 바꾸어놓은 것을 뜻한다. 유럽인은 이곳을 유럽과 비슷한 곳, 곧 '네오유럽'으로 만들었던 것이다.

여기서 알 수 있듯이 크로스비는 생태제국주의의 현상, 곧 제국주의는 군사적이고 경제적인 면에서뿐만 아니라 생태적인 면에서도 '정복'을 추구했다는 사실을 가리키기 위해 생태제국주의라는 개념을 사용했다. 그러나 그 설명의 내용은 근대에 이루어진 백인종의 지구적 확산을 생태학의 눈으로 꼼꼼히 살펴보는 것이다. 따라서 이 개념으로 현대 생태위기에 대한 국가별 기여도의 차이와 현실의 불평등관계를 가리키기 위해서는 그 내용을 전통적인 제국주의 개념에 가깝게 고칠 필요가 있다.

이 글에서 생태제국주의는 "한 나라가 자신의 복리를 위해 다른 나라의 생태계를 약탈하거나 파괴하며, 지구생태계의 위기에 큰 책임이 있음에도 불구하고 책임을 지려 하지 않는 것"을 뜻한다. 크로스비가 잘 보여주듯이 제국주의는 사실 언제나 생태제국주의였다. 이런 점을 염두에 두고 이 글에서 생태제국주의의 개념은 제국주의의 반생태적 역사와 현실에 초점을 맞추어 생태위기의 해결을 모색하기 위한 목적을 가진 것으로 사용한다. 좀더 구체적으로 말하자면, 이 글에서 생태제국주의의 개념은 2차대전 이후에 도래한 생태위기의 현실을 배경으로 선진국들의 문제를 가리키기 위해 사용한다.

그러나 사실 오늘날 생태제국주의는 이미 선진국들만의 문제는 아니다. 이른바 중진국들에서도 비슷한 문제를 볼 수 있다. 전통적인 제국주의와 같은 능력을 갖추지 않은 국가도 사실상 얼마든지 생태제국주의 국가가 될 수 있다. 이러한 생태제국주의라는 면에서 한국의 문제도 이미 심각한 지경에 이르렀다. 따라서 이에 대해서도 함께 살펴보면서 한국의 과제에 대해 생각해 보도록 한다.

3. 생태제국주의의 양상

생태제국주의 개념은 무엇보다 선진국들의 반생태적 역사와 현실을 가리킨다. 선진국이란 다른 나라들에 비해 일찍 공업화에 성공한 나라들이며, 그 결과 강력한 군사력과 경제력을 가지게 된 나라들이다. 이른바 G7국들이 그 핵심이며, 그중에서도 미국이 대표적이다.[4] 따라서 우리는 미국의 행태를 중심으로 생태제국주의의 양상에 대해 살펴볼 수 있다. 또한 이것은 생산과 소비의 두 면으로 나누어 살펴볼 수 있다.

우선 소비를 중심으로 한 생태제국주의의 양태에 대해 살펴보도록 하자. 미국은 그 면적이 한반도보다 42배나 큰 대륙국가이다. 그러나 그 인구는 사실 세계인구의 4.5% 정도밖에 되지 않는다.[5] 문제는 이 나라가 인구에 비해 너무나 많은 자원을 소모하고 있다는 데에 있다. 1994년에 이집트의 카이로에서 열린 세계인구회의에서는 놀라운 조사결과가 발표되었다. 이에 따르면, 보통 미국인은 일본인 3명, 중국인 12명, 에티오피아인 422명분의 에너지를 소비한다(홍성태 2004ㄱ, 131쪽). 이러한 자원의 과소비는 비만의 만연으로 나타나고 있기도 하다. 『지구환경보고서 2004』에 따르면, 전체 미국인의 65%가 비만이며, 1999년에 30만 명의 미

---

4) 이 글에서 현대사회는 근대사회와 구분된다. 물론 민주주의와 공업을 기본으로 한다는 점에서 둘 사이에 본질적인 차이는 없다. 그러나 민주주의와 확산과 공업의 발달, 그에 따른 생활양식의 변화와 생태위기의 도래 등은 '시대의 변화'라고 불러도 좋을 중대한 변화이다. 이런 맥락에서 미타 무네스케는 1950년대의 미국을 "현대사회의 고전시대라고 할 만한 시대/사회"라고 주장한다(見田宗介 1996, 2). 이러한 미타 무네스케의 견해는 쉽게 동의할 수 있는 것이기는 하지만, 흔히 현대사회를 가리키는 것으로 사용되는 풍요사회, 소비사회, 탈공업사회 등의 용어에 대해서는 크게 주의할 필요가 있다.

5) 2005년에 세계 인구는 65억 명을 넘어선 것으로 추산되었다. 2006년 8월에 미국의 전체 인구는 3억을 넘어선 것으로 집계되었다.

국인이 비만으로 목숨을 잃었다. 미국은 너무나 많은 자원을 소비하고 있으며, 이로 말미암아 생긴 '비만병'으로 시달리고 있다.

미국은 이른바 '소비사회'의 전형이다. 소비사회는 빈곤에서 벗어난 사회로 상찬되었지만, 사실 그것은 자원의 낭비와 자연의 파괴를 대가로 치르고 이루어진 것이었다.

> 소비사회는 상표명이 가정에서 흔히 쓰이는 낱말이 되고, 가공·포장 식품이 전국에 걸쳐 첫선을 보이고, 자동차가 문화의 중심에 자리 잡은 1920년대의 미국에서 탄생했다. 경제학자들과 기업체 간부들은 의식주에 대한 사람들의 자연스런 욕구가 채워졌을 때 대량생산이 더 이상 어려울 것을 고려해, 경제성장을 지속시키기 위한 방편으로 대량소비를 부추기기 시작했다. 이른바 '소비의 민주화'는 암암리에 미국 경제정책의 목표가 되었다. 소비는 애국적 의무로 위장되기조차 하였다. (앨런 더닝 1994, 24쪽)

미국을 생태적으로 점령한 백인은 19세기 말에서 20세기 초에 이르는 동안에 군사력과 경제력의 면에서 미국을 세계 최강의 국가로 만들었다. 그 결과물이 이를테면 소비사회였다. 그러나 소비사회를 지탱하기 위해서는 아무리 미국이 넓다고 해도 미국이 가지고 있는 자원만으로는 부족하다. 미국은 소비사회를 유지하기 위해 생태제국주의 국가가 되지 않을 수 없다. 부족한 자원을 다른 국가들에서 어떻게 해서든지 가져오지 않으면 안 되는 것이다. 미국의 뒤를 이어 소비사회가 된 모든 선진국들을 감안하면 소비사회의 등장으로 말미암은 문제는 훨씬 더 심각해진다.

미국은 세계 최대의 소비사회, 곧 자원낭비 국가일 뿐만 아니라 세계 최대의 산업생산 국가이기도 하다. 따라서 미국은 소비뿐만 아니라 생산을 통해서도 지구생태계의 위기에 가장 큰 영향을 미치고 있다. 그 대표적인 예가 바로 지구온난화의 문제이다. 지구온난화는 이른바 '온실가스'로 말미암아 지구가 비정상적으로 더워져서 심각한 기상이변이 빚어지게 되는 것을 뜻한다. 지구 안으로 들어온 태양열은 다시 지구 밖으로 나가야 하는데, 온실가스가 지구의 대기층에 두껍게 쌓여서 그렇게 되지 못하는 것이다. 이 때문에 지구의 기온이 급격히 상승하고 이로 말미암아 이전에 볼 수 없었던 기상이변과 기상재해가 나타나고 있다. 이 때문에 지구온난화는 '지구환경 문제'에서도 가장 중요한 예로 꼽힌다(米本昌平 1995).

지구온난화가 이대로 진행되면 세계 곳곳에서 수재가 크게 늘어날 뿐만 아니라 빙산과 빙하가 녹아서 해수면이 높아져서 사람이 살 수 있는 땅 자체가 크게 줄어들게 된다. 태평양의 작은 섬나라들은 물론이고 해안에 자리 잡고 있는 세계의 많은 도시들이 바다에 잠길 수도 있다. 지구 전체에서 폭우와 해일과 태풍이 늘어나서 다른 생물들은 물론이고 인류의 생존조차도 커다란 위기를 맞게 된다. 이러한 지구온난화를 막기 위해서는 무엇보다 그 원인물질인 온실가스의 배출을 줄여야 한다. 그중에서 가장 중요한 것은 이산화탄소의 배출을 빠른 시간 안에 크게 줄이는 것이다.

지구온난화는 무엇보다 이산화탄소의 배출량이 크게 늘어났기 때문에 생겨난 현상이며, 또한 이렇게 된 까닭은 무엇보다 공업의 성장 때문이다. 공업은 석탄과 석유를 이용해서 형성되었고 성장했다. 그런데 석탄과 석유는 사실 탄소덩어리이다. 석탄과 석유의 이용이 늘어날수록, 다시 말해서 공업이 성장할수록 대기중으로 배출되는 이산화탄소의 양도 늘어난다. 그 결과가 오늘날의 지구온난화이다. 오늘날 우리가 맞고 있는 지구생태계의 위기는 공업의 직접적인 산물이다. 따라서 지구온난화에 대한 책임은 나라마다 다르다. 공업이 발달한 나라일수록 이산화탄소의 배출량이 많으며, 따라서 지구온난화에 대한 책임도 크다. 그 책임이 가장 큰 나라는 당연히 미국이다.

2004년 현재, 미국은 전세계 이산화탄소 배출량에서 36%를 차지하고 있다. 인구는 4.5%밖에 되지 않는 나라가 전세계 대기의 36%를 더럽히고 있는 셈이다. 다시 말해서 미국은 엄청난 양의 자원을 탕진하고 있으며 파괴하고 있는 것이다.[6] 미국이 이산화탄소 배출량을 줄이지 않으면 지구온난화는 계속 악화될 수밖에 없다. 그러나 미국은 이산화탄소 배출량을 줄일 수 없다는 태도를 고수하고 있다. 이 점에서는 클린턴과 부시 사이에 아무런 차이도 없다. 미국은 오히려 중국을 포함한 개발도상국들이 이산화탄소 배출량을 줄여야 한다고 주장하고 있다.

그러나 역사적 경과로 보나, 현재의 배출량으로 보나, 지구온난화는 가장 먼저 공업화를 이룬 선진국의 책임이 가장 크다. 생태정의의 관점에서 보았을 때, 선진국은 이산화탄소 배출량을 가장 크게 줄여야 하고, 중·후진국이 이산화탄소 배출량을 줄일 수 있도록 경제적·기술적 지원을 아끼지 말아야 한다. 미국의 태도는 강력한 군사력과 경제력에 바탕을 두고 자신의 복지를 최대화하기 위해 지구생태계의 위기를

---

[6] 한국도 대단히 문제가 많은 나라이다. 1990년대 한국의 이산화탄소 배출량 증가는 76.6%로서 세계 1위를 기록했다(『문화일보』 2004. 4. 22). 한국이 지구온난화를 포함한 자연보존에 별로 주의하지 않고 있다는 사실을 여기서 쉽게 알 수 있다. 한국경제의 구조와 속성은 박정희 시대에서 별로 달라지지 않았다. 그것은 한마디로 '자연파괴형 성장경제'라고 할 수 있다.

촉진하는 생태제국주의의 전형이다. 미국이 '지구의 적'이라는 비판을 받게 되는 것은 무엇보다 이러한 반생태적 행태 때문이다. 이런 점에서 미국은 결코 본받아야 할 '선진국'이라고 할 수 없다.

생태제국주의의 양상은 공업뿐만 아니라 농업에서도 볼 수 있다. 여기서도 역시 가장 중요한 국가는 미국이다. 미국은 자국의 농민에게 안정적 수익을 제공하기 위해 '자유무역'의 이름으로 다른 나라의 농민을 위협하고 있다. 여기서 한걸음 더 나아가 미국은 다른 나라의 농업 자체를 커다란 위기로 몰아넣고 있다. 비단 중·후진국들만이 아니라 심지어 일본이나 유럽연합과 같은 선진국들도 미국의 표적이다. 한국의 경우는 벼농사가 미국의 가장 중요한 표적이 되었다. 단순히 가격만을 비교한다면 한국의 벼농사는 미국의 벼농사와 경쟁을 할 수 없다.

그러나 벼농사는 단순히 경제논리로 그 우위를 따질 수 없다(김동수 2000). 먼저 식량안보라는 면에서 주곡을 외국의 생산에 맡기는 것은 우리의 목숨을 외국에 맡기는 것과 같다. 둘째, 논은 쌀의 생산뿐만 아니라 생태계 보호라는 면에서도 대단히 중요하다. 논은 이른바 '녹색댐'이며 많은 생명체들이 어우러진 생태계이며 공기를 정화하고 이산화탄소를 흡수하는 구실도 한다. 셋째, 논은 한민족의 정체성을 이루고 있는 중요한 문화적 자산이기도 하다. 벼농사 문화라는 것은 한민족의 정체성에서 가장 근원적이고 보편적인 지위를 차지한다. 따라서 벼농사를 포기한다는 것은 한민족의 정체성을 포기하는 것과 같다.

생태제국주의의 양상은 석유의 약탈에서 가장 적나라하게 드러난다. 현대 공업문명은 석유화학문명이므로 선진국은 무엇보다 석유자원의 확보에 열을 올리고 있다. 여기서도 가장 두드러지는 것은 미국이다. 아버지 부시의 1차 이라크전쟁(1990)과 아들 부시의 2차 이라크전쟁(2003)

은 모두 평화와 해방을 내걸었지만, 그 속셈은 안정적인 석유자원의 확보를 위한 이라크점령이었다. 두 차례에 걸친 미국의 이라크전쟁은 노골적인 침략전쟁이며 석유약탈 전쟁이다(홍성태 2003ㄱ).

미국의 이라크전쟁은 군사력을 앞세워 자신의 이득을 챙기는 제국주의가 역사의 뒤란으로 사라지지 않았다는 것을 보여주는 생생한 사례이다. 미국의 이라크전쟁은 이라크의 생태계를 심각하게 파괴했다는 점에서도 생태제국주의의 중요한 사례이다. 물론 베트남전쟁에서처럼 생태계 파괴 자체를 목표로 삼은 것(김진균·홍성태 1996; 존 포스터 2001, 116쪽)은 아니지만, 미국은 결과적으로 이라크의 생태계를 심하게 파괴했다.

4. 생태제국주의의 작동

이제 생태제국주의의 작동방식에 대해 살펴보도록 하자. 본래 제국주의는 군사력으로 다른 나라를 강제로 점령해서 경제적 이득을 취하는 것을 뜻한다. 제국주의는 점령한 국가의 사람과 자연을 모두 자신의 이득을 위한 '자원'으로 여긴다. 이런 점에서 제국주의는 언제나 생태제국주의이기도 하다. 제국주의가 점령한 곳의 자연은 심하게 변형되고 파괴되었다. 그러나 생태제국주의는 제국주의와 달리 직접적으로 군사적 점령을 추구하지는 않는다. 생태제국주의는 2차대전 이후에 변화한 제국주의로서 군사적 점령보다는 경제적 연관을 통해 중·후진국을 지배하고자 한다.

생태제국주의는 제3세계의 근대화와 밀접한 연관을 맺고 있다. 2차대전이 끝나고 미 · 소 냉전이 격화되는 가운데 미국은 이제 본격적으로 근대화의 길에 접어들게 된 제3세계 국가들을 자국의 지배 속으로 끌어들이기 위해 '제3세계 근대화론'을 내걸고 제3세계의 근대화를 적극적으로 추진했다(홍석률 1999, 홍성태 2002ㄱ). 이러한 노력은 잘 알다시피 1991년에 소련이 몰락함으로써 궁극적인 승리를 거두었다.

제3세계의 근대화를 통해 미국을 정점으로 하는 세계적인 경제체계가 확립되었고, 이 체계 속에서 생태제국주의가 나타나 작동하게 되었다. 여기서 주의할 것은 제3세계의 근대화가 빚어낸 사회적 결과이다. 근대화를 통해 제3세계는 미국이 정점에 자리 잡고 있는 세계경제 체계의 한 요소가 되었다. 따라서 세계경제 체계 속으로 들어간 제3세계 각국은 이 체계의 요구를 무시하고 자립해서 존재할 수 없게 되었다.[7] 일방적인 종속이건 상호적인 의존이건 각국은 세계경제 체계를 이루는 한 요소로 존립하게 되었다. 제3세계가 생태제국주의를 승인하도록 하는 체계가 만들어진 것이다. 세계무역기구의 출범은 이러한 세계경제 체계의 문제를 더욱 강화하고 있다(힐러리 프렌치 2001).

그런데 이 체계는 힘의 차이에 따른 위계적 체계이다. 따라서 겉으로는 모든 국가가 평등한 관계를 이루고 있는 것으로 보이지만, 실제로는 군사력과 경제력이 강한 국가가 그렇지 않은 국가에 대해 강력한 통제력을 행사한다. 선진국, 중진국, 후진국의 구분은 단순히 공업화와 민주화의 정도에 따른 구분이 아니라 명백히 힘의 차이를 반영하고 있는 구분이다. 이렇게 불평등한 체계 속에서는 비용과 편익의 분배도 당연히

---

7) 이 때문에 '경제적 제재'가 군사적 제재만큼이나 강력한 위력을 갖게 된다. 이라크와 북한은 10년이 넘는 오랜 세월 동안 미국의 경제적 제재를 받아서 국가경제의 위축은 물론이고 일상생활마저 피폐해졌다.

불평등하게 이루어진다. 생태제국주의는 불평등한 세계경제체계 속에서 지배적 지위를 차지하고 지불해야 할 비용을 제대로 지불하지 않고 지불한 비용에 비해 턱없이 큰 편익을 취하는 것을 가리킨다. 이것은 대체로 자원의 약탈과 오염의 전가를 통해 이루어진다.

불평등한 세계경제 체계 속에서 중·후진국은 무엇보다 선진국을 위한 자원의 창고로 다루어진다. 이전의 제국주의와 마찬가지로 생태제국주의도 중·후진국의 자원을 약탈하고 중·후진국의 자연을 오염시킨다. 이렇게 해서 생태제국주의는 경제적으로뿐만 아니라 생태적으로도 막대한 이득을 취하게 된다. 반면에 중·후진국은 경제적으로뿐만 아니라 생태적으로도 막대한 손해를 보게 된다.[8]

자원의 약탈만큼이나 오염의 전가도 심각한 문제이다. 이것은 두 가지로 나누어 살펴볼 수 있다. 첫째, 이른바 '공해산업'의 수출이다. 자국에서 환경문제에 대한 우려와 저항이 커지면서 더 이상 오염이 심한 업체를 유지할 수 없게 되자 선진국에서는 이렇게 오염이 심한 업체를 통째로 중·후진국으로 수출했다. 이것을 흔히 공해산업의 수출이라고 부르는데, 이것은 명백한 생태제국주의의 예에 해당된다. 둘째, 각종 유해폐기물의 수출이다. 공해산업과 마찬가지로 선진국에서 자국의 각종 유해폐기물을 중·후진국에 버리는 일이 끊임없이 일어나고 있다. 사실 이것은 폐기물의 국제이동을 규제하는 바젤협약을 어기는 범죄행위이다. 그러나 중고부품으로 위장해서 수출하는 형식으로 선진국의 유해폐기물을 중·후진국에 버리는 일들은 그치지 않고 있다. 이것

---

8) 이와 관련된 좋은 예로 아마도 아마존 개발을 들 수 있을 것이다. 아마존 일대는 값싼 쇠고기를 공급하기 위한 농장지로서, 또한 엄청난 양의 광물과 석유가 매장되어 있는 자원의 보고로서 1980년대부터 급속히 파괴되고 있다.

은 더욱더 직접적인 생태제국주의의 예라고 할 수 있을 것이다.

이처럼 생태제국주의는 불평등한 세계경제 체계를 이용하여 자원의 약탈과 오염의 전가를 이루는 방식으로 작동한다. 따라서 생태제국주의의 문제를 해결하기 위해서는 자원의 약탈과 오염의 전가를 막아야 하지만, 이를 위해서는 불평등한 세계경제 체계 자체를 바로잡지 않으면 안 된다. 이것은 두 가지 점에서 시급한 과제이다. 첫째, 생태정의의 면에서 그렇다. 지구생태계의 차원에서 지구생태계의 위기에 더 많은 영향을 미치는 자들이 이 위기의 해결에 더 많은 책임을 져야 한다. 생태제국주의는 이러한 생태정의의 요구를 정면으로 부정한다. 둘째, 부메랑 효과의 면에서 그렇다. 생태제국주의는 자원의 약탈과 오염의 전가를 통해 그 구성원들에게 비교적 생태적으로 건전한 공간에서 소비사회의 풍요를 누릴 수 있도록 해준다. 그러나 장기적으로 보자면, 결국 이런 삶은 지속될 수 없다. 지구는 하나의 생태계로 연결되어 있기 때문이다.[9]

생태제국주의는 불평등한 세계경제 체계의 역사적 산물이다. 선진국은 소비사회의 물질적 풍요를 지속하기 위해 다른 국가들에서 자원을 가져와야 하고, 또한 자국에서 생산된 숱한 유해폐기물을 다른 국가들로 보내고, 이 과정에서 다른 국가들의 생태계를 파괴하지 않을 수 없게 된다. 오늘날의 세계경제 체계는 경제적으로 불평등할 뿐만 아니라

---

9) 2004년 2월에 미 국방부가 작성한 이른바 「펜타곤 보고서」라는 것의 내용이 보도되었다. 그 내용은 앞으로 20년 안에 급격한 기후변화로 엄청난 재앙과 전쟁이 일어나게 될 것이라는 다분히 종말론적인 것이다. 이런 상황이 초래되면 생태제국주의는 더욱 노골적인 제국주의로 나아갈 가능성이 크다. 생태제국주의도 생태위기의 영향을 피할 수 없기 때문이다. 「펜타곤 보고서」는 예컨대 유럽과 미국의 해안도시들이 바다에 잠길 가능성을 지적하고 있다(『프레시안』 2004. 2. 23).

생태적으로도 대단히 불안정하다. 생태위기에 적극적으로 대응하기 위해서는 단순히 환경정책을 강화하는 것만으로는 부족하다. 무엇보다 위기의 원인을 다스려야 한다. 대증요법이 아닌 원인요법이 필요하다. 군사적 점령과 약탈의 역사에 뿌리를 두고 있는 현재의 불평등한 세계경제 체계를 크게 바로잡아야 한다. 비만과 기아의 참혹한 불협화음을 끝내야 한다.

무엇보다도 선진국의 사회구조를 바꾸기 위해 애써야 한다. 미국을 비롯한 선진국은 생태제국주의의 노선을 따르지 않을 수 없는 사회구조를 이루고 있다. 요컨대 생태제국주의는 단순한 현상이 아니라 역사적으로 형성된 구조의 산물이다. 이런 점에서 생태제국주의의 문제를 해결하고 생태위기에 대처하기 위해서는 선진국의 사회구조를 바꾸지 않으면 안 된다. 선진국은 단순히 물질적으로 풍요로운 소비사회나 정치적으로 자유로운 민주사회가 아니다. 오늘날 선진국은 세계 최대의 자원낭비 국가이면서 자연파괴 국가이다. 이러한 낭비와 파괴의 사회구조를 지키기 위해 늘 전쟁을 준비하고 실제로 전쟁을 벌이는 것이 선진국이기도 하다. 평화롭고 우아하고 아름다운 겉모습만이 선진국의 실체가 아니다. 선진국의 아름다운 겉모습은 예나 지금이나 제3세계 곳곳에서 자연을 파괴하고 원주민을 착취하는 악마적 활동의 산물이기도 하다.[10]

물론 생태제국주의를 규제하려는 노력도 이미 오래 전부터 나타났

---

10) 2004년 1월 29일, '지구의 벗'은 초국적 정유업체 엑손 모빌에 관한 보고서를 발표했다. 이에 따르면 1882년부터 2002년까지 엑손 모빌은 약 203억 톤에 이르는 이산화탄소를 배출했으며, 이로 말미암아 1882년 이후 온도가 3.4 ~ 3.7% 상승하고, 해수면도 2% 높아졌다. 오늘날의 악마는 이렇듯 '세계 일류' 기업의 모습을 하고 있는 경우가 많다.

다. 이것은 크게 유엔 차원의 노력과 시민사회 차원의 노력으로 나눌 수 있다. 유엔 차원의 노력은 1972년 스톡홀름에서 열린 제1회 세계환경회의로 본격화하기 시작했다. 시민사회 차원의 노력은 이보다 앞서서 1960년대 초부터 선진국의 시민사회를 중심으로 본격화하기 시작했다. 이런 노력들의 결과로 1980년대부터 여러 국제협정들이 체결되기 시작했다. 대표적인 예로는 오존층 파괴를 막기 위해 그 원인물질인 CFCs의 생산과 사용을 규제하는 '몬트리올 의정서'를 들 수 있다. 이 의정서는 1987년에 채택되었는데, 상당히 일찍 성공적으로 채택된 국제환경협약이다. 그러나 그 이면을 보면, 역시 생태제국주의의 문제가 자리 잡고 있음을 알 수 있다.

CFCs는 흔히 '프레온'이라는 이름으로 알려져 있는데, 이것은 사실 미국의 뒤퐁사에서 생산한 상품명이다. CFCs의 규제는 곧 프레온의 규제를 뜻한다. 그러나 뒤퐁사에서는 이에 대해 저항하지 않았다. 그 까닭은 CFCs의 대체물질을 이미 1980년대 초에 개발했기 때문이다. 따라서 뒤퐁사와 미국에게 CFCs의 규제는 뒤퐁사가 개발한 새로운 대체물질의 시장이 활짝 열리는 것을 뜻했다. 이 때문에 뒤퐁사와 미국은 CFCs의 규제에 저항하기는커녕 두 손을 들어 반겼다. 이것은 지구온난화에 대처하기 위한 이산화탄소 배출량의 규제에 대해 미국이 극력 반대하고 있는 것과 대비해서 생태제국주의의 실상을 엿볼 수 있는 아주 좋은 사례이다. 생태제국주의는 생태위기의 현실마저도 자신의 이익을 최대화할 수 있는 기회로 활용하고자 한다.

5. 또 다른 문제들

소련의 몰락으로 미국이 세계경제 체계를 사실상 완전히 지배하게 되면서 사실상 생태제국주의의 문제는 더욱 악화되고 있다. 자유무역의 확대를 통해 생태제국주의의 이익을 최대화하기 위한 노력이 더욱 강화되고 있는 것이다. 세계무역기구가 그 선봉에 서 있으며, 이런 변화는 '지구화'[11]의 이름으로 정당화되고 있다. 따라서 지구생태계의 위기는 더욱더 악화되고 있다.

> 오늘날 미증유의 생물학적 파괴의 배후에는 '세계화'라는 강력한 힘이 작용하고 있다. 목재, 광물 그리고 여타 천연물자의 교역이 증가하고 자원채취를 위한 국제투자가 급등하면서, 수많은 세계의 주요 생물다양성 보전지역이 그 존재를 위협받고 있다. 그런데 세계경제의 새로운 규칙은, 지구가 생물학적 불모지로 바뀌고 있는 오늘의 심각한 상황에 대해 주의를 기울이지 못하고 있다. 새로운 세기에 들어서도 위급한 환경문제의 해결을 위한 노력을 회피한다면 생태적 의무와 경제적 현실 사이의 불일치의 간극은 더욱 커질 것이다. (힐러리 프렌치 2001, 21쪽)

그러나 오늘날 우리가 맞고 있는 생태위기의 원인을 모두 생태제국주의로 돌리는 것은 잘못이다. 세계경제체계는 경제적으로 불평등할 뿐만 아니라 생태적으로 대단히 불안정하다. 이 체계 속에 포섭된 중·후진국

---

11) globalization은 지구화로 옮기는 것이 옳다. 세계화는 우선 영어를 그대로 옮긴 것이 아니라는 점에서 적합하지 않다. 또한 globalization이 담고 있는 생태적 함의, 곧 지구를 하나의 생태계로 보는 관점이 세계화에는 결여되어 있다.

은 선진국을 모델로 삼아 근대화되었다. 요컨대 생태제국주의는 중·후진국을 약탈하고 오염시켰을 뿐만 아니라 자신의 모습과 비슷하게 바꾸어놓았다. 오늘날 중·후진국에게 선진국은 물리쳐야 할 대상인 생태제국주의가 아니라 풍요로운 소비사회로서 본받을 대상으로 받아들여지고 있다. 확실히 선진국은 "세계 곳곳의 빈곤계층에게는 젖과 꿀이 흐르는 땅"(앨런 더닝 1994, 138쪽)이다. 따라서 중·후진국은 스스로 생태제국주의가 되기 위해 생태제국주의와 악마의 계약을 체결하고 '생태학적 혼'(같은 책, 53쪽)을 마구잡이로 파괴하고 있다.

중·후진국에서 '생태학적 혼'의 파괴가 더욱 넓고 깊게 일어나면서 지구생태계의 위기도 더욱 악화되고 있다. 이에 따라 생태제국주의는 중·후진국의 '생태학적 혼'의 파괴를 규제하려고 한다. 이에 대해 중·후진국은 대체로 격렬하게 저항하고 있다. 특히 이러한 저항을 주도하고 있는 국가는 바로 중국이다(McCormick 1989). 중국은 선진국의 역사적 책임을 묻는다. 이러한 중국의 저항은 올바른 것이다. 그러나 선진국과 같은 소비사회가 되고자 하는 이 저항의 목표는 대단히 위험한 것이다.

중국의 13억 인구가 미국의 중산층과 같은 삶을 살 수 있는 길은 사실상 없다. 그것은 지구의 용량을 넘어서는 일이다. 그러나 중국의 많은 인구를 무엇보다 중요한 환경문제로 여기는 미국의 태도도 잘못된 것이다. 13억 중국인보다 3억 미국인이 지구생태계에 미치는 영향이 더욱더 크다. 에너지 사용량만으로 보더라도 미국인의 에너지 사용량은 중국인으로 환산하면 무려 35억 명이 사용하는 것과 같은 양이다. 이런 점에서 중·후진국은 선진국을 모델로 삼아서는 안 되며, 선진국은 '생태학적 혼'을 되살려야 할 역사적 책임을 지고 있다.

중·후진국이 실제로 또 다른 생태제국주의로 떠오른 예도 있다. 한국의 경우도 분명히 이런 사례에 해당할 것이다. 한국은 1960~70년대를 거치며 중진공업국이 되었다. 그리고 다시 1980~90년대를 거치며 세계 10위의 무역대국이 되고 OECD 가입국이 되었다. 중·후진국에 대한 자원의 약탈과 오염의 전가는 한국에서도 일상적으로 벌어지고 있는 일이다. 동남아시아의 열대림이 우리의 잘못된 '장롱문화' 때문에 크게 망가졌으며, 시베리아의 원시림도 우리의 목재수요 때문에 크게 파괴되었다. 1964년에 일본의 공해수출로 들여온 원진레이온 공장을 30년 뒤인 1994년에 국내 노동운동과 시민사회의 큰 반대에도 불구하고 중국으로 다시 공해수출로 내보냈다. 이런 예에서 알 수 있듯이 생태제국주의는 남의 문제가 아니라 바로 우리 자신의 문제이기도 하다. 우리의 경제구조와 생활방식이 생태제국주의를 모방해서 만들어진 것이기 때문이다. 이 점에서 생태제국주의를 바꾸는 것은 바로 우리 자신을 바꾸는 것이기도 하다. 아니, 이런 자각을 가지고 우리의 산업구조와 생활방식을 바꾸지 않으면 안 된다.

생태제국주의 문제는 국가 사이의 불평등 문제를 넘어서 지구생태계의 보존을 위한 인류의 노력으로 이어져야 한다. 이런 목표를 더욱 분명히 추구하기 위해 우리는 '내부 식민지' 문제에 대해서도 주의를 기울일 필요가 있다. 국가 사이의 불평등만이 아니라 국가 안의 생태적 불평등과 불의도 대단히 큰 문제인 것이다. 특히 거대한 대륙국가에서 이런 문제가 두드러지게 나타난다. 예컨대 미국에서는 산업폐기물 처리장을 소수인종 주거지 부근에서 처리하는 식의 문제가 자주 나타난다. 이 때문에 '환경정의운동'이 미국 환경운동의 중요한 흐름으로 형성되어 있기도 하다(양종회 외 2002, 3장).

1990년대 이후에 이 문제가 가장 심각하게 나타난 국가는 중국이다.

여기서 주목할 점은 중국이 다민족국가라는 사실이다. 중국의 민족은 전부 56개인데, 한족이 전체 인구의 93%를 차지하고 있으며, 55개의 소수민족이 나머지 7%를 차지하고 있다. 그러나 국토점유는 이와 크게 달라서 한족은 전체의 절반 정도만 차지하고 있다. 그런데 중국을 지배하는 것은 두말할 것도 없이 한족이며, 한족은 중국 전역에서 공업화를 추구할 뿐만 아니라 중국 전역의 한족화도 추구하고 있다. 1959년에 모택동에 의해 중국으로 강제합병된 티베트에서는 이미 티베트인보다 한족이 더 많이 살고 있기도 하다. 1990년대 중반부터 활발히 추진되고 있는 '서부대개발계획'으로 이러한 공업화와 한족화는 더욱더 가속화되고 있다. 그 결과 광활한 소수민족의 자연은 한족의 복리를 위한 자원으로 전락하고 있다. 또한 정부의 적극적인 이주정책으로 몰려 들어오고 있는 한족 때문에 소수민족의 자립도도 갈수록 떨어지고 있다.[12]

6. 맺음말

생태위기에 제대로 대처하기 위해서는 생태제국주의의 문제를 피해갈 수 없다. 선진국은 오늘날의 생태위기에 가장 큰 책임을 져야 한다. 역사적으로뿐만 아니라 오늘날의 현실에서도 선진국은 생태위기에 대한 가장 큰 책임을 지고 있다. 그러나 선진국은 잘못에 대해 책임을 지는 것이 아니라 오히려 생태제국주의의 방식으로 이득을 챙기는 동시

---

12) 중국은 '중화민족'이라는 개념을 고안해서 소수민족과 한족의 융합을 꾀하고 있다. 그러나 '중화민족'이란 것은 존재하지 않는다. 이 개념은 한족이 소수민족을 동원하는 담론전략의 산물일 뿐이다.

에 생태위기를 더욱 악화시키고 있다.

생태제국주의의 문제에 대처하는 것은 중대한 과제이면서 대단히 어려운 과제이기도 하다. 그 어려움은 크게 두 가지 면에서 비롯된다. 첫째, 거시적인 수준에서 생태제국주의는 세계경제 체계를 지배하고 있다. 따라서 생태제국주의의 문제에 대처해서 생태정의를 실현하는 것은 불평등한 세계경제 체계의 문제를 바로잡는 것과 동전의 양면을 이루고 있다. 생태제국주의는 세계경제 체계의 밖에 존재하는 문제가 아니라 그 안에 존재하는 문제이기 때문에 바로잡기가 어려운 것이다.

둘째, 미시적인 수준에서 생태제국주의는 타기의 대상이 아니라 거꾸로 본받아야 할 모델로 여겨지고 있다. "세계 최고 수준의 미국적 생활이란 국가가 세계에서 가장 싼 에너지를 대량으로 국민에게 공급함으로써 더욱 많은 에너지와 물자를 소비하는 개인생활을 실현하는 것"(앨런 더닝 1994, 93쪽)이지만, 그러나 이런 미국적 생활을 위해 생태적으로 착취당하는 중·후진국에서 미국적 생활은 이른바 '아메리칸 드림'으로 신비화되어 있으며 최상의 목표로 추구되고 있다.

생태제국주의에 대한 대응은 크게 두 가지 경로로 이루어지고 있다. 첫째, 유엔을 통한 규제이다. 생태위기의 현실을 전제로 체결되는 각종 국제협약은 생태제국주의의 전횡을 막을 수 있는 유력한 방안이다. 그러나 세계무역기구로 대표되는 자유무역의 강화 추세 속에서 실효성 있는 국제협약의 체결은 갈수록 어려운 과제가 되고 있다.

둘째, 시민운동의 연대행동을 통한 규제이다. 사실 유엔은 생태제국주의의 문제에 주도적으로 대응하지 못하고 있다. 생태위기로 이미 큰 피해를 보고 있으며, 곧 피해를 보게 될 세계시민들의 자구적 노력이 무엇보다 중요하다. 문제를 알고 있는 시민의 힘으로 잘못을 고치고 세상을 바꿔야 한다. 가장 중요한 과제는 이산화탄소 배출량을 규제하기 위한 교토의정서의 발효이다. 이와 관련된 생태제국주의의 책임, 특히 미국의 책임을 촉구하는 지구적 차원의 연대활동이 더욱 강화되어야 할 것이다.

생태제국주의는 우리 안에도 똬리를 틀고 있다. 생태제국주의의 문제를 바로잡는 것은 우리 안에 똬리를 틀고 있는 생태제국주의를 쓸어내는 것이기도 해야 한다. 경제적으로 불평등하고 생태적으로 불건전한 경제체계를 바로잡을 뿐만 아니라 그런 경제체계를 재생산하는 구체적인 계기인 우리의 삶의 방식도 바로잡아야 한다. 이런 점에서 생태제국주의의 문제를 바로잡는 것은 구조개혁이면서 일상개혁이어야 할 것이다.

(『정치비평』 12호/2004년 상반기호)

생태민주주의와 생태복지사회

1.

오랜 개발독재의 결과로 한국사회에서 민주화는 '발전'과 거의 같은 지위를 갖는 용어가 되었다. 그러나 사실 한국사회에서 민주화보다는 발전이 더 높은 지위를 누리고 있다. 그런데 여기서 발전은 무엇보다 '경제성장'을 뜻한다. 그러나 사실 발전은 경제성장보다 훨씬 넓은 뜻을 담고 있다. 요컨대 경제성장은 발전의 필요조건은 될 수 있을지언정 결코 충분조건은 될 수 없다. 발전을 경제성장과 같은 것으로 여기는 사회는 수단과 목적이 뒤집힌 잘못된 사회이다.

그러나 많은 사람들이 발전을 경제성장으로 생각하며, 따라서 민주화도 경제성장에 종속된 것으로 생각한다. 좋게 말해서 '물질주의'라고 할 수 있는 이런 생각은 사실 동서고금을 막론하고 어디서나 볼 수 있는 것이다. 그러나 한국사회에서 이런 생각이 널리 퍼진 것은 박정희의 근대화가 빚어낸 중요한 사회적 결과이다. 성장제일주의를 최고의 목표로 추구한 박정희의 근대화는 타락한 물질주의라고 할 수 있는 '배금주의' 풍조를 널리 퍼트렸고, 또한 자연을 돌보지 않는 반생태적 개발을 당연한 것으로 여기는 파괴적 사고방식을 하나의 상식으로 확립시켰다.

한국의 민주화는 세계적으로 놀라운 사례로 여겨지고 있다. 그러나 그것은 아직까지 여러모로 불충분한 상태에 있다. 무엇보다 지역주의의 덫이 여전히 강력한 힘을 발휘하고 있으며, 이 때문에 정당정치가 제대로 작동하지 못하고 있다. 그런데 이러한 고질적 문제가 생태위기를 배경으로 새로운 문제를 낳고 있다. 국민의 다수가 반대하는 새만금 간척사업을 강행하는 것을 비롯해서 전국 곳곳에서 벌어지는 온갖 반생태적 개발들은 그 생생한 예이다. 이제 생태적 전환의 과제를 무시하고 민주주의는 심화될 수 없다. 그러나 민주화 이후에도 반생태적 개발은 계속 확산되고 있다.

이런 문제적 상황은 반생태적 '박정희 체계'의 구조적 산물이다. 갈수록 생태위기가 심화되고 있는 상황에서 '박정희 체계'를 우회해서 민주화를 심화할 수 있는 길은 없다. 반생태적 '박정희 체계'의 발본적 개혁을 통해 우리는 비로소 '민주화의 민주화'를 이룰 수 있다. 예컨대 반생태적 개발을 위해 세금을 탕진하는 토건국가의 문제를 그대로 두고 어떻게 민주화를 심화할 수 있겠는가? 생태민주주의의 요청을 무시하고 민주화를 심화하겠다는 것은 그 자체로 거짓일 뿐이다. 생태위기에 대한 우려와 생태적 전환에 대한 요구를 무시하는 것은 오늘날과 같은 심각한 생태위기의 시대에 그 자체로 반민주적이다.

오늘날 민주주의는 사회성원들간의 공생뿐만 아니라 인간과 자연의 공존을 요청하고 있다. 그리고 사실 인간과 자연의 공존 위에서 비로소 사회성원들간의 공생도 안정적으로 이루어질 수 있다. 반생태적 개발 민주주의의 시대는 끝났다. 생태민주주의는 시대의 요청이다. 정말로 '선진국'이 되고자 한다면, 우리는 생태민주주의를 추구해야 한다. 생태민주주의의 요청을 외면하는 한, 우리는 기껏해야 생태적으로 척박한

‘부유한 후진국’의 상태에 머물고 말 것이다. 그것은 자연을 돌보고 복지를 위해 써야 할 수많은 세금이 오히려 자연을 파괴하고 복지를 망치는 데 쓰이는 국가이다.

역사적으로 민주주의는 자유민주주의에서 사회민주주의로 변화해왔다. 이것은 위대한 진보였다. 그러나 사회민주주의는 본질적으로 공업문명의 한계에 주목하지 않는다. 생태위기와 함께 이러한 사회민주주의의 한계는 더욱더 분명해지고 있다. 이제 사회민주주의가 추구하는 평등한 사회의 이상을 포함하고 있으면서 자연의 가치를 존중하고 자연과의 공존을 추구하는 생태민주주의를 추구해야 한다. 환경호르몬의 문제에서 잘 드러나듯이 자연을 돌보는 것은 바로 우리 자신을 돌보는 것이다.

생태민주주의는 이미 절실한 과제이다. 아마도 그것은 한편으로 핵발전과 같은 거대한 반생태적 체계를 해체하고, 다른 한편으로 생태공동체와 같은 새로운 생태적 생활방식을 촉진하는 것으로 이루어질 수 있을 것이다. 물론 그 바탕에서 지속 가능한 발전을 위한 지구적 차원의 노력이 더욱 강화되어야 한다.

2.

우리의 생태민주주의는 사회적으로 보아서 생태적 복지사회로 구현될 수 있을 것이다. 복지사회는 이제까지 인류가 이룩한 가장 인간적인 사회이다. 그러나 생태위기가 심화되면서 복지사회는 생태적 전환이라는 새로운 과제를 안게 되었다. 자연의 한계를 무시한 물질적 풍요는 지속될 수 없다는 사실이 명확히 밝혀졌기 때문이다. 이 귀중한 역사적

인식은 '선진국'을 향한 이론적 출발점이다. 아래의 〈표〉는 이것을 요약해서 나타낸 것이다.

　아직 21세기의 변화는 이상적이고 목표적이다. 그러나 현재 우리의 상태가 너무나 나쁘기 때문에 고칠 수 있는 것은 대단히 많다. 물론 신자유주의의 횡행에서 잘 드러나듯이 더 많은 이윤을 추구하는 자본의 지배에 맞서서 생태적 전환을 이루는 것은 결코 쉬운 일이 아니다. 또한 반생태적 사회체계 속에서 더 많은 물질적 복지를 위한 무한경쟁을 벌이는 반생태적 개인들의 생태적 전환도 대단히 어려운 일이다. 그러나 생태위기의 현실은 생태적 전환의 요청을 지구적 차원에서나 개인적 차원에서나 갈수록 절박한 것으로 만들고 있다.

　생태적 복지사회에 관한 국내의 논란은 크게 두 가지 내용으로 이루어지고 있다. 첫째, 삼성재벌의 『매력 있는 한국』이라는 보고서가 주장하듯이, 한국은 아직 생태적 복지사회를 이룰 수 있는 물질적 능력을 갖고 있지 않다는 것이다. 쉽게 말해서 한국은 아직 가난하다는 것이다. 그러나 세계 10위의 경제력을 가진 나라가 가난하면, 도대체 부유한 나라는 어떤 나라인가? 오늘날 한국의 가장 큰 문제는 가난이 아니라 풍부한 부를 올바로 쓰지 못하는 데 있다. 이제 한국은 사회양극화와 생태위기를 심화시키는 '박정희 체계'를 넘어서 생태적 복지사회로 나아가야 한다. 예컨대 새만금 갯벌이라는 인류적 자연유산을 파괴하는

〈표〉 생태적 전환의 역사적 전개

	19세기 중반	20세기 중반	21세기
정치체제	자유민주주의	사회민주주의	생태민주주의
사회체계	반생태적 비복지사회	물질적 복지사회	생태적 복지사회
경제체계	자유자본주의	수정자본주의	생태적 탈자본주의
생산력	공업사회	고도공업사회	생태적 탈공업사회

데 쓰는 막대한 돈을 복지와 문화를 위해 쓴다면, 한국은 곧 세계적인 복지사회와 문화사회를 이룰 수 있을 것이다.

둘째, 한국이 부유한 것은 사실이지만 조만간 다시 가난해질 수도 있으니 앞으로도 오랫동안 박정희식 성장을 추구해야 한다는 것이다. 이것은 낡은 성장제일주의의 주장을 되풀이하는 것일 뿐이다. 그러나 한국은 이미 이러한 성장제일주의가 통용될 수 없는 상황에 있다. 세계경제의 차원에서 보더라도 후발경쟁국들보다 앞서나가기 위해서는 사회의 선진화를 이루어야 하며, 이를 위해서는 무엇보다 사회성원의 선진화를 이루어야 하며, 또한 이를 위해서 한계에 이른 생태위기의 상황에서 벗어나야 한다. 척박한 반생태적 상황에서 절박한 생존경쟁을 벌이는 사람들은 사회의 발전은커녕 자신의 발전을 위해서도 노력하기가 어렵다. 생태적 복지사회는 한국사회의 선진화를 위한 구체적 목표이다.

일부에서는 복지사회라는 개념이 생태적 차원을 포함하고 있으므로 생태적 복지사회라는 개념을 사용할 필요가 없다고 주장한다. 그러나 복지사회라는 개념이 본래부터 생태적 차원을 포함하고 있었던 것은 아니다. 생태위기가 진행되면서 환경권과 같은 내용으로 점차 생태적 차원을 포함하게 되었던 것이다. 그런데 오늘날 생태위기에 대한 적극적 대응이 갈수록 중요해지고 있으며, 특히 한국사회의 생태위기는 세계적으로 유별난 상태이다. 따라서 이론적으로나 실천적으로나 생태적 복지사회라는 개념은 우리가 추구해야 하는 목표개념으로서 유용할 수 있다. 그것은 시대의 변화에 따라 복지사회의 방향을 정향한다는 의미를 가지고 있으며, 나아가 공업문명의 쇠퇴라는 문명적 변화에 대응한다는 의미를 가지고 있다.

생태적 복지사회의 필요는 명확하고, 그 물질적 조건도 갖춰져 있다.

그러나 사회양극화와 생태위기를 넘어서 실제로 생태적 복지사회를 이루기 위해서는 여러 주체들의 복합적 노력이 필요하다. 특히 노동운동과 시민운동을 아우르는 전체 사회운동의 차원에서 생태적 복지사회를 공동 목표로 받아들이고 추구해야 할 것이다. 이를 위한 논의는 한국사회포럼의 자리를 통해 시작되었으나 아직까지는 형식적 차원을 크게 벗어나지 못했다. 특히 가장 커다란 조직력을 갖추고 있는 노동운동에서 이 과제를 절박한 조직적 과제로 추구해야 한다. 이제 필요한 것은 생명이나 녹색에 대한 담론을 되풀이하는 것이 아니라 생태적 전환을 위한 거대한 사회적 연대를 실질적으로 구현하는 것이다.

이처럼 거대한 생태적 연대를 이루고 생태적 복지사회를 실현하기 위한 노력은 추상적 담론의 차원을 넘어서 필요한 개혁의 의제와 일정을 제시하는 방식으로 구체화되어야 한다. 생태적 복지사회는 더 이상 먼 미래의 과제가 아니라 지금 여기서 우리가 이루어야 하는 구체적 목표이다. 예컨대 토건국가의 해체는 비대한 개발주의 정부조직을 해체하고 정부재정을 생태적으로 재분배하는 구체적 과제이다. 이런 구체적 과제의 달성을 통해 생태적 복지사회로 나아가게 되며, 이것은 거대한 생태적 연대를 통해서만 이룰 수 있다. 우리는 이 연대를 이룰 수 있을 것이다.

강내희 (2004), 「강남의 계급과 문화」, 『황해문화』 42호/봄.

강양구 (2003), 「한수원, KAIST연구결과 위도 은폐조작 파문」, www.pressian.com.

______외 (2006), 『침묵과 열광』, 후마니타스

강영환 (2002), 『한국 주거문화의 역사』, 기문당.

경기개발연구원 (2004), 『경기도지역 대기오염의 사회적 비용 추정 및 적정 수준 달성방안』.

고철환 (1993), 「간석지 매립은 중단되어야 한다」, 『환경운동』 1993년 11월호.

______(1998), 「우리나라의 갯벌: 간척과 보전」, 녹색연합 배달환경연구소, 『한국환경보고서 98/99』.

______(2001), 『한국의 갯벌』, 서울대출판부.

공제욱 (2000), 「한국전쟁과 재벌의 형성」, 『한국전쟁과 자본주의』, 한울.

구승회 (2001), 「에코아나키즘」, 『녹색정치』, 도요새

권박효원 (2003), 「위도 현금보상설은 낚시꾼이 퍼뜨린 소문」, www.ohmynews.com.

권영근 (2000), 「녹색혁명과 유전자조작식품」, 권영근 편, 『위험한 미래: 유전자 조작식품이 주는 경고』, 당대.

김구 (1948), 「나의 소원」, 도진순 주해(1997), 『백범일지』, 돌베개.

김귀순 (2004), 「지역균형발전과 신개발주의의 대안적 접근」, 『환경과생명』 41호/가을.

김동수 (2000), 『논 왜 지켜야 하는가: 벼농사와 논의 공익기능』, 따님.

김상종 (1994), 「환경지수로 본 한국: 금수강산 공해강산이오」, 『신동아』 7월호.

김세균 외 엮음 (2006), 『황우석 사태와 한국사회』, 나남출판.

김욱동 (2000), 『한국의 녹색문화』, 문예출판사.

김종범 · 김동운 (1987), 『해방 전후의 조선 진상』, 돌베개.

김준호 (2004), 『한국 생태학 100년』, 서울대출판부.

김지하 외 좌담 (1990), 「문명의 위기에서 생명의 질서로」, 『한살림』, 한살림모임.

김진균 · 홍성태 (1996), 『군신과 현대사회: 현대 군사화의 논리와 군수산업에 관한 연구』, 문화과학사.

김헌동 · 선대인 (2005), 『대한민국은 부동산 공화국이다』, 궁리.

김호기 (1999), 『한국의 현대성과 사회변동』, 나남.

꿈지모 (2001), 「새만금 갯벌 여성과 귀농 여성의 삶」, 『환경과 생명』 2001년 여름호.

문경민 (2000), 『새만금 리포트』, 중앙M&B

문순태 (1978), 『징소리』, 창작과비평사.

문순홍 (1992), 『생태위기와 녹색의 대안』, 나라사랑.

미메시스 그룹 (1994), 『신세대 네 멋대로 해라』, 현실문화연구.

박근형 (2002), 「농업기반공사, 새만금으로 한몫잡기」, 『시민의 신문』 2002년 4월 19일.

박병상 (2004), 『파우스트의 선택』, 녹색평론사.

박순열 (2002), 「새만금을 통해서 본 전북성장연합의 생태통치전략에 대한 연구」, 『ECO』 2호.

박승우 (2003), 「새만금 바다도시는 환상일뿐」 『동아일보』 2003. 2. 26.

박용남 (2000), 『꿈의 도시 꾸리찌바』, 이후.

박재묵 (1984), 「근대화 · 종속 · 생산양식의 변증법」, 박재묵 편역(1984), 『제3세계 사회발전론』, 창작과비평사.

______ (2002), 「새만금간척사업과 지역사회 변동」, 『ECO』 2호.

박철한 (2004), 「서울의 수도기능 유지와 정부부처 · 공공기관의 전면적 분권분산」, 『이론과 실천』 10월호.

박태견 (2004ㄱ), 「분양원가 공개, 건설족과의 전면전」, 『노컷뉴스』 2004. 6. 4.

______ (2004ㄴ), 「한국, 건설족이 지배하는 뱀파이어 경제」, 『프레시안』 2004. 6. 12.

______ (2005), 『참여정권, 건설족 덫에 걸리다』, 뷰스

박희병 (1999), 『한국의 생태사상』, 돌베개.

반핵국민행동 (2003ㄱ), 「한국의 핵발전, 핵폐기물 현황과 반핵운동」, http://antinuke.kfem.or.kr/depth3.htm.

______ (2003ㄴ), 「주민고통 외면하고 해외 시찰떠난 국회 산자위 위원들의 경솔함을 비판한다」.

변창흠 (2005ㄱ), 「공영택지개발사업의 평가와 과제: 한국토지공사의 역할을 중심으로」, 『민주사회와 정책연구』 7호/상반기, 한울.

______ (2005ㄴ), 「신개발주의적 지역개발사업을 막는 길」, 『문화과학』 43호/가을.

부안21 (2004), 「죽음의 4공구를 터라」, nongbalge.or.kr.

『부안21』 창간준비3호, http://antinuke.kfem.or.kr.

산업자원부 (2005), 「세계 속의 한국경제 위상」.

삼성경제연구소 (2005), 『매력 있는 한국: 2015년 10대 선진국 진입전략』.

새만금갯벌생명평화연대 · 새만금생명학회 (2004), 「삼보일배 그후 일년: 생명과 평화의 길」, 『새만금갯벌생명평화연대 · 새만금생명학회 주최 토론회자료집』.

새만금생명학회 (2004), 「지속가능한 새만금을 위하여」, 『독일등대재단 후원 한 · 독 국제심포지엄자료집』.

서경석 · 임재홍 (1994), 「국제화와 민주주의」, 학술단체협의회 엮음, 『국제화와 한국사회: 진보적 대안』, 나남.

서울시사편찬위원회(1994), 「김현옥 시장의 경력과 그의 참모들」, 『서울육백년사』

서울시정개발연구원 엮음 (2001), 『서울 20세기 공간변천사』.

서울환경연합 외 (2004), 「강남순환도로 감사원 감사청구 기자회견 자료」, www.kfem.or.kr.

석광훈 (2005), 「한전과 토건국가」, 홍성태 엮음(2005), 『개발공사와 토건국가』, 한울.

선대인 (2005ㄱ), 「왜 국민 돈 5조로 건설업체만 배 불리나」, 『미디어다음』 2005. 1. 26, http://news.media.daum.net/economic/industry/200501/26/m_daum/v8246228.html

______(2005ㄴ), 「농림부, 공사 먹여 살리자고 새만금사업 해야 하나: 환경운동연합 신임 김혜정 사무총장 인터뷰」, 『미디어다음』 2005. 2. 17, http://news.media.daum.net/society/affair/200502/17/m_daum/v8395784.html.

손정목 (2003), 『서울 도시정책이야기1』, 한울.

습지와 새들의 친구들 (2001), 「새만금간척사업 중단을 바라는 전세계 '습지와 철새보호 NGO들의 메시지 공개' 기자간담회」,www.greenkorea.org/old_data/report/2001052401.html.

신한종합연구소 (1991), 『7089우리들: 1970년부터 1989년까지』, 고려원.

신행정수도건설추진위원회 (2004), 「신행정수도 건설과 국가발전 전략」.

심광현 · 이동연 (2000), 『문화사회를 위하여』, 문화과학사.

심규상 (2004), 「영광원전 5.6호기, 이대로 가다 큰일난다」, www.ohmynews.com.

안홍섭(2006), 「삼풍백화점 붕괴사고의 원인에 대한 재조명」, 홍성태 · 안홍섭 · 박홍신 · 한미파슨스(2006), 『삼풍사고 10년 교훈과 과제』, 보문당.

양종회 외 (2002), 『아시아 · 태평양 지역의 환경문제, 환경운동 및 환경정책』, 서울대출판부.

염형철 (2003), 「댐과 개발의 시대는 갔다」, 『환경과 생명』 35호/봄.

오경희 (2004), 「환경쿠즈네츠 곡선에 관한 고찰: 한국과 주요 동아시아를 대상으로」, 중앙대학교 경제학과 경제정책박사학위논문.

오관영 (2003), 「개발의 전위대, 개발공사들을 해부한다」, 『환경과 생명』 37호/가을.

오성규 (2004), 「참여정부의 개발정책과 환경정책의 후퇴사례」, 『환경비상시국회의 긴급토론
　　　　회: 참여정부의 반환경적 개발정책에 대한 환경운동진영의 대응방안』, rush.eco.or.kr/
　　　　bbs/zboard.php?id=notice.

오성훈 · 송영일 · 손정락 (2005), 「주거복지와 한국주택공사의 문제」, 『민주사회와 정책연구』
　　　　7호/상반기, 한울.

오창환 (2004), 「새만금 보호와 전북의 진정한 발전을 위해: 새만금 신구상」, 환경운동연합,
　　　　『새만금 갯벌을 살리기 위한 열린 토론회』.

우석훈 (2004), 「행정수도, 기업도시, 한국판 뉴딜까지」, 『당대비평』 28호/겨울.

＿＿＿＿ (2005), 「농업기반공사와 토목경제: 농업기반공사의 사회적 역할 분석」, 『민주사회와
　　　　정책연구』 7호/상반기, 한울.

유인호 (1973), 「경제성장과 환경파괴: '성과'와 '대가'에서 본 고도성장」, 『창작과 비평』 8권 3호
　　　　/가을.

윤노빈 (2003), 『신생철학』, 학민사(원본은 1974년 출판. 학민사 초판은 1989년 출판).

윤성복 (2004), 「강남의 생활양식과 환경주의」, 『환경과 생명』 40호/여름.

윤영배 (2003), 「음섬 윤영배 어촌계장의 시화호 이야기: 공동체 철저 파괴 "나라가 아니고 강
　　　　도다"」 www.nongbalge.or.kr.

윤형근 (2003), 「한국의 생태담론과 생명운동」, 『사상』 59호/겨울.

이경숙 외 (2001), 『한국 생명사상의 뿌리』, 이화여대출판부.

이경재 (2003), 『한양이야기』, 가람기획.

이규억 (1998), 「고도성장의 종료: 일본의 경험에 비추어본 한국경제의 성장감소」, 산업연구원.

이병천 (2003 ㄱ), 「개발독재의 정치경제학과 한국의 경험」, 이병천 엮음(2003), 『개발독재와 박
　　　　정희 시대』, 창비.

＿＿＿＿ (2003 ㄴ), 「개발국가론 딛고 넘어서기: 역사와 평가」, 『경제와 사회』 57호/봄.

＿＿＿＿ 엮음 (2003), 『개발독재와 박정희시대: 우리 시대의 정치경제적 기원』, 창비.

이병천 · 이광일 편 (2001), 『20세기 한국의 야만: 평화와 인권의 21세기를 위하여』, 일빛.

이병철 외 (2000), 『생태마을 길잡이』, 녹색연합.

이성규 (2004), 「본분 망각 주공, 해체 목소리 높다」, www.ohmynews.com.

이성아 외 (2004), 『겨레의 삶과 땀과 혼이 담긴 쌀 박물관』, 푸른나무.

이숭녕 (1985), 『한국의 전통적 자연관: 한국 자연보호사 서설』, 서울대출판부.

이승민 (2003), 「새만금 간척사업을 둘러싼 담론변화와 갈등구조 분석」, 『ECO』 4호.

이시재 (2002), 「새만금사업의 의사결정과정의 적정성의 문제」, 『ECO』 2호.

이영문 (1999), 『모든 것은 흙 속에 있다』, 양문.

이정우 (2003), 「한국의 경제발전 50년」, 『경제학연구』.

이준구 (2004), 「새만금 경제성 평가 감정촉탁 보고서」, www.kfem.or.kr.

이필렬 (2001), 『에너지 전환의 현장을 찾아서』, 궁리.

_____ (2002), 『석유시대 언제까지 갈 것인가』, 녹색평론사.

이헌창 (2000), 「한국 고도성장의 역사적 배경」, 『동아시아 경제협력의 현상과 가능성』, 고려
　　대 아시아문제연구소.

임경구 (2005), 「법원의 새만금사업 중단 판결 잘한 일 51.6%」, 『프레시안』 2005. 1. 28.

임영태 (2002), 『대한민국 50년사1』, 들녘.

임현진 (1993), 『제3세계 연구: 종속, 발전 및 민주화』, 서울대출판부.

장상환 (1999), 「한국전쟁과 경제구조의 변화」, 『한국전쟁과 사회구조의 변화』, 백산서당.

장일순 (1990), 「시(侍)에 관하여」, 『한살림』, 한살림모임,

장일순 · 김종철 대담 (1992), 「한살림운동과 공생의 논리」, 장일순(1997), 『나락 한 알 속의 우
　　주: 무위당 장일순의 이야기 모음』, 녹색평론사.

장일순 · 황필호 대담 (1992), 「반체제에서 생명운동으로」, 장일순(1997), 『나락 한 알 속의 우
　　주』, 녹색평론사.

장진혁 외 (2003), 「한탄강댐 건설 추진에 대한 고발장」.

장회익 (1999), 『삶과 온생명』, 솔.

전국귀농운동본부 (2000), 『생태농업을 위한 길잡이』, 들녘.

전규찬 외 (2006), 『신화의 추락, 국익의 유령』, 한나래.

전재진 (1993), 『핵 그리고 안면도 항쟁: 안면도 주민 반핵운동 백서』, 충남저널.

정규호 (2003), 「개발국가 행정체제의 특성과 과제」, 『환경과 생명』 37호/가을.

정기용 외 (2002), 『문화도시 서울, 어떻게 만들 것인가』, 시지락.

정진상 (2000), 「한국전쟁과 전근대적 계급관계의 해체」, 『한국전쟁과 자본주의』, 한울.

조명래 (2001), 『녹색사회의 탐색』, 한울.

_____ (2003), 「한국 개발주의의 역사와 현주소」, 『환경과 생명』 37호/가을.

______ (2004), 「신상류층의 방주로서의 강남」, 『황해문화』 42호/봄.

______ 외 (2005), 『신개발주의를 멈춰라』, 환경과생명사.

조명진 (2006), 「삼성의 벤치마크 스웨덴 '벨렌베리家'」, 『신동아』 1월호.

조석필 (1993), 『산경표를 위하여』, 산악문화.

조태경 (2004), 「새만금, 어떻게 풀 것인가」, 『시민과 세계』 6호.

조혜진 (2003), 「위도 활성단층 여부 확인도 제대로 안됐다」, www.ohmynews.com.

조호진 (2004), 「위암 투병 최병수 화백 "전선으로 돌아갈 것"」, www.ohmynews.com.

조효제 엮음 (2000), 『NGO의 시대: 지구시민사회를 위하여』, 창비.

조희연 (2004), 「박정희 시대의 강압과 동의」, 『역사비평』 67호/여름.

주요섭 (2001), 「동도동기의 한국적 환경담론을 위한 시론」 『환경과 생명』 29호/가을.

지방분권국민운동 (2004), 「신행정수도건설 후보지 선정: '천도' 시비 즉각 중단하라. 수도권과
    지방 상생의 새 역사 이제부터다」.

지속가능경영원 (2005), 「국민소득과 환경 질 간 상관관계에 대한 국제비교분석」.

지속가능발전위원회 (2004), 『갈등관리시스템 구축방안 연구보고서』.

참소리 (2003), 「위도 천연기념물 5종 발견, 문화유산 보고」, http://cham-sori.net.

참여연대 (2004ㄱ), 「일방적인 한국측 부담 강요하는 용산기지 이전협상 수용하면 안 된다」,
    peoplepower21.org.

______(2004ㄴ), 「'이전비용 한국부담' 그대로 수용한 기지협상 다시 해야」,
    www.peoplepower21.org.

______(2004ㄷ), 「시민단체, 용산기지 이전관련 국회청문회 개최 요구」,
    www.peoplepower21.org.

______(2004ㄹ), 「대미 불평등협정 비준만큼은 여야가 따로 없었다」, www.peoplepower21.org.

참여자치지역운동연대 (2004), 「신행정수도 이전 관련 국민투표 회부 논란은 국민과의 약속을
    파기하는 것이다」.

천규석 (2004), 『쌀과 민주주의』, 녹색평론사.

최미희 (2003), 「새만금 대안의 평가와 원칙」, 『환경과 생명』 가을호.

최병두 (1999), 『환경갈등과 불평등』, 한울.

최병수 · 김진송 (2006), 『목수, 화가에게 말 걸다』, 현실문화연구.

최성각 외 (2004), 『새만금, 네가 아프니 나도 아프다』, 돌베개.

최지훈 (2003), 「개발동맹의 실체와 특성 및 형성과정」, 『환경과 생명』 37호/가을.

최창조 (1992), 『땅의 논리 인간의 논리』, 민음사.

통계청 (1992), 『통계로 본 한국의 발자취』.

______ (2005), 「세계 및 한국의 인구현황: 2005」.

편집국 (1993), 「서해안 개발의 현장」, 『환경운동』 11월호.

학술단체협의회 (1989), 『1980년대 한국 사회와 지배구조』, 풀빛.

한경구 외 (1998), 『시화호 사람들은 어떻게 되었을까: 문화인류학자들의 현장 보고』, 솔.

한국공간환경연구회 (1994), 『지역불균형연구』, 한울.

한국공해문제연구소 (1986), 『한국의 공해지도』, 일월서각.

한국도시연구소 편 (1998), 『한국도시론』, 박영사.

한국무역협회 (2004), 「207개 경제, 무역, 사회 지표로 본 대한민국 2004」.

한기주 (2003), 「우리나라 환경부문 국가경쟁력 평가 및 시사점」, 산업연구원.

한면희 (2004), 「생태주의자가 본 행정수도 이전 문제」, 『환경과 생명』 41호/가을.

한살림모임 (1989), 『한살림』.

______ (1990), 「한살림선언」, 『한살림』.

함한희 (2001), 「새만금 사업으로 파괴되는 지역 공동체와 주민의 삶」, 『환경과 생명』 28호/여름호.

해양수산부 (2003), 「새만금해양환경보전대책」.

허정균 (2001), 「생명학살의 현장 시화호」, www.nongbalge.or.kr.

______ (2004), 「새만금, 재앙은 시작되었다」, 『환경과 생명』 40호/여름호.

홍석률 (1999), 「1960년대 지성계의 동향: 산업화와 근대화론의 대두와 지식인사회의 변동」, 한국정신문화연구원 편, 『1960년대 사회변화연구: 1963~1970』, 백산서당.

홍성태 (2000ㄱ), 『위험사회를 넘어서: 지역개발과 파괴의 사회학』, 새길.

______ (2000ㄴ), 「폭압적 근대화의 붕괴: 삼풍백화점 붕괴사고를 중심으로」, 『위험사회를 넘어서』, 새길.

______ (2001), 「군사적 성장주의와 성수대교의 붕괴」, 이병천·이광일 편, 『20세기 한국의 야만』, 일빛.

______ (2002ㄱ), 「근대화에서 근대성으로」, 『문화과학』 31호/가을.

______ (2002ㄴ), 「노풍의 사회적 형성과 새로운 정치운동의 가능성」, 『민주사회와 정책연구』 제2권/제2호.

______ (2002ㄷ),「학벌주의와 강남특별구」,『문화과학』 29호/봄.

______ (2003ㄱ),『반미가 왜 문제인가』, 당대.

______ (2003ㄴ),「근대화와 위험사회」,『문화과학』 가을.

______ (2003ㄷ),「폭압적 근대화와 위험사회」, 이병천 엮음,『개발독재와 박정희시대』, 창비.

______ (2004ㄱ),『생태사회를 위하여』, 문화과학사.

______ (2004ㄴ),『서울에서 서울을 찾는다』, 궁리.

______ (2004ㄷ),「부안항쟁과 생태민주주의」,『에코』 상반기.

______ (2004ㄹ),「세대갈등과 문화정치」,『문화과학』 37호/봄.

______ (2004ㅁ),「한국의 근대화와 물」,『경제와사회』 여름.

______ (2004ㅂ),「토건국가를 개혁하라」,『한겨레신문』 2004. 11. 29.

______ (2005ㄱ),『생태문화도시 서울을 찾아서』, 현실문화연구.

______ (2005ㄴ),『지식사회 비판』, 문화과학사.

______ (2005ㄷ),「개발공사와 토건국가: 개발독재와 고도성장의 구조적 유산」,『민주사회와 정책연구』 7호/상반기, 한울.

______ (2005ㄹ),「개발주의와 생태주의: 생태적 탈근대를 향해」,『문화과학』 43호/가을.

______ (2005ㅁ),「한국 사회의 재구조화와 문화변동: 생태적 문화사회를 향하여」,『문화과학』 44호/겨울.

______ (2005ㅂ),「용산 미군기지 협상을 통해 본 참여정부의 무능」, peoplepower21.org.

______ 엮음 (2005),『개발공사와 토건국가』, 한울.

홍장표 외 (1989),「1980년대의 한국자본주의」, 학술단체협의회,『1980년대 한국사회와 지배구조』, 풀빛.

홍재상 (1998),『한국의 갯벌』, 대원사.

환경비상시국회의 (2004),「환경비상시국회의 대정부요구서」, rush.eco.or.kr/gov.php.

환경운동연합 (2004),『새만금갯벌을 살리기 위한 열린 토론회』.

황기룡 (2004),「대전 행정특별도시 건설과 정부부처 등 지역거점도시의 이전」,『이론과 실천』 10월호.

황숙회 (2001),「국민 여론 무시한 '국민의 정부'」,『함께 사는 길』 7월호.

최승범 편주 (1982),『한국고시조선』, 삼중당.

거번 매코맥 (1998),『일본, 허울뿐인 풍요』, 한경구 외 옮김, 창작과비평사(영어본 1996).

노버트 위너(1978), 『인간활용: 싸이버네틱스와 사회』, 최동철 옮김, 전파과학사(영어본 1954).

더글러스 러미스 (2002), 『경제성장이 안 되면 우리는 풍요롭지 못할 것인가』, 김종철 · 이반 옮김, 녹색평론사(일어본 2000).

레이첼 카슨 (1990), 『침묵의 봄』, 이길상 옮김, 탐구당(영어본 1962).

린다 리어 (2004), 『레이첼 카슨 평전』, 김홍옥 옮김, 샨티(영어본 2002).

세계환경발전위원회 (1994), 『우리 공동의 미래』, 조형준 · 홍성태 옮김, 새물결(영어본 1987).

아마티아 센 (2001), 『자유로서의 발전』, 박우희 옮김, 세종연구원(영어본 1999).

알프레드 크로스비 (2000), 『생태제국주의』, 안효상 · 정범진 옮김, 지식의풍경(영어본 1986).

앨런 더닝 (1994), 『소비사회의 극복: 현대 소비사회와 지구환경 위기』, 구자건 옮김, 따님.

앨빈 토플러 (1990), 『권력이동』, 이규행 감역, 한국경제신문사(영어본 1990).

에드워드 사이드 (1991), 『오리엔탈리즘』, 박홍규 옮김, 교보문고(영어본 1978).

울리히 벡 (1997), 『위험사회: 새로운 근대성을 향하여』, 홍성태 옮김, 새물결(독어본 1986, 영어 본 1992).

제임스 러브록 (1990), 『가이아: 생명체로서의 지구』, 홍욱희 옮김, 범양사(영어본 1979).

존 포스터 (2001), 『환경과 경제의 작은 역사』, 김현구 옮김, 현실문화연구(영어본 1999).

존 켈리 (2006), 『흑사병 시대의 재구성』, 이종인 옮김, 소소(영어본 2005).

테오 콜번 외 (2000), 『도둑맞은 미래』, 권복규 옮김, 사이언스북스(영어본 1996).

펠릭스 가타리 (2003), 『세 가지 생태학』, 윤수종 옮김, 동문선(불어본 1989).

프리초프 카프라 (1989), 『현대물리학과 동양사상』, 이성범 옮김, 범양사(영어본 1975).

_______ (1998), 『새로운 과학과 문명의 전환』, 이성범 · 구윤서 옮김, 범양사(영어본 1982).

힐러리 프렌치 (2001), 『세계화는 어떻게 지구환경을 파괴하는가』, 주요섭 옮김, 도요새(영어 본 2001).

米本昌平 (1995), 『지구환경문제란 무엇인가』, 박혜숙 · 박종관 옮김, 따님(일어본 1994).

丸山眞男 (1980), 「일본파시즘의 사상과 운동」, 이인철 옮김, 차기벽 · 박충석 편(1980), 『일본 현대사의 구조』, 한길사(일어본 1964).

Amin, Samir (1990), *Maldevelopment: Anatomy of a Global Failure*, Zed Books.

Bailey, Ronald (1993), *Eco-Scam: The False Prophets of Ecological Apocalypse*, St. Martin's Press.

Bell, Daniel (1973), *The Coming of Post-Industrial Society*, Basic Books.

Gorz, Andre (1980), *Ecology as Politics*, South End Press.

Jacobs, Michael (1991), *The Green Economy*, Pluto Press.

Marwick, Arthur (1998), *The Sixties: Cultural Revolution in Britain, France, Italy and the United States, c. 1958 ~ c. 1974*, Oxford.

McCormick, John (1989), *The Global Environmental Movement: Reclaiming Paradise*, Belhaven Press.

Mol and Spaargaren (1993), "Environment, Modernity and the Risk Society: The Apocalyptic Horizon of Environmental Reform," *International Sociology* vol. 8/no. 4.

Morgan, Edward (1991), *The 60s Experience: Harvard Lessons about Modern America*, Temple University Press.

Perrow, Charles (1984), *Normal Accidents: Living with High-Risk Technologies*, Basic Books.

見田宗介 (1996), 『現代社會の理論』, 岩波書店

深井純一 (1999), 『水俣病の政治經濟學』, 勁草書房.

見田宗介 (1996), 『現代社會の理論: 情報化・消費化社會の現在と未來』, 岩波新書.

반핵국민행동 antinuke.kfem.or.kr.

반핵부안 www.nonukebuan.or.kr/

위도닷컴 www.widoo.com

환경운동연합 www.kfem.or.kr

한양주택을 사랑하는 서울시민의 모임 http://cafe.naver.com/foreverhy.cafe.

www.ecojustice.or.kr/pds/bbsUpFiles/한탄강댐고발장.hwp.

|찾아보기|

개발 108, 120, 125, 128, 130~131, 143, 150,
153, 163~164, 168, 169, 173, 177~193, 197
205, 247, 249, 255~256, 261, 280~281, 286

개발공사 92~101, 128, 177, 205, 247, 249, 261,
280~281, 286

개발국가 59, 63, 76, 78, 83, 87~89, 116, 118,
128, 280~281

개발독재 79, 127, 170, 243~245, 249, 255~
256

개발민주주의 153

개발주의 58~59, 68, 72, 85, 98, 120, 128, 130~
131, 153~154, 173, 178, 194

고도성장 36, 40, 52, 76~77, 79, 80, 86~87,
101~102, 148~49, 213, 217, 219, 221,
223~24, 231

공업문명 12~13, 51, 54~55, 62, 65~68, 71~72,
155, 186, 188~89, 190~91, 204~208,
284~85, 291~93, 300

공업화 59, 118, 126, 202, 204, 205

공진화 291

공해 130, 146, 215, 217, 218~224, 228, 234

국가 균형발전 105, 107, 112, 118, 128, 130

국가주의 41~42, 87, 91, 95, 151, 156

군사주의 145

근대화 37, 53, 56, 57, 79, 85~86, 158, 168

근대화론 56~57, 247, 252~253, 257~262

레이첼 카슨 65~66

문화사회 47, 206, 208, 258~59

미나마타병 52, 218

박정희 17~19, 32~48, 77~82, 84~85, 96,
108~110, 112, 117~18, 125, 131, 148~49,
157, 168, 178, 193, 196, 202, 213, 218,
220~21, 231

박정희 체계 18~19, 32, 34~35, 38~39, 41~48,
236, 248~249, 254~261, 278~280

박정희 시대 244, 247~248, 281~282, 299

발전 5, 13, 15~16, 48, 63~64, 67, 72~73, 84, 91,
98~99, 109, 113, 215, 218, 224, 229~234

발전 패러다임 239, 248, 252, 258~259

복지사회 208

부안항쟁 133, 135, 190

불로소득 87

사용후 핵연료 133, 135

사회체계 18, 24~25, 34

삶의 질 10, 125, 201

삼보일배 101

삼풍백화점 24, 35

새만금 간척사업 158~59, 161, 163

새만금 갯벌 161

새만금 보존운동 160~63

생명사상 219, 221, 225~30

생태계 166~67, 186

생태문화사회 236, 259

생태민주주의 133, 135, 150, 152~57, 172

생태사회 7, 47, 49, 150, 208, 232, 258, 265,
282, 284~88

생태위기 12~17, 48, 51~52, 55, 57~58, 60, 67,
70~73, 122, 152, 154, 159, 173, 184~86,
191~92, 207, 215, 228, 230, 234~35, 265,
267~70, 282~84, 286, 288

생태복지사회 313

생태적 전환 205~208

생태적 탈근대 64, 73

생태제국주의 185, 293~97, 300~312

생태주의 7, 14~15, 58, 64, 66~67, 70~73, 154,
169~74, 178, 212~16, 219, 224, 228~34

생태학적 혼 310
성장주의 38~39, 84~85, 219, 231, 246, 248,
    252, 257~59, 261, 279~80
성장중독증 260
소비사회 224, 251, 254, 297 ~ 98, 304 ~ 305,
    308
신개발주의 130, 192 ~ 97
신행정수도 105 ~ 106, 108, 112 ~ 31
신행정도시 72, 113
오래된 미래 235, 284, 288
용산 미군기지 126~28
울리히 벡 26, 29, 220, 230, 227
와우아파트 34
원자력 143, 149, 150, 155
웰빙 205
위험사회 7, 25~29, 32~33, 38~39, 44, 47~49,
    91, 230
이필렬 148
정경유착 111, 132
조국 근대화 32~39, 42, 49, 84~85, 168, 202,
    213, 244, 246
조명래 118
종속이론 56~57
주민운동 276

주민투표 138, 148, 150, 153, 137
지구온난화 185~86, 213, 282~83
지속 가능한 개발 67~68, 274
지역 불균형발전 107
지역주의 100, 118, 120, 128, 130~31, 159, 168,
    173, 177~78, 183
지율스님 132
청계천 복원사업 192~93, 233, 283
토건국가 59, 62, 63~64, 75~77, 86, 89, 90,
    91~94, 97, 100
파괴적 개발 168, 179, 194, 262
풍요사회 15, 27, 29, 213, 224
하부구조 29, 37, 39~40, 63, 275, 278
한살림운동 168, 224, 226
한양주택 195, 199
핵 발전 27, 41, 44, 45, 133~55, 149, 159,
    189~90, 277~78
핵발전소 58, 134, 141, 145~49, 154~55, 158,
    189, 190
핵폐기장 133~34, 138, 140~42, 144~56
햇빛발전 47, 277~78
환경지속성지수 6, 47, 269
환경호르몬 187, 189, 212, 282

새로운 생태 오디세이를 시작하며

자연의 추억

나는 1965년 한여름에 서울의 청량리에서 태어났다. 대학교 4학년 말인 1988년 10월 말까지 그곳에서 살다가 서울의 월계동으로 이사해서 지금까지 살고 있다. 일년 재수를 하고 1985년 3월에 서울대 사회학과에 입학해서 뜨겁고 괴로운 대학생활을 했다. 당시의 시대적 상황 속에서 학교에서 배운 것은 별로 없었다. '집'이라고 불리던 '언더서클'에서의 학습과 토론, 그리고 일년 열두 달 거의 매일같이 '탈'이나 '달구지' 같은 술집에서 벌였던 친구들과의 뜨거운 논쟁이 우리의 진정한 대학이었다. 그곳에서 나는 철학과 경제학과 정치학을 열심히 공부했다.

학부시절에도 환경문제에 대해서 관심을 가지고 있기는 했다. 그러나 깊은 관심을 가지고 있지는 않았다. 정치적 민주화와 노동운동의 발전이 시대적 화두였던 시절이었다. 환경문제에 대해 깊은 관심을 기울이게 된 것은 대학원에 복학한 뒤의 일이었다. 1989년 2월에 대학을 졸업하고는 1990년 1월에 방위병으로 입대해서 군역을 마쳤다. 그리고 1991년 2학기에 대학원 석사과정을 시작하게 되었다. 같은 해 10월에 친구들과 오대산으로 가는 길에 문득 환경문제를 본격적으로 공부해야겠다는 생각을 하게 되었다. 차들로 꽉 막힌 중부고속도로 입구에서 한강을 보며 불현듯 그런 생각을 하게 되었던 것이다.

돌이켜보면, 1991년은 한국의 환경운동에서 큰 변화가 일어난 해였다. 그 발단은 1991년 3월과 4월에 걸쳐 두 차례나 발생한 두산전자의 낙동강 페놀오염 사건이었다. 이 사건을 비롯한 여러 환경문제들을 보면서, 나는 환경문제가 대단히 심각한 새로운 사회문제이며, 그것도 또한 여러 문제들이 얽혀 있는 복합적 사회문제라는 사실을 깨달았다. 그래서 나도 모르게 이 문제를 연구하고 해결하는 것에 깊은 관심을 가지게 되었던 것 같다. 그러니까 오대산으로 가는 길에 떠오른 생각은 나름대로 깊은 연원을 가지고 있었던 것이다.

사실 나는 어려서 자연 속에서 자랐고, 그래서 자연의 훼손을 대단히 안타까워하며 컸다. 나는 서울에서 나고 자랐지만, 다행히 자연을 즐기며 자랄 수 있었다. 지금의 청량리 미주아파트단지는 본래 서울대 문리대 예과 터였는데, 이 넓은 곳이 오랫동안 들판으로 방치되어 있었다. 비록 위험하게 높다란 블록담을 넘어다니며 놀아야 했지만, 아무튼 이곳에서 계절의 변화를 만끽하며 즐겁게 놀 수 있었다. 방개, 물장군, 소금쟁이, 개구리, 두꺼비, 맹꽁이, 땅강아지, 메뚜기, 여치, 방아깨비, 따다깨비, 베짱이, 풍뎅이, 장수벌레, 족제비, 참새, 까치, 제비, 콩새, 뱀풀, 민들레, 쑥, 냉이, 씀바귀, 명아주, 질경이, 강아지풀, 토끼풀, 까마중, 엉경

퀴, 해바라기, 분꽃, 봉숭아, 고추, 참깨, 들깨, 콩, 아카시, 소나무, 라일락, 플라타너스, 포플러 그리고 비, 구름, 바람, 햇빛, 흙 등이 모두 우리의 친구들이었다.

그 무렵에는 서울에서도 은하수를 잘 볼 수 있었고, 북한산이며 남산도 어디서나 쉽게 볼 수 있었다. 높은 건물들도 별로 없었고, 자동차들도 별로 없었기 때문이다. 인수봉, 백운대, 만경대로 이어지는 북한산의 능선을 보며 사람의 얼굴을 떠올리기도 하던 시절이었다. 제비들의 서식환경도 대단히 좋아서 어디서나 제비를 쉽게 볼 수 있었다. 5월에는 문리대 터에 하얗게 피어난 아카시꽃을 따먹었고, 추석 때면 고려대 뒤 개운산이나 서울시립대 뒤 배봉산에 가서 송편을 찌는 데 쓸 솔잎을 뜯어오기도 했다.

또한 할아버지와 할머니 그리고 아버지의 고향인 경기도 양수리(두물머리, 두머리)에서 방학 때마다 남한강과 북한강이 빚어내는 아름다운 자연의 정취에 흠뻑 젖어 지낼 수 있었던 것이 내게 커다란 영향을 미쳤다. 1974년에 팔당댐이 들어서고 1980년대 초부터 시나브로 죽어가고 있는 두머리의 600살 먹은 거대한 느티나무를 보며 나는 어려서부터 자연의 신성을 가슴 깊이 느끼게 되었다. 그리고 이런 변화를 보면서 개발의 문제를 나도 모르게 깊이 깨닫게 되었다.

아마도 이런 경험들이 환경문제에 대해 예민한 감각을 길러주었던 것

같다. 경제성장과 함께 가뭇없이 사라진 깨끗하고 아름다운 자연에 대한 그리움은 분명히 환경문제에 관한 내 연구와 실천의 깊은 원천이다.

생태적 계몽의 길

나는 1992년 1학기에 '일본의 공해문제와 주민운동'을 주제로 석사논문을 쓰기로 결정하면서 환경문제를 본격적으로 공부하기 시작했다. 이 주제를 택한 이유는 당시 한국의 환경문제가 공해문제의 성격을 강하게 지니고 있었기 때문이었다. 공해란 소수의 가해자가 다수의 피해자를 양산하는 환경문제를 뜻한다. 그 대표적 예는 각종 공장의 폐수와 매연으로 말미암은 환경오염이다.

1992년 여름부터 부지런히 자료를 모으고 공부를 해서 김진균 교수의 지도로 1993년 1학기에 「고도성장기 일본의 반공해 주민운동에 관한 연구」라는 제목으로 석사논문을 썼다. 일본은 한국전쟁을 계기로 1955년부터 시작된 고도성장을 거치면서 세계 최악의 '공해국가'가 되었다. 1960년대 초부터 이에 맞서서 주민운동이 펼쳐지기 시작했고, 그 결과 '혁신자치체'와 '공해국회' 같은 정치적 개혁이 이루어졌으며, 1970년대 후반에는 OECD로부터 공해문제가 크게 개선되었다는 평가를 받게 되었다. 한국에서도 이러한 변화가 이루어지기를 기대하면서 이 논문을 썼으나 아직까지 내 기대는 이루어지지 않았다. 개발주의에 들려 있는 지역의 상황을 보건대 앞으로도 이러한 기대는 이루어지기 어려울 것 같다.

한편 석사논문을 준비하던 1992년 2학기에 한국산업사회연구회에서 추진한 한국의 산업구조조정에 관한 연구에 참여하게 되었다. 나는 이 연구에서 '지역별 산업구조의 변화'라는 주제를 맡았는데, 이때 국토개발과 지역개발에 관해 처음으로 깊이 공부하게 되었다. 이 연구를 진행하면서 공업화에 따른 오염의 문제와 함께 개발에 의한 파괴의 문제에 대해 깨닫게 되었고, 그 근저에 지역이라는 삶의 자리를 단순히 생산과 이윤의 대상으로 여기는 자본주의적 사고방식이 자리 잡고 있다는 것을 알게 되었다. 그 성과는 1994년의 한국산업사회연구회 10주년 기념 논문집에 「산업구조조정과 지역파괴의 문제」라는 제목의 논문으로 발표되었다.

석사논문을 마친 뒤인 1993년 하반기에 구도완 박사의 소개로 고 문순홍 박사가 주도한 '생태사회연구소'라는 연구모임에서 전공이 다른 여러 사람들과 함께 환경문제에 관해 공부하게 되었다. 생태학, 행정학, 정치학, 사회학 등 참여한 사람들의 전공영역은 크게 달랐지만 환경문제의 사회적 연원과 해결방안에 대한 인식은 별로 다르지 않았다. 이 학습모임에서 몇 권의 책을 함께 읽었는데, 독일의 사회학자인 울리히 벡의 『위험사회』는 특히 깊은 인상을 남겼다. 그래서 1996년 하반기에 이 책을 번역해서 1997년 2월에 출간했다. 이것을 계기로 위험사회론을 소개하는 글과 한국사회에 위험사회론을 적용한 글들을 계속 쓰게 되었다.

또한 1993년 하반기부터 김진균 교수의 제안으로 '군수산업'에 관한 학습을 시작했다. 그 몇 해 전에 나는 선생께서 만드셨던 서울사회과학연구소에서 주체사상을 비판하고 'PD론'을 세우는 연구에 참여했었다. 그리고 대학원 시절에는 선생의 조교로 일하거나, 선생께서 주도하신 연구작업에 참여해서 여러 논문을 썼다. 당시 김진균 선생은 특히 군사화와 정보화의 관계에 큰 관심을 갖고 있었다. 선생께서는 그 일환으로 군수산업에 관한 학습모임을 만들었고, 나도 이 모임에 참여해서 함께 공부했다. 당시의 연구성과들은 1996년 초에 『군신과 현대사회: 현대군사화의 논리와 군수산업에 관한 연구』(김진균·홍성태 공저)라는 제목의 책으로 묶였다.

1993년 8월에 석사학위를 마친 나는 1994년 3월에 박사과정에 진학해서 조교로 근무하게 되었다. 대학원 담당 행정조교 일을 보면서 공부를 하느라 여러모로 어려움은 있었으나, 경제적으로는 나름대로 상당한 월급을 받게 되어 안정된 생활을 할 수 있었다. 그리고 1995년 초부터 2개의 해외지역연구에 연구조교로 참여해서 여러 나라와 도시를 돌아보고 많은 것을 배울 수 있었다.

하나는 '미국의 군수산업에 관한 연구'(연구책임자 김환석 교수)였다. 이것은 사실 김진균 선생이 주도한 연구로서 탈냉전에 따른 미국 군수산업의 변화가 주요 주제였다. 김진균 선생은 탈냉전에 따라 미국의 군수산업이 위축되는 듯이 보이지만 구조적으로 그렇게 될 수 있는 가능성은 거의 없다고 보았다. 조지 부시2세 행정부가 잘 보여주었듯이, 선생의 지적은 사실로 드러났다. 나는 이 연구에서 환경문제에도 많은 관심을 기울였다. 미군은 세계에서 가장 많은 화학물질을 사용하는 조직이며, 또한 세계 전역에서 커다란 환경문제를 일으키고 있기 때문이다. 이 점에서 문명사적 관점에서 미국을 비판하고 반미의 의미를 살펴본 『반미가 왜 문제인가』(당대, 2003)라는 제목의 내 책은 이 연구로부터 시작되었다고 할 수 있다.

다른 하나는 '아시아·태평양지역의 환경문제, 환경운동, 환경정책에 관한 연구'(연구책임자 임현진 교수)였는데, 이 연구는 다음해에 후속연구가 채택되어 모두 3년에 걸친 연구로 확대되었다. 이 연구를 통해 나는 환경문제를 그야말로 지구적 차원의 시각을 갖고 본격적으로 공부할 수 있었다. 이 연구를 수행하는 과정에서 나는 미국, 멕시코, 오스트레일리아, 일본, 중국, 대만 등의 나라에 가서 그린피스, 시에라클럽, 자연지우 등의 여러 환경운동단체들과 미국 환경보호청을 비롯한 각국의 환경보호기관들을 방문해서 전문가들을 만나고 이야기를 나눌 수 있었다. 이 연구를 통해 한국이 선진국보다는 후진국에 가깝다는 사실을 잘 알 수 있었다. 대단히 소중하고 즐거운 경험이었다.

2개의 해외지역연구를 수행하면서 나는 외국의 여러 도시들을 돌아볼 수 있었다. 샌프란시스코, 로스앤젤레스, 뉴욕, 워싱턴, 멕시코시티, 도쿄, 교토, 나라, 오사카, 브리스번, 캔버라, 시드니, 멜버른, 호바트, 베이징, 상하이, 홍콩, 타이베이 등이었다. 이 도시들을 돌아보면서 나는 자연스럽게 서울과 비교하게 되었다. 그리고 깊은 슬픔과 분노를 느꼈다. 예컨대 세계의 어느 도시도 서울처럼 전봇대와 전깃줄로 얼룩진 곳은 없었다. 전봇대와 전깃줄을 위해 가로수를 마구 자르고 괴롭히는 도시는 서울뿐이었다. 보도 위에 거대한 개폐기와 분전함과 지하철 출입구 따위를 설치해서 통행을 가로막고 있는 곳도 서울밖에는 없었다. 서울은 정말로 끔찍한 아파트 · 자동차 · 스모그의 도시였다. 그것은 반생태적 한국의 상징이었다.

생태적 복지사회 구상

대학원 행정조교로 근무하며, 또한 두개의 해외지역연구에 연구조교로 참여하며, 나는 박사과정을 대단히 바쁘게 보냈다. 그리고 박사과정을 마친 뒤인 1996년에 서울대 사회학과 사회발전연구소에서 수행한 두 개의 연구에 참여했다. 사실 아르바이트의 차원에서 참여한 연구였으나, 한국사회의 문제와 과제에 대해 나름대로 많은 것을 공부할 수 있었다.

하나는 서울 중구청에서 요청한 '중구 장기발전계획'에 관한 연구였다. 이 연구에서 나는 중구의 환경을 개선하기 위한 제안을 맡았고, 또한 처음으로 '청계천 복원'에 관한 제안을 접했다. 이 연구를 계기로 나는 '도시의 생태문화적 전환'이라는 주제를 계속 추구하게 되었고, 그 성과는 『서울에서 서울을 찾는다』(2004), 『생태문화도시 서울을 찾아서』(2005) 등의 책으로 묶였다. 그리고 지금도 참여연대를 비롯한 여러 시민단체에서 이와 관련된 활동을 활발히 펼치고 있다. 대표적인 예로 용산 미군기지의 생태공원화 운동과 서울 은평구의 한양주택 지키기 운동을 들 수 있다. 이와 관련해서 특히 문화연대 공간환경위원회 활동을 하면서 건축가 정기용 선생에게서 많은 것을 배울 수 있었다. 우리는 서울시정개발연구원의 의뢰로 '문화도시 서울 만들기 프로젝트'를 진행했고, 그 결과로 『문화도시 서울, 어떻게 만들 것인가』(2002)라는 책을 펴내기도 했다.

다른 하나는 성수대교와 삼풍백화점 붕괴사고를 계기로 추진된 '한국사회의 안전'에 관한 연구였다. 성수대교와 삼풍백화점 붕괴사고는 그야말로 상징적이었다. 그것은 고도성장을 통해 이룩된 풍요사회 한국의 실체를 다시 돌아보게 하는 참담한 사회적 계기였다. 이 연구에서 나는 삼풍백화점 붕괴사고의 발생 및 대응 과정을 정리하고 해석하는 작업을 했다. 이 연구에서 나는 고도성장을 자랑하는 박정희의 근대화가 안고 있는 문제와 그 구조적 결과에 대해 주목해야 한다는 결론을 내렸다. 문제는 박정희식 개발주의와 그 구조적 결과에 있었다. 이 연구로 또 다른 인연이 만들어졌다. 2005년에 삼풍백화점 붕괴사고 10주년을 맞아 건축구조·구조설계 분야의 전문가들과 함께 '삼풍백화점 붕괴사고의 교훈과 과제'라는 주제로 심포지엄을 열게 되었던 것이다. 그 결과는 2006년 봄에 『삼풍사고 10년 교훈과 과제』(2006)라는 책으로 발간되었다.

내가 계속 공부만 했던 것은 아니었다. 사실 경제적으로 그렇게 할 수 있는 형편이 아니었다. 대학원 행정조교로 근무하며 약간의 돈을 모으기는 했지만, 당연히 그 돈으로는 논문을 쓸 때까지 버틸 수 없었다. 그러던 차에 백욱인 선배(현재 서울산업대학교 교양과 교수)로부터 석 달 정도 함께 일하자는 제안을 받았다. 그 내용은 인천의 송도 매립지에 이른바 '정보신도시'의 건설을 추구한 (주)미디어밸리라는 회사에서 사업계획을 다듬는 일을 하는 것이었다. 석 달만 일하기로 했던 것이 1997년 1월부터 1998년 2월까지 14개월로 늘어났다. 이곳에서 한국의

회사가 어떻게 운영되고 있으며, 어떤 상태에 있는가를 배울 수 있었다. 우연히도 IMF사태가 나기 전후의 기간이었으며, 이른바 '벤처열풍'이 일어나기 직전이었다. 사회학자로서 한국사회를 공부하기에는 나름대로 꽤 유익한 기간이었다.

이 경험이 적지 않은 영향을 미치기도 해서 당시 급속히 진행되고 있던 정보화를 주제로 박사학위논문을 쓰기로 결정했다. 사실 나는 1996년 초에 김진균 선생과 함께 문화과학사에서『군신과 현대사회』를 발간한 것이 인연이 되어 강내희 선생 등과 '사이버문화'에 관한 공부를 시작했다. 그리고 그 결과로『사이버공간 사이버문화』(1996),『사이보그 사이버컬처』(1997)라는 두 권의 편역서를 출간했다. 그 뒤로도 이에 관한 연구를 계속해서 2000년에는『사이버사회의 문화와 정치』라는 책을 내게 되었다. 내가 정보화를 주제로 박사학위논문을 쓰게 된 배경에는 김진균 선생과 함께했던 군사화에 관한 연구로부터 시작되는 여러 연구와 경험이 놓여 있는 것이다.

석사논문과 마찬가지로 김진균 교수의 지도로 1999년 여름에「정보화 경쟁의 이데올로기에 관한 연구」라는 제목의 논문으로 박사학위를 받았다. 이 논문에서 내가 특히 초점을 맞춘 것은 정보화에 대한 자본주의의 구조적 규정, 정보의 물리적 및 사회적 특성에서 비롯되는 정보공유의 중요성, 정보화를 통한 생태위기 극복론의 허구성 등이었다.

나는 이 논문을 일부 보완해서 2002년에 『현실 정보사회의 이해』라는 제목의 책으로 출간했다. 이 연구에서 나는 정보의 개념을 이론적으로 천착해서 드러커나 토플러 등의 이른바 미래학적 정보화 논의를 비판적으로 검토했다. 이를 통해 나는 정보화를 심층적으로 이해할 수 있게 되었을 뿐만 아니라 생태위기의 문제를 더욱 깊이 이해할 수 있게 되었다.

박사학위를 받고 1년 반이 지난 2001년 3월부터 원주의 상지대에서 학생들을 가르치게 되었다. 상지대는 대단히 중요한 특징을 가지고 있다. 예전에는 '비리백화점'이라고 불릴 정도로 '부패사학'의 대명사였으나, 이제는 구성원의 노력으로 '민주사학'의 길에 들어선 유일한 대학이기 때문이다. 상지대에서 학생들을 가르치는 동시에 나는 문화연대와 참여연대 등의 시민단체에서 활발히 활동해 왔다. 뜨겁고 괴로웠던 학생시절의 삶을 잊지 않으며, 또한 김진균 선생의 가르침에 부응하며 살고자, 나는 나름대로 즐겁게 최선을 다하고 있다.

그동안 내 연구는 생태위기와 그 사회적 원인에 대한 인식에서 이에 대한 대응으로서 생태적 전환의 추구라는 쪽으로 옮겨갔다. 반생태적 사회에서 생태적 전환을 너무 늦지 않게, 또한 효율적으로 추진하는 것은 대단히 어려운 일이다. 나는 1998년에 처음으로 제기한 '생태적 복지 사회'라는 개념을 중심으로 생태적 전환의 논리와 과제를 구체화하는 연구에 힘을 쏟고 있다. 이제는 생태주의에 관한 사변적 담론이 아니라 실제로 생태적 전환을 위한 정책적 노력이 중요하다.

생태 오디세이

내 삶에 가장 큰 영향을 미친 사람은 2003년에 6월에 아흔둘의 연세로 세상을 떠나신 할머니이다. 내가 어려서 돌아가신 어머니를 대신해서 할머니와 누나는 나를 잘 길러주셨다. 할머니만큼 나를 잘 돌보고 깊은 가르침을 주신 분은 없다. 할머니는 자연의 호흡에 맞춰 사신 분이었고, 나는 할머니 덕에 조금이나마 자연의 호흡을 몸으로 익힐 수 있었다. 내가 환경문제에 관심을 가지게 된 데는 그 누구보다 할머니의 영향이 클 것이다.

또한 나는 2004년 2월에 암으로 세상을 떠나신 김진균 선생으로부터 많은 가르침을 받았다. 선생은 세상을 바라보는 눈과 살아가는 자세를 삶으로 가르쳐주신 스승이셨다. 선생은 자연을 깊이 사랑하셨고, 나는 선생과 함께 등산을 하며 역시 자연의 호흡을 배울 수 있었다. 비록 선생께서 환경문제를 직접 연구하지 않으셨어도, 나는 자연을 깊이 사랑하신 선생을 통해 환경문제에 더 깊이 다가갈 수 있었다.

나는 두 분의 가르침을 따라서 생태적 삶을 살고 싶다. 도시 속에서도 자연을 느끼고 자연의 호흡에 맞춰 깊은 만족을 느끼며 살고 싶다. 그렇게 하기 위해 이 사회의 생태적 전환을 이루어야 한다. 자연이 대대적으로 파괴되는 사회에서 혼자만 생태적 삶을 살 수 있는 방도는 없다. 이제까지 나름대로 노력하며 살았지만, 앞으로 더 큰 노력을 기울여야 할 것이다. 이제는 사라지고 없는 아름다운 자연의 추억이 나를 앞으로 밀고 나간다.

생태적 전환이 사회적 불평등의 완화와 양립할 수 없는 것처럼 생각하는 사람들도 있다. 그러나 두 과제는 함께 추구해야 하는 과제이지 서로 배척하는 관계에 있는 과제가 아니다. 우리는 사회적으로뿐만 아니라 생태적으로 형평성을 높여야 한다. "혼자만 잘살믄 무슨 재민겨"라는 전우익 선생의 가르침은 사람들 사이의 관계뿐만 아니라 사람과 자연 사이의 관계에 관한 것이기도 하다.

이런 관점에서 내가 가장 큰 관심을 기울이고 있는 것은 생태위기라는 현실에 맞서서 생태적 전환을 이루기 위한 연구와 실천이다. 이미 우리의 몸 자체가 심각하게 오염되어 있을 정도로 환경문제는 단순히 환경의 문제가 아니라 우리 자신을 하나의 요소로 포함한 생태계의 위기이다. '웰빙'에 관한 높은 관심은 이런 사실을 반영하고 있다. 그러므로 생태위기에 관한 연구는 그 자체로 실천의 성격을 강하게 지니지 않을 수 없다.

나는 생태민주주의와 생태적 복지사회의 개념을 중심으로 생태적 전환의 방식·과정·내용에 대해 연구하고 있다. 여기서 우선 염두에 두어야 하는 것은 생태적 전환이 급박한 과제이기는 하지만 점진적으로 추구될 필요가 있다는 것이다. 생태적 전환은 어느 날 갑자기 자연으로 돌아가는 것을 뜻하지 않는다. 현대 거대사회에서 그런 식의 전환은 거대한 파국을 뜻하기 십상이다. 생태적으로 개선된 공업적 경제성장을 추구하고, 그 위에서 생태적 농업문명의 구현이라는 궁극적 전환을 향해 나아가야 한다.

1990년대 초 공해문제에 대한 실천적 관심으로 출발한 내 연구는 2000년대에 들어와서 생태주의에 관한 이론적 연구로 일단락되었다. 그리고 이어서 나는 생태주의의 구현을 위한 주체형성의 문제와 환경운동의 과제에 관한 연구로 나아가게 되었다. 그 결과 무엇보다 토건국가라는 전대미문의 파괴적 형태로 악화된 개발주의의 문제에 주목하게 되었고, 여기서 개발공사를 중심으로 한 정부부서의 생태민주적 개혁이 절실하다는 결론에 이르렀다.

이렇게 해서 나는 어느덧 15년에 이른 긴 생태 오디세이를 마치고, 생태사회의 희망을 이루기 위한 또 다른 생태 오디세이를 시작하게 되었다. 그 출발은 생태주의에 관한 사변적 담론이 아니라 반생태적 현실의 생태적 개혁이 무엇보다 필요하다는 인식이다. 그것은 무엇보다 자연을 파괴해서 이익을 챙기는 거대한 파괴세력과 맞설 것을 요구한다. 아마도 생태주의에 관한 논의가 더욱 깊어질 수 있는 길도 여기에 있을 것이다.

하얀 백사장이 끝없이 펼쳐져 있던 두머리의 강가, 남한강을 굽어보는 600살 먹은 거대한 느티나무, 두레박으로 길어 올려 마시던 맑은 우물물, 미꾸라지와 피라미를 잡아먹고 배가 잔뜩 부른 쏘가리, 여름 밤 하늘을 길게 수놓은 은하수, 티없이 맑은 파란 하늘과 하얀 뭉게구름, 그 하늘을 가로질러 날던 백로들 그리고 전깃줄에 까맣게 앉아 재잘대던 제비떼. 자연이 생태적 파국이라는 성난 모습으로 돌아오기 전에 우리의 노력으로 평화롭게 돌아오게 할 수 있다. 오디세이가 기나긴 여행을 끝내고 결국 집으로 돌아왔듯이. 그렇게 해서 우리의 삶도 더욱 풍요롭게 될 것이다. 하루빨리 파괴적 개발의 시대를 끝내고 생태적 발전의 시대로 나아가기를.